MINSHISUSONGFA ANLI YANJIU

民事诉讼法案例研究

柯阳友　王　琳◎著

中国政法大学出版社

2023·北京

图书在版编目（ＣＩＰ）数据

民事诉讼法案例研究/柯阳友,王琳著.—北京：中国政法大学出版社，2023.3
ISBN 978-7-5764-0877-5

Ⅰ.①民…Ⅱ.①柯…②王…Ⅲ.①民事诉讼法－案例－中国Ⅳ.①D925.105

中国国家版本馆CIP数据核字(2023)第046665号

出　版　者	中国政法大学出版社
地　　　址	北京市海淀区西土城路 25 号
邮寄地址	北京 100088 信箱 8034 分箱　邮编 100088
网　　　址	http://www.cuplpress.com (网络实名：中国政法大学出版社)
电　　　话	010－58908586(编辑部) 58908334(邮购部)
编辑邮箱	zhengfadch@126.com
承　　　印	北京鑫海金澳胶印有限公司
开　　　本	720mm×960mm　　1/16
印　　　张	24.5
字　　　数	420 千字
版　　　次	2023 年 3 月第 1 版
印　　　次	2023 年 3 月第 1 次印刷
定　　　价	99.00 元

前　言

　　柯阳友教授申报的省级专业学位民事诉讼法教学案例库建设被批准立项后，首要的难题是典型案例的搜集。由于人民法院裁判文书（判决书、裁定书、决定书）中很少直接涉及程序问题，诉讼法案例的搜集远比实体法案例的搜集要难得多。笔者尽力搜集典型案例，并邀请指导的法律硕士研究生帮助搜集典型案例，试图通过对各个典型案例的分析过程，展示民事诉讼法的基本原理和民事诉讼的关键词。由于水平和经验的局限性，案例的选材和裁剪未必妥当，对法律和司法解释规定的理解以及对案例的评析也许存在差强人意的地方，希望读者见谅。

　　《民事诉讼法案例研究》具有以下特点：第一，案例选取注重全面性。全书共分17章69节，共选取86件典型案例，整体反映了民事诉讼法专业的知识要点。第二，入选案例具有新颖性。2021年案例24件，2020年案例41件，2019年案例16件，2018年案例2件，2017年案例2件，2016年案例1件。第三，入选案例均为最高人民法院和各地各级法院的真实案例。还原了案件审理的原貌，给读者以直观的认识，其中最高人民法院案例11件，高级人民法院案例8件，中级人民法院案例37件，基层人民法院案例30件。第四，裁判文书多样化。其中判决书30份，裁定书53份，决定书3份。第五，案例评析质量高。下了很大功夫，吸收最新的学术成果，反映最新的学术动向、立法变革和社会需求，既分析与该案件有关的诉讼法原理和实体法原理，又对涉及的争议焦点问题予以剖析并提出解决方案。

　　本书由柯阳友统稿和定稿。具体分工为：柯阳友撰写第一章至第九章；王琳撰写第十章至第十七章。

目 录

诉与诉权

第一节　诉

案例一：胡某庚、唐某兰等与胡某香等所有权确认纠纷案[1]

2000年，原告胡某庚以39.8万元从案外人张某勇处购买案涉房产，该房屋一直未能办理产权证。2014年，被告胡某香将案涉房屋登记在被告胡某香、郭某姣名下。其后，郭某姣将案涉房产出租，收取相应租金，胡某庚、唐某兰一直未提出异议。2020年，胡某香与郭某姣签订《协议书》，约定案涉房产胡某香的份额赠与其儿子胡某凯，郭某姣的份额仍归其个人所有。同日，邵东市公证处对《协议书》予以公证。2020年7月16日，郭某姣提起离婚诉讼，要求按公证协议约定分割财产，并要求抚养二小孩。2020年8月14日，湖南省邵东市人民法院判决驳回郭某姣要求离婚的诉讼请求。

原告胡某庚、唐某兰又向湖南省邵东市人民法院起诉，请求人民法院判决：第一，确认登记在被告胡某香、郭某姣名下位于邵东市的房屋的实际所有权人为原告胡某庚、唐某兰；第二，确认被告胡某香与郭某娇于2020年1月3日签订的《协议书》中的第3条约定无效。

湖南省邵东市人民法院通过审理查明，本案系所有权确认纠纷。被告胡某香、郭某姣签订的《协议书》，虽然意思表示真实且经公证机关公证，但因其第3条所涉标的物案涉房产，属于原告胡某庚、唐某兰所有，胡某香、郭某姣均无处分权，且未取得权利人追认，该处分无效。因而案涉房产仍归原

---

[1]　案例来源：湖南省邵东市人民法院［2021］湘0521民初38号民事判决书。

告胡某庚、唐某兰所有。判决如下：第一，位于邵东市登记在被告胡某香、郭某姣名下的房产属于原告胡某庚、唐某兰共同所有；第二，被告胡某香、郭某姣于 2020 年 1 月 3 日签订的《协议书》第 3 条中关于案涉房屋的处分无效。

案例二：庞某彬、庞某召房屋买卖合同纠纷案[1]

家美公司因开发需要，占用了庞某彬（系庞某召之父）所有的土地，家美公司便与庞某召签订《房地产买卖契约》一份，《契约》中约定甲方自愿将所占用的土地出售给乙方，并给乙方置换面积 140 平方米的楼房。因合同中置换房屋的面积比原双方约定的置换房屋面积少了 26 平方米，所以，家美公司代表李某进向庞某彬出具《欠条》一份，写明待房屋建成之后再补给庞某彬、庞某召 26 平方米。在房屋建成后，家美公司却将约定置换给庞某彬的房屋出售交付给史某江。另查明，家美公司在案涉住宅楼工程施工过程中，并未获得土地使用证、规划许可证、施工许可证。

庞某彬、庞某召向河南省平顶山市湛河区人民法院起诉，请求：判令家美公司履行《房地产买卖契约》义务，交付约定的置换房屋。

平顶山市湛河区人民法院认为，家美公司在未获得土地使用证、规划许可证、施工许可证等行政许可的情况下即开工建设、出售楼房收取房款，其行为违反了我国法律法规相关规定。因此，如果当事人请求人民法院确认违法建筑所有权归属的，就必然涉及违法建筑的认定问题，而对于违法建筑的认定权属于行政机关，而不能由司法机关来确认。故庞某彬、庞某召在本案请求解决的争议，不属于人民法院受理范围，故裁定驳回庞某彬、庞某召的起诉。庞某彬、庞某召不服该判决，向平顶山市中级人民法院上诉。

平顶山市中级人民法院认为，本案所涉合同，尽管名称是房屋买卖协议，但从其内容上看，实际上是房屋拆迁安置合同。庞某彬、庞某召起诉所依据的是该安置合同，其诉求是要求家美公司履行合同义务，而非超出合同约定内容主张其他权利。根据庞某彬、庞某召的诉求，本案属给付之诉而非确认之诉，不涉及所有权或其他物权权利的确认问题，故本案应围绕家美公司是否应当按照合同约定内容履行相应义务进行审理。一审裁定认为本案涉及违法建筑的认定，驳回起诉不当。裁定如下：第一，撤销河南省平顶山市湛河

---

[1] 案例来源：河南省平顶山市中级人民法院［2021］豫 04 民终 1089 号民事裁定书。

区人民法院［2020］豫 0411 民初 2606 号民事裁定；第二，本案指令河南省平顶山市湛河区人民法院审理。

案例三：冯某英与太某生、兰某英等共有物分割纠纷案[1]

2012 年，原告冯某英与太某东办理结婚登记手续。2018 年 1 月 25 日，原告冯某英与太某东办理离婚登记手续。双方在民政部门达成离婚协议，约定：位于中卫市沙坡头区应理南街某小区某楼 3 单元 A 室归冯某英所有。2018 年 7 月 17 日，太某东因病去世。原告主张因被告太某文系太某东与其前妻所育，被告太某生、兰某英系太某东父母，各被告均系太某东法定继承人。因太某东去世，致使原告无法办理产权变更，为此诉至法院。

原告向宁夏回族自治区中卫市沙坡头区人民法院提出诉讼请求：第一，确认位于中卫市沙坡头区应理南街某小区某楼 3 单元 A 室（卫房权证沙坡头区字第 20140000×× 号）房屋归原告所有；第二，判令各被告协助原告办理上述房屋的产权登记手续。

中卫市沙坡头区人民法院认为：本案应为共有物分割纠纷。原告提出的诉讼请求从诉的种类来看，分别为确认之诉和给付之诉，但其本质系要求将房屋共有状态变更为单独所有状态，因太某东离世无法进行行为给付，其他诉讼承继人无义务配合原告完成变更登记，故本案实为变更之诉。本案中，原告与太某东已经对涉案房屋进行了协议分割，故应依法将房屋的权利状态由共同共有变更为原告单独所有。因案涉房屋可能存在其他负担，依法应由原告冯某英承担。判决如下：第一，将位于中卫市沙坡头区应理南街某小区某楼 3 单元 A 室房屋（卫房权证沙坡头区字第 20140000×× 号）的权属由冯某英、太某东共同共有变更为原告冯某英单独所有，该房屋上设定的抵押及其他负担由原告冯某英承担；第二，驳回原告冯某英其他诉讼请求。

问题与思考：

1. 分析诉的内涵和要素。

2. 结合上述三个案例，分析确认之诉、给付之诉和形成之诉的法律适用。

---

[1] 案例来源：宁夏回族自治区中卫市沙坡头区人民法院［2020］宁 0502 民初 3800 号民事判决书。

诉，是指当事人向法院提出的，请求特定的法院就特定的法律主张或权利主张（诉讼上的请求）进行裁判的诉讼行为。诉具有使诉讼程序开始，法院行使审判权的功能。就法院的基本作用方式而言，法院只能是被动地行使审判权，即只有在当事人请求裁判时，法院才能行使审判权，对民事争议进行审理和判决。

诉是向法院提出的诉讼上的请求，尽管该诉讼请求中的实体请求也是针对被告提出的，但原告提出的这种诉讼上的请求是要求法院裁决原告针对被告的实体请求是否合法，因而不是直接针对被告的。原告提起诉讼的目的就是要求实现自己的权利。诉的内容是对审判对象或诉讼请求和相对人的特定。起诉与诉的关系为：起诉是实现诉的具体方式和形式，诉是起诉的基础和内容。起诉的功能是启动一审程序，使诉的目的能够具体得以实现。[1]

诉的要素的具体内容能够反映出一个民事诉讼案件的全貌和纠纷焦点。诉的要素包括当事人、诉讼标的、诉讼请求、诉讼理由。诉讼请求之所以应确定为诉的要素，是因为诉方当事人仅诉请法院解决纠纷还不够，还必须向法院主张如何解决纠纷，即提出自己认为应当如何解决纠纷的主张。这一主张反映了诉方当事人欲求的实体效果，同时又制约着法院"审"和"判"的范围。[2]诉的四要素如下：

（1）当事人。任何一个诉都必须有提出请求的一方当事人，还必须有与其相对的一方当事人，法院才能对案件进行审理。否则，诉讼就无法进行。

（2）诉讼标的。诉讼标的是当事人争议并且由法院审判的对象。在我国诉讼实践中，当事人之间争议并由法院审判的对象是特定的法律关系以及引起该法律关系发生、变动、消灭的法律事实。民事诉讼案由为识别诉讼标的提供了确定争议法律关系的指引。[3]作为识别或把握当事人攻击防御、法院审理判决之对象的概念，"诉讼标的"自引入我国以来一直占据民事诉讼法学研究的中心位置。[4]厘清诉讼标的与诉讼请求的关系对有机衔接民事诉讼法与民法，保障《民法典》[5]正确实施具有关键作用。民事诉讼立法重"诉讼

---

〔1〕 张卫平：《民事诉讼法》（第4版），法律出版社2016年版，第185页。

〔2〕 张晋红：《民事之诉研究》，法律出版社1996年版，第73页。

〔3〕《民事诉讼法学》编写组编：《民事诉讼法学》（第2版），高等教育出版社2018年版，第36页。

〔4〕 陈杭平等：《新范式下的民事诉讼标的理论》，中国法制出版社2020年版，第3页。

〔5〕《民法典》，即《中华人民共和国民法典》，为表述方便，本书中涉及的我国法律，直接使用简称，省去"中华人民共和国"字样，全书统一，下不赘述。

请求"与理论研究重"诉讼标的"的二元格局，不仅造成实践与理论的分离，而且是"同案不同判"的重要成因。《民法典》的诉讼实施是通过将民事权利主张表达为诉讼请求，进而通过"诉讼标的→法律基础→要件事实→证据证明"的诉讼构造对当事人的民事权利主张加以判定和实现。[1]

（3）诉讼请求。诉讼请求是指一方当事人在诉讼中以诉讼标的为基础所提出的作为审判客体的权利主张。这种权利主张的实质是诉方当事人对法院所要裁判事项的声明，是诉方当事人提出的纠纷解决方案，也是诉方当事人诉讼所要达到的目的。诉讼请求具有表明起诉目的、指引诉辩方向和限定案件审理及裁判范围等三个方面的功能。[2]根据原告请求的内容和目的不同，诉讼请求可以分为确认请求、给付请求和变更请求。

（4）诉讼理由。诉讼理由包括诉的法律理由和诉的事实理由。诉的法律理由是指当事人向法院请求保护其权益和进行诉讼的法律依据。诉的事实理由是指当事人向法院请求保护其权益和进行诉讼的事实上的依据。

关于民事诉讼主张，有学者认为，民事诉讼主张是指在民事诉讼过程中，当事人就与胜诉理由有关，可能影响裁判结果的各项事实、权利的存在与否及法的观点，向法院进行阐释，要求其采用并产生诉讼上的法律效果的行为，也指该行为表述的内容和观点。作为诉讼行为的主张，是指当事人表达自己某种见解的方式和行为。作为内容的主张，是指当事人所希望表达的见解的内容本身，以及其在法律上所期望达到的效果。[3]还有学者认为，民事诉讼主张的内涵是当事人提出的能够产生诉讼法律效果并形成法院实体裁判基础的陈述。民事诉讼主张的外延包括当事人提出的权利主张和事实主张两大类。权利主张是关于实体权利状态的主张，包括实体权利的发生、障碍、消灭等，通常也称为法律效果。它在确认之诉中表现为某种权利存在或不存在的主张；在给付之诉中表现为某种实体请求权以及抗辩权是否存在的主张；在形成之诉中表现为某权利关系是否消灭以及另外某种权利关系是否形成的主张。事实主张在原告而言，主要是权利基础事实主张，核心是形成其所主张权利的构成要件的事实；在被告而言，主要是抗辩事实主张，包括用以论证原告权

---

〔1〕 任重："论我国民事诉讼标的与诉讼请求的关系"，载《中国法学》2021年第2期。
〔2〕 参见朱建敏：《民事诉讼请求研究》，武汉大学出版社2020年版，第42~46页。
〔3〕 刘丹：《民事诉讼主张制度研究》，武汉大学出版社2021年版，第9页、第16页。

利主张不能成立的事实和作为己方权利主张基础的事实。[1]

研究民事之诉，诉的类型是一个最合适的切入点。对诉的类型的研究实质上是对诉的体系的研究。诉的类型与诉权理论、诉讼标的理论、既判力理论等民事诉讼基本理论有着密切的关系。诉的类型"三分法"理论将确认之诉、给付之诉和形成之诉并列形成了诉的体系，具有诉的历史特质，符合诉的发展趋势。诉的"三分法"在民事诉讼理论界占据主导地位。[2]

（1）确认之诉，是指原告请求法院确认其主张的民事法律关系（或民事权益）或者特定的法律事实是否存在或者是否合法有效之诉。确认之诉的诉讼标的是原告拥有的支配权。比如《民法典》第234条规定："因物权的归属、内容发生争议的，利害关系人可以请求确认权利。"物权确认请求权是物权保护的一种方式，是一种程序上的诉权或者程序性权利，并非实体法上的请求权，不适用诉讼时效。[3]因此，《第八次全国法院民事商事审判工作会议（民事部分）纪要》第24条规定："已经合法占有转让标的物的受让人请求转让人办理物权变更登记，登记权利人请求无权占有人返还不动产或者动产，利害关系人请求确认物权的归属或内容，权利人请求排除妨害、消除危险，对方当事人以超过诉讼时效期间抗辩的，均应不予支持。"该条中"利害关系人请求确认物权的归属或内容"属于物权确认请求权。物权确认请求权是行使物权以及物权请求权的基础，物权确认请求权有其独立的程序及实体价值，不应当适用诉讼时效。[4]

确认之诉分为积极确认之诉与消极确认之诉。积极确认之诉，是指原告请求法院确认其主张的民事法律关系（或民事权益）或者特定的法律事实存在或者合法有效之诉，比如案例一，原告胡某庚、唐某兰请求确认房屋的实际所有权人为其二人。消极确认之诉，是指原告请求法院确认其主张的民事法律关系（或民事权益）或者特定的法律事实不存在、不合法或无效之诉，比如请求法院确认公司股东大会的决议无效。

---

[1] 参见闫庆霞：《当事人民事诉讼主张研究》，法律出版社2013年版，第17~20页。

[2] 参见崔玲玲：《诉的类型研究》，法律出版社2018年版，第50页。

[3] 最高人民法院民法典贯彻实施工作领导小组主编：《中华人民共和国民法典物权编理解与适用》，人民法院出版社2020年版，第187页。

[4] 杜万华主编：《〈第八次全国法院民事商事审判工作会议（民事部分）纪要〉理解与适用》，人民法院出版社2017年版，第394页。

最高人民法院印发的《民事案件案由规定》明确列举了确认之诉的多种形态，其中列举的确认之诉的三级案由包括 11 种，四级案由包括 19 种。确认之诉包括收养关系确认之诉、物权确认之诉、共有权确认之诉、土地承包经营权确认之诉、合同效力确认之诉、确认不侵害知识产权之诉、企业出资人权益确认之诉、股东资格确认之诉、公司决议效力确认之诉、确认破产中债务人行为无效之诉、破产债权确认之诉、证券权利确认之诉和确认票据权利无效之诉。此外，实践中也承认确认债务不存在和国有股权转让中的竞拍行为无效等确认请求和判决。确认之诉应具有确认利益。对确认利益的判断标准是，只有当原告的权利或法律上的地位现实地处于不安或危险的状态，且通过法院的确认来消除这种不安或危险对于解决纠纷是有效且合适的方法时，才具有确认利益。[1]

确认之诉具有以下三个特点：首先，确认之诉具有补充性，例如在赔偿数额暂时无法确定的时候，可以通过确认之诉先行确定损害赔偿请求权的存在。其次，确认之诉具有预防性。确认之诉是在侵害权利的行为发生之前，通过确认法律关系或权利存在，或者确认义务、法律关系不存在的方式，防止纠纷的发生，避免激化矛盾。[2]最后，确认之诉不具有强制执行性。它只是请求对法律关系或法律事实的确认，而不涉及具体的权利行使和义务履行，因此确认判决不具有强制执行效力。

案例一即为物权确认之诉。该案的关键是判断郭某姣是否取得了所有权。由于所有权的占有、使用、收益和处分权能可以分离，因此，郭某姣收取房屋租金的事实，不能推定其已经取得房屋所有权。虽然案涉房屋登记在胡某香、郭某姣名下，原所有权人胡某庚、唐某兰也一直没有提出异议，但在赠与合同中，法律并无沉默视为赠与意思表示的规定。郭某姣不能提供有证明力的证据证明胡某庚、唐某兰确曾作出赠与的意思表示，因此案涉房产虽然登记在郭某姣名下，但所有权仍属于胡某庚、唐某兰。

（2）给付之诉，是指原告请求被告履行一定给付义务之诉。原告所主张的给付，包括被告的金钱给付、物之给付及行为给付（包括作为和不作为）。给付之诉的诉讼标的是原告享有的给付请求权。给付之诉中的给付请求权既

---

〔1〕　参见曹志勋："论我国法上确认之诉的认定"，载《法学》2018 年第 11 期；赵秀举："论确认之诉的程序价值"，载《法学家》2017 年第 6 期；江伟、肖建国主编：《民事诉讼法》（第 8 版），中国人民大学出版社 2018 年版，第 125 页。

〔2〕　刘哲玮：《诉的基础理论与案例研习》，法律出版社 2021 年版，第 6 页。

包含债权给付请求权，也包含具有人身利益的给付请求权。例如，同居义务为配偶双方的共同义务，应互为对待给付，此种给付以纯粹的人身利益为内容，不属于债，但具有给付内容，也应属于给付请求权。在涉及财产利益的给付时，给付之诉中的给付请求权不仅仅指合同履行上的给付请求权，也包含请求返还、请求损害赔偿、补偿等财产上的请求权。[1]

法院在审理给付之诉时，首先要确认原告与被告之间是否存在给付权利或义务，如果确实存在，法院就应在判决中判令被告履行义务。案例二中，一审法院对该案件的定位为确认之诉，认为违法建筑应由行政机关进行确认，而不能由司法机关来确认。故该案件不属于人民法院受理范围。但实际上该案为原告依据安置合同要求家美公司履行合同义务的给付之诉，不涉及所有权或其他物权的权利确认问题。

给付之诉包括现在给付之诉和将来给付之诉。现在给付之诉是指在法庭最后辩论终结之前或之时，原告请求履行期已到的给付之诉。现在给付之诉由于是给付义务已届清偿期之诉，所以原则上现在给付义务的清偿期一到就具备诉的利益。所谓诉的利益，是指当民事权利受到侵害或者与他人发生民事纠纷时，需要运用民事诉讼予以救济的必要性与实效性。对于期限未到或者附条件等原因，将来债权仅限于"原告有预先提出请求必要"的情形，才有提起将来给付之诉的利益。《民法典》第 578 条规定："当事人一方明确表示或者以自己的行为表明不履行合同义务的，对方可以在履行期限届满前请求其承担违约责任。"据此，权利人提起将来给付之诉，必须满足义务人"明确表示或者以自己的行为表明不履行合同义务"的条件，并对此负担证明责任。预期违约，是指合同履行期到来前，一方当事人明确表明其将不履行合同，或者通过其行为表明在合同履行期到来前不履行合同。预期违约包括明示违约和默示违约两种。预期违约在救济手段上可以区分为两种：一是防御性、一时性救济手段，即当事人中止或拒绝履行自己所负合同义务的权利，不安抗辩权属于此种救济；二是进攻性救济手段，包括履约担保请求权、期前合同解除权、期前损害赔偿请求权等，其中合同解除和损害赔偿为终局性救济手段。[2]

---

〔1〕 毕潇潇："实体法请求权视域下的给付之诉"，载《学习与探索》2020 年第 8 期。

〔2〕 最高人民法院民法典贯彻实施工作领导小组主编：《中华人民共和国民法典合同编理解与适用》（一），人民法院出版社 2020 年版，第 722 页。

（3）形成之诉，也称变更之诉，是指原告请求法院运用判决变动已成立或既存的民事法律关系（或民事权益）或者特定的法律事实之诉。形成之诉的实体法基础是原告所主张的形成权，其诉讼标的是具体的民事法律关系或原告拥有的形成权。《民事案件案由规定》中的请求变更公司登记之诉的实体法基础和诉讼标的是原告所主张的对特定法律事实的形成权。原告提起离婚之诉，其诉讼标的是原告主张解除的婚姻关系或者是原告对该婚姻关系所主张的解除权，诉讼请求则是原告请求法院解除婚姻关系（即判决离婚）。

形成之诉大体上有两类：①无广泛效力的形成之诉，即其形成判决的既判力和形成力主要存在于当事人双方之间而不具有对世效力，比如合同变更之诉、合同撤销之诉等。②有广泛效力的形成之诉，即其形成判决的既判力和形成力不仅存在于当事人双方之间，而且具有对世效力，这类形成之诉集中于有关身份关系的家事诉讼（如撤销或解除婚姻之诉、撤销或解除收养之诉）、社团关系的公司诉讼（如撤销公司股东会决议之诉等）。同时具备法定性和现实性的形成权纠纷，才具有诉的利益。[1]

案例三中，原告以太某东法定继承人们为被告向法院起诉，请求确认涉案房屋归其所有以及判令各被告协助原告办理上述房屋的产权登记手续。第一个诉讼请求为确认之诉，第二个诉讼请求为给付之诉。但实际上，原告与太某东就案涉房屋在太某东生前就进行了协议分割，故案涉房屋并不属于太某东的遗产范畴，各被告对案涉房屋并不享有相应权利，同样亦不承担义务，因此本案实为变更之诉，在对于现存的民事法律关系并无争议的情况下，法院判决将房屋由共同共有变更为原告冯某英单独所有是妥当的。

第二节　反诉

案　例：深圳市某宝树脂有限公司、东莞市某和化工
有限公司买卖合同纠纷案[2]

深圳市某宝树脂有限公司（以下简称"某宝公司"）主张某宝公司、东

---

〔1〕　邵明：《现代民事之诉与争讼程序法理》，中国人民大学出版社 2018 年版，第 61 页。
〔2〕　案例来源：广东省深圳市宝安区人民法院［2019］粤 0306 民初 6743 号民事判决书。

莞市某和化工有限公司（以下简称"某和公司"）双方于2017年9月4日签订《工矿产品购销合同》，约定某宝公司向某和公司采购64吨VAE乳液，总价值为人民币387 200元，交货日期为2017年9月30日前，付款方式为货到支票。但截至起诉之日，某和公司未按照约定的时间将某宝公司所采购的产品交付给某宝公司，某宝公司多次要求某和公司继续履行送货义务，但某和公司一直拖延送货，已严重违约。

某宝公司向深圳市宝安区人民法院起诉请求：第一，判令某和公司继续履行《工矿产品购销合同》约定的送货义务，将64吨VAE乳液交付立即给某宝公司；第二，本案全部诉讼费用由某和公司承担。某和公司向深圳市宝安区人民法院反诉请求：第一，判令某宝公司向某和公司支付货款人民币137 546.55元以及利息人民币9 628.36元；第二，本案诉讼费用由某宝公司承担。

某和公司辩称：关于某宝公司与某和公司签订的购销合同，某和公司已履行了部分送货义务，已送货数量为29.58吨。但因某宝公司未按合同约定货到付款，故某和公司没有继续向某宝公司提供剩余货物。某宝公司、某和公司在2018年1月23日进行对账时，双方已就之前发生的合同业务进行全面对账，某宝公司没有向某和公司提出继续履行合同的请求，请求法院驳回某宝公司的诉讼请求。

某和公司反诉称：2017年3月至11月，刚开始数量较小，某宝公司还能依约付款。但2017年9月4日签订《工矿产品购销合同》后，2017年9月29日，某和公司向某宝公司交付价值人民币178 459.1元的29.58吨货物时，某宝公司没有按照合同约定货到付款，引起某和公司不安，因此某和公司立即停止向某宝公司供货。2017年10月24日，虽然某宝公司之前已没有按照合同约定付款，但某宝公司提出向某和公司采购25吨VAE乳液时，某和公司还是向某宝公司交付了价值人民币140 370.04元的货物，而某宝公司仍然没有遵守货到付款的约定支付货款。2018年1月23日，双方就货款进行对账，某宝公司确认尚欠某和公司货款人民币276 716.14元。对账后，某宝公司仅支付了货款人民币139 169.59元，尚欠某和公司货款人民币137 546.55元。

某宝公司辩称：某和公司的反诉与本诉之间不具有关联性，应单独立案。某和公司反诉的事实不准确，其中29.58吨的产品不是本诉中订单的一部分。某和公司提供的对账单中的销售单价为人民币6033.1元，而不是本诉合同中约定的人民币6050元，两者之间不具有关联性。

深圳市宝安区人民法院认为：原告主张 2019 年 9 月 29 日的送货单并非 2017 年 9 月 4 日签订《工矿产品购销合同》所对应的货物，但并未向法院提交任何证据证明该送货单对应的是哪份购销合同。实际上被告提交的 2019 年 9 月 29 日的送货单中有注明货物单价为人民币 6050 元/吨，而双方于 2017 年 8 月后签订的三份合同中仅有 2017 年 9 月 4 日的合同单价为 6050 元/吨，其他两份合同的单价均不一致。原告主张其留底的送货单中并未备注单价，但并未向法院提交相应的送货单。法院认为，被告所提交的送货单、对账单已初步证明其已就 2017 年 9 月 4 日的合同履行了部分交货义务，对于对账单的单价差异也作出了合理解释。原告对此予以否认，但并未提交任何证据予以证明，应承担举证不能的不利后果。因此，本院采信被告的主张，确认被告已于 2017 年 9 月 29 日向原告交付了 2017 年 9 月 4 日《工矿产品购销合同》对应的货物 29.58 吨。对账单显示，该货物原告并未在收到货物时立即付款，该行为已构成违约。被告以此为由拒绝向原告交付 2017 年 9 月 4 日《工矿产品购销合同》剩下的货物，合法有据。而原告在履行合同过程中并未对此提出异议，仍与被告签订新的购销合同。现原告至今仍拖欠被告货款，亦未向被告提供适当的担保，被告拒绝继续履行 2017 年 9 月 4 日的《工矿产品购销合同》，合法有据，本院予以支持。判决如下：第一，原告深圳市某宝树脂有限公司应于本判决生效之日起 10 日内支付被告东莞市某和化工有限公司货款人民币 137 546.55 元及利息；第二，驳回原告深圳市某宝树脂有限公司的全部诉讼请求。

问题与思考：

结合本案，分析反诉的要件。

《民事诉讼法》（2021 年修正）第 54 条规定："原告可以放弃或者变更诉讼请求。被告可以承认或者反驳诉讼请求，有权提起反诉。"但是没有具体规定反诉的要件和程序。反诉，是指在本诉的诉讼程序中，本诉的被告以本诉的原告为被告而提起的与本诉有牵连的诉讼请求。被告反诉的目的，旨在通过反诉，抵销或者吞并本诉的诉讼请求，或者使本诉的诉讼请求失去意义。[1]《民事诉讼法》规定反诉制度的目的，一方面是为了便于法院通过对反诉与本诉

---

[1] 王胜明主编：《中华人民共和国民事诉讼法释义》，法律出版社 2012 年版，第 338 页。

的合并审理，用一个诉讼程序解决相关民事纠纷，提高诉讼效率，节约司法资源，便利当事人实现权利救济；另一方面，通过本诉与反诉的合并审理，可以有效避免因分别审理而造成的裁判矛盾。[1]

提起反诉除了具备起诉条件，还需要具备以下要件：

（1）反诉须由本诉被告向本诉原告提起。《最高人民法院关于适用〈中华人民共和国民事诉讼法〉的解释》（2022年修正）（以下简称《民诉法解释》）第233条第1款规定："反诉的当事人应当限于本诉的当事人的范围。"本案中，某宝公司为本诉原告、反诉被告，某和公司为本诉被告、反诉原告。如果提起反诉的主体或者反诉的对象，超越了本诉当事人的范围，则不能构成反诉，属于新诉的范畴，应当另行起诉。

（2）应在案件审理后、法庭辩论终结前提起反诉。《民诉法解释》第232条规定："在案件受理后，法庭辩论结束前，原告增加诉讼请求，被告提出反诉，第三人提出与本案有关的诉讼请求，可以合并审理的，人民法院应当合并审理。"本案中，在某宝公司向法院起诉并要求某和公司继续履行合同后，某和公司反诉某宝公司，要求其支付货款。

（3）反诉与本诉应当适用相同的诉讼程序。本诉适用普通程序审理，即使反诉适用简易程序，在本诉程序中也可提起反诉，但是本诉适用简易程序，而反诉适用普通程序的，在本诉程序中，通常不得提起反诉。本案中，本诉和反诉都适用的是普通程序。

（4）反诉与本诉在诉讼标的、诉讼请求或案件事实方面具有牵连性。《民诉法解释》第233条第2款规定："反诉与本诉的诉讼请求基于相同法律关系、诉讼请求之间具有因果关系，或者反诉与本诉的诉讼请求基于相同事实的，人民法院应当合并审理。"实务中，反诉与本诉具有牵连性主要有以下情形：①反诉与本诉基于同一法律关系。即反诉与本诉所依据的权利义务关系性质相同。例如，基于同一保管合同关系，原告甲起诉乙，请求法院判决乙返还其保管的物品，被告乙反诉原告甲请求支付保管费。②反诉与本诉的诉讼请求是同一内容的相反主张。例如，买卖合同中，本诉原告要求确认合同有效并给付标的物，反诉原告则要求确认合同无效并恢复原状。③反诉与本

---

〔1〕 杜万华、胡云腾主编：《最高人民法院民事诉讼法司法解释逐条适用解析》，法律出版社2015年版，第400页。

诉基于同一案件事实。例如，原告起诉请求离婚，被告以婚姻关系不成立提起婚姻效力确认之反诉。[1]本案中，双方当事人为买卖合同的相对方，某宝公司请求某和公司继续履行交货义务及某和公司请求某宝公司支付货款均基于买卖合同关系，且诉讼请求之间存在因果关系，因此可以认定反诉请求与本诉请求具有牵连性。

（5）反诉的管辖应当合法，反诉应当向审理本诉的法院提起，并且不属于其他法院专属管辖。如果反诉属于其他法院专属管辖的，审理本诉的法院因为无权管辖，而不得将反诉与本诉合并审理。本案均由深圳市宝安区人民法院管辖。

法院应当依职权审查是否具备反诉要件。《民诉法解释》第233条第3款规定："反诉应由其他人民法院专属管辖，或者与本诉的诉讼标的及诉讼请求所依据的事实、理由无关联的，裁定不予受理，告知另行起诉。"不具备反诉条件的，法院应当裁定不予受理或驳回反诉，告知另行起诉。法院受理反诉后，应当在同一程序中合并审理本诉和反诉。对于本诉和反诉应当分别作出裁判，各裁判可以同时作出，也可以先后作出。

为保护反诉当事人的上诉权、维护审级利益，根据《民诉法解释》第326条的规定，在第二审程序中，原审被告提出反诉的，第二审人民法院可以根据当事人自愿的原则就反诉进行调解；调解不成的，告知当事人另行起诉。双方当事人同意由第二审人民法院一并审理的，第二审人民法院可以一并裁判。

第三节 诉权

案 例：刘某磊、刘某方买卖合同纠纷案[2]

2016年5月10日，刘某方与刘某磊对账，确认：截至2016年4月30日，刘某方欠货款1 121 500元，刘某磊承诺3年内不得因拖欠货款而起诉刘某方，如起诉，刘某磊自愿让利50万元给刘某方。对账后，双方继续发生业务往来，截至2016年7月18日，刘某磊又向刘某方供应锡条等产品，刘某方

---

[1] 梁开斌：《论诉之牵连》，社会科学文献出版社2021年版，第184页。
[2] 案例来源：安徽省滁州市中级人民法院［2018］皖11民终148号民事判决书。

支付货款 204 689 元。后刘某磊诉至安徽省天长市人民法院，主张对账前货款 1 121 500 元和对账后货款 43 870 元，合计 1 165 370 元。安徽省天长市人民法院通过审理认为：第一，刘某磊是本案适格原告。第二，认定刘某方欠款金额为对账前的 1 121 500 元。第三，对账单是刘某磊与刘某方自愿签订，承诺内容系二人真实意思表示，双方应当按约履行。刘某磊现起诉刘某方，违反承诺内容，应当按照约定让利 50 万元。法院判决被告刘某方于本判决生效之日起 10 日内偿还原告刘某磊货款 621 500 元及逾期付款损失。

刘某磊不服原审判决，向安徽省滁州市中级人民法院提起上诉，请求撤销原审判决，依法改判刘某方支付其货款 1 165 370 元及逾期付款利息损失。二审另查明：刘某磊与刘某方均认可双方自 2013 年起至 2016 年止有业务往来，交易总金额为 600 多万元。2016 年 5 月 10 日对账单中的货款 1 121 500 元中不包含任何利息与违约金。

滁州市中级人民法院认为：本案中，2016 年 5 月 10 日刘某磊与刘某方经对账后形成的对账单，系双方当事人的真实意思表示，不违反法律、行政法规关于效力的强制性规定，合法有效。刘某磊上诉认为对账单上"刘某磊承诺 3 年内不得因拖欠货款而起诉刘某方，如起诉刘某磊自愿让利 50 万元给刘某方"系无效约定，"3 年内不得起诉"限制了刘某磊的起诉权，违背了法律的强制性规定。法院认为，对账单上"刘某磊承诺 3 年内不得因拖欠货款而起诉刘某方"系刘某磊行使自由处分权的体现，应认定为有效约定。《民事诉讼法》明确赋予当事人就特定事项程序上的处分权，如起诉、撤诉、放弃、变更诉讼请求等。显然，针对这些事项，特别是诉权，《民事诉讼法》并没有明确规定当事人就放弃或者行使可以进行约定或者不可以进行约定。在本案中，刘某磊与刘某方达成 3 年内不起诉的契约，不排除刘某磊通过其他途径来催要货款，故 3 年内不起诉的约定系当事人的真实意思表示，并没有违反强制性的规定，应认定为有效，也充分体现当事人的自由处分原则。就刘某磊上诉认为双方对账后的有一笔 43 870 元货款未支付，刘某磊提供的货物签收记录仅有货物件数，没有具体数量及单价，因此对刘某磊要求刘某方支付其 43 870 元，法院不予支持。刘某磊与刘某方对尚欠的 1 121 500 元货款均无异议，法院依法予以确认。双方对账后，虽然约定刘某磊 3 年内不得起诉刘某方，但没有排除在此期间不用支付相应货款，刘某方存在违约行为，所以刘某方应向刘某磊支付逾期付款的利息损失。而根据对账单约定，"刘某磊承诺 3 年内不得因拖欠货款而起诉刘某方，如起诉刘某磊自愿让利 50 万元给刘某方"，该约定实质上是关于违约金的约定，现刘某磊违反该约定，理应承担一定的违约金。但双方关于违约金数额约定过高，明显违反公平原则，应予调整。法院综合本案实际情况，根据公平原则和诚实信用原则予以衡量，对于刘某方应支付的逾期付款利息损失作为刘某磊提前起诉应付的违约金，予以冲抵，故对刘某磊要求对方支付逾期付款利息损失的诉讼请求，法院不予支持。判决如下：第一，撤销安徽省天长市人民法院［2017］皖 1181 民初 3354 号民事判决；第二，被上诉人刘某方于本判决生效后 10 日内支付上诉人刘某磊货款 1 121 500 元；第三，驳回上诉人刘某磊的其他诉讼请求。

问题与思考：

1. 简述我国司法裁判中的诉权合同审查。

2. 结合本案，分析不起诉契约的法律效力。

诉权是当事人享有提起诉讼或者应诉并要求法院作出公正裁判以保护其民事权益的权利。诉权的外延包括起诉权、应诉权、反诉权、上诉权、再审诉权。准诉权是类似于诉权性质的权利，是指在非讼程序或者执行程序中，当事人享有启动和参与非讼程序或者执行程序并要求法院依法行使审判权或者执行权的权利，其通常表现形式是非讼程序中的申请权、执行程序中的申请执行权与执行异议权。[1]起诉权是公民、法人或者其他组织享有的作为原告要求法院启动审判程序，就自己提出的诉讼请求进行审理并给予司法保护的权利。起诉权是诉权最典型、最充分的体现，是诉权的核心内容。只有通过诉权启动了第一审程序，才可能发生基于上诉权启动的上诉审程序和基于再审诉权或者法院、检察院依职权启动的再审程序。基于诉权平等和审判权平等保护双方当事人的原理，应诉方享有的诉权是应诉权。应诉权是指应诉一方当事人所享有的进行诉讼并要求法院作出公正裁判的权利。民事诉讼法为了保障应诉权，为应诉一方当事人配置了一系列诉讼权利包括答辩权、提出管辖权异议、委托诉讼代理人、申请回避、收集和提供证据、质证、辩论权等。反诉权是一种特殊形式的起诉权，是指原告起诉后，被告为抵销、吞并原告诉讼请求而在同一诉讼程序中向法院提起诉讼的权利。上诉权是指当

---

〔1〕　田平安、柯阳友："民事诉权新论"，载《甘肃政法学院学报》2011 年第 5 期。

事人不服第一审法院所作出的判决和裁定，在法定期限内要求上一级法院撤销或者变更一审裁判的权利。再审诉权，又称申请再审权，是指当事人认为已经发生法律效力的判决、裁定、调解书在实体和程序上存在重大瑕疵即具有申请再审的法定事由，要求法院撤销原裁判并对案件进行审理的权利。[1] 诉权是民事主体作为人所当然享有的权利之一，是当事人维护自身的独立人格和意志自由所必然拥有的权利，属于人权的范畴。诉权人权观表达的是"任何人都可以自主决定是否提起诉讼"的观念。[2]

在大陆法系民事诉讼法学理论中，诉权合同是指合同当事人对因合同的履行可能发生的纠纷而预先通过合意方式处分诉权的约定，包括放弃诉权、限定诉权的行使时间、限定诉权的行使条件等多种形式。诉权合同在现实生活交往中，通常以"不得向法院起诉""自愿放弃起诉""自愿放弃诉权""不再发生争端""不再提出诉求""不再追究""一次性了结""一次性补偿"等表述形式出现在合同中。

我国司法裁判中的诉权合同审查主要包括以下 7 种方式：①对诉权合同的合法性审查适用《民法典》合同编的规定。当事人订立合同只要不存在违反法律、行政法规的强制性规定、损害公共利益、以合法形式掩盖非法目的等情形的，合同即为有效。这种审查表明对诉权的私法属性予以认可。②诉权处分须以明示方式为之。当事人通过合同约定放弃诉权或者对诉权的行使设定条件，该意思表示必须以明示的方式作出，并且应当清晰、无歧义。③诉权处分不得以概括性的方式为之。当事人对诉权予以放弃或限制，应当针对具体的争议事项或诉讼标的，不得概括性地、无具体指向地放弃或限制诉权。④诉权处分须严格遵循合同相对性。当事人在合同中所作的诉权处分意思表示仅对合同相对人有效。当事人在合同中承诺放弃针对第三方的诉权，该承诺无效，第三方不能据此提出原告无诉权的抗辩。⑤对诉权处分的范围应作严格解释。诉权处分需明确针对何种纠纷事项或诉讼标的而作出。如果诉权合同约定不清晰，法官应当对诉权处分的范围进行严格解释，而不能扩大解释。⑥诉权处分不得违反公平原则。可适用《民法典》合同编关于合同

---

〔1〕 参见柯阳友：《起诉权研究：以解决"起诉难"为中心》，北京大学出版社 2012 年版，第 2~6 页。

〔2〕 吴英姿：《作为人权的诉权理论》，法律出版社 2017 年版，第 82 页。

撤销权的规定来审查诉权合同是否可撤销。"显失公平"是诉权合同可撤销的一种情形。当事人签订诉权合同时是否缺乏经验，是否滥用优势地位，是否明显低于法定赔偿标准等。⑦诉权处分不得存在重大误解。"重大误解"是诉权合同可撤销的另一种情形。当事人对诉权合同的内容存在"重大误解"的情况多发生在工伤、交通肇事和其他人身损害赔偿案件中。[1]

本节所讨论的案例是在买卖合同纠纷中，一方当事人承诺3年内不得因拖欠货款而起诉对方，即在当事人之间形成了一个不起诉契约。不起诉契约是指双方当事人在诉讼提起之前订立，针对特定的民事纠纷，约定放弃通过诉讼途径解决该民事纠纷的协议。

我国现行《民事诉讼法》及其司法解释没有规定"不起诉契约或者不起诉协议"。不起诉契约属于放弃型诉讼契约。对于"不起诉契约"的效力问题，学界有三种处理意见：①肯定说认为，只要当事人对实体请求权可以处分，尤其是可为债的免除时，自然也可以合意排除其纠纷的可诉性，故此不起诉契约合法有效。②否定说认为，对于仲裁协议的许可，尚要求严格的条件，完全以合意排除可诉性更不可能，所以应当否定不起诉契约的效力。③折中说认为，既然诉权系宪法基本权，根据合宪性原则，应当采纳否定说，但是若当事人约定在一定期间内双方不得起诉，只要此期间短于消灭时效，当事人仍有行使权利的合理期间，则不起诉契约应具有容许性。[2]

本案中一审法院认为对账单是刘某磊与刘某方自愿签订，承诺内容系二人真实意思表示，双方应当按约履行，故刘某磊起诉刘某方违反了不起诉契约的承诺内容，刘某磊应当按照约定让利50万元。一审法院的判决实际上体现了诉讼行为说，诉讼行为说认为，当事人之间在诉前或诉中达成的诉讼契约是诉讼行为，从而发生诉讼上的效力，诉讼契约虽然是由民事主体在以一般民事实体法上的契约方式所进行，但该诉讼契约的主要内容是以发生诉讼上的一定法律效果为目的。依照诉讼行为说，在不起诉契约中，只要当事人之间的约定未损害公共利益和社会秩序，都应当认定为诉讼行为而具有法律效力。

---

〔1〕　参见巢志雄："民事诉权合同研究——兼论我国司法裁判经验对法学理论发展的影响"，载《法学家》2017年第1期。

〔2〕　邵明：《现代民事之诉与争讼程序法理》，中国人民大学出版社2018年版，第160页。

除了诉讼行为说，还有私法行为说。私法行为说通常认为民事主体之间在诉讼前或诉讼中达成的诉讼契约的合意是私法行为，该诉讼契约属于民事实体法上的契约，并且其只能发生民事实体法行为的法律后果，而不能获得民事诉讼上的效果。在订立该诉讼契约后，当事人一方获得了来自民事实体法上的请求权，而另一方当事人则负有民事实体法上的作为或不作为的义务，私法行为说着重于所订立诉讼契约的私法性。本案的二审法院说理也是适用该学说。

人权理论视域下的诉权观认为：诉权或司法救济权是基本人权。不起诉契约的客体是诉权，核心内容是诉权处分，诉权的人权本质使之具有不可放弃性。诉权是与作为社会主体的人的自我意识和自主地位紧密相连的，是社会主体的价值确认方式，也是人的自主性的权能表现之一。在一般民事权利情形中，主体对自己的权利有处分权，这是私法上的基本原则之一。但是，凡涉及公民基本权利、公共利益和公法性质的法律关系，处分权是受到限制的。如同公民不能以契约的方式放弃生命权等基本权利一样，诉权也不能以当事人合意的方式放弃。诉权的不可放弃性，决定了"不起诉契约"没有公法上的效力。

不起诉契约在本质上是对诉权的处分。而作为公权利的诉权，其义务主体是国家。因此，不起诉契约处分的法律关系不仅仅是当事人之间的权利义务关系。无论当事人的目的是什么，这种契约必然介入到公法领域中，其有效性问题必须纳入诉讼法的范畴予以考量。诉讼法认可处分权原则，但要求当事人"在法律的范围内"行使处分权。可见，诉讼行为遵循"法律有规定的才有效"的基本准则。不起诉契约发生在诉讼程序之前，以当事人放弃诉权为核心内容，这意味着否定了司法权判断、评价的可能性。而这是在司法权没有介入的情况下的私法行为，诉讼法是不可能承认其效力的，只有在当事人自愿履行的情况下有意义，不得主张对法院的约束力。一方当事人向法院起诉的，法院不得以存在诉讼契约为由拒绝受理。[1] 当事人拥有"诉讼启动选择权"，纠纷发生前或发生后，起诉只是当事人解决纠纷的选择之一，是否选择用诉讼解决争议，决定权在于当事人，法院没有权力启动诉讼程序。

---

〔1〕 吴英姿："不起诉契约不具有诉讼法上效力——诉权契约原理"，载《烟台大学学报（哲学社会科学版）》2015 年第 4 期。

因此，当事人当然可以达成不起诉契约，使诉讼程序不被开启，而选择其他途径来解决。本案中 3 年内不起诉的约定为当事人的真实意思表示，并没有违反强制性的规定，应认定为有效。

笔者认为，将来我国《民事诉讼法》对于民事私益纠纷，可以允许当事人达成不起诉契约，以排除民事诉讼，因为在多元化民事纠纷解决体系中，当事人享有"纠纷解决选择权"，即当事人可以依法选择民事纠纷的具体方式。但是，若诉诸司法，则对诉权合同（不起诉契约）进行合法性审查。当事人达成不起诉契约，并不当然地使其失去诉权。不起诉契约的受益人通常是被告，属于当事人的抗辩事项。若原告违背不起诉契约而提起诉讼或者不撤诉，被告提出异议，法院审查不起诉契约合法有效的，则驳回原告的诉讼请求；若被告没有提出异议且应诉答辩的，则视为被告同意解除不起诉契约，诉讼继续进行。对于"民事公益纠纷"或者包含公共利益的"民事争讼案件"，当事人不得达成不起诉契约或者否定该不起诉契约的有效性，旨在防止当事人以不起诉契约阻碍通过民事诉讼保护公益。

虽然诉权是纠纷当事人平等享有的权利，但当事人不得滥用诉权。滥用诉权主要体现在滥用起诉权和提出显无事实根据的诉讼请求。滥用诉权的情形多种多样，如原告通过行使诉权来侵害对方当事人或者第三人的合法权益。对于当事人恶意诉讼和恶意调解的，《民事诉讼法》第 115 条规定："当事人之间恶意串通，企图通过诉讼、调解等方式侵害他人合法权益的，人民法院应当驳回其请求，并根据情节轻重予以罚款、拘留；构成犯罪的，依法追究刑事责任。"对于被执行人恶意诉讼、仲裁和调解的，《民事诉讼法》第 116 条规定："被执行人与他人恶意串通，通过诉讼、仲裁、调解等方式逃避履行法律文书确定的义务的，人民法院应当根据情节轻重予以罚款、拘留；构成犯罪的，依法追究刑事责任。"

第二章

民事诉讼法的基本原则

第一节　诉讼权利平等原则

案　例：何某兴、中国石油Ａ石油化工有限公司劳动争议案[1]

原告何某兴于 2019 年 5 月 13 日向抚顺市劳动人事争议仲裁委员会申请仲裁。该委员会于 2020 年 3 月 12 日向原告何某兴送达裁决书，原告何某兴不服该裁决向抚顺市望花区人民法院起诉请求：第一，判令被告支付 2008 年、2009 年、2012 年至 2018 年期间原告带薪年休假工资共计 24 275 元；第二，2008 年 1 月 1 日至 2018 年 7 月 31 日期间法定节假日加班工资和差额工资共计 7419 元；第三，2008 年 1 月 1 日至 2018 年 7 月 31 日期间延长工作时间加班工资共计 83 505 元；第四，补足 2018 年 7 月份工资差额共计 1390 元；第五，2008 年 1 月 1 日至 2018 年 7 月 31 日期间劳务派遣同工同酬绩效奖金差额工资共计 240 000 元。

抚顺市望花区人民法院认为：本案远超法定立案期限，又没有正当原因解释，属于原告何某兴未在法定期限内提起诉讼，不符合法定起诉条件，故裁定驳回何某兴的起诉。何某兴不服该民事裁定，向抚顺市中级人民法院提起上诉。何某兴上诉请求：第一，撤销抚顺市望花区人民法院［2020］辽 0404 民初 1515 号民事裁定书，指令原审法院对案件进行实体审理。第二，一、二审诉讼费由被上诉人承担。事实与理由：第一，一审法院认定事实不清，非法剥夺了上诉人诉权。①上诉人于 2020 年 3 月 12 日收到抚顺市劳动争

---

〔1〕　案例来源：辽宁省抚顺市中级人民法院［2020］辽 04 民终 1973 号民事裁定书。

议仲裁委员会抚劳人仲裁字〔2019〕452号裁决书，因不服该裁决，上诉人于2020年3月27日向望花区人民法院提起诉讼，望花区人民法院接收立案材料，有《抚顺市望花区人民法院立案材料接收登记单》为证，立案庭不让交诉讼费，导致未能立案，责任不在上诉人。②一审法院接收立案材料以后，一直没有让上诉人缴纳诉讼费，后告知上诉人其起诉的被告之一抚顺石化某集团B劳务有限公司已被注销，被告主体资格不适格，上诉人多次与一审法院沟通解决问题，均未果，导致上诉人未能在3月27日交费立案，对这一事实，原审法院的裁定书并未如实体现，只陈述上诉人交诉讼费超出了法定期限，并以此为由裁定驳回上诉人起诉是错误的。第二，一审法院违反《民事诉讼法》第8条当事人平等原则，使两个同样的当事人没有适用相同的法律规定，导致结果不公平，驳回上诉人的起诉是错误的。一审法院以上诉人的被告主体资格不适格为由而拖延时间缴纳诉讼费的同时，却受理了仲裁的另一方主体中国石油A石油化工有限公司的起诉状，该起诉状的被告主体与上诉人的被告主体相同，但一审法院却没有提出被告主体资格注销的异议，上诉人到原审法院询问为何同一案件、同一事实，受理对方当事人的起诉，却不受理上诉人的起诉，一审法院告知提起反诉与之合并审理，开庭审理后却以上诉人超过起诉期限为由裁定驳回起诉。因此，一审法院违反法定程序和原则，驳回起诉裁定错误。中国石油A石油化工有限公司辩称，对一审裁定认定事实和适用法律没有异议，请求维持原裁定，驳回上诉人上诉。

抚顺市中级人民法院认为：本案的争议焦点为何某兴起诉是否超过起诉时限。何某兴收到抚顺市劳动人事争议仲裁委员会作出的抚劳人仲裁字〔2019〕452号裁决书后，在法定期限内向一审法院提起了诉讼。本案至2020年6月8日方予以立案非因何某兴原因，何某兴未怠于行使其诉讼权利，故其提出未超过起诉期限的上诉理由成立，本院予以采信。一审法院以何某兴未在法定期限内提起诉讼，不符合法定起诉条件为由裁定驳回其起诉不当，本院予以纠正。本案应进入实体审理，查明事实后依法作出实体裁决。裁定如下：第一，撤销抚顺市望花区人民法院〔2020〕辽0404民初1515号民事裁定；第二，本案指令抚顺市望花区人民法院审理。

问题与思考：

诉讼权利平等原则体现在哪些方面？本案是否违反诉讼权利平等原则？

请说明理由。

诉讼权利平等原则，是指当事人在民事诉讼中享有平等的诉讼权利，法院审理民事案件应当平等地保障当事人行使诉讼权利。《民事诉讼法》第8条规定："民事诉讼当事人有平等的诉讼权利。人民法院审理民事案件，应当保障和便利当事人行使诉讼权利，对当事人在适用法律上一律平等。"诉讼当事人平等原则是民事诉讼对抗式结构的必然要求。在现实的民事法律关系产生、变更与消灭的过程中，民事主体之间存在着各种现实能力与地位的不对等，但一旦其进入民事诉讼这一特定的法的空间，作为居中裁判的法院就应当切断双方在实体法律关系中的差异，赋予并维护双方当事人平等的地位，尤其应当赋予双方在攻击防御方面的机会均等。这种双方当事人地位的平等性应从诉讼开始一直贯穿于诉讼终结。民事诉讼的对抗式结构是将裁判机关置于中立的地位，通过当事人双方的诉讼对抗，查明争议的焦点和案件事实，作出正确的裁判。人民法院在诉讼中的中立地位是民事裁判公正的保证。人民法院的中立性也体现在平等地对待双方当事人这一点上。诉讼当事人平等原则也是为了保障人民法院在诉讼中的中立性。诉讼权利平等原则包括以下两个方面的内容：

（1）当事人的诉讼地位平等。民法是调整平等主体之间的财产关系和人身关系的法律规范，这就要求在解决民事纠纷的民事诉讼过程中，当事人也必须具有平等的地位。不论是原告、被告还是第三人，也无论民族、性别、职业、社会出身、政治背景、宗教信仰、文化程度、经济状况等差异，一律平等地享有诉讼权利和承担诉讼义务。但是，诉讼权利平等并不意味着诉讼权利相同，《民事诉讼法》赋予双方当事人相同的诉讼权利主要包括双方当事人都有委托诉讼代理人、申请回避、收集与提供证据、进行辩论、请求调解或自行和解、提起上诉、申请再审和申诉、申请执行等诉讼权利。因为双方当事人在诉讼中处于攻击与防御的对立位置，因而还会出现当事人享有的权利内容不同，但权利呈现对等的关系，如原告有提起诉讼的权利，被告则有提起反诉、进行答辩的权利；原告有选择管辖法院的权利，被告有提出管辖异议的权利等。虽然因为诉讼地位的不同，当事人的权利义务也不同，但这种差异并不影响当事人赢得诉讼的机会。除了权利外，双方当事人也依法平等地承担诉讼义务，如遵守诉讼秩序、履行生效的法律文书所确定的义务。任何一方当事人都不得享有特权，也不得凌驾于法律之上。这种平等在某种意义上也可以称为形式当事人平等，之所以称之为"形式"，是因为其不考虑当事人在诉讼过程中的现实地位，即不关注双方当事人具体权利、义务及责任的配置，而是要求民事诉讼在宏观层面采用使双方获得机会均等的结构。[1]

（2）人民法院应平等地保障当事人行使诉讼权利。人民法院在民事诉讼中要将立法的平等转化为司法的现实，应在审理民事案件时平等地保障当事人双方行使诉讼权利。它包括以下基本要求：①法院应当平等地对待双方当事人，不能厚此薄彼，偏袒一方而压制另一方。②法院在诉讼程序进行中应给予双方当事人平等的机会、便利和手段。③法院对当事人双方提出的主张和证据予以平等的关注，并在作出裁判时将双方的观点均考虑在内。没有法院的平等保护，当事人平等原则就难以在诉讼过程中得到落实。④平等保护并不完全否定基于合理立法目的的差别对待，在当事人双方不能真正平等地行使诉讼权利时，法院可以适当予以释明，如对明显处于弱势的一方当事人提供积极的援助，包括减免诉讼费用、提供法律援助等，使之与强势一方形成实质上的平等。

本节的案例中，抚顺市望花区人民法院即有未平等地保障当事人行使诉讼权利的嫌疑。原告何某兴在收到仲裁裁决书后，于2020年3月27日向望花区人民法院提起诉讼，望花区人民法院当日就接收了立案材料，但一直没有让原告缴纳诉讼费，随后告知原告其起诉的被告之一抚顺石化某集团B劳务有限公司已被注销，被告主体资格不适格。但是在仲裁裁决的另一方主体中国石油A石油化工有限公司起诉时，其起诉状的被告主体与原告的被告主体相同，但一审法院却没有提出被告主体资格注销的异议，受理了中国石油A石油化工有限公司的起诉。对于同一案件、同一事实，抚顺市望花区人民法院受理中国石油A石油化工有限公司的起诉，却未受理原告何某兴的起诉，使两个同样的当事人没有适用相同的法律规定，导致结果极不公平，因此，属于违反了《民事诉讼法》第8条诉讼权利平等原则，故抚顺市中级人民法院裁定撤销抚顺市望花区人民法院的民事裁定合法适当。

---

[1]　林剑锋："当事人平等原则解释论功能的再认识"，载《法律科学（西北政法大学学报）》2020年第3期。

第二节 辩论原则

案 例：源某某塑胶电子（深圳）有限公司、南宫市诚实通讯门市侵害实用新型专利权纠纷案[1]

源某某塑胶电子（深圳）有限公司（以下简称"源某某公司"）是涉案专利的专利权人。经调查，南宫市诚实通讯门市（以下简称"诚实门市"）销售的自拍杆产品覆盖了涉案专利权利要求 2 的全部技术特征。涉案专利申请日为 2014 年 9 月 11 日，授权公告日为 2015 年 1 月 21 日，专利权人为源某某公司。涉案专利权利要求 1 载明：一种一体式自拍装置，包括伸缩杆及用于夹持拍摄设备的夹持装置，所述夹持装置包括载物台及设于载物台上方的可拉伸夹紧机构，其特征在于：所述夹持装置一体式转动连接于所述伸缩杆的顶端；权利要求 2 载明：根据权利要求 1 所述的自拍装置，其特征在于：所述载物台上设有一缺口，所述夹紧机构设有一与所述缺口位置相对应的折弯部，所述伸缩杆折叠后可容置于所述缺口及折弯部。国家知识产权局针对涉案专利出具的实用新型专利权评价报告（出具日期：2015 年 2 月 11 日）的初步结论为：权利要求 1 不符合授予专利权条件，权利要求 2-13 未发现存在不符合授予专利权条件的缺陷。国家知识产权局针对涉案专利出具的专利登记簿副本（出具日期：2019 年 4 月 29 日）显示：第一，涉案专利权目前有效；第二，涉案专利权被部分宣告无效；第三，涉案专利权目前处于无效审查程序中。

源某某公司向河北省石家庄市中级人民法院提起诉讼，请求：第一，判令诚实门市立即停止销售侵犯源某某公司涉案专利权之产品的行为；第二，判令诚实门市赔偿源某某公司经济损失 20 000 元。诚实门市未作答辩。

河北省石家庄市中级人民法院认为：实用新型专利权的保护范围以权利要求的内容为准，说明书及附图可以用于解释权利要求的内容。被诉侵权自拍杆的"C"形夹持架结构形态简捷，采用的是与源某某公司涉案专利载物台开口方案不同的技术路径。物体的一部折叠收纳于另一部，如铡刀开合，折叠收纳于铡座槽内；折叠式水果刀/裁纸刀，刀刃折叠收纳于刀柄槽内。上

---

[1] 案例来源：最高人民法院［2019］最高法知民终 727 号民事判决书。

述折叠收纳，系传统且通常的方案，相较于涉案专利的杆部折叠收纳于夹持部的收纳空间内，属于现有技术。对于源某某公司的起诉，不予支持。判决：驳回源某某公司的诉讼请求。

源某某公司不服原审判决，向最高人民法院提起上诉，请求：第一，撤销原审判决，依法改判诚实门市支付源某某公司经济损失 20 000 元；第二，本案一、二审案件诉讼费由诚实门市承担。原审法院适用法律错误。涉案专利是否属于现有技术，应由诚实门市举证证明，即其应当证明在涉案专利申请日前，权利要求 2 的技术方案已公开。涉案专利历经 27 次无效审查，其权利要求 2 目前仍维持有效，说明其并非现有技术。原审法院认为"杆部折叠收纳于夹持部的收纳空间"为现有技术，属于适用法律错误。综上，请求二审法院依法改判。诚实门市未作答辩。

最高人民法院认为：根据本案当事人的上诉请求及案件事实，本案在二审阶段的焦点问题是：第一，原审法院主动引入相关现有技术对涉案专利权的效力进行评价，程序是否妥当，结论是否正确；第二，被诉侵权技术方案是否落入涉案专利权利要求 2 的保护范围；第三，本案民事侵权责任的承担。本案原审阶段，被诉侵权者诚实门市既未到庭应诉，也未向原审法院提交答辩意见和证明涉案专利授权技术方案明显属于现有技术的相关证据，而源某某公司二审提交的证据能够证明涉案专利权利要求 2-13 目前仍有效。鉴此，原审法院主动对涉案专利权的效力进行评价，有违民事诉讼辩论原则，程序不当。原审法院主动引入相关现有技术对涉案专利权的效力进行评价，程序不当，结论错误，本院予以纠正。源某某公司上诉理由成立，本院予以支持。判决如下：第一，撤销河北省石家庄市中级人民法院[2019]冀 01 民初 53 号民事判决；第二，南宫市诚实通讯门市立即停止销售侵害源某某塑胶电子（深圳）有限公司名称为"一种一体式自拍装置"，专利号为 ZL201420522729.0 实用新型专利权之侵权产品的行为；第三，南宫市诚实通讯门市于本判决生效后 10 日内赔偿源某某塑胶电子（深圳）有限公司经济损失 10 000 元、合理开支 6000 元，共计 16 000 元；第四，驳回源某某塑胶电子（深圳）有限公司的其他诉讼请求。

问题与思考：

1. 辩论原则包括哪些方面的内容？

2. 本案是否违反约束性辩论原则？请说明理由。

辩论原则，是指在民事诉讼中，双方当事人就有争议的事实问题和法律问题，在法院主持下陈述各自的主张和意见，互相进行反驳和答辩，以维护自己的合法权益。《民事诉讼法》第 12 条规定："人民法院审理民事案件时，当事人有权进行辩论。"辩论原则主要包括以下内容：①辩论权的行使不限于法庭审理的过程，而是贯穿于诉讼的全过程。除特别程序外，在第一审程序、第二审程序和审判监督程序中，都应当贯彻辩论原则。②辩论的内容既可以针对实体方面的问题，也可以针对程序方面的问题。如受诉法院有无管辖权、审判人员应否回避、当事人是否适格等。虽然实体问题的辩论通常为当事人所关注，常常成为辩论的核心，但程序问题的重要性也不容忽视。审判人员借助辩论过程可以全面了解双方的观点及各自的论据，进而形成相应的评判。③辩论可以采用口头和书面两种形式。当事人的辩论主要体现在开庭审理阶段，尤其是法庭调查和法庭辩论时，通过口头方式来行使辩论权。而在其他阶段，当事人则可以通过书面形式行使辩论权。对于案件审理有重要意义的主张的阐述，反驳意见的提出，应当以书面形式为原则，口头形式为例外。④法院应当保障当事人的辩论权。当事人的辩论权只能在诉讼过程中实现，因此离不开法院的依法保障。

我国民事诉讼法中规定的辩论原则，虽然要求法院充分保障当事人双方辩论的权利，但由于法院的保障行为仅仅是让当事人能够实施辩论行为，而没有使当事人的辩论结果形成对法院裁判的约束。因此，辩论权的相对义务就只停留在被虚无化的保障行为这一层面。我国民事诉讼法所规定的辩论原则实际上成为一种非约束性或非实质性原则，因此，可将这种形式上的辩论原则称为"非约束性辩论原则"。[1]

与"非约束性辩论原则"相对应，张卫平教授提出了"约束性辩论原则"，该原则的基本涵义是：①直接决定法律效果发生或消灭的必要事实必须在当事人的辩论中出现，没有在当事人的辩论中出现的事实不能作为法院裁判的依据。②当事人一方提出的事实，对方当事人无争议的，法院应将其作为裁判的依据。基于这一要点，也就自然产生了自认制度。③法院对案件证据的调查只限于当事人双方在辩论中所提出来的证据。以上三点也被称为辩

---

[1] 张卫平："我国民事诉讼辩论原则重述"，载《法学研究》1996 年第 6 期。

论原则三要旨。[1]辩论原则的实体法根据主要包括私法自治原则和发现案件的客观真实两个方面。辩论原则的程序法根据包括法官中立性与消极性、当事人的程序主体权与程序选择权、突袭性裁判之防止、既判力效果之提升。[2]

约束性辩论原则的合理性在于，将法院裁判的依据限制在当事人在辩论过程中出现的事实，将法院真正地置于中立第三者的立场，可以有效控制庭审前的隐形诉讼活动和审判过程中裁判者的暗箱操作。同时，使当事人对自己实体权利和诉讼权利的处分能够得到完整和充分的体现，法院不得在当事人主张之外提出诉讼资料作为裁判依据。本案中，源某某公司认为诚实门市销售的自拍杆产品侵犯了其专利技术，向石家庄市中级人民法院提起诉讼，请求判令诚实门市立即停止销售并赔偿损失，在被诉侵权者诚实门市既未到庭应诉，也未向原审法院提交答辩意见和证明涉案专利授权技术方案明显属于现有技术的相关证据的情况下，石家庄市中级人民法院主动引入相关现有技术对涉案专利权的效力进行评价，就属于"法院在当事人主张之外提出诉讼资料作为裁判依据"，违反了民事诉讼辩论原则，属于程序不当。

辩论原则的机理是法院在诉讼中应当受到当事人主张的约束，从实质而言，不仅在一审程序中，法院要受到当事人主张范围的约束，在第二审中，法院也只能在上诉人上诉请求的范围内作出裁判。从诉讼请求的量来说，法院只能在诉讼请求的范围内进行裁判，不能超出数量范围以外作出判决。例如，原告请求被告主张还款 10 万元，法院就只能判决被告还款 10 万元，不能再额外要求被告返还利息。有时候原告在要求被告返还借款时，并不知道还可以主张利息。这种情况下，法院可以行使释明权，由原告自己决定是否需要主张利息，不能在当事人没有主张的情况下以职权作出给付利息的判决。从诉讼的标的而言，法院只能按照当事人在诉讼中指明的诉讼标的进行裁判，但是关于诉讼对象的权利或法律关系性质的认定却不受当事人见解的拘束。虽然辩论原则拘束着法院，但是法院在当事人不能合理地表达自己的意愿的时候，还是应当主动引导当事人，以便于查清争议的焦点和主张的证据，作出公正的判决。

---

〔1〕　张卫平：《民事诉讼法》（第 4 版），法律出版社 2016 年版，第 44 页。
〔2〕　参见刘学在：《民事诉讼辩论原则研究》，武汉大学出版社 2007 年版，第 57~63 页。

第三节　处分原则

案　例：克拉玛依某某康源生态农业发展有限公司与新疆吉某元沙棘生物科技有限公司股东出资纠纷案〔1〕

原告新疆吉某元沙棘生物科技有限公司（以下简称"吉某元公司"）于2018年3月21日登记注册。公司发起人为被告克拉玛依某某康源生态农业发展有限公司（以下简称"某某康源公司"）及案外人华某峰公司、震某公司、天某农公司、盛某公司。原告注册资本共计1000万元。被告认缴出资90万元，占注册资本9%，原告设立登记时，公司章程规定出资到位时间为2030年12月31日。2019年10月29日，公司向各股东发出于2019年11月15日召开临时股东会议及会议内容的书面通知，经股东会决议：通过公司章程修正案，将章程第13条"股东出资到位时间2030年12月31日"修改为"股东出资到位时间2019年11月30日之前"；股东会决议"要求尚未足额出资到位的股东，务必在规定时间2019年11月30日之前足额缴纳到公司财务，逾期则视为放弃股东出资，丧失股东权利"。被告公司总经理李某义在股东会议决议上签名确认。为了给被告以充足时间筹措资金履行股东出资义务，原告在2019年12月9日《克拉玛依日报》刊登广告，催促被告在"见报10日内将认缴出资额90万元汇入公司银行账户，否则将丧失股东资格并自行承担由此引发的法律后果"。但被告至今仍未缴纳出资。

原告吉某元公司向克拉玛依市克拉玛依区人民法院提出诉讼请求：第一，判令被告履行出资义务900 000元；第二，判令被告承担延期履行出资义务的违约金26 100元。被告某某康源公司辩称：第一，原告公司章程规定的股东缴纳出资的时间未届满，原告现无权要求答辩人提前缴纳出资。第二，原告关于其他股东认缴出资910万元早已到位的陈述与事实不符。第三，原告要求股东提前缴纳出资，并没有提前缴纳的紧迫性和合理性。第四，李某义无权代表被告。第五，原告的起诉与其作出的股东会决议的内容明显矛盾。另查，庭审结束后，被告某某康源公司向法院邮寄了一份《关于案件的陈述》，

---

〔1〕　案例来源：新疆维吾尔自治区克拉玛依市中级人民法院［2020］新02民终513号民事裁定书。

就其答辩的观点进行了书面的陈述。

克拉玛依市克拉玛依区人民法院认为：本案原告于 2019 年 10 月 29 日向被告之法定代表人叶某明送达了召开股东会的通知，决议形成后又向叶某明送达了决议，被告未出资，并且表示不再履行付款义务。原告向被告法定代表人叶某明发送了 2019 年 11 月 15 日的股东会决议，并于 2019 年 12 月 9 日登报公告，可视为原告催促被告出资；2019 年 12 月 25 日，原告召开股东会，经代表 2/3 以上表决权的股东通过解除被告在原告的股东资格。原告应当按照上述股东会决议的内容变更工商登记信息。被告既明确表示不再履行出资义务，也对 2019 年 11 月 15 日的股东会决议内容予以认可，因此被告已明确表达了同意丧失股东资格且不履行股东义务的真实意思表示，其应当协助原告办理变更工商登记信息。现原告要求被告继续履行出资义务，缺乏事实和法律依据，法院依法不予支持。判决如下：第一，被告克拉玛依某某康源生态农业发展有限公司向原告新疆吉某元沙棘生物科技有限公司支付逾期付款损失 2455.89 元；第二，驳回原告新疆吉某元沙棘生物科技有限公司的其他诉讼请求。

原审被告某某康源公司不服该民事判决，向克拉玛依市中级人民法院提起上诉。法院审理过程中，被上诉人吉某元公司以上诉人某某康源公司在一审庭审后出具的《关于案件的陈述》表明："其不愿出资作为股东，股东会决议的内容赋予了股东缴纳出资或放弃股东资格的选择权利，其明确选择了不缴纳出资，经股东会决议的内容经过慎重考虑后决定放弃股东资格。"以及二审诉讼中，上诉人某某康源公司在上诉状中再次明确表述其放弃股东资格的具体时间系 2019 年 11 月 30 日和拒绝认缴股东出资、承担违约责任，被上诉人吉某元公司以对上述事实认可且经过股东会决议通过上诉人某某康源公司放弃股东资格，不再要求认缴股东出资额和承担违约责任为由，于 2020 年 12 月 7 日申请撤回起诉。法院征询上诉人某某康源公司，其以一审诉讼期间被上诉人吉某元公司没有变更诉讼请求即确认股东资格为由，不同意被上诉人吉某元公司撤回起诉。

克拉玛依市中级人民法院认为：基于处分原则，当事人有权在法律规定的范围内处分自身的民事权利和诉讼权利。相较于提起诉讼，撤回起诉从逆向、消极的角度体现了当事人行使诉权的效果，是当事人意思自治在诉讼程序上的体现。《民事诉讼法》（2017 年修正）第 13 条第 2 款明确规定"当事人有权在法律规定的范围内处分自己的民事权利和诉讼权利。"第 174 条则规定:"第二审人民法院审理上诉案件,除依照本章规定外,适用第一审普通程序。"由此可见,原审原告在第二审程序中撤回起诉是允许的。《民诉法解释》(2015 年) 第 338 条规定:"在第二审程序中,原审原告申请撤回起诉,经其他当事人同意,且不损害国家利益、社会公共利益、他人合法利益的,人民法院可以准许。准许撤诉的,应当一并裁定撤销一审判决。原审原告在第二审程序中撤回起诉后重复起诉的,人民法院不予受理。"此法律条款体现了案件进入第二审程序,已经一审人民法院作出审理和裁判,势必对案涉相关当事人的权利义务产生影响,若相关当事人只能对原告的起诉、撤诉被动接受且无任何提出异议的权利,双方权益显然有所失衡。因此,原审原告仍可申请撤回起诉,但对撤回起诉需适用经其他当事人同意、人民法院审查、一审裁判的撤销、禁止再诉等相应规则。案涉之争,系因上诉人某某康源公司未认缴股东出资额产生争议,诉讼过程中,上诉人某某康源公司自述放弃股东资格,被上诉人吉某元公司同意其放弃股东资格后,撤回要求上诉人某某康源公司认缴出资额和违约金的诉求,这一民事诉讼处分行为,既不违反上述法律规定,又不损害国家利益、社会公共利益和他人合法利益。虽然上诉人某某康源公司以一审诉讼期间被上诉人吉某元公司没有变更诉讼请求即确认股东资格为由不同意对方撤回起诉,但放弃股东身份资格系上诉人某某康源公司一审庭审后和二审诉讼期间自认和抗辩的理由,现经被上诉人吉某元公司同意使其股东身份资格得以剔除,对此被上诉人吉某元公司不存在过错。虽然上诉人某某康源公司享有不同意被上诉人吉某元公司撤回起诉之权利,但其理由亦要符合案涉事实和法律规定,否则,法院不予支持。据此,从案涉实际情况、节约司法资源和减少当事人诉累角度,原审原告即被上诉人吉某元公司撤回起诉的诉讼权利处分行为不违反法律规定,本院予以准许。裁定如下:第一,准许被上诉人(原审原告) 新疆吉某元沙棘生物科技有限公司撤回起诉;第二,撤销新疆维吾尔自治区克拉玛依市克拉玛依区人民法院 [2020] 新 0203 民初 1134 号民事判决。

问题与思考:

1. 简述处分原则。

2. 本案中，吉某元公司是否可以撤回起诉？请说明理由。

处分原则是指民事诉讼当事人有权在法律规定的范围内，自由支配和处置自己依法享有的民事权利和诉讼权利的原则。《民事诉讼法》（2017 年修正）第 13 条第 2 款规定："当事人有权在法律规定的范围内处分自己的民事权利和诉讼权利。"德国、日本等大陆法系国家的学者一般均认为处分原则的依据就是民事实体法上的私法自治原则。我国学者对处分原则的依据理解经历了一个变化，当下对处分原则的依据是定位在民事权利的可处分性或民事法律关系的性质上，强调处分原则的"处分自由"，强调国家不得随意干预当事人的处分权。[1]处分原则是民事诉讼法基本原则中的特有原则之一，该原则反映了民事诉讼的本质属性，彰显了当事人在诉讼中的程序主体地位。[2]

当事人对实体权利和诉讼权利的处分可以分为积极处分和消极处分。积极处分是指当事人主动地行使诸如起诉、提起上诉、变更或追加诉讼请求的实体权利和诉讼权利，消极处分是指当事人不行使某种实体权利和诉讼权利，例如放弃起诉。处分权的享有者限于当事人及其诉讼代理人。在当事人的范围内，原告、被告和有独立请求权的第三人都享有处分权，无独立请求权第三人享有的处分权的范围受到一定程度的限制。处分权的对象分为基于实体法律关系而产生的民事实体权利以及基于民事诉讼法律关系所产生的诉讼权利。

处分原则的内容包括以下方面：①诉讼只能由当事人行使起诉权而开始。根据"不告不理"原则，没有当事人向法院提起诉讼，法院就不能依职权开始民事诉讼。②诉讼请求的范围由当事人自己决定。③原告可以增加、变更、撤回、放弃自己的诉讼请求；被告可以承认对方的诉讼请求；双方可以自行和解。④是否上诉、是否申请再审以及是否申请执行由当事人自己决定。需要注意的是，在我国民事诉讼中，当事人的处分权不是绝对的。当事人处分权的行使不得违反法律的强制性和禁止性规定，不得损害国家利益、社会公共利益和他人的合法权益。否则，人民法院将代表国家实行干预，使当事人某种不当的处分行为无效。

本案中，原审原告吉某元公司在一审案件中主张要求被告某某康源公司

〔1〕　王次宝："处分原则之理论依据新论"，载《北方法学》2014 年第 2 期。
〔2〕　李浩："处分原则与审判监督"，载《法学评论》2012 年第 6 期。

履行出资义务，一审法院通过审理认为被告已明确表达了同意丧失股东资格且不履行股东义务的真实意思表示，因此只判决被告支付逾期付款损失。被告不服该判决，向克拉玛依市中级人民法院提起上诉，在审理过程中，吉某元公司主张撤回一审起诉。基于处分原则，当事人有权在法律规定的范围内处分自身的民事权利和诉讼权利。撤回起诉属于消极处分，是当事人意思自治在诉讼程序上的体现。《民诉法解释》（2015 年）第 338 条规定："在第二审程序中，原审原告申请撤回起诉，经其他当事人同意，且不损害国家利益、社会公共利益、他人合法利益的，人民法院可以准许。准许撤诉的，应当一并裁定撤销一审判决。原审原告在第二审程序中撤回起诉后重复起诉的，人民法院不予受理。"之所以这样规定，是因为案件已经进入第二审程序，经过一审人民法院作出审理和裁判，必然会对案涉相关当事人的权利义务产生影响，若相关当事人只能对原告的起诉、撤诉被动接受，而无任何提出异议的权利，双方权益显然有所失衡。因此，原审原告仍可申请撤回起诉，但对撤回起诉需适用经其他当事人同意、人民法院审查、一审裁判的撤销、禁止再诉等相应规则。本案是因为上诉人某某康源公司未认缴股东出资额而产生的争议，在诉讼过程中，上诉人某某康源公司自述放弃股东资格，被上诉人吉某元公司同意其放弃股东资格后，撤回要求上诉人某某康源公司认缴出资额和违约金的诉求，这一民事诉讼处分行为，既不违反上述法律规定，又不损害国家利益、社会公共利益和他人合法利益。虽然上诉人某某康源公司以一审诉讼期间被上诉人吉某元公司没有变更诉讼请求即确认股东资格为由不同意对方撤回起诉，但放弃股东身份资格系上诉人某某康源公司一审庭审后和二审诉讼期间的自认和抗辩理由，现经被上诉人吉某元公司同意使其股东身份资格得以剔除，对此被上诉人吉某元公司不存在过错。因此，为了节约司法资源和减少当事人讼累，法院应当允许吉某元公司撤回起诉。

第四节 诚信原则

案 例：李某芳民事决定书[1]

苏州工业园区人民法院在审理原告李某芳与被告程某、杨某婷民间借贷纠纷的［2018］苏 0591 民初 3686 号案件中，杨某婷提出抗辩认为双方之间曾达成还款协议，协议主要内容为：杨某婷支付李某芳 245 万元后，双方再无纠葛，且李某芳还应归还两份借条给杨某婷。

在 2019 年 9 月 23 日的庭审中，李某芳明确表示从未作出该承诺，随后，杨某婷提交两份录音及还款凭证，以证明双方之间曾达成合意，但在杨某婷履行后，李某芳反悔。李某芳在法院多次向其释明虚假陈述将面临警告、罚款等措施后，仍坚称双方之间未在原借条上形成还款协议，且已经归还借条。2019 年 10 月 31 日，法院组织第二次庭审，法院询问双方是否形成过履行 245 万元后免除债务的合意，李某芳予以否认。在本次庭审中，李某芳承认其持有两张借条，且未归还给对方。2020 年 3 月 19 日，法院再次组织庭审，在该次庭审中李某芳提交了借条，该借条正面载明"今借李某芳人民币 75 万元，还款日期 2018 年 12 月 31 日。借款人程某，2018 年元月 1 日"，背面一端书写"今收到程某"，该版面另一头书写"今收到杨某婷全部还款，与杨某婷无责任关系，两清""收款人李某芳，2019 年 3 月 21 日"。李某芳当庭认可确实承诺不再主张杨某婷的还款责任，但从未明确表示免除程某对剩余款项的还款责任。

苏州工业园区人民法院经审理认为：杨某婷明确了还款资金来源、债务情况以及自身偿债能力，在此基础上一再强调归还 245 万元的前提是李某芳要归还案涉所有借条、债务两清，双方经过反复磋商，最后在打款之前李某芳承诺归还所有借条，随即一起去银行接受了打款，故双方债务已经两清，债务消灭。考虑到李某芳在自认已免除杨某婷还款责任的情况下，隐匿重要证据并提起诉讼主张杨某婷承担还款责任，谋取不正当利益的滥用诉权的行为，以及在庭审过程中进行虚假陈述的行为，属于违反诚实信用原则，严重

---

[1] 案例来源：江苏省苏州市中级人民法院［2020］苏 05 司惩复 15 号复议决定书。

妨害了民事诉讼秩序。故法院决定对李某芳罚款 50 000 元。

李某芳不服原审决定，向苏州市中级人民法院申请复议，请求撤销原决定或依据情节减少处罚金额。事实与理由：第一，一审法院在决定书中认为李某芳隐匿免除杨某婷还款责任的重要证据提起诉讼，谋取不正当利益，依据不足。李某芳系行使合法诉讼权利，谋求的亦是正当利益。第二，一审法院适用《民事诉讼法》第 11 条的规定不当，当事人在诉讼中不提供于己不利的证据有违诚信原则，但属于道德层面的约束范围，不应受到法律的制裁。第三，李某芳没有提供有关免除杨某婷责任的证据的行为没有达到严重妨碍民事诉讼秩序的程度。

苏州市中级人民法院认为：人民法院的审判职能具有权威性，庭审活动具有严肃性，任何案件的当事人在民事诉讼活动中均应当严格遵守诚实信用的基本原则，诚实、善意行使自身权利，履行相应义务。《最高人民法院关于民事诉讼证据的若干规定》第 63 条第 1 款规定，当事人应当就案件事实作真实、完整的陈述。本案中，在一审法院审理法官多次向李某芳释明虚假陈述的后果后，李某芳仍然明确与杨某婷之间从未在原借条上形成还款协议，且其已经归还该借条，该陈述与其此后提交借条原件的行为及陈述相矛盾。李某芳为达到其诉讼目的，隐匿重要证据造成案涉书证不能在诉讼证明中使用，同时作出虚假陈述，违反了诚实信用原则，更影响司法工作人员正常履行职务，妨害了民事诉讼秩序，一审法院依据《民事诉讼法》第 111 条规定对其采取罚款措施并无不当，金额亦与其行为相适。决定如下：驳回李某芳的复议申请，维持原决定。本决定一经作出即生效。

问题与思考：

1. 简述诚信原则。

2. 李某芳的行为是否违反诚信原则？请说明理由。

2021 年修正后的《民事诉讼法》第 13 条第 1 款明确规定："民事诉讼应当遵循诚信原则。"将原条文中的"诚实信用"修改为"诚信"，是为了与《民法典》第 7 条关于诚信原则规定的表述衔接一致。[1]诚信原则，是民事诉

---

[1] 最高人民法院民事诉讼法修改起草小组编著：《民事诉讼法修改条文对照与适用要点》，法律出版社 2022 年版，第 26 页。

讼法的基本原则之一，对所有民事诉讼主体和民事诉讼活动均具有指导意义和约束作用。诚信原则是指人民法院、当事人及其他诉讼参与人在审理民事案件和进行民事诉讼中必须公正、诚实、善意。我们应从两个层面对其加以理解：一是行为意义上的诚信，是指当事人或其他诉讼参与人在诉讼过程中进行诉讼行为时，以及法官行使国家审判权进行审判时，主观上应该诚实、善意。二是实质意义上的诚信，是指法院、当事人及其他诉讼参与人在诉讼过程中需维持双方利益的平衡以及当事人利益与社会利益的平衡，其实质是公正与衡平。[1] 与西方国家诉讼诚信原则构建于辩论主义基础上不同，我国民事诉讼法增设诉讼诚信原则主要考虑了遏制恶意诉讼的现实需要。诚信原则具有填补程序漏洞并进行利益衡量、发现真实、对诉讼行为的规制、促进诉讼进行等四个方面的功能。[2] 诚信原则入法后，该原则在人民法院作出的民事判决书中迅速得到大量引用，部分审判人员直接适用该原则判决案件，且数量呈逐年递增的趋势。[3]

诚信原则包括以下内容：

（1）诚信原则对当事人的适用。第一，禁止滥用诉讼权能。滥用诉讼权能是指一方当事人在民事诉讼过程中，违反诚信原则，不正当地行使诉权或诉讼权利的行为。其可分为两种情况：①滥用诉权的行为，如滥用起诉权、上诉权、再审权等；②滥用诉讼权利的行为，例如滥用回避申请权、管辖异议权等。这种妨害诉讼秩序的行为，降低了诉讼效率，损害了司法权威，严重影响了民事诉讼价值的实现。第二，禁止前后出现矛盾的行为。它也称"禁反言"，当事人在诉讼中不得作相互矛盾的陈述，当事人在诉讼进行中所实施的诉讼行为必须前后一致。第三，禁止不正当诉讼行为。它是指一方当事人以不正当的手段，如故意绕过具体规定或欺骗等方法，阻碍对方当事人有效地行使诉讼行为，从而制造出有利于自身的诉讼状态，如隐瞒真实居住地至文书"无法送达"。第四，真实义务。当事人在诉讼中应作真实的陈述，禁止当事人故意陈述其明知虚假的事实，或者故意隐瞒其明知真实的事实。第五，诉讼权能的丧失。它是指具有诉讼权能的一方当事人，无正当理由而

---

[1] 江伟主编：《民事诉讼法》（第5版），高等教育出版社2016年版，第37页。

[2] 王福华："民事诉讼诚信原则的可适用性"，载《中国法学》2013年第5期。

[3] 俞飞：《民事诉讼诚实信用原则之适用研究》，厦门大学出版社2020年版，第11页。

长时间不行使，致使对方当事人产生行为人已放弃该权能的期待时，当事人开始主张权利，导致对方利益受损。[1]

本案中，李某芳属于违反了真实义务，构成虚假陈述。民事诉讼中诚信原则对当事人的真实陈述要求并不以"让当事人陈述事实"之积极义务为内容，而只要求"当事人负有不说谎"之消极义务。2019年修正的《最高人民法院关于民事诉讼证据的若干规定》（以下简称新《民事证据规定》）第63条第1款规定："当事人应当就案件事实作真实、完整的陈述。"该案中，在一审法院审理法官多次向李某芳释明虚假陈述的后果后，李某芳仍然明确与杨某婷之间从未在原借条上形成还款协议，且其已经归还该借条，该陈述与其此后提交借条原件及陈述相矛盾。李某芳为达到其诉讼目的，隐匿重要证据造成案涉书证不能在诉讼证明中使用，同时作出虚假陈述，极大地影响了司法工作人员正常履行职务，妨害了民事诉讼秩序。

（2）诚信原则对法院的适用。第一，禁止滥用自由裁量权。自由裁量权为法官必不可少的一项司法权力，其赋予了法官在事实认定和法律适用时享有一定裁量自由，但是毫无节制的自由会滋生专断和恣意，不利于公正裁决的作出，有损法律的权威和尊严。法官在作出具体裁量之时，应以诚实善意之心和不偏不倚的态度，合理地解决纠纷。第二，禁止突袭裁判。突袭裁判是指法院没有使当事人有机会认识，预测法院所要认定的事实，在当事人未就事实认定和法律适用展开充分的攻击和防御的前提下，法院便匆忙作出裁判。公正应以一种看得见的方式实现，法官在作出判决时，应适当地履行释明义务，在判决书中应详细、充分阐述判决的理由以及法官作出最终结论的事实和法律的适用。

（3）诚信原则对其他诉讼参与人的适用。其他诉讼参与人主要包括诉讼代理人、鉴定人、证人、翻译人员及勘验人员，他们被赋予一定的诉讼权利，可协助法院和当事人查明案件真相，但是该权利与其他诉讼参与人自身的利益关联性不强，很难确保其他诉讼参与人能够合理、谨慎地行使这些诉讼权利。因此，《民事诉讼法》规定，禁止诉讼代理人在诉讼中滥用和超越代理权，无正当理由拒绝代理或恶意侵害被代理人的利益；禁止证人作虚假证言和鉴定人作与事实不符的鉴定意见；禁止翻译人员故意作与诉讼主体陈述或

---

〔1〕 参见王琦："民事诉讼诚实信用原则的司法适用"，载《中国法学》2014年第4期。

书写原意不符的翻译等。

　　违反诚信原则，将会产生程序上和实体上一系列不利的法律后果，包括：①否定已实施诉讼行为的效力。当事人实施诉讼行为，只要符合法律的规定，就能产生所期待的法律后果。但如果当事人不诚实地进行诉讼，法院会对当事人的诉讼行为作出否定性评价。②承受相应的法律制裁。当事人或者其他诉讼参与人的诉讼行为违反诚信原则，法院可以根据情节轻重对其予以罚款、拘留；构成犯罪的，依法追究刑事责任。③承担由此增加的诉讼费用、赔偿给对方当事人造成的损失。当事人、其他诉讼参与人违反诚信原则，造成对方当事人诉讼费用的增加或者实体利益的损失，法院可以要求行为人承担由此增加的诉讼费用、赔偿给对方当事人造成的损失。④作为上诉或申请再审的理由。法院、检察院违反诚信原则的，当事人获得救济的主要方式是将违反该原则行使审判权、检察监督权的行为，作为重大程序违法行为，提起上诉或者申请再审。⑤申请国家赔偿。法院违反诚信原则造成当事人合法权益损害的，当事人也可以依据《国家赔偿法》的规定，申请国家赔偿。[1]本案就采取了对当事人处以 50 000 元罚款的惩罚。对于违反诚信原则的行为，在法无具体规定时，法官可以直接援引该原则对当事人和其他诉讼参与人的诉讼行为作出评价，当事人则可以直接援引该原则对法院的审判行为或检察院的检察监督行为提出不服的救济申请。

第五节　法院调解原则

案　例：北京法院 2020 多元调解"十大典型案例"之一[2]

　　"和立方"是北京市某辖区法院诉源治理的一项工作机制，法院依托该机制，充分发挥院外诉调对接工作站作用，针对劳动争议等专业领域纠纷主动出击，开展"一站式"纠纷解决工作。一方面，通过诉前调解与司法确认无缝衔接，成功帮助当事人减少了诉累。另一方面，降低了新冠肺炎疫情期间当事人到法院等公共场所聚集带来的疫情防控风险，涉案当事人纷纷点赞法

---

〔1〕《民事诉讼法学》编写组：《民事诉讼法学》（第 2 版），高等教育出版社 2018 年版，第 60 页。
〔2〕 案例来源：微信公众号"北京政法" 2021 年 1 月 14 日。

院探索的全新纠纷解决快车道。

涉案公司原是某区国有企业，股份制改造后职工均持有了公司股份。2012 年初，某投资公司收购该企业，并承诺股权转让后，企业离退休人员享有企业补贴及报销供暖费用等福利待遇不变。但在股权转让完成后，新公司违反承诺，拒绝向离退休人员发放企业补贴和福利待遇，引发离退休员工不满。2013 年至 2019 年的七年时间里，该公司数百名离退休人员每年都会集体到区劳动仲裁委和法院通过仲裁、诉讼等方式追索上一年度公司拖欠的福利补贴。截至 2020 年，涉该企业离退休人员案件数量已经达到了 308 件。

新冠肺炎疫情平稳后，该院诉调对接组主动开展该批劳动争议案件的诉源治理和纠纷解决工作，并制定了有针对性的沟通策略和解决方案：一是及时联络涉案企业反复沟通、说理、释法，促使企业最终同意按照 2019 年所采用的调解方式，解决上一年度全部离退休职工相关福利补贴发放和费用报销的问题，并派专人负责调解事宜；二是积极排查、联络涉案三百余名当事人，完成了全部当事人过往诉讼信息的摸底和防疫情况的统计工作；三是建立调解工作微信群，让当事人了解"一站式"纠纷争议解决新模式的优势，消除当事人的疑虑，并逐一明确了分期分批开展诉前调解和司法确认工作的具体时间、流程、需准备的手续材料及相关细节。随后，诉调对接组在院外设立的诉调对接工作站正式启动第一批涉案当事人的"诉前调解+司法确认"工作。当事人仅需携带好相关身份证明材料、证据材料，在调解室由调解员进行调解、签署调解协议，随后将司法确认申请书等诉讼材料交给法院诉调对接组工作人员即完成全部工作，真正实现"一站式"纠纷解决效果。不到一个月时间，308 件涉某公司劳动争议案件分 7 批次全部完成"诉前调解+司法确认"工作。

案件处理过程中，法院坚持问题导向、侧重预防、多方联动，最大限度帮助当事人便捷经济地化解矛盾。本案中，作为诉调对接工作站调解员，主动配合法院开展纠纷源头化解工作，吃透案情，了解纠纷性质、起因和经过，同涉案企业进行对接，耐心细致地与双方当事人开展调解工作，最终通过"诉前调解+司法确认"模式，有效化解了涉及 308 人的群体性劳动争议纠纷，让当事人满意的同时，成就感、自豪感也油然而生。

问题与思考:

论法院调解应遵循的原则。

法院调解,又称诉讼调解,是指在法院审判人员的主持下,双方当事人就民事权益争议自愿、平等地进行协商,以达成协议、解决纠纷的诉讼活动。调解的种类繁多,除了民事诉讼中的法院调解,还包括民间调解、人民调解、行政调解、商事调解、行业调解等诉讼外调解以及仲裁调解等类型。法院调解首先是一种结案方式,每年法院受理的第一审民事诉讼案件中大约有 1/3以调解结案,进入第二审程序和再审程序的案件也有相当一部分通过调解方式得以终结。法院调解又是程序的一种进行方式,在诉讼法上存在着有关"先行调解""庭前调解""当庭调解"等一系列规定。法院调解还经常被理解为一个与诉讼审判及纠纷解决的基础理论紧密相关的重要概念,可在学理上被用来建构某种纠纷解决的模型。[1]

法院调解的原则,是人民法院和双方当事人在法院调解活动中应当遵守的行为准则。《民事诉讼法》第9条规定了"人民法院审理民事案件,应当根据自愿和合法的原则进行调解"这一以调解方式解决民事争议的总的指导原则。在此基础上,《民事诉讼法》总则编第八章"调解"第96条规定:"人民法院审理民事案件,根据当事人自愿的原则,在事实清楚的基础上,分清是非,进行调解。"具体来看,法院调解应当遵循以下三个原则:

(1) 自愿原则是指诉讼争议的调解必须取得当事人双方同意,不得强制进行。调解类似于磋商,讲求当事人双方或者多方意思表示一致,达成合意。自愿原则在诉讼过程中要求法官转换以往的职权主义角色,将主要精力用于搭建调解平台。调解自愿原则包括程序自愿和实体自愿。调解作为解决纠纷的法定方式,其程序本身必须尊重当事人的意思自治。当事人可以自主选择调解时机,法院调解贯穿于民事诉讼的全过程,不仅在一审程序中进行,还可以在二审,甚至再审程序中进行;当事人可自由选择调解进行的方式,如"面对面"调解、电话调解、传真等形式。当事人可选择法官、法官助理、人民陪审员、人民调解员等作为调解人,或者有一定社会地位或某种专业特长

的人来进行调解。若当事人无法就调解人达成一致，也不同意由法院指定的调解人，则视为当事人不同意调解，应当及时判决。当事人自主选择调解地点，调解是一种较为和谐的解决纠纷的方式，可不在严肃庄重的法庭进行。调解自愿原则不仅要求调解程序本身包含当事人的意思自治，同时要求调解协议的实体内容也要充分体现双方当事人一致的意思表示。实体自愿具体表现在：当事人自己决定调解协议的内容，在调解过程中，法官应保持客观、中立的态度；当事人自由决定是否接受调解协议，对于调解协议是否最终接受，当事人具有决定权。

学界关于法院调解自愿原则的理解是在调解启动方面和调解协议的达成方面均应确保当事人自愿。但在司法实践中，法院调解在调解方式的启动、调解协议的达成以及调解协议的履行方面均难落实自愿原则。其主要原因是，法院调解的发展受司法政策的过度影响，且学界对自愿原则的理解尚未探及当事人的心理层面。结合法院调解的司法实践，落实自愿原则应贯彻"能调则调，当判则判"之司法规律。法官对适宜调解的案件在采用调解方式时应适度突破"自愿"之禁锢，在调解协议的达成上则应确保当事人的真实意思表达，凸显其自愿。[1]

（2）查明事实、分清是非原则，是指审判人员在主持调解过程中，应当查明案件事实，分清争议的是非曲直，明确当事人各自的责任。该原则是"以事实为根据、以法律为准绳"的司法原则在法院调解中的体现和落实。"查明事实、分清是非"是民事诉讼法规定的法院调解应当遵循的原则之一，确立这一原则是为了保障司法调解的公正性。这一原则受到理论和实务界的强烈质疑。我国是以法院为中心规定诉讼调解制度的，法院调解并非诉讼上的和解。调解在性质上仍然是法院的审判行为，调解与判决一样都是完成民事诉讼法所规定任务的手段，加之当事人期待接近裁判的调解结果以及调审合一的程序模式、法院调解的经验教训，这一原则的正当性和必要性具有理论和实践的依据。法院立案调解、对事实存疑案件调解所取得的成功，均不能成为否定该原则的理由。除非将法院调解置换为诉讼上和解，否则继续保

---

[1] 李喜莲、唐海琴："法院调解自愿原则的实现路径"，载《湘潭大学学报（哲学社会科学版）》2017 年第 4 期。

留这一原则就有充分的理由。[1]

（3）合法原则是指人民法院进行调解必须依法进行，调解的过程和达成的调解协议的内容，应当符合法律的规定。即程序上的合法和实体上的合法。程序上的合法，是指人民法院的调解活动应当严格按照法律规定的程序进行。《最高人民法院关于人民法院民事调解工作若干问题的规定》（以下简称《调解规定》）对调解程序进行了详细的规定。实体上的合法，是指经人民法院调解达成的协议内容合法不应违反国家的法律规定，《调解规定》明确规定，对调解协议的内容是否违反法律、行政法规的规定，是否有损害当事人之外他人的合法权益，是否侵害国家利益、社会公共利益等违法情形，以及是否违反当事人自愿原则等，由法院负责审查，并对调解协议的合法性予以确认。

本案是基于诉源治理的理念，发挥"一站式"纠纷解决模式的先天优势，通过"诉前调解+司法确认"相结合的诉调对接机制，实现涉众型劳动争议快速解决的典型案例。作为深化我国司法体制综合配套改革的重要一环，2019年8月1日，最高人民法院在总结基层实践经验的基础上，发布了《关于建设一站式多元解纷机制、一站式诉讼服务中心的意见》，创造性地提出两个"一站式"目标，构建"分层递进、繁简结合、衔接配套的一站式多元解纷机制"，以及"立体化集约化信息化的一站式诉讼服务中心"，从而形成了颇具中国特色的多元化纠纷解决和诉讼服务新模式。该意见的出台，使现阶段对一站式多元解纷机制的框架设计和方式选择等方面进行阐释有着重要的现实意义。新时代一站式多元解纷机制有着重大的时代价值，这是以人民为中心、司法为民的最好体现。[2]

本案实际上就是一站式多元解纷机制的代表性案例。这个案例有两个特点：第一，充分利用法院搭建的多元解纷平台。目前法院已初步建立了类型化专业化（在线）调解平台，将工青妇、行业协会、商会、公证机构、仲裁机构、律师协会等多元解纷的资源汇聚到多元解纷平台，调解员通过平台开展纠纷源头化解工作，制定针对性的沟通策略和解决方案，增强多元解纷的协同性、实效性。第二，充分发挥法院诉讼服务的效果。本案中，依托立体化、规范化、标准化、集约化的诉讼服务，联络涉案企业反复沟通、说理、

---

〔1〕 李浩："查明事实、分清是非原则重述"，载《法学研究》2011年第4期。

〔2〕 郝荣平、秦富："浅议一站式多元解纷机制"，载《辽宁行政学院学报》2020年第1期。

释法，积极联络 300 多名劳动者，排查、摸底过往诉讼信息并统计防疫情况，实现诉调对接无缝衔接等，提供全方位一站式诉讼服务，减少了当事人诉累，在降低疫情防控风险的同时实现了劳动争议的及时解决。

第六节　检察监督原则

案　例：黄某荣、王某团民间借贷纠纷案[1]

原审原告黄某荣诉原审被告王某团、罗某娥民间借贷纠纷一案，龙里县人民法院作出 [2015] 龙民初字第 01025 号民事调解书。民事调解书发生法律效力。贵州省黔南布依族苗族自治州人民检察院向黔南布依族苗族自治州中级人民法院提起抗诉，法院于 2020 年 7 月 30 日作出 [2020] 黔 27 民抗 19 号民事裁定书，提审本案。

原审原告黄某荣起诉至龙里县人民法院，称被告王某团、罗某娥向其借款 665 000 元，逾期未归还借款。龙里县人民法院一审查明，被告王某团与罗某娥系夫妻关系，2013 年 10 月 30 日，被告王某团因资金困难向原告借款 665 000 元，并出具借条，口头承诺于 2014 年 10 月 30 日还清。逾期后，被告王某团未履行还款义务。原告以该笔借款发生在王某团与罗某娥婚姻关系存续期间，属于夫妻共同债务为由，起诉要求被告王某团、罗某娥共同偿还 665 000 元借款。二被告认可借款事实。经龙里县人民法院主持调解，双方当事人自愿达成如下协议：第一，被告王某团、罗某娥将共同所有的位于龙里县的四间房屋抵偿原告黄某荣的 665 000 元借款。第二，上述房产过户至原告黄某荣名下后，原告黄某荣对被告王某团、罗某娥享有的 665 000 元债权消灭。

黔南州人民检察院抗诉认为：2013 年期间，黄某荣向王某团购买坐落在龙里县的门面 7 个，双方约定总价款为人民币 1 606 970 元。黄某荣先支付了人民币 106 970 元，剩余购房款 1 500 000 元定于 2013 年 10 月 21 日前付清，交易税一人一半。此后，黄某荣陆续支付部分购房款，但仍有部分购房款未支付。2015 年 9 月，为顺利完成房屋过户及规避房屋买卖税费，黄某荣准备

---

[1]　案例来源：贵州省黔南布依族苗族自治州中级人民法院 [2020] 黔 27 民再 98 号民事判决书。

好一份《借条》，内容为"今借到黄某荣人民币陆拾陆万伍仟元整（665 000元），借款人王某团，2013 年 10 月 30 日。"王某团为得到剩余购房款，同意黄某荣以该《借条》向法院提起诉讼。2015 年 9 月 21 日，黄某荣以王某团、罗某娥（王某团之妻）为被告向龙里县人民法院提起民事诉讼，双方于当日在法院的主持下达成调解。

检察机关认为，龙里县人民法院［2015］龙民初字第 1025 号民事调解书系以虚假民事法律关系为基础作出的调解。理由如下：第一，虚构法律事实，扰乱审判秩序，损害国家利益。从公安机关侦查阶段查明的情况来看，黄某荣与王某团之间并无真实的借贷法律关系，黄某荣通过伪造《借条》，借助法院司法程序将从王某团处购买的门面过户到自己名下，从而达到规避国家房屋买卖税费的目的。其行为不仅扰乱正常司法秩序，浪费司法资源，且损害国家税收利益。第二，法院调解未尽合理审查义务，违反法律规定。本案中，原告黄某荣于 2015 年 9 月 21 日向法院起诉，法院于当日立案，被告王某团、罗某娥亦于当日主动应诉，双方于当天迅速达成以房抵债的调解协议，明显违背常理。法院在主持调解时，仅凭原告提供的《借条》和被告的自认，就予以调解结案，未尽到合理的审查义务。综上，本案有新的证据证实黄某荣与王某团恶意串通，以签订虚假《借条》导致法院作出错误调解的虚假诉讼。特提出抗诉，请依法再审。

经黔南布依族苗族自治州中级人民法院再审查明，原审原告黄某荣与原审被告王某团、罗某娥为规避部分国家税收，将双方之间的房屋买卖关系，虚构为民间借贷关系，并杜撰了王某团向黄某荣借款 665 000 元的《借条》，共同到法院进行民事诉讼，在法院主持下达成以房抵债的民事调解协议。黄某荣与王某团、罗某娥在再审庭审中对双方虚构借款关系的事实，均无异议。原审原告黄某荣与原审被告王某团、罗某娥虚构借款关系，杜撰《借条》到人民法院进行诉讼的行为，属于虚假诉讼。对此，黔南州人民检察院抗诉成立。判决如下：第一，撤销龙里县人民法院［2015］龙民初字第 01025 号民事调解书；第二，驳回原审原告黄某荣的诉讼请求。

问题与思考：

1. 结合本案，简述民事检察监督原则。

2. 简述民事检察监督遵循的程序。

检察监督原则，是指检察院对于法院行使民事审判权和执行权行为的合法性进行的监督。《民事诉讼法》第 14 条规定："人民检察院有权对民事诉讼实行法律监督。"第 242 条规定："人民检察院有权对民事执行活动实行法律监督。"我国检察监督遵循三大原则：①全面监督原则，即检察院对民事诉讼应当从立案到执行实施全程监督；②依法监督原则，即由合法的主体和人员，基于法律规定或赋予的职能，按照法定的程序和方法、方式，针对立法规定的可以监督的各种情形，采用法定的标准、规范和根据，提出监督意见，实施监督行为，从而使之产生监督效果；③客观公正监督原则，也称为检察官的客观义务，是指检察官为了发现真实情况，不应站在当事人的立场，而应具有客观的、中立的、不偏不倚的诉讼地位和诉讼立场。检察官客观义务是一种诚信义务、全面义务、效率义务、协同义务。[1]

人民检察院对民事诉讼活动进行监督主要包括以下两个方面：第一，监督审判人员在民事诉讼过程中滥用职权、玩忽职守、贪赃枉法、徇私舞弊等犯罪行为。对于这方面的监督，人民检察院一般不是主动调查和追究司法审判中的违法行为，如果民事案件的当事人或其他人员对审判、执行人员进行控告、检举，人民检察院应当履行法律监督职责，可以依照《刑事诉讼法》立案侦查，提起公诉。第二，对人民法院作出的发生法律效力的判决和裁定是否合法、是否正确进行监督，可以依法提出抗诉和检察建议。

在民事诉讼活动中，民事检察监督的方式包括抗诉和检察建议。《民事诉讼法》第 215 条规定："最高人民检察院对各级人民法院已经发生法律效力的判决、裁定，上级人民检察院对下级人民法院已经发生法律效力的判决、裁定，发现有本法第二百零七条规定情形之一的，或者发现调解书损害国家利益、社会公共利益的，应当提出抗诉。地方各级人民检察院对同级人民法院已经发生法律效力的判决、裁定，发现有本法第二百零七条规定情形之一的，或者发现调解书损害国家利益、社会公共利益的，可以向同级人民法院提出检察建议，并报上级人民检察院备案；也可以提请上级人民检察院向同级人民法院提出抗诉。各级人民检察院对审判监督程序以外的其他审判程序中审判人员的违法行为，有权向同级人民法院提出检察建议。"

---

[1] 参见汤维建：《民事检察法理研究》，中国检察出版社 2014 年版，第 63~68 页、第 92~99 页。

对于生效调解书，检察机关所能抗诉的范围限于调解书损害国家利益、社会公共利益的情形。如果当事人提出违反自愿原则或调解协议内容违法，以及第三人提出损害了其利益的，因相关当事人和案外第三人均可以通过向人民法院申请再审寻求救济，所以，人民检察院不宜介入。如果抗诉而启动再审，经查而非违反自愿或法律强制性规定，不利于使违背诚信原则的当事人止步于再审启动之前，导致公权力干预调解结案的案件，不利于纠纷的平息，不利于司法权威的建立。本案属于当事人通过调解书的方式损害国家利益的情形。黄某荣与王某团之间并无真实的借贷法律关系，为了规避国家房屋买卖税费，黄某荣通过伪造借条，借助法院司法程序将从王某团处购买的门面过户到自己名下。该行为严重地扰乱正常司法秩序，浪费司法资源，且损害国家税收利益。黔南布依族苗族自治州人民检察院采用抗诉的方式，及时地进行了监督。

检察机关对民事执行活动实行监督则通过书面检察建议的方式。检察机关提出检察建议应当经由其检察委员会讨论决定，对于最终检察建议是否被采纳，需要由人民法院经过一定的审查程序来决定。人民检察院对民事执行活动提出检察建议的，应当经检察委员会决定，制作《检察建议书》，在决定之日起15日内将《检察建议书》连同案件卷宗移送同级人民法院，并制作决定提出检察建议的《通知书》，发送当事人。人民检察院认为当事人申请监督的人民法院执行活动不存在违法情形的，应当作出不支持监督申请的决定，并在决定之日起15日内制作《不支持监督申请决定书》，发送申请人。

新时代检察机关法律监督的理念、原则与职能包括以下六个方面：[1]

（1）坚持人民检察院是国家法律监督机关的宪法定位。在中国特色社会主义进入新时代，检察机关具体职能作出调整的背景下，坚持检察机关的宪法定位，不仅彰显了对宪法精神的贯彻，对既往法律规定的延续，更是中国特色社会主义政治体制、司法体制的鲜明特征。法律监督既是我国检察制度最基本的内涵，也是我国检察制度持续发展的基本方向。

（2）树立和坚持正确的法律监督理念，引领法律监督工作创新发展。以习近平新时代中国特色社会主义思想为根本指引，坚定地坚持党对检察工作

---

〔1〕　孙谦："新时代检察机关法律监督的理念、原则与职能——写在新修订的人民检察院组织法颁布之际"，载《人民检察》2018年第21期。

的绝对领导，崇尚和维护法治，尊重和保障人权，树立公平正义理念，平和理性司法，自觉接受监督。

（3）正确认识和把握法律监督的功能与作用。法律监督具有法定性、程序性、建议性、事后性、救济性和有限性。

（4）全面履行法律监督职权，严守法律公平正义底线。对原有职权范围作出了调整，扩展了检察机关法律监督的范围，赋予了检察机关公益诉讼职权，赋予最高人民检察院专有职权。

（5）严格遵循法律监督职权的行使原则，依法独立公正行使法律监督职权。严格遵循依法独立行使检察权原则、适用法律平等原则、司法公正原则、司法公开原则、司法民主原则、全面落实司法责任制原则和检察一体化原则。

（6）人民检察院履行法律监督职责的组织保障。进一步明确了人民检察院的设置，为全面落实司法责任制提供了组织保障，确立了检察人员分类管理制度。

第三章

民事审判的基本制度

第一节　合议制度

案　例：河南某颐置业有限公司、河南某星建筑安装工程
有限公司建设工程施工合同纠纷案[1]

再审申请人河南某颐置业有限公司（以下简称"某颐公司"）因与被申请人马某臣及一审被告河南某星建筑安装工程有限公司（以下简称"某星公司"）建设工程施工合同纠纷一案，不服河南省高级人民法院［2018］豫民终870号民事判决，向最高人民法院申请再审。

某颐公司申请再审称：第一，有新证据，足以推翻二审判决。某颐公司提交了以下证据作为再审新证据：第一组证据是一审《询问笔录》复印件一份，拟证明一审法院在合议庭成员变更后次日即作出判决，变更后的合议庭成员未参加庭审，一审程序违法……第三，一二审程序违法。一审法院曾变更合议庭成员，但合议庭成员变更后，未另行组织开庭即作出一审判决。一二审法院超审限结案，开庭前均未书面告知合议庭组成人员。第四，一二审法院剥夺当事人辩论权利。某颐公司多次向一审法院申请现场勘验，但一审法院一直未到现场勘验，并以"某颐公司在本院技术部门指定的期间内未提供工程质量鉴定具体项目清单，致使鉴定无法进行"为由剥夺了某颐公司的鉴定举证辩论权，导致某颐公司的基本诉讼权利被剥夺，致使本案基本事实未查清……第十一，某颐公司提出的反诉，有充分的证据支持，但一二审判决未予支持，系适用法律错误。综上，一二审判决认定事实的证据明显不真实且伪造，

---

〔1〕　案例来源：最高人民法院［2019］最高法民申4500号民事裁定书。

适用法律错误，程序违法，案件审理中剥夺了某颐公司的辩论权。故依据《民事诉讼法》（2017 年修正）第 200 条第（一）项、第（二）项、第（三）项、第（六）项、第（七）项、第（九）项、第（十一）项规定申请再审。

最高人民法院经审查认为：某颐公司的再审申请理由不能成立，理由如下：……第三，关于一二审法院是否存在程序违法的问题。某颐公司向本院提交本案一审《询问笔录》复印件一份，拟证明一审法院在合议庭成员变更后次日即作出判决，变更后的合议庭成员未参加庭审，一审程序违法。但是，该笔录载明一审法院已告知其合议庭成员变更情况并专门询问各方当事人是否同意原庭审意见，包括某颐公司在内的各方当事人均表示无异议。这表明某颐公司对于变更合议庭成员以及对于原合议庭组织开展的庭审均无异议。上述情形不属于原审审判组织的组成不合法的情形。此外，原审是否超审限结案不属于《民事诉讼法》规定的再审事由，马某某此项再审申请理由亦不能成立。第四，关于一二审法院是否剥夺某颐公司辩论权利的问题。本案一审过程中，某颐公司向一审法院提交申请，请求对下列事项进行鉴定：①对马某某所施工的地下车库 1-5 区工程存在严重质量问题；②对马某某所施工的地下车库 1-5 区工程修复方案及造价；③对地下车库 1-5 区工程质量问题造成的损失进行评估。但因某颐公司在一审法院指定期限内未提供工程质量鉴定具体项目清单，导致鉴定无法进行，该院司法技术处作退案处理。马某某并未举证证明本案存在剥夺其辩论权的情形，故其此项再审审理理由亦不能成立。……第十一，关于某颐公司的反诉请求是否应予支持的问题。某颐公司申请再审称，其提出的反诉，有充分的证据支持，但一二审判决未予支持，系适用法律错误，但某颐公司并未具体说明相应的事实和理由，且未提交充分证据证明马某某应当承担损失赔偿责任，故对其此项再审申请理由本院不予支持。此外，某颐公司未提交证据证明原审判决存在认定事实的主要证据是伪造的和遗漏或者超出诉讼请求的情形。裁定如下：驳回河南某颐置业有限公司的再审申请。

问题与思考：

1. 阐述合议庭的组成形式和活动规则。

2. 分析本案原案审判组织的组成是否合法？请说明理由。

3. 2021 年修改《民事诉讼法》扩大独任制适用范围述评。

合议制度，又称为合议制，是指由 3 名以上的审判人员组成合议庭，代表人民法院行使审判权，对案件进行审理并作出裁判的制度。法院审判案件的组织形式有合议制和独任制两种。独任制度，又称为独任制，是指由 1 名审判员对案件进行审理并作出裁判的制度。

合议制的具体组织形式是合议庭。合议庭的组成方式有两种：一种是由审判员和人民陪审员组成合议庭，另一种是由审判员组成合议庭。作为法院审理民事案件的基本审判组织，合议庭在不同的审理程序中组成形式有所不同。

（1）第一审合议庭。《民事诉讼法》第 40 条第 1 款规定，第一审合议庭的组成形式有两种：①由审判员和陪审员共同组成合议庭，合议庭的人数为单数。陪审员在法院执行职务期间，除不能担任审判长外，与审判员有同等的权利和义务。②由审判员组成合议庭，合议庭的人数为单数。

（2）第二审合议庭。《民事诉讼法》第 41 条第 1 款规定："人民法院审理第二审民事案件，由审判员组成合议庭。合议庭的成员人数，必须是单数。"二审之所以不吸收陪审员参加，是因为二审是上诉审，不仅要对当事人之间的争议进行审理，还担负着对第一审法院的审判活动实行审级监督的功能，因此第二审合议庭应由审判员组成。

（3）重审合议庭。《民事诉讼法》第 41 条第 3 款规定："发回重审的案件，原审人民法院应当按照第一审程序另行组成合议庭。"

（4）再审合议庭。《民事诉讼法》第 41 条第 4 款："审理再审案件，原来是第一审的，按照第一审程序另行组成合议庭；原来是第二审的或者是上级人民法院提审的，按照第二审程序另行组成合议庭。"不论是二审发回重审的案件还是再审案件，都涉及另行组成合议庭的问题。另行组成合议庭是指原来审判该案的审判人员，一律不得参加发回重审和再审案件的合议庭。

（5）非讼案件合议庭。在特别程序中，审理选民资格案件、重大或疑难的非讼案件时，必须由审判员组成合议庭；公示催告程序中作出除权判决的，应当组成合议庭。

《民事诉讼法》第 44 条规定："合议庭的审判长由院长或者庭长指定审判员一人担任；院长或者庭长参加审判的，由院长或者庭长担任。"审判长是指合议庭中负责主持案件审判活动的法官。审判长的职责主要包括：指导和安排审判辅助人员做好庭前调解、庭前准备及其他审判业务辅助性工作；确定案件审理方案、庭审提纲、协调合议庭成员的庭审分工以及做好其他必要的庭审准备工作；主持庭审活动；主持合议庭对案件进行评议；依照有关规定，提请院长决定将案件提交审判委员会讨论决定；制作裁判文书，审核合议庭其他成员制作的裁判文书；依照规定权限签发法律文书；根据院长或者庭长的建议主持合议庭对案件复议；对合议庭遵守案件审理期限制度的情况负责；办理有关审判的其他事项。

合议庭的审判活动由审判长主持，合议庭全体成员平等参与案件的审理、评议裁判，共同对案件认定事实和适用法律负责。作为群体决策的合议制，信息更为全面、决策认可度提高、结论也更加体现法律精神。依法不开庭审理的案件，合议庭全体成员均应当阅卷，必要时提交书面阅卷意见。开庭审理时，合议庭全体成员应当共同参加，不得缺席、中途退庭或者从事与该庭审无关的活动；合议庭成员未参加庭审、中途退庭或者从事与该庭审无关的活动，当事人提出异议的，应当纠正；经当事人提出异议合议庭仍不纠正的，当事人可以要求休庭，并将有关情况记入庭审笔录。

本案中某颐公司申请再审主张，一审法院在合议庭成员变更后次日即作出判决，变更后的合议庭成员未参加庭审，一审程序违法。这实际上是原告主张一审法院变更合议庭成员的行为违反集中审理原则。集中审理原则，又称审理不间断原则，是指法院开庭审理案件，应在不更换审判人员的条件下连续进行，不得中断审理的诉讼原则。在某颐公司向最高人民法院提交的《询问笔录》中载明了一审法院已告知其合议庭成员变更情况并专门询问各方当事人是否同意原庭审意见，包括某颐公司在内的各方当事人均表示无异议。因此，某颐公司以原审审判组织的组成不合法为由提起再审不符合法律规定。

关于合议庭的评议规则，《民事诉讼法》第45条规定："合议庭评议案件，实行少数服从多数的原则。评议应当制作笔录，由合议庭成员签名。评议中的不同意见，必须如实记入笔录。"这有效地避免了合议庭意见不统一而难以作出裁判的情形。合议庭成员评议时发表意见不受追究，以便保证其能够充分地陈述自己的真实意见。

在民事审判活动中，还需要正确处理合议庭与审判委员会的关系。审判委员会是人民法院内部集体领导审判工作的组织。审判委员会与合议庭之间是一种指导与被指导、监督与被监督的关系。《人民法院组织法》第37条规定："审判委员会履行下列职能：（一）总结审判工作经验；（二）讨论决定重大、疑难、复杂案件的法律适用；（三）讨论决定本院已经发生法律效力的判决、裁定、调解书是否应当再审；（四）讨论决定其他有关审判工作的重大问题。最高人民法院对属于审判工作中具体应用法律的问题进行解释，应当由审判委员会全体会议讨论通过；发布指导性案例，可以由审判委员会专业委员会会议讨论通过。"由此可见，审判委员会的审判职权体现在三个方面：一是对重大疑难复杂案件的讨论决定权，二是对本院生效判决裁定调解书的再审启动权，三是对司法解释和指导性案例的通过权。虽然审判委员会对审判工作有指导作用，但是审判委员会也不能干涉甚至代替合议庭对具体案件行使审判权。

审判委员会（以下简称"审委会"）"讨论案件并决议"的类审判职能因其非亲历性和不可追责性等缺陷而饱受争议并成为历次司法改革的重点攻坚对象。规范分析表明，由于法律设计和司法解释未能一以贯之，该项职能在实践中渐趋泛化和错位。实证研究显示，人员组成的高行政性与讨论议题的重影响性，使得审委会更倾向于保障政治安全和社会稳定；而大量讨论个案，不仅影响其宏观职能的发挥，易形成司法责任的黑洞。长远看，改革路径在于还权赋能，通过逐步取消审判职权，全面强化指导功能，实现审判权完整回归合议庭和独任庭，重塑审委会作为审判中的咨询者和规则制定中的决策者两大角色。[1]

2021年修正《民事诉讼法》适度扩大了独任制适用范围，推动了审判组织形式与审理程序的灵活精准匹配，有助于充分发挥独任制和合议制的各自功能和优势。

（1）普通程序独任制。《民事诉讼法》第40条第2款规定："……基层人民法院审理的基本事实清楚、权利义务关系明确的第一审民事案件，可以由审判员一人适用普通程序独任审理。"它从制度上解除了民事诉讼第一审程序中独任制与简易程序的严格绑定，建立了普通程序独任制审理模式，并对普通程序独任制的适用范围和条件作出了规定。

（2）第二审程序独任制。《民事诉讼法》第41条第2款规定："中级人民法院对第一审适用简易程序审结或者不服裁定提起上诉的第二审民事案件，事实清楚、权利义务关系明确的，经双方当事人同意，可以由审判员一人独

---

〔1〕　徐向华课题组："审判委员会制度改革路径实证研究"，载《中国法学》2018年第2期。

任审理。"将独任制扩大适用于中级人民法院审理的部分第二审民事案件，是2021年修法的重大制度创新，有利于推动第二审案件繁简分流，提升第二审案件审判质效，满足当事人高效解纷需求。[1]

《民事诉讼法》第42条规定："人民法院审理下列民事案件，不得由审判员一人独任审理：（一）涉及国家利益、社会公共利益的案件；（二）涉及群体性纠纷，可能影响社会稳定的案件；（三）人民群众广泛关注或者其他社会影响较大的案件；（四）属于新类型或者疑难复杂的案件；（五）法律规定应当组成合议庭审理的案件；（六）其他不宜由审判员一人独任审理的案件。"这是2021年修法新增的条文，通过列举方式对排除适用独任制的案件类型作出规定，有利于避免实践中独任制适用不当扩大，保障合议制的适用空间。

《民事诉讼法》第43条规定："人民法院在审理过程中，发现案件不宜由审判员一人独任审理的，应当裁定转由合议庭审理。当事人认为案件由审判员一人独任审理违反法律规定的，可以向人民法院提出异议。人民法院对当事人提出的异议应当审查，异议成立的，裁定转由合议庭审理；异议不成立的，裁定驳回。"这也是2021年修法新增的条文，对审判组织转换机制作出了规定，赋予了当事人对审判组织的异议权，明确了第一审程序、第二审程序中独任制向合议制转换的条件和程序。

2021年修正《民事诉讼法》扩大了独任制的适用范围，表现为独任制在普通程序、二审程序中可以部分地适用，解除了独任制与简易程序的僵化捆绑。解除审判组织形式与诉讼程序类型之间的固化捆绑、适当扩大独任制的适用范围，无疑是有利于司法资源优化配置的积极举措，笔者完全赞同。但需要思考并回应的是：独任制的适用范围扩大到何种程度为宜：一审中普遍适用独任制，合议制还是基本的审判制度吗？我国的两审终审制度实质上承载着域外国家三审终审的功能，二审案件较多地适用独任制，二审程序作为通常救济的应有功能还能得到充分的保障吗？合议制度、回避制度、公开审判制度和两审终审制度是我国民事诉讼法的四项基本制度，在本次修法过程中，应当正确处理各项基本制度与其他制度之间的关系定位，不能为了"提速"而将其他制度"基本化"，背离制度运行的基本原理。从审判组织制度来

---

〔1〕 参见最高人民法院民事诉讼法修改起草小组编著：《民事诉讼法修改条文对照与适用要点》，法律出版社2022年版，第30页、第36页。

看，合议制是基本制度，独任制属于辅助型的其他制度。合议制的预设功能在于发挥集体智慧、加强内部制衡并预防司法腐败；而独任制以提高裁判效率、节约司法资源为主要特点。如果为了回应"案多人少"的迫切性就过分扩张适用独任制，将动摇合议制的基本制度地位，减损其应有的制度功能。本次修法允许部分普通程序案件适用独任制进行审理，在基层人民法院审理一审案件简易程序适用率已经很高的现实背景下，该种制度安排显然缺乏正当性和必要性。如果普通程序案件部分适用独任制审理是因为"案多人少"，那么增加"人"比突破合议制度的基本地位更具科学性和实效性，在这个意义上，对员额制的进一步反思可能也是必要的。此外，本次修法还允许部分二审案件适用独任制审理，这个问题同样值得思考。二审程序与一审程序的功能有所不同，二审更侧重于纠错和确保法律统一适用，因此不应将一审程序中审判组织形式的适用标准直接套用在二审程序中。在绝大多数基层人民法院审理的一审案件实际上适用独任制的现状下，该种修正将导致未来大量的二审案件适用独任制，在实质上减损二审程序的应有功能，不利于通过合议制发挥纠错的功能，也可能因为缺乏监督制约而引发司法不公，出现"形合实独"的异化现象，最终导致合议制丧失了基本制度的地位。[1]

第二节 回避制度

案例一：范某莉、范某华与张某民间借贷纠纷案[2]

上诉人范某莉、范某华因与被上诉人张某民间借贷纠纷一案，不服宁夏回族自治区海原县人民法院［2020］宁 0522 民初 914 号民事判决，向宁夏回族自治区中卫市中级人民法院提起上诉。

中卫市中级人民法院审理查明：张某一审诉讼代理人田某霞曾作为海原县人民法院聘用制书记员，于 2017 年至 2019 年为本案一审办案法官马某明审理的案件担任书记员。

---

〔1〕 潘剑锋："'基本'与'其他'：对《民事诉讼法》相关制度和程序修订的体系化思考"，载《法学评论》2022 年第 2 期。

〔2〕 案例来源：宁夏回族自治区中卫市中级人民法院［2020］宁 05 民终 512 号民事裁定书。

中卫市中级人民法院认为，《民事诉讼法》（2017 年修正）第 44 条规定："审判人员有下列情形之一的，应当自行回避，当事人有权用口头或者书面方式申请他们回避：……（三）与本案当事人、诉讼代理人有其他关系，可能影响对案件公正审理的……"本条所规定的回避情形是为了打消当事人对司法公正疑虑所设置，并非审判人员实施了非公正审理的行为。作为审判人员，公正司法是基本职业素养，即使存在其近亲属为案件当事人或审判人员与案件当事人有其他关系的情形时，不必然出现审判人员徇私舞弊违法裁判的结果，《民事诉讼法》规定的回避制度只是为了打消当事人的合理怀疑，从心理上满足当事人对公正的追求。本案中，张某在一审中的诉讼代理人田某霞曾于 2017 年至 2019 年间供职于海原县人民法院，并与一审办案法官马某明在同一庭室共事，田某霞与马某明一起共事的经历足以引起对方当事人认为本案是否能得到公正审理的合理怀疑，马某明应主动回避本案审理而未回避。依照《民诉法解释》（2015 年）第 325 条"下列情形，可以认定为民事诉讼法第一百七十条第一款第四项规定的严重违反法定程序：……（二）应当回避的审判人员未回避的……"之规定，本案应发回海原县人民法院重新审理。裁定如下：第一，撤销宁夏回族自治区海原县人民法院［2020］宁 0522 民初 914 号民事判决；第二，本案发回宁夏回族自治区海原县人民法院重审。

案例二：张某奎、张某敏民间借贷纠纷案[1]

上诉人张某奎、张某敏因与被上诉人孟某彬民间借贷纠纷一案，不服辽宁省朝阳市龙城区人民法院［2019］辽 1303 民初 346 号民事裁定，向辽宁省朝阳市中级人民法院提起上诉。张某奎向朝阳市中级人民法院请求：撤销一审裁定，发回一审法院进行实体审理。事实及理由：第一，一审裁定程序违法，适用法律错误。一审认定"原告提交的证据存在重大捏造嫌疑"，此认定不符合《民事诉讼法》关于裁定书书写内容的规定。第二，一审裁定作出驳回起诉的结果错误。第三，一审法院适用法律错误。第四，一审裁定认定事实不清，本案六笔债务真实有效，属于夫妻共同债务，理应由二被上诉人共同偿还。张某敏提出的上诉请求：撤销一审裁定。事实及理由：原审裁定违反回避制度；合法借贷应依法偿还，原审认定存在重大捏造嫌疑，违背事实；

---

〔1〕 案例来源：辽宁省朝阳市中级人民法院［2019］辽 13 民终 2658 号民事裁定书。

适用法律错误。

朝阳市中级人民法院认为：《民事诉讼法》（2017 年修正）第 40 条第 2 款规定："发回重审的案件，原审人民法院应当按照第一审程序另行组成合议庭。"经查，张某奎诉张某敏、孟某彬民间借贷纠纷一案，朝阳市龙城区人民法院曾于 2018 年 7 月 31 日作出 [2017] 辽 1303 民初 1547 号民事判决，本院于 2018 年 11 月 2 日作出 [2018] 辽 13 民终 2262 号民事裁定，裁定撤销 [2017] 辽 1303 民初 1547 号民事判决，发回重审。发回重审的过程中，朝阳市龙城区人民法院未另行组成合议庭即作出 [2019] 辽 1303 民初 346 号民事裁定，违反法定程序。裁定如下：第一，撤销朝阳市龙城区人民法院 [2019] 辽 1303 民初 346 号裁定；第二，本案发回朝阳市龙城区人民法院重审。

问题与思考：

1. 结合案例，分析原发性回避事由与继发性回避事由的适用。
2. 结合案例，分析职权回避的适用。

回避制度，是指在民事诉讼中，审判人员及其他有关人员遇有法律规定的回避情形时，应当退出该案审判活动的制度。根据《民事诉讼法》第 47 条，民事诉讼中回避的对象包括审判人员、书记员、翻译人员、鉴定人和勘验人。案例一和案例二都是针对审判人员提出的回避。

根据《民事诉讼法》第 47 条以及《民诉法解释》第 43 条、第 44 条，可以将回避事由分为原发性事由和继发性事由。[1]

原发性回避事由，是指回避的事由是在诉讼开始之前就已经存在的客观事实。原发性回避事由主要涉及三种关系：第一，亲属关系。审判人员是本案当事人或者当事人、诉讼代理人近亲属的，应当自行回避，当事人有权用口头或者书面方式申请他们回避。这里的近亲属包括与审判人员有夫妻、直系血亲、三代以内旁系血亲及近姻亲关系的亲属。第二，由利害关系引发的回避事由。利害关系主要包括两个方面：①审判人员等人与案件或与当事人之间存在一定的实体性利益关系；②审判人员等人曾参与过案件处理的某一程序，具有职务性利害关系。第三，其他可能影响案件公正审理的关系引发

---

〔1〕　江必新主编：《最高人民法院民事诉讼法司法解释专题讲座》，中国法制出版社 2015 年版，第 58 页。

的回避事由。我国是一个人情关系浓厚的熟人社会，因此只要具有影响公正审判可能的关系都被界定在此范围内，由回避决定者在决定是否回避时考虑。《民诉法解释》增加了审判人员与诉讼代理人之间存在可能影响对案件公正审理的关系引发的回避事由。

案例一属于审判人员与诉讼代理人之间存在可能影响对案件公正审理的关系引发的回避事由。张某的诉讼代理人田某霞与一审办案法官马某明曾一起共事，该经历足以引起对方当事人认为本案是否能得到公正审理的合理怀疑，因此马某明应回避。案例二属于由利害关系引发的回避事由。《民诉法解释》第45条第1款规定："在一个审判程序中参与过本案审判工作的审判人员，不得再参与该案其他程序的审判。"而该案在发回重审的过程中，朝阳市龙城区人民法院未另行组成合议庭即作出新的民事裁定，属于程序违法。

继发性的回避事由，是指审判人员在诉讼过程中发生了违反法律规定的行为，可能发生不公正或妨碍公正审判的情形。《民事诉讼法》第47条第2款规定："审判人员接受当事人、诉讼代理人请客送礼，或者违反规定会见当事人、诉讼代理人的，当事人有权要求他们回避。"审判人员有前款规定的行为的，应当依法追究法律责任。《民诉法解释》第44条进一步规定："审判人员有下列情形之一的，当事人有权申请其回避：（一）接受本案当事人及其受托人宴请，或者参加由其支付费用的活动的；（二）索取、接受本案当事人及其受托人财物或者其他利益的；（三）违反规定会见本案当事人、诉讼代理人的；（四）为本案当事人推荐、介绍诉讼代理人，或者为律师、其他人员介绍代理本案的；（五）向本案当事人及其受托人借用款物的；（六）有其他不正当行为，可能影响公正审理的。"上述行为都是人为因素导致的，对公正审判有很大的影响，因此审判人员有必要回避。

关于回避的方式，《民事诉讼法》规定了自行回避和申请回避，《民诉法解释》第46条增设了职权回避。自行回避是指审判人员等遇到有法定回避情形时，应当主动披露并退出本案的审理活动。申请回避是当事人及其诉讼代理人认为审理案件的审判人员等具有应当回避的情形，向法院提出，法院审查确认后更换的制度。职权回避是指审判人员有应当回避的情形，但没有自行回避，当事人也没有提出回避申请，法院依职权作出决定，责令其回避的制度。《民诉法解释》第46条规定："审判人员有应当回避的情形，没有自行回避，当事人也没有申请其回避的，由院长或者审判委员会决定其回避。"案例一和案例二均为职权回避。

案件受理后，人民法院应当依法告知当事人对合议庭组成人员、独任审判员和书记员等人员有申请回避的权利。当事人提出回避申请，应当说明理由，在案件开始审理时提出；回避事由在案件开始审理后知道的，也可以在法庭辩论终结前提出。人民法院对当事人提出的回避申请，应当在申请提出的3日内，以口头或者书面形式作出决定。《民事诉讼法》第49条规定："院长担任审判长或者独任审判员时的回避，由审判委员会决定；审判人员的回避，由院长决定；其他人员的回避，由审判长或者独任审判员决定。"被申请回避的人员在人民法院作出是否回避的决定前，应当暂停参与本案的工作，但案件需要采取紧急措施的除外。这里的紧急措施一般理解为财产保全、先行给付等措施。申请人对决定不服的，可以在接到决定时申请复议一次。复议期间，被申请回避的人员，不停止参与本案的工作。人民法院对复议申请，应当在3日内作出复议决定，并通知复议申请人。构成上诉和再审的法定事由中包括违反回避规定。案例一和案例二均属于应当回避的审判人员在第一审程序中未回避的情形，第二审法院裁定撤销原裁判，发回原审法院重新审判。

第三节　公开审判制度

案　例：人民法院报发布21个庆祝改革开放40周年典型案例之八
十大电影制片厂诉著作权被侵案
——我国法院庭审现场首次向公众直播[1]

北京市第一中级人民法院（以下简称"北京一中院"）在1998年审理的国内十大电影制片厂起诉著作权被侵案之所以被屡屡提起，是因为中央电视台首次将这场庭审的全过程直播展现在了全国电视观众的面前，庭审现场更有众多的人以普通公民的身份旁听了整个庭审过程，案件庭审传播的方式和影响使得本案具有了更长的生命力。

1997年3月，中某音像出版社与北京某都电影版权代理中心签订合作协

---

〔1〕　案例来源："人民法院报发布21个庆祝改革开放40周年典型案例"，载《人民法院报》2018年12月18日。

议，约定双方合作出版 1949 年 10 月 1 日至 1993 年 6 月 30 日期间的国产影片 VCD 光盘后，又出具委托书委托北京某都电影版权代理中心销售中某音像出版社发行的 VCD 节目。5 月，中某音像出版社委托授权天津某达音像发行中心发行中某音像出版社出版的音像制品。其间，天津某达音像发行中心与北京某都电影版权代理中心签订了合作出版国产影片 VCD 光盘的联营合同。1997 年 5 月至 7 月中旬，A 电影厂、B 电影厂、C 电影厂、D 电影厂、E 电影厂、F 电影厂、G 影公司陆续授权中国电影制片者保护委员会对各自生产的电影作品行使版权保护和版权确认。1997 年 6 月至 7 月间，中某音像出版社委托公司制作了《林海雪原》《战上海》《骆驼祥子》《闪闪的红星》《归心似箭》《早春二月》《青春之歌》等 27 部电影的 VCD 光盘。

1998 年 2 月至 4 月，A 影厂、B 影厂、C 影厂、D 影厂、E 影厂、F 影厂、G 影公司以及 H 影厂、I 影厂、J 影厂共 10 家电影制片单位作为原告，分别向北京一中院提起诉讼，起诉北京某都电影版权代理中心、天津某达音像发行中心。十原告起诉称，未经许可，被告将原告享有著作权的 27 部国产影片制成 VCD 出版、发行，侵犯了原告上述电影作品的使用权和获得报酬权，请求法院判决被告停止侵权、赔偿损失、公开道歉等。

1998 年 7 月 11 日，北京一中院公开开庭审理了此案。鉴于案情，依法将中某音像出版社追加为第三被告。庭审当日，有 500 多名普通群众凭身份证领取了专门印制的旁听证，进到北京一中院的大法庭旁听了整个庭审过程。近 20 家媒体的记者参与到了庭审现场。中央电视台更是在大法庭内设置了 6 个直播机位，将庭审全过程首次以直播的形式传到了全国各地。中央电视台演播室内，国内知识产权方面的专家郑某思和陶某良两位教授作为特邀嘉宾随着直播的进行，向观众作了讲解。

北京一中院经审理认为：根据我国《著作权法》的规定，十原告请求的 27 部影片的使用权、获得报酬权目前均未超出法定保护期。任何人使用都必须与著作权人订立许可使用合同或取得书面许可。三被告未曾就上述影片的使用与原告签订合同或得到书面许可，三被告的行为侵犯了原告对于上述影片的使用权和获得报酬权。依据事实和法律，北京一中院当庭对其中的六案作出判决：三被告停止侵犯原告 A 影厂、C 影厂、H 影厂、I 影厂、E 影厂和 G 影公司 6 家电影制片单位著作权行为；公开赔礼道歉；赔偿原告经济损失并承担诉讼费用。3 个月后，北京一中院对另外四案作出了相同的判决。三被告不服北京一中院的判决，上诉到北京市高级人民法院，该院判决驳回上诉，维持原判。

问题与思考：

1. 简述公开审判制度的意义和内容。

2. 简述在线诉讼制度。

公开审判制度，是指人民法院审理民事案件的过程和裁判结果应当依法向社会公开的制度。公开审判制度有利于促进和保障司法公正，有利于增强司法裁判的公信力，有利于促使当事人和其他诉讼参与人正确行使诉讼权利、履行诉讼义务，有利于进行法治宣传教育。

我国《民事诉讼法》关于公开审判制度主要规定了以下内容：①审前公告方面。《民事诉讼法》第 139 条规定："人民法院审理民事案件，应当在开庭三日前通知当事人和其他诉讼参与人。公开审理的，应当公告当事人姓名、案由和开庭的时间、地点。"②举证、质证方面。《最高人民法院关于严格执行公开审判制度的若干规定》第 1 条规定："人民法院进行审判活动，必须坚持依法公开审判制度，做到公开开庭，公开举证、质证，公开宣判。"③开庭审理案件的过程向群众公开。在开庭审理期间，除法律规定不得公开的程序外，允许群众旁听案件的全部审理过程。④开庭审理案件的过程对社会公开。允许新闻记者及媒体对案件的审理进行记录、录音、录像、摄影、转播庭审实况，并将案件审理情况向社会披露。⑤宣判公开。宣判的方式有两种：一是当庭宣判，并在 10 日内发送判决书；二是定期宣判，宣判后立即发给判决书。《民事诉讼法》第 155 条规定，判决书应当写明判决结果和作出该判决的理由。⑥公众查阅裁判文书。《民事诉讼法》第 159 条规定："公众可以查阅发生法律效力的判决书、裁定书，但涉及国家秘密、商业秘密和个人隐私的内容除外。"根据《民诉法解释》第 254 条规定："公民、法人或者其他组织申请查阅发生法律效力的判决书、裁定书的，应当向作出该生效裁判的人民法院提出。申请应当以书面形式提出，并提供具体的案号或者当事人姓名、名称。"第 255 条规定："对于查阅判决书、裁定书的申请，人民法院根据下列情形分别处理：（一）判决书、裁定书已经通过信息网络向社会公开的，应当引导申请人自行查阅；（二）判决书、裁定书未通过信息网络向社会公开，且申请符合要求的，应当及时提供便捷的查阅服务；（三）判决书、裁定书尚未发生法律效力，或者已失去法律效力的，不提供查阅并告知申请人；（四）发生法律效力的判决书、裁定书不是本院作出的，应当告知申请人向作出生效裁判的人民法院申请查阅；（五）申请查阅的内容涉及国家秘密、商业秘密、个人隐私的，不予准许并告知申请人。"2013 年，最高人民法院发布了了《关于人民法院在互联网公布裁判文书的规定》，第 2 条第 1 款规定"最高人民法院在互联网设立中国裁判文书网，统一公布各级人民法院的生效裁判文书。"第 4 条规定："人民法院的生效裁判文书应当在互联网公布，但有下列情形之一的除外：（一）涉及国家秘密、个人隐私的；（二）涉及未成年人违法犯罪的；（三）以调解方式结案的；（四）其他不宜在互联网公布的。"可见，在互联网公布人民法院的生效裁判文书，是传统司法公开工作的一次巨大革命，是审判公开的必然要求，也是大势所趋。

在十大电影制片厂诉著作权被侵案中，人们开始以普通公民的身份走进庭审现场参加旁听，中央电视台对庭审全程进行了现场直播，还有 7 家海外媒体有偿进行了转播。这在我国的审判史和新闻史上都是第一次，电视直播带来的影响更是远远超过了案件审理本身。司法公开、公正的观念从这场案件的审判开始走进民心。对北京一中院这种"审判公开"的做法，国内外新闻媒体给予了积极评价，称"北京一中院的措施是中国民主法制制度向前迈进的一大步"。而更积极的评价则认为，这是中国法院首次敞开大门，让百姓和媒体现场旁听庭审，从此按下了全国法院司法公开的启动键。

《民事诉讼法》第 137 条规定："人民法院审理民事案件，除涉及国家秘密、个人隐私或者法律另有规定的以外，应当公开进行。"离婚案件，涉及商业秘密的案件，当事人申请不公开审理的，可以不公开审理。不公开审理是指在一个相对封闭的环境中开庭审理，而非不以开庭的方式审理。无论审理过程是否公开，一律需要公开宣告判决。

互联网法院是我国原创性概念，是世界司法史上信息化背景下具有时代意义的创举，是人类法治文明的最新组成部分。它开辟了司法的新境界，在司法制度、司法原则、诉讼程序、法庭形态、审理模式、裁判规则等方面，有一系列适应互联网时代特点的重大创新，不能简单以具有工业文明特征、物理空间特点的传统司法理论为窠臼评判是与非。应当将"双线诉讼"模式与"单线诉讼"模式相区别，秉持"调适论"理念，使互联网法院的"双线诉讼"模式符合直接审理、亲历性、言词辩论等原则的内在实质要求和互联网纠纷审判规律。系统推进互联网法院"三步走"发展战略，进一步完善制度设计；总结改革经验，把握其基本规律；依法授权试点，确保改革于法有据；健全体制体系，实现互联网法院高质量发展，为世界贡献未来司法模式的中国智慧、中国方案。[1]

《民事诉讼法》第16条规定："经当事人同意，民事诉讼活动可以通过信息网络平台在线进行。民事诉讼活动通过信息网络平台在线进行的，与线下诉讼活动具有同等法律效力。"这是2021年修法新增的条文。它作为在线诉讼的总括性、效力性规定，被设置在《民事诉讼法》总则中，在整个民事诉讼制度中具有基础性地位。明确了在线诉讼与线下诉讼具有同等法律效力，要求在线诉讼适用以"当事人同意"为前提条件，首次在立法上确立了在线诉讼的法律地位，为在线诉讼的探索发展拓展了制度空间，有利于满足互联网时代下人民群众日益多元的司法需求，推动民事诉讼制度在互联网时代转型升级。[2]关于在线诉讼规则，最高人民法院先后公布并施行了《人民法院在线诉讼规则》《人民法院在线调解规则》《人民法院在线运行规则》。

2021年修正的《民事诉讼法》关于在线诉讼虽只有一条规定，但对于在线诉讼的规范而言却具有重要意义，是今后在线民事诉讼实践的基本根据。在线民事诉讼作为提升诉讼效率的重要手段首次被纳入《民事诉讼法》，成为本次修法的亮点之一。在线民事诉讼具有行为非现场化和行为互动方式的电子化两个特征。在线民事诉讼的规范有两个基本的特点：第一，通过线上民事诉讼行为与线下民事诉讼行为的等效方式，承认线上民事诉讼行为的合法性（即所谓"等效原则"）；第二，在线诉讼程序的适用以当事人双方的同意为条件（即"同意规则"）。"等效原则"和"同意规则"为在线诉讼的进一步发展奠定基础。虽然以当事人同意作为适用前提有助于防止或减少因为不满在线诉讼结果所发生的程序争议，但完全以"等效原则"作为在线民事诉讼规定依然存在诸多不足。线下的诉讼行为在内容上不能涵括线上诉讼行为，制定专门的《在线民事诉讼特别程序法》具有现实意义。统一诉讼平台、特有原则、线上线下转换、在线立案和审前准备、在线庭审规则等将成为今

---

〔1〕 景汉朝："互联网法院的时代创新与中国贡献"，载《中国法学》2022年第4期。

〔2〕 最高人民法院民事诉讼法修改起草小组编著：《民事诉讼法修改条文对照与适用要点》，法律出版社2022年版，第27页。

后的主要关注点。[1]

第四节 两审终审制度

案 例：洛阳市西工区某模家具店、李某焕劳动争议案[2]

洛阳市西工区某模家具店与李某焕、东莞市某模家居用品制造公司劳动争议纠纷一案，河南省洛阳市西工区人民法院作出的［2020］豫0303民初2926号民事判决，一审判决作出后，洛阳市西工区某模家具店向河南省洛阳市中级人民法院提出上诉，但经法院传票传唤无正当理由拒不出庭参加诉讼，河南省洛阳市中级人民法院作出［2020］豫03民终6762号民事裁定，裁定本案按上诉人洛阳市西工区某模家具店撤回上诉处理。一审判决自本裁定送达之日起发生法律效力。

洛阳市西工区某模家具店向洛阳市中级人民法院申请再审称：第一，原一审、二审法院认定基础事实有误，再审申请人西工某模家具店与被申请人李某焕自2016年9月18日至2019年12月31日存在劳动关系。依据李某焕与西工区某模家具店签订的书面劳动合同"第十七条：在工作期间甲方（西工区某模家具店）可以根据国家规定按工作需要安排乙方加班，乙方（李某焕）如果加班应按照甲方（西工区某模家具店）规章制度规定，事前办理书面审批手续并获得甲方许可后，始得加班并计算加班费"，西工区某模家具店没有收到李某焕的任何加班申请，李某焕也未提供任何西工区某模家具店关于许可她本人加班的书面审批手续；最后，一审、二审判决书中认定的加班工资没有事实根据和法律依据。第二，李某焕主张的西工区某模家具店未缴纳社保不能补办的经济损失与事实不符，应予以驳回。西工区某模家具店为李某焕缴纳有社保，且一直持续到2019年12月，李某焕的主张与事实不符，应予以驳回。

洛阳市中级人民法院认为：《民事诉讼法》（2017年修正）第164条第1

---

〔1〕 张卫平："在线民事诉讼的法律规制——基本框架与思路"，载《法学评论》2022年第2期。

〔2〕 案例来源：河南省洛阳市中级人民法院［2021］豫03民申404号民事裁定书。

款规定:"当事人不服地方人民法院第一审判决的,有权在判决书送达之日起十五日内向上一级人民法院提起上诉。"依据上述法律的规定,两审终审制是《民事诉讼法》的基本制度。当事人如认为一审判决错误的,应当提起上诉,通过二审程序行使诉讼权利,即当事人首先应当选择《民事诉讼法》审级制度设计内的常规救济程序,通过民事一审、二审程序寻求权利的救济。再审程序是针对生效判决可能出现的重要错误而赋予当事人的特别救济程序。如在穷尽了常规救济途径之后,当事人仍然认为生效裁判有错误的,其可向人民法院申请再审。对于无正当理由未提出上诉的当事人,一般不应再为其提供特殊的救济机制,否则将变相鼓励或放纵不守诚信的当事人滥用再审程序,从而使得特殊程序异化为普通程序。这不仅是对诉讼权利的滥用和对司法资源的浪费,也有违两审终审制的基本原则。本案西工区人民法院作出〔2020〕豫0303民初2926号民事判决后,洛阳市西工区某模家具店虽提出上诉,但经本院传票传唤无正当理由拒不出庭参加诉讼,主动放弃诉讼权利,一般应视为其接受一审判决结果。现申请再审,明显与其二审阶段行为相悖。故本院对洛阳市西工区某模家具店申请再审的事由不予审查。裁定如下:驳回洛阳市西工区某模家具店的再审申请。

问题与思考:

1. 两审终审制述评。
2. 本案中西工区某模家具店的再审申请能否被支持?请说明理由。
3. 简述四级法院审级职能定位改革。

两审终审制度,又称为两审终审制,是指一个民事案件经过两级法院的审判就宣告终结的一种审级制度。四级法院两审终审制是指,我国的法院共分为四级,即基层人民法院、中级人民法院、高级人民法院和最高人民法院,虽然有四级,但对一般的案件,最多只能审理两次的审级制度。我国实行两审终审制的理由主要是:我国地域辽阔,不少地方交通不便,如果与多数国家一样对案件的审判实行三审终审制,当事人和证人等为诉讼而长途往返,造成人力、物力上的浪费,而且也使当事人之间的权利义务关系长期处于不稳定状态,不利于民事流转和社会安定;两审终审制能够保证案件的公正审判;我国的审判监督程序可以弥补审级较少的不足。但是,两审终审制与现行的级别管辖制度结合在一起,造成了我国民事诉讼中终审法院级别较低的状况，引发了一些问题，如不利于法律适用的统一；一些终审法院的审判水平不高；第一审不当裁判通过上诉审得到纠正相对困难；存在地方保护主义以及法官与当事人之间人情关系影响审判，等等。

针对上述问题以及实践中存在的其他问题，民事诉讼法学界对审级制度的功能、原理进行了研究，并提出了一些改革的思路和措施。比较法考察和历史考察表明，各国审级制度的建构思路以立法者对于司法统一性、正确性、正当性、终局性、权威性等价值目标的认同为基础，审级制度在实现这些功能方面的可能性则依赖于相应的技术规范，其中蕴藏着一些共同原理，比如终审法院规模控制、上下级法院职能分层和权力双向制约、划分事实问题与法律问题、当事人权利事项与法官裁量事项界线分明等。这些技术规范的运用很大程度上决定了司法制度能否实现其统一性、正确性、正当性、终局性和权威性等价值目标。相比之下，我国现行审级制度的形成和演变受制于特定政治、经济、文化、历史背景，在技术原理上呈现为审级功能层次不明、运作方式大致相同的柱型结构。这种结构面临一系列技术困境，造成滥用审判权和滥用诉权行为的双重失控，加之时代变迁和司法正当性基础的嬗变，凸显了两审终审制的原有缺陷，成为申诉、再审案件大幅上升的重要原因。调整审级结构是民事程序改革中成本极高的一项措施，这项改革必须综合考虑影响审级结构变动的成本收益的种种因素，经过全面的实证考察、精确的功利性计算和广泛而充分的论证，注重技术上的精密、细致和相互协调。按照财政负担最小化、审级制度功能最大化改革思路，并考虑我国幅员辽阔，人口众多，经济、法律、诉讼文化发展状况都不平衡的具体国情。在此基础上，学者们对于两审终审制的完善提出了许多建议，例如，实行多元化的审级，即以两审终审为基础，有条件地实行三审终审和一审终审；第三审仅限于法律审；最高人民法院仅承担第三审职能；第一审案件只能由基层人民法院和中级人民法院管辖；完善再审的适用条件和程序。[1]

两审终审制给当事人提供了两审的救济机会，但并不意味着任何民事案件都必须经过两级法院的两次审理。是否经过第二审取决于当事人是否上诉，

---

〔1〕 参见傅郁林："审级制度的建构原理——从民事程序视角的比较分析"，载《中国社会科学》2002 年第 4 期；杨荣新、乔欣："重构我国民事诉讼审级制度的探讨"，载《中国法学》2001 年第 5 期；章武生："我国民事审级制度之重塑"，载《中国法学》2002 年第 6 期。

只要当事人不上诉，司法程序即终结。司法程序终结在适用上主要表现在，当法院作出确定裁判后，如无法律特别规定，该裁判都将产生如下效果：第一，参与诉讼的任何一方当事人都要受该裁判的拘束，不得就该裁判的内容再提争议；第二，法院必须尊重自己的判断，不得随意改动或撤销判决，甚至作出与原判断完全相反的另一判断；第三，法院以外的任何机关和个人，都不能改变或强迫法院撤销、变更其裁判。〔1〕

判断本案中西工区某模家具店的再审申请能否被支持，主要是看其是否用尽救济程序。当事人如认为一审判决错误的，应当提起上诉，通过二审程序行使诉讼权利，即当事人首先应当选择民事诉讼法审级制度设计内的常规救济程序，通过民事一审、二审程序寻求权利的救济。如在穷尽了常规救济途径之后，当事人仍然认为生效裁判有错误的，再向人民法院申请再审。再审程序是针对生效判决可能出现的重要错误而赋予当事人的特别救济程序。对于无正当理由未提出上诉的当事人，一般不应再为其提供特殊的救济机制，否则将变相鼓励或放纵不守诚信的当事人滥用再审程序，从而使得特殊程序异化为普通程序。这不仅是对诉讼权利的滥用和对司法资源的浪费，也有违两审终审制的基本原则。本案中，西工区人民法院作出〔2020〕豫0303民初2926号民事判决后，洛阳市西工区某模家具店虽提出上诉，但经二审法院传票传唤无正当理由拒不出庭参加诉讼，主动放弃诉讼权利，应视为其接受一审判决结果。因此，中西工区某模家具店继续申请再审，明显与其二审阶段行为相悖，应驳回洛阳市西工区某模家具店的再审申请。

按照我国现行法律规定，人民法院分为四级，实行两审终审制，一个案件经过两级法院的审理即告终结。"四级两审制"总体上符合我国的国情实际，兼顾了公正与效率的统一，也有利于诉讼分流、职能分层和资源配置。但从制度发展和实践需求来看，仍然存在以下三个方面问题：第一，审级职能定位不够清晰，缺乏自下而上的有效分流机制，不利于矛盾纠纷化解在基层，也影响到审判资源的合理化配置。第二，案件提级审理机制不够健全，一些具有普遍法律适用指导意义或者关乎重大国家利益、社会公共利益的案件，以及可能存在"诉讼主客场"现象的案件，受诉讼标的等各种因素制约，难以进入较高层级法院审理，不利于其发挥排除外部干预、统一法律适用的

---

〔1〕　江必新、程琥："司法程序终结问题研究"，载《法律适用》2013年第7期。

优势。第三，民事、行政再审申请的标准和程序有待优化，未能充分发挥"阻断""过滤"无理缠诉、任意滥诉的效能，既不利于维护生效裁判权威，又因过分挤占司法资源，一定程度上影响了再审程序依法纠错功能的发挥。

针对上述问题，中共中央办公厅印发的《关于政法领域全面深化改革的实施意见》，提出要明确四级法院职能定位，健全完善案件移送管辖和提级审理机制，完善民事再审申请程序，探索将具有法律适用指导意义、关乎社会公共利益的案件交由较高层级法院审理。按照中央关于加强审级监督体系建设的决策部署，最高人民法院严格依照改革方案要求，积极推进完善四级法院审级职能定位改革试点工作。根据中央关于"凡属重大改革都要于法有据"的要求，因部分试点举措涉及调整适用现行《民事诉讼法》和《行政诉讼法》相关规定，需要经过全国人大常委会授权，才能开展相应试点工作。[1]

为贯彻落实中央全面深化改革委员会审议通过的《关于完善四级法院审级职能定位的改革方案》和第十三届全国人民代表大会常务委员会第三十次会议作出的《全国人民代表大会常务委员会关于授权最高人民法院组织开展四级法院审级职能定位改革试点工作的决定》，最高人民法院于2021年9月27日印发了《关于完善四级法院审级职能定位改革试点的实施办法》，共23条，明确了改革试点的工作目标、主要任务、试点范围和期限及配套保障举措等内容，是开展试点工作的具体依据，内容主要包括以下五个方面：

（1）明确四级法院审级职能定位。明确了四级法院审级职能定位：基层人民法院重在准确查明事实、实质化解纠纷；中级人民法院重在二审有效终审、精准定分止争；高级人民法院重在再审依法纠错、统一裁判尺度；最高人民法院监督指导全国审判工作、确保法律正确统一适用。

（2）完善行政案件级别管辖制度。合理调整了第一审行政案件级别管辖标准，根据案件可能受地方因素影响程度，明确了对政府信息公开、不履行法定职责等四类以县级、地市级人民政府为被告的第一审行政案件，由基层人民法院管辖，推动行政争议实质性化解。

（3）完善案件提级管辖机制。完善了"特殊类型案件"提级管辖机制，明确了提级管辖的启动主体、程序机制、审理期限、处理方式等内容，推动

---

〔1〕 周强："对《关于授权最高人民法院在该院和部分地区开展四级法院审级职能定位改革试点工作的决定（草案）》的说明"，载《人民法院报》2021年8月21日。

将涉及重大国家利益、社会公共利益和具有普遍法律适用指导意义的案件交由较高层级法院审理，充分发挥较高层级法院在统一法律适用、打破"诉讼主客场"方面的职能作用。

（4）改革再审程序。完善了向最高人民法院申请再审的案件范围和情形，建立了将申请再审案件交高级人民法院审查的机制，规定了最高人民法院应当提审的情形，推动最高人民法院主要审理在全国范围内具有普遍法律适用指导意义、存在重大法律适用分歧等案件。

（5）完善最高人民法院审判权力运行机制。明确了最高人民法院受理再审申请的程序要求和审核机制，完善了最高人民法院跨审判机构的合议庭组成机制和专业法官会议机制，推动解决跨部门法律适用分歧或跨领域重大法律适用问题，优化了最高人民法院案件审理方式，推动形成适合最高审判机关职能定位和案件特点的庭审模式。[1]

---

〔1〕 刘峥、何帆："《关于完善四级法院审级职能定位改革试点的实施办法》的理解与适用"，载《人民司法》2021年第31期。

第四章

当事人制度

第一节　当事人适格

案　例：王某峰、杨某旗侵权责任纠纷案[1]

　　2008 年 4 月 16 日，民某县五个煤矿负责人签订了煤矿整合协议，对整合的相关事宜作了约定。2008 年 11 月 27 日，甘肃省国土资源厅同意将 5 个煤矿整合，采矿主体为新成立的煤炭有限责任公司，工商核准名称为"甘肃某阳煤炭有限责任公司"（以下简称"某阳公司"）。同时，该批复还对整合成立的煤矿的矿区范围作了限定，并对整合工作提出了相关要求。2010 年 10 月 1 日，高某国代表整合成立中的某阳公司和王某峰签订股权转让协议，将该公司 100% 股权全部转让给王某峰。后王某峰为融资筹建成立某阳公司，先后吸收靳某发、杨某旗、乔某荣、杜某华作为投资人和股东，并对采煤区域进行了划分。2013 年 3 月 6 日，甘肃省工商局预先核准王某峰等人投资成立的企业名称为"甘肃某阳煤炭有限责任公司"。在王某峰申请办理某阳公司营业执照期间，自 2012 年 6 月起，米某、郭某厚、龚某军在某阳公司投资人即王某峰等人所属位于民某县红某岗镇西某窑煤田采煤区域内采挖煤炭，王某峰制止未果后，提起诉讼请求：第一，米某、刘某刚、郭某厚、龚某军、武某（以下简称"武某等人"）立即停止非法采矿行为；第二，米某等人赔偿因非法开采、侵权行为给王某峰造成的直接损失 500 万元，米某等人承担连带赔偿责任；第三，由米某等人承担本案的诉讼费等其他勘验鉴定费用。

---

　　〔1〕案例来源：最高人民法院〔2020〕最高法民再 161 号民事裁定书。

甘肃矿区人民法院一审认为：王某峰是通过与高某国签订股权转让协议接收该公司全部股权。此后王某峰又以承包合同、补充协议书、新出资入伙协议的形式，将某阳公司部分股权转让。王某峰所主张的股权变更、承包开采、矿区划分等变化情况是企业内部行为，没有改变采矿权人始终是某阳公司的法律事实。依照《民事诉讼法》（2017 年修正）第 119 条第（一）项之规定，原告是与本案有直接利害关系的公民、法人和其他组织。王某峰等人并非某阳煤矿的采矿权人，其因某阳煤矿被他人越界开采，以个人名下的矿区被侵权为由向米某等人主张采矿权人的权利，没有法律和事实依据，其原告主体不适格，故裁定驳回王某峰等人的起诉。

王某峰不服一审裁定向甘肃省高级人民法院提起上诉。甘肃省高级人民法院二审认为：王某峰等人向一审法院起诉请求判令米某等人立即停止非法采矿行为。依据在案证据查明，本案采矿权人为某阳公司，根据案件事实，王某峰等人就该案采矿权侵权责任纠纷提起诉讼时，某阳公司尚未成立，但该公司作为采矿权人已于 2017 年 1 月 19 日注册成立成为适格的民事主体，具备独立的诉讼主体资格，如其权利受到侵害，应以其名义进行诉讼，其他人均不能以个人名义主张公司权利。本案中王某峰等人并非权利主体，亦无权以该公司采矿权受到侵害为由提起诉讼并以个人名义主张公司权利，故裁定驳回上诉，维持原裁定。王某峰不服甘肃省高级人民法院的民事裁定，向最高人民法院申请再审。

最高人民法院再审认为：首先，根据在案材料显示，王某峰等人就本案采矿权侵权责任纠纷提起诉讼时，某阳公司尚未成立。设立中的公司取得的采矿权，在公司成立前，该采矿权虽然登记在公司名下，但其实质属于各出资人的合伙财产，由各出资人按照实际出资比例享有相应的财产权益。该财产权益如果被侵害，各出资人即具有提起诉讼请求侵权人承担相应民事责任的权利。其次，某阳公司成立后，各发起人的合伙财产即基于法律规定转化为公司财产。基于采矿权所产生的侵权损害赔偿债权，亦随之转移给某阳公司。但《民诉法解释》（2015 年）第 249 条第 1 款规定："在诉讼中，争议的民事权利义务转移的，不影响当事人的诉讼主体资格和诉讼地位。人民法院作出的发生法律效力的判决、裁定对受让人具有拘束力。"由此，在本案诉讼过程中，虽然因某阳公司设立使案涉采矿权及其相关权益转归公司所有，但不影响王某峰等人在本案的原告主体资格和诉讼地位。王某峰等人应作为某阳公司的诉讼担当人继续参与诉讼，本案各项诉讼程序亦应继续进行。王某峰等人的诉讼行为视为某阳公司的诉讼行为，本案裁判的效力则扩张至某阳公司。一、二审法院违反当事人恒定原则，以王某峰等人作为原告不适格为由裁定驳回起诉，适用法律错误，本院予以纠正。裁定如下：第一，撤销甘肃省高级人民法院［2018］甘民终 804 号民事裁定及甘肃矿区人民法院［2018］甘95民初8号民事裁定。第二，指令甘肃矿区人民法院对本案进行审理。

问题与思考：

1. 结合本案分析当事人适格的判断标准。
2. 简述当事人恒定原则。

当事人适格，又称为正当当事人，是指对于作为诉讼标的的民事权利或法律关系可以实施诉讼并请求法院判决的资格，即能够以自己的名义起诉或应诉的资格，这种资格又称诉讼实施权。[1]与解决当事人一般资格的诉讼权利能力不同，当事人适格是针对具体诉讼而言的，解决的是有诉讼权利能力的人在特定的诉讼中能否作为本案当事人的问题。

诉讼实施权是正当当事人理论的基础，但学者对于诉讼实施权的基础却还没有达成一致的见解。早期学者认为对作为诉讼标的的民事法律关系拥有管理权或者处分权的当事人就是正当当事人。但这一理论对于确认之诉及部分形成之诉，则难以自圆其说。例如，在确认之诉中，当事人是否存在讼争权利及其管理权，得留待法院判决确认；部分形成之诉中，如债权撤销之诉，当事人可能没有所谓的管理权。因此有学者提出将"诉的利益"作为当事人适格的基础的观点。诉的利益具有狭义、广义之分。狭义的诉的利益，系指当民事权益受到侵害或者与他人发生民事纠纷时，需要运用民事诉讼予以救济的必要性和实效性。广义的诉的利益还包括诉的可诉性。[2]通过诉的利益理论，扩大了当事人适格的范围，有效地提高了对确认之诉和形成之诉的保护。

当事人适格是诉讼合法进行的必要条件。《民事诉讼法》第 122 条规定：

---

〔1〕 参见陈贤贵：《当事人适格问题研究》，厦门大学出版社 2013 年版，第 18 页。
〔2〕 肖建国、黄忠顺："诉讼实施权理论的基础性建构"，载《比较法研究》2011 年第 1 期。

"起诉必须符合下列条件：（一）原告是与本案有直接利害关系的公民、法人和其他组织；（二）有明确的被告；（三）有具体的诉讼请求和事实、理由；（四）属于人民法院受理民事诉讼的范围和受诉人民法院管辖。"这实际上表明我国《民事诉讼法》是将当事人适格作为法院对当事人诉讼请求进行实体审理所必须具备的诉讼要件，法院在审查起诉时就发现当事人不适格的，裁定不予受理，受理后才发现原告并非适格当事人的，则裁定驳回起诉。本案中，王某峰在一审和二审中向法院请求判决米某等人停止非法采矿行为并赔偿相应的损失，一审和二审法院均认为某阳煤矿的采矿权人是某阳公司，该公司才具有直接的利害关系，是适格的民事主体，而王某峰等人无权以该公司采矿权受到侵害为由提起诉讼并以个人名义主张公司权利，因此裁定驳回王某峰起诉。那么，王某峰等人是否真的不具有利害关系呢？由最高人民法院的再审裁定可知，设立中的公司取得的采矿权，在公司成立前，该采矿权虽然登记在公司名下，但其实质属于各出资人的合伙财产，因此王某峰作为与本案有利害关系的公民，是适格的当事人，符合起诉条件。

同时，在最高人民法院的再审裁定说理中也提到了"诉讼担当"和"当事人恒定"。诉讼担当是指与案件有直接利害关系的当事人因故不能参加诉讼，由与案件无直接利害关系的第三人以当事人的资格，就该涉讼法律关系所产生的纠纷行使诉讼实施权，判决的效力及于原民事法律关系主体。诉讼担当又分为两种：第一，法定诉讼担当，是指第三人依据法律的规定行使诉讼实施权。例如，公民基于身份权、继承权等权利，为维护死者或胎儿的民事权益而担当当事人；基于相关法律的财产管理人；公益诉讼中社会公共利益的担当主体等。本案中，王某峰等人基于《公司法》相关规定，在因采矿权所产生的侵权损害赔偿债权转移给某阳公司后，作为与案件无直接利害关系的第三人行使诉讼实施权，符合法定诉讼担当的规定，因此王某峰等人可以继续参与诉讼，本案各项诉讼程序也继续进行。第二，任意诉讼担当，是指第三人依据民事权利或法律关系主体的授权行使诉讼实施权。例如，当事人推选诉讼代表人的，诉讼代表人为任意诉讼担当人；基于全体合伙人的授权，合伙负责人或合伙企业执行人成为任意诉讼担当人等。

所谓的当事人恒定，是指诉讼系属中发生实体权利义务转移，转让人丧失实体权利义务主体资格，受让人成为实体权利义务主体，虽然转让人既非实体当事人也无诉的利益，但转让人在诉讼中的主体适格性不受实体权利义务转移的影响。[1]《民诉法解释》第 249 条规定:"在诉讼中,争议的民事权利义务转移的,不影响当事人的诉讼主体资格和诉讼地位。人民法院作出的发生法律效力的判决、裁定对受让人具有拘束力。受让人申请以无独立请求权的第三人身份参加诉讼的,人民法院可予准许。受让人申请替代当事人承担诉讼的,人民法院可以根据案件的具体情况决定是否准许;不予准许的,可以追加其为无独立请求权的第三人。"我们可以从法定诉讼担当的角度入手理解当事人恒定原则下转让人主体适格的原因。如上所述,法定诉讼担当人并非实体权利义务的主体,而是基于法律规定成为适格当事人行使诉讼实施权。当事人恒定原则中实体权利义务转让人正是基于《民诉法解释》第 249 条,应当为受让人的利益继续实施诉讼,故仍然具有诉讼实施权。因此,本案中王某峰作为转让人,某阳公司作为受让人,在某阳公司成立,各发起人的合伙财产即基于法律规定转化为公司财产后,即使王某峰丧失了实体权利义务主体资格,根据当事人恒定原则,王某峰仍具有主体适格性。

第二节 共同诉讼

案例一:彭某艳、永州市某房地产开发有限公司
房屋买卖合同纠纷案[2]

2018 年 5 月到 12 月,原告彭某艳等碧桂园永州府第×栋 88 户业主与被告永州市某房地产开发有限公司签订购房合同后,于验收楼房时发现房屋存在诸多质量问题,拒绝收房。原告在与被告进行多次沟通后,房屋质量问题一直未能妥善解决,至今不具备交房条件。因而彭某艳等碧桂园永州府第×栋 88 户业主向湖南省永州市中级人民法院提起诉讼,请求:第一,判令被告因延期交房向原告支付违约金人民币合计 9 160 387 元。同时宣布《商品房(预)销售合同》第 18 条第 2 款、附件八《补充协议》第 3 条第 4 款第(2)(3)项的减免责任条款无效;第二,判令被告因室内质量与装修不符向原告支付补偿金人民币 6 697 280 元;第三,判令被告因公摊部分质量与装修不符向原

---

[1] 唐静:"当事人恒定原则裁判样态研究——以当事人适格问题为中心",载《法律适用》2020 年第 1 期。

[2] 案例来源:湖南省高级人民法院 [2021] 湘民终 12 号民事裁定书。

告支付补偿金人民币 5 335 655 元；第四，判令被告因公共部分质量缺陷向原告支付补偿金人民币 4 149 954 元；第五，判令被告因地下有害垃圾填埋，要求清除所有地下有害垃圾并补偿原告 3 557 103 元；第六，判令被告因侵占一楼架空层非法获利要求补偿原告合计 1 185 701 元；第七，判令被告因车库设计缺陷和质量缺陷，要求整改合格并补偿原告 2 371 402 元；一至七项合计 32 457 481 元。第八，诉讼费等由被告承担。被告永州市某房地产开发有限公司提出管辖权异议。

永州市中级人民法院认为：本案作为普通共同诉讼，共同诉讼须经当事人同意，现被告以管辖权异议的形式，明确表示不同意将本案合并审理，且法院也认为彭某艳等 88 户业主所购房屋时间、面积、购房款均不同。室内质量与装修的诉求各不相同，合并审理不利于案件事实查清，应分别向有管辖权的法院起诉。裁定如下：驳回彭某艳等 88 户业主的起诉。

彭某艳等 88 户业主不服该裁定，向湖南省高级人民法院提起上诉，请求：撤销一审裁定，指令一审法院审理本案或指令其他法院审理。事实与理由：第一，一审法院立案后不行使管辖权，裁定驳回起诉，损害业主合法权益；第二，本案共同诉讼可以降低成本、节约司法资源，一审法院因永州某公司以管辖权异议的形式，明确表示不同意将本案合并审理为由驳回起诉，属于适用法律错误；第三，一审法院未及时送达起诉状副本及证据材料。

永州市某房地产开发有限公司答辩：一审法院认定事实清楚、适用法律正确。本案不属于共同诉讼。本案中每一当事人案件事实与受损程度不同，不能适用这一个共同诉讼解决彭某艳等 88 户业主所有问题；公共部分属于全体业主所有，彭某艳等 88 户业主不能代替全体业主行使权利；二审期间已有 13 户业主办理了收房手续，彭某艳等 88 户业主中已有业主认可收房，不再符合起诉条件，如若继续起诉则可能构成重复诉讼或没有诉权。

湖南省高级人民法院认为：本案争议焦点为彭某艳等 88 户业主诉永州市某房地产开发有限公司房屋买卖合同纠纷案是否属于共同诉讼。《民事诉讼法》（2017 年修正）第 52 条第 1 款规定："当事人一方或者双方为二人以上，其诉讼标的是共同的，或者诉讼标的是同一种类、人民法院认为可以合并审理并经当事人同意的，为共同诉讼。"共同诉讼可以分为必要共同诉讼和普通共同诉讼。普通共同诉讼可以合并审理。一般而言，普通共同诉讼需要满足：①诉讼标的为同一种类；②人民法院认为可以合并审理。案件是否合并审理，主要看是否有利于案件的审理和审判效率的提高。③当事人同意合并审理。④属于同一诉讼程序；⑤符合合并审理的目的。诉的合并审理的意义在于尽可能提高纠纷解决的效率，节省诉讼成本。本案中，彭某艳等88户业主提起了共七项诉讼请求，第一、二项是针对各自所购房屋提起的请求，第三项至第七项是基于公共部分提起的请求，但不管是因自身所购房屋的请求还是公共部分的请求，均是基于其各自与永州市某房地产开发有限公司所签订的《房屋买卖合同》产生的法律关系，属于基于同类事实或法律上的同类原因形成的同种类诉讼标的。虽然彭某艳等88户业主与永州市某房地产开发有限公司约定的权利义务是同类的法律关系，但其中每个个体基于不同的合同所主张的权利不同，无法通过一案审理确认其他上诉人的权利。每个当事人基于不同的合同与永州市某房地产开发有限公司形成的房屋买卖合同关系要一一单独审查，审查后将其权利主张的认定进行合并，合并后又需对各当事人主张的权利数额进行拆分，有一个单独审查，再拆分核对审查、汇总、再拆分的过程，不符合人民法院为审理方便将其合并审理的目的。另外，永州市某房地产开发有限公司明确表示不同意本案合并审理。本案也并非基于同一事实而产生的诉，而是基于不同的法律行为产生的诉，不符合诉的主体合并。再有，彭某艳等88户业主在二审中陈述其选择并案起诉，理由是认为基层人民法院可能会存在审理不公正的情形，将88位当事人与永州市某房地产开发有限公司之间发生的纠纷作为一个案件起诉，则诉讼标的额达到了由中级人民法院审理的条件。此并案诉讼的行为并非为了提高诉讼效率，而是规避级别管辖规定。因此，本案并不符合普通共同诉讼的条件，当事人可分别起诉。综上，彭某艳等88户业主的上诉请求不能成立，一审裁定认定事实清楚、适用法律正确，予以维持。裁定如下：驳回上诉，维持原裁定。

案例二：合肥幸福某有限公司、安徽雨纯某有限公司装饰装修合同纠纷案[1]

2020年4月28日，博旭公司与合肥幸福某有限公司（以下简称"幸福公司"）签订了《口罩项目合作协议》。2020年5月7日，安徽雨纯某有限公

---

[1] 案例来源：安徽省合肥市中级人民法院［2020］皖01民终9374号民事裁定书。

司（以下简称"雨纯公司"）与博旭公司签订了《口罩项目合作补充协议》，约定装修预算共计 500 万元，幸福公司承担 200 万元、雨纯公司承担 200 万元。为此，2020 年 5 月 9 日，幸福公司与雨纯公司就位于合肥市长丰县口罩车间签订了净化工程装修合同，约定本合同最后优惠决算造价为 504 万元（含税价），博旭公司未参与合同签订。2020 年 5 月 10 日，幸福公司、博旭公司与雨纯公司就位于合肥市长丰县口罩车间又签订了净化工程装修合同，约定本合同最后优惠决算造价为 606 万元（含税价）。

2020 年 5 月 29 日，幸福公司对装修工程初步查验发现工程存在多项问题，幸福公司要求雨纯公司整改以符合工程验收标准，但雨纯公司并未理睬，该行为已造成重大经济损失。于是，幸福公司向安徽省长丰县人民法院提出诉讼请求，要求雨纯公司继续履行合同、完成装修义务并将验收合格的装修工程交付幸福公司使用，并赔偿相应的损失。长丰县人民法院认为案涉工程发包方实为幸福公司和博旭公司，双方之间系合作关系，且博旭公司已向雨纯公司预付了一部分工程款，故依法应确认幸福公司和博旭公司对案涉标的具有共同的权利和义务。现幸福公司撇开 5 月 10 日三方之间所签合同，单方以 2020 年 5 月 9 日其与雨纯公司之间所签合同为依据向雨纯公司主张权利。博旭公司认为其与幸福公司现因合作生产事宜纠纷诉至法院尚未审理结案，而幸福公司存在私自降低合同价格另行与雨纯公司签订合同进行诉讼的行为，损害了博旭公司的利益，故不同意作为本案共同原告参加诉讼。综上，本案幸福公司在未与博旭公司形成共同意思表示的情形下，单方诉讼违反了必要共同诉讼之规则。故作出裁定：驳回幸福公司的起诉。幸福公司对该裁定不服，向合肥市中级人民法院提起上诉。

合肥市中级人民法院认为：驳回原告起诉是人民法院受理案件后，发现原告的起诉不符合民事案件受理条件，从程序上予以驳回，主要适用于原告诉讼主体不适格、被告不明确、没有具体的诉讼请求、事实和理由，不属于人民法院受理民事案件的范围和受诉人民法院管辖等情形。本案幸福公司起诉所主张的事实和理由明确、具体，有明确的被告和具体的诉讼请求，并在一审提交了证明其与本案有直接利害关系的初步证据，符合《民事诉讼法》（2017 年修正）第 119 条规定的民事案件受理条件，且本案不具有《民事诉讼法》（2017 年修正）第 124 条规定的情形和其他法定驳回起诉的情形。《民事诉讼法》（2017 年修正）第 132 条规定，必须共同进行诉讼的当事人没有参加诉讼的，人民法院应当通知其参加诉讼。《民诉法解释》第 74 条规定，应当追加的原告，已明确表示放弃实体权利的，可不予追加；既不愿意参加诉讼，又不放弃实体权利的，仍应追加为共同原告，其不参加诉讼，不影响人民法院对案件的审理和依法作出判决。一审法院如果认为本案缺少必要共同诉讼当事人，应依照上述法律规定处理。一审裁定以"幸福公司单方诉讼违反必要诉讼规则"为由径行驳回幸福公司的起诉，与上述法律及司法解释的规定不符，本院依法予以纠正。至于幸福公司主张权利能否被人民法院支持，所导致的是其能否胜诉的法律后果，一审法院应经实体审理并作出相应处理。裁定如下：第一，撤销安徽省长丰县人民法院〔2020〕皖 0121 民初 3199 号民事裁定；第二，本案指令安徽省长丰县人民法院审理。

问题与思考：

1. 案例一是否属于普通共同诉讼？请说明理由。

2. 案例二中，长丰县人民法院的裁定是否正确？请说明理由。

《民事诉讼法》第 55 条第 1 款规定："当事人一方或者双方为二人以上，其诉讼标的是共同的，或者诉讼标的是同一种类、人民法院认为可以合并审理并经当事人同意的，为共同诉讼。"这一条文列举了共同诉讼的两种基本类型，即必要共同诉讼和普通共同诉讼。

普通共同诉讼，是指当事人一方或者双方为两人以上，其诉讼标的是同一种类，法院认为可以合并审理，当事人也同意合并审理的诉讼。作为一种可分之诉，法院对普通共同诉讼的各请求是分别确定的。当事人既可以单独起诉，也可以共同起诉，通过共同起诉，可以提高纠纷解决的效率，节省诉讼成本。案例一即为当事人主张诉的合并，适用普通的共同诉讼应当符合以下几个条件：

（1）有两个以上属于同一种类的诉讼标的。传统的民事诉讼理论认为各个共同诉讼人与对方当事人争议的法律关系性质相同，即他们享有的权利和承担的义务属于统一类型。[1] 案例一中，彭某艳等 88 户业主提起了共七项诉讼请求，第一、二项是针对各自所购房屋提起的请求，第三项至第七项是基于公共部分提起的请求，但不管是因自身所购房屋的请求还是公共部分的请

---

[1] 刘鹏飞："普通共同诉讼的权限分配与范围界定"，载《法学论坛》2020 年第 1 期。

求，均是基于其各自与永州市某房地产开发有限公司所签订的房屋买卖合同产生的法律关系，因此属于同一种类的诉讼标的。

（2）由同一法院管辖，适用同一诉讼程序。该案88户业主的诉讼请求是由同一法院管辖，适用同一诉讼程序，但并不是由一审法院管辖。该案作为不动产纠纷，应由房屋所在地基层人民法院管辖，但彭某艳等88户业主并非为了提高诉讼效率，而是为了防止基层人民法院不公正审理，采用将88位当事人与永州市某房地产开发有限公司之间发生的纠纷作为一个案件起诉，通过诉讼标的额达到中级人民法院审理的条件的方式，规避级别管辖规定。

（3）符合合并审理的目的。本案并非基于同一事实而产生的诉，而是基于不同的法律行为产生的诉，每个当事人基于不同的合同与永州市某房地产开发有限公司形成的房屋买卖合同关系要一一单独审查，审查后将其权利主张的认定进行合并，合并后又需对各当事人主张的权利数额进行拆分，有一个单独审查，再拆分核对审查、汇总、再拆分的过程，不符合普通共同诉讼实现诉讼经济，节约司法资源的目的。

（4）法院认为可以合并审理，当事人也同意合并审理。该案中，除了法院不同意，永州市某房地产开发有限公司也明确表示不同意本案合并审理。因此，该案并不符合普通共同诉讼的条件，当事人可分别起诉。

必要共同诉讼，是指当事人一方或者双方为二人以上，诉讼标的是共同的，法院必须合并审理并在裁判中对诉讼标的合一确定的诉讼。必要共同诉讼依当事人适格情形的不同，可以分为固有必要共同诉讼和类似必要共同诉讼两种。在实体法上具有共同权利义务的民事主体，并非意味着必须要求全体一起共同行使权利或承担义务。基于实体法要求，在一些情况下，共同权利或义务必须全体民事主体一起实施方为适格，即固有必要共同诉讼。但在多数情况下，共同权利或义务中的部分主体提起诉讼、提出请求或者被诉承担责任，仍属主体适格，即类似必要共同诉讼。[1]

固有必要共同诉讼是指因诉讼标的须对全体共同诉讼人合一确定，全体共同诉讼人必须一同起诉或被诉，当事人才适格的诉讼。实践中，固有必要共同诉讼的类型主要包括将使他人之间法律关系发生变动的诉讼、涉及数人共同管理、处分财产或执行职务的诉讼、有关共有财产的纠纷诉讼、涉及实

---

〔1〕　张永泉：“必要共同诉讼类型化及其理论基础”，载《中国法学》2014年第1期。

体法上补充责任的诉讼、涉及实体法上按份责任的诉讼等。案例二中幸福公司和博旭公司基于 5 月 10 日与雨纯公司所签合同，对案涉标的具有共同的权利和义务，因此属于固有必要共同诉讼。固有必要共同诉讼人没有独立的诉讼实施权，不能单独行使诉讼实施权，如果只有其中一部分共同诉讼人起诉，在理论上就被认为起诉的共同诉讼人作为原告不适格。该案中，由于幸福公司存在瞒着博旭公司私自降低合同价格另行与雨纯公司签订合同的行为，博旭公司不同意作为本案共同原告参加诉讼，因此只有幸福公司起诉，长丰县人民法院裁定驳回了其起诉。但《民事诉讼法》第 135 条规定："必须共同进行诉讼的当事人没有参加诉讼的，人民法院应当通知其参加诉讼。"《民诉法解释》第 74 条规定："人民法院追加共同诉讼的当事人时，应当通知其他当事人。应当追加的原告，已明确表示放弃实体权利的，可不予追加；既不愿意参加诉讼，又不放弃实体权利的，仍应追加为共同原告，其不参加诉讼，不影响人民法院对案件的审理和依法作出判决。"长丰县人民法院认为本案缺少必要共同诉讼当事人博旭公司，应依照上述法律规定先通知追加博旭公司，在博旭公司明确表示放弃实体权利后，再对幸福公司的诉讼请求进行实体审理，而不是以"幸福公司单方诉讼违反必要诉讼规则"为由径行驳回幸福公司的起诉，故长丰县人民法院的裁定不当。

类似必要共同诉讼，实际上是一种介于固有必要共同诉讼和普通共同诉讼之间的共同诉讼，其指的是当事人既可以分别诉讼，也可以合并诉讼；但如果合并诉讼，法院则必须合一裁判的必要共同诉讼形态。[1]这类共同诉讼的典型是因连带之债引起的诉讼，例如连带保证人、被代理人和代理人承担连带责任、连带债权债务。在连带债务中，债权人既可以向部分债务人起诉请求清偿，也可以向全体债务人起诉请求清偿；在连带债权中，既可以由一个债权人提起诉讼，也可以由全体债权人共同提起诉讼。无论哪一种情形，当事人都是适格的。但是，若债权人选择了全体共同起诉或选择向全体债务人提起诉讼，法院裁判对诉讼标的便需合一确定，此即类似必要共同诉讼。

---

〔1〕 汤维建："类似必要共同诉讼适用机制研究"，载《中国法学》2020 年第 4 期。

第三节　诉讼第三人

案例一：邓某恺与榆中某房地产开发有限公司商品房销售合同纠纷案[1]

2020 年 4 月 2 日，第三人王某阳以原告邓某恺名义与被告榆中某房地产开发有限公司（以下简称"某房地产公司"）签订《兰州恒大未来城商品房认购书》，签订认购书的当日，王某阳向某房地产公司交付首期款共计 145 587 元，加上其于 2020 年 3 月 31 日交付的定金 20 000 元，共计交付 165 587 元。某房地产公司于当日出具收据，但是至今未签订商品房买卖合同。后邓某恺得知此事并不同意购买案涉房屋，双方交涉无果后原告诉至法院。

原告邓某恺向甘肃省榆中县人民法院提出诉讼请求：第一，依法确认 2020 年 4 月 2 日签订的编号为 G8577621《兰州恒大未来城商品房认购书》无效；第二，被告返还原告认购款 165 587 元；第三，诉讼费由被告承担。审理过程中，王某阳要求作为有独立请求权的第三人参加诉讼，向法院提出诉讼请求：判令被告立即返还申请人认购款 165 587 元。被告某房地产公司辩称：第一，当时商品房认购书是原告母亲以原告的名义签订的，根据《民法典》第 172 条的规定，答辩人有理由相信被答辩人的母亲有代理权限，因此该认购书合法有效；第二，根据认购书的约定，被答辩人未及时缴纳后续款项，答辩人视为被答辩人放弃购买该房屋，所付款项不予退还；第三，认购书中明确约定定金为 20 000 元，现该认购书因被答辩人原因导致无法继续履行，根据认购书第 8 条，被答辩人所付定金不予退还。第三人王某阳辩称，房款均是其本人缴纳的，应该将房款退还给其本人。

甘肃省榆中县人民法院认为：从该认购书的形式上看，王某阳代签邓某恺，是以被代理人的名义订立的合同，公司对此明知，却在王某阳无任何授权委托的情况下，仅凭王某阳系邓某恺母亲的事实就认定王某阳有代理权，

---

[1]　案例来源：甘肃省榆中县人民法院［2021］甘 0123 民初 557 号民事判决书。

不符合表见代理的构成要件。同时按照交易习惯，房地产公司在签订合同时，应有起码的审查、注意义务，某房地产公司在签订认购书过程中，存在一定过错。故王某阳以邓某恺名义与某房地产公司签订的认购书的行为不构成表见代理，本院对被告的答辩意见不予采信，应认定王某阳代替邓某恺签订的《兰州恒大未来城商品房认购书》无效。因购房款均为王某阳缴纳，故应由某房地产公司退还给王某阳。某房地产公司辩称定金 20 000 元按照认购书约定不予退还，该认购书已被认定无效，当时认购书中约定交付定金作为订立主合同担保的，现因王某阳的无权代理行为导致无法签订商品房买卖合同，故王某阳无权要求返还定金。判决如下：第一，邓某恺（第三人王某阳代签）与兰州某房地产开发有限公司签订的《兰州恒大未来城商品房认购书》（编号为 G8577621）无效；第二，兰州某房地产开发有限公司于本判决生效之日起十日内返还第三人王某阳购房款 145 587 元；第三，驳回原告邓某恺、第三人王某阳的其他诉讼请求。

案例二：耿某飞与张某成、江某玲等民间借贷纠纷案[1]

原告张某成、江某玲系被告张某的父母。第三人耿某飞是被告张某的前妻，两人于 2016 年 9 月 8 日登记结婚，于 2018 年 7 月 11 日登记离婚，于 2018 年 8 月 1 日再次登记结婚，于 2019 年 1 月 22 日再次登记离婚。2018 年 7 月 27 日，被告张某出具借条一张，内容为："今借张某成、江某玲人民币六十八万圆整，借钱理由买房付首付，房子是泰盈八千里××栋×××室。"2018 年 7 月 28 日，被告张某作为买受人签订存量房买卖合同，约定由被告张某购买本市钟楼区八千里花园××幢×××室。后该不动产登记为被告张某与第三人耿某飞共同共有。两人 2019 年 1 月 22 日离婚时约定该不动产归第三人耿某飞所有。

原告张某成、江某玲向江苏省常州市钟楼区人民法院提出诉讼请求：第一，被告立即归还借款 68 万元，并承担借款利息损失。第二，由被告承担本案案件受理费、保全费等。法院经审理作出判决如下：被告张某于本判决发生法律效力之日起 10 日内归还原告张某成、江某玲借款本金 68 万元及利息。

---

[1] 案例来源：江苏省常州市中级人民法院［2021］苏 04 民终 1106 号民事裁定书。

第三人耿某飞不服该判决，向江苏省常州市中级人民法院提起上诉，请求依法裁定撤销原判，发回重审或查明事实改判驳回张某成、江某玲的诉讼请求。事实和理由：第一，本案借款发生于家庭成员内部，案涉基础法律关系应当为共有财产之间的家庭析产纠纷。第二，借贷主体之间无借贷合意。庭审中，张某当庭对借款的金额、借款时间都无法表达清楚，足以表明其在书写借条时的随意性，并非其真实意思表示；借条书写的内容对要购买的楼栋号详细具体，也与常理不符，原审理应对借条的形成时间作司法鉴定。第三，即使存在借款法律关系，用于购买房屋的借款金额也应为52万元，否则将影响耿某飞的财产份额。本案诉讼缘于张某与耿某飞之间离婚后财产分割诉讼，其目的是分割本属于耿某飞的财产。

常州市中级人民法院认为：二审的审理焦点为：耿某飞作为无独立请求权第三人，是否有权提起上诉。《民事诉讼法》（2017年修正）第56条第2款规定："对当事人双方的诉讼标的，第三人虽然没有独立请求权，但案件处理结果同他有法律上的利害关系的，可以申请参加诉讼，或者由人民法院通知他参加诉讼。人民法院判决承担民事责任的第三人，有当事人的诉讼权利义务。"《民诉法解释》第82条规定："在一审诉讼中，无独立请求权的第三人无权提出管辖异议，无权放弃、变更诉讼请求或者申请撤诉，被判决承担民事责任的，有权提起上诉。"根据上述法律规定，无独立请求权的第三人参加诉讼，对当事人双方的诉讼标的没有独立请求权，只是案件处理结果同他有法律上的利害关系，其不享有独立的诉讼地位，即在人民法院没有判决其承担民事责任的情形下，无独立请求权第三人并无上诉权利。本案中，耿某飞作为第三人参加诉讼，但未提起独立诉讼请求，属于参加诉讼的无独立请求权第三人，在一审法院未判令耿某飞承担相关民事责任的情况下，耿某飞对一审判决不具有上诉权利，对其上诉，本院予以驳回。裁定如下：驳回耿某飞的上诉。

问题与思考：

1. 案例一的王某阳属于哪种类型的第三人？请说明理由。
2. 案例二的耿某飞是否具有上诉权？请说明理由。

《民事诉讼法》第59条第1款、第2款规定："对当事人双方的诉讼标的，第三人认为有独立请求权的，有权提起诉讼。对当事人双方的诉讼标的，第三人虽然没有独立请求权，但案件处理结果同他有法律上的利害关系的，可以申请参加诉讼，或者由人民法院通知他参加诉讼。人民法院判决承担民事责任的第三人，有当事人的诉讼权利义务。"根据第三人是否具有独立请求权，将其分为有独立请求权第三人和无独立请求权第三人。有独立请求权第三人的制度强调了对有独立请求权第三人实体权利的维护，通过给予有独立请求权第三人诉讼请求权的机会，使有独立请求权第三人能够更好地维护自己的实体权利。无独立请求权第三人制度则强调对无独立请求权第三人利益的维护以及纠纷的一次性解决，实际上更强调对原告实体权利的维护。[1]

有独立请求权第三人，是指对他人之间的诉讼标的主张独立的请求权，而参加到原、被告之间正在进行的诉讼的人，其参加诉讼，应当符合以下条件：①对本诉中的原告和被告争议的诉讼标的，主张独立的请求权。第三人的主张既不同于原告，也反对被告。该请求权既可以是全部的实体权利，也可以是部分实体权利。②所参加的诉讼正在进行中。第三人应在案件受理后，到作出裁判前参加诉讼，原则上，应在第一审程序中参加。但寄希望于有独立请求权的第三人能够与本诉的原告和被告达成调解协议，作为例外，法院也允许其在第二审程序中参加诉讼。如果不能达成调解协议，二审法院应撤销一审判决，发回重审。③以提起诉讼的方式参加。第三人提起诉讼的方式必须符合起诉和受理条件，审理本诉的法院才能受理。案例一中的第三人王某阳就属于有独立请求权第三人。在原告邓某恺与被告某房地产公司商品房买卖合同纠纷案审理的过程中，王某阳向法院提出请求判令被告立即返还申请人认购款 165 587 元的诉讼请求。该诉讼请求与原被告之间关于购房合同是否有效的争议焦点不同，是王某阳主张认购款系其支付，应返还给其，属于有独立的请求权。《民诉法解释》第 232 条规定，在案件受理后，法庭辩论结束前，第三人提出与本案有关的诉讼请求，可以合并审理的，人民法院应当合并审理。因此，甘肃省榆中县人民法院选择合并审理，并判决某房地产公司返还第三人王某阳扣除定金后的购房款 145 587 元。

无独立请求权第三人，是指因正在进行的诉讼的裁判结果与其具有法律上的利害关系而参加诉讼的人。所谓法律上的利害关系，是指当事人双方争议的诉讼标的涉及的法律关系，与无独立请求权第三人参加的另一个法律关

---

[1] 张卫平：《民事诉讼法》（第 4 版），法律出版社 2016 年版，第 159 页。

系有牵连。在后一个法律关系中，无独立请求权第三人是否行使权利、履行义务，对前一个法律关系中的当事人行使权利、履行义务有直接影响。这种法律上的利害关系可以分为三种情形：一是权利性关系，二是义务性关系，三是权利义务性关系。一般较为常见的是义务性关系。[1]无独立请求权第三人分为以下两种：①辅助型第三人。这是指与案件处理结果有法律上的利害关系而参加诉讼的人。在辅助型第三人中，第三人参加一方进行诉讼，其地位不是主当事人，而是从参加人，是辅助被参加的主当事人进行诉讼的人。②被告型第三人。这是指因自己与本案被告存在一定的法律关系，参加被告一方进行诉讼，并最终可能被法院判决对原告承担责任的人。人民法院判决承担民事责任的第三人，有当事人的诉讼权利义务。案例二中的耿某飞在张某成、江某玲诉张某民间借贷纠纷一案中即为无独立请求权第三人，可以自己申请参加诉讼，也可以由法院通知其参加诉讼。该案中，张某成、江某玲主张被告张某购房的 68 万元为其借给张某的，因此起诉要求其归还。而耿某飞与张某系夫妻，该房屋在其离婚时约定登记归耿某飞所有。同时，张某与耿某飞正在进行离婚后的财产分割诉讼，张某还借款的行为也会影响到耿某飞的财产份额，因此耿某飞与正在进行的诉讼的裁判结果具有法律上的利害关系。

　　第三人耿某飞不服一审判决，向江苏省常州市中级人民法院提起上诉，但《民诉法解释》第 82 条规定："在一审诉讼中，无独立请求权的第三人无权提出管辖异议，无权放弃、变更诉讼请求或者申请撤诉，被判决承担民事责任的，有权提起上诉。"无独立请求权第三人参加诉讼，对当事人双方的诉讼标的没有独立请求权，只是案件处理结果同他有法律上的利害关系，其不享有独立的诉讼地位，即在人民法院没有判决其承担民事责任的情形下，无独立请求权第三人可以享有委托代理人进行诉讼、向法庭陈述自己的意见、提供证据并参加质证活动、参加法庭辩论等权利，但并无上诉权利。因此，该案中耿某飞作为无独立请求权第三人，在一审法院未判令耿某飞承担相关民事责任的情况下，耿某飞对一审判决不具有上诉权利。

　　我国现行民事诉讼第三人制度在基本结构上的一个突出特征是，以是否有独立请求权为根据，将参加诉讼的第三人分为有独立请求权第三人和无独

---

　　[1]　江伟主编：《民事诉讼法》（第 5 版），高等教育出版社 2016 年版，第 117 页。

立请求权第三人，并以此界定其相应诉讼第三人的诉讼地位。然而，这种基本结构与我国诉讼第三人的实践和第三人制度设置的目的、作用是不一致的，在实践和理论中都呈现出一定的矛盾。应当对现行诉讼第三人制度的基本结构进行调整，不再按照有无独立请求权对第三人加以界定，而是按照第三人参加诉讼的实际地位和作用对第三人予以界定，将其分为独立第三人和非独立第三人两大基本类。独立第三人在诉讼中具有当事人地位，非独立第三人不具有当事人地位。独立第三人包括在实体上具有独立请求权的第三人，也包括虽在实体上不具有独立请求权，但具有阻止不利裁判利益的第三人即损害阻止第三人。非独立第三人在诉讼中处于辅助人的地位。这样的结构性调整使得第三人的诉讼地位能够与第三人参加诉讼的目的、作用以及应有的诉讼地位更好地契合，达至协调一致。[1]

第四节　诉讼代理人

案　　例：柳河县某集中供热站与王某、王某杰供用热力合同纠纷案[2]

王某和王某杰位于柳河县三源浦镇六区工商综合楼×单元×××室，面积73.34平方米，从 2015 年由柳河县某集中供热站为其供暖，2017 年 10 月 25 日至 2019 年 4 月 15 日两个取暖期。柳河县某集中供热站委托孙某茂、徐某权向吉林省柳河县人民法院提出诉讼请求：第一，依法判令被告立即给付供热费 4106 元。第二，依法判令被告立即缴纳 2017 年 10 月 25 日至 2019 年 5 月 14 日滞纳金 1598 元。第三，依法判令被告立即缴纳 2017 年 1 月 1 日至 2019 年 1 月 1 日供水电费 400 元。第四，本案诉讼费用由被告承担。另查明，柳河县某集中供热站的法定代表人为单某平。

王某辩称，这个事有一部分不属实，一部分属实，这个楼王某从 1998 年开始入住一直到 2017 年不再住，从来没有欠过取暖费，这两年没交是因为王某自己没有在那住。王某杰辩称，原告说其拒缴供电、供水费用，经多次催缴仍没有收到，而且王某称自己家从来没有欠过这些，就是因为不在那住了。

---

〔1〕　张卫平："我国民事诉讼第三人制度的结构调整与重塑"，载《当代法学》2020 年第 4 期。

〔2〕　案例来源：吉林省柳河县人民法院 [2019] 吉 0524 民初 776 号民事裁定书。

因为其不在那住了，要交余热费但是原告方不收。再有原告方没有跟王某说要滞纳金的事，所以王某方表示不承担。如果原告方多次向王某催缴相关费用而王某仍不缴费，原告方起诉王某，王某方表示承认，但是原告没有多次催缴，其间就给王某打过一次电话。

吉林省柳河县人民法院认为：《民事诉讼法》（2017 年修正）第 58 条第 2 款第（二）项规定，当事人、法定代理人可以委托当事人的近亲属或者工作人员作为诉讼代理人。《民诉法解释》第 86 条规定："根据民事诉讼法第五十八条第二款第二项规定，与当事人有合法劳动人事关系的职工，可以当事人工作人员的名义作为诉讼代理人。"如委托人单位介绍信、工作证、劳动合同等证明材料。本案中，孙某茂与徐某权仅提供一份复印的法定代表人身份证明及授权委托书，且经核实，该授权委托书中"单某平"签字并非其本人所签，亦未提供证据证明二委托人与柳河县某集中供热站存在合法劳动人事关系，故本案孙某茂、徐某权不符合代理人资格，本案不符合起诉条件。裁定如下：驳回原告柳河县某集中供热站的起诉。

问题与思考：

1. 简述法定诉讼代理人的范围和权限。

2. 结合本案，分析委托诉讼代理人的范围。

民事诉讼代理人，是指依据法律的规定或者当事人的委托，在民事诉讼中为当事人的利益进行诉讼活动的人。诉讼代理人以被代理人的名义，在代理权限范围内实施诉讼行为，行为的法律后果由被代理人承担。由于诉讼代理人代理当事人诉讼的目的是维护被代理人的合法权益，因此，在诉讼中双方当事人存在利害冲突，同一诉讼代理人在同一案件中只能代理一方当事人。根据诉讼代理权发生的原因不同，诉讼代理人可以分为两类：法定诉讼代理人和委托诉讼代理人。

法定诉讼代理人，是指根据法律规定代理无诉讼行为能力的当事人实施诉讼行为的人。《民事诉讼法》第 60 条规定："无诉讼行为能力人由他的监护人作为法定代理人代为诉讼。……"民事诉讼中的法定代理人，必须是对被代理人享有监护权的人。法定诉讼代理人一般为自然人，但作为例外，有关组织也可以作为诉讼代理人，如居民委员会、村民委员会、学校、医疗机构、妇女联合会、残疾人联合会、依法设立的老年人组织、民政部门等。有关组织作为代理人的，需要指派适合的自然人出庭代理诉讼。当出现法定代理人之间互相推诿代理责任时，由人民法院指定其中一人代为诉讼。无诉讼行为能力人虽然有监护人，但监护人不适合作为诉讼代理人时，也要由法院指定诉讼代理人。

由于法定诉讼代理人代理的对象是无诉讼行为能力的当事人，他们不能正确表达自己的意志，因此法定诉讼代理人的代理权为全权代理。但这并不是说法定诉讼代理权不受任何限制，法定诉讼代理人所实施或接受的诉讼行为须以不损害当事人的合法权益为前提，否则就要承担相应的法律责任。法定诉讼代理人的诉讼代理权来源于其监护人的身份，当监护权消灭时，法定诉讼代理权也就自然归于消灭。引起监护权消灭的情形包括被监护人取得或恢复完全民事行为能力、监护人丧失监护能力、被监护人或监护人死亡、法院认定监护关系终止的其他情形。

《民法典》第 1188 条规定："无民事行为能力人、限制民事行为能力人造成他人损害的，由监护人承担侵权责任。监护人尽到监护职责的，可以减轻其侵权责任。有财产的无民事行为能力人、限制民事行为能力人造成他人损害的，从本人财产中支付赔偿费用。不足部分，由监护人赔偿。"这一明晰的民法规范在民事诉讼中的关键是适格被告的确定。《民诉法解释》第 67 条采用了监护人与被监护人为共同被告，该条规定："无民事行为能力人、限制民事行为能力人造成他人损害的，无民事行为能力人、限制民事行为能力人和其监护人为共同被告。"有学者认为，当前有被监护人单独为被告、监护人单独为被告、监护人与被监护人为共同被告、监护人为无独立请求权第三人等四种迥异的观点与做法；应回归民法规范目的与妥善解决民事审判与执行实务困境的需要，宜将被监护人作为被告，监护人作为法定诉讼代理人，并在裁判文书中对赔偿责任的承担作相应的记载。[1]

委托诉讼代理人，是指受当事人或法定代理人委托，以当事人的名义代为诉讼的人。委托诉讼代理是民事诉讼中适用最为普遍的一种代理方式，委托诉讼代理权的产生是基于委托人授予代理权的意思表示，诉讼代理的事项和代理权限一般由委托人自行决定。委托人和受托人都应具有诉讼行为能力，

---

〔1〕王杏飞："论监护人的侵权责任与诉讼地位——以《民法典》第 1188 条的适用为中心"，载《法学评论》2021 年第 2 期。

《民诉法解释》第 84 条明确规定："无民事行为能力人、限制民事行为能力人以及其他依法不能作为诉讼代理人的，当事人不得委托其作为诉讼代理人。"

在我国，可以担任委托诉讼代理人的范围非常广泛，根据《民事诉讼法》第 61 条，当事人、法定代理人可以委托 1~2 人作为诉讼代理人。下列人员可以被委托为诉讼代理人：

（1）律师、基层法律服务工作者。律师作为拥有法律专业知识、诉讼技能和经验优势的群体，已经成为我国委托诉讼代理人的主体部分。律师作为诉讼代理人的，除应提交授权委托书，还应当提交律师执业证、律师事务所证明材料。基层法律服务工作者作为诉讼代理人，是 2012 年修正《民事诉讼法》新增加的。基层法律服务工作者担任诉讼代理人，除应当提交授权委托书，还应当提交法律服务工作者执业证、基层法律服务所出具的介绍信以及当事人一方位于本辖区内的证明材料。虽然将基层法律服务工作者与律师并列为诉讼代理人，但基层法律服务工作者仍然是以公民代理的方式进行诉讼代理的。

（2）当事人的近亲属或者工作人员。根据《民诉法解释》第 85 条，近亲属包括与当事人有夫妻、直系血亲、三代以内旁系血亲、近姻亲关系以及其他有抚养、赡养关系的亲属。当事人的近亲属与当事人之间比较信任，对案情往往也比较了解。根据《民诉法解释》第 86 条，与当事人有合法劳动人事关系的职工，可以当事人工作人员的名义作为诉讼代理人。法人或者其他组织作为当事人时，委托其工作人员作为诉讼代理人是实践中的常见做法。当事人的工作人员担任诉讼代理人，除应当提交授权委托书，还应当提交身份证件和与当事人有合法劳动人事关系的证明材料。本案即属于委托工作人员作为诉讼代理人。柳河县某集中供热站委托孙某茂与徐某权作为代理人，但是孙某茂与徐某权仅提供一份复印的法定代表人身份证明及授权委托书，且经核实，该授权委托书中"单某平"签字并非其本人所签，亦未提供证据证明二委托人与柳河县某集中供热站存在合法劳动人事关系，故本案孙某茂、徐某权不符合代理人资格。

（3）当事人所在社区、单位或者有关社会团体推荐的公民。当事人所在社区、单位推荐的公民担任诉讼代理人，除应当提交授权委托书，还应当提交身份证件、推荐材料和当事人属于该社区、单位的证明材料。工会、妇联、残联、消费者保护协会、环境保护组织等社会团体、组织，为了支持其团体或组织成员进行诉讼，也可以向法院推荐诉讼代理人。《民诉法解释》第87条规定："根据民事诉讼法第五十八条第二款第三项规定，有关社会团体推荐公民担任诉讼代理人的，应当符合下列条件：（一）社会团体属于依法登记设立或者依法免予登记设立的非营利性法人组织；（二）被代理人属于该社会团体的成员，或者当事人一方住所地位于该社会团体的活动地域；（三）代理事务属于该社会团体章程载明的业务范围；（四）被推荐的公民是该社会团体的负责人或者与该社会团体有合法劳动人事关系的工作人员。"

为了保证授权行为的确定性和代理权限的明晰性，委托他人代为诉讼，必须向人民法院提交由委托人签名或者盖章的授权委托书。授权委托书必须记明委托事项和权限。诉讼代理人代为承认、放弃、变更诉讼请求，进行和解，提起反诉或者上诉，必须有委托人的特别授权。侨居在国外的中华人民共和国公民从国外寄交或者托交的授权委托书，必须经中华人民共和国驻该国的使领馆证明；没有使领馆的，由与中华人民共和国有外交关系的第三国驻该国的使领馆证明，再转由中华人民共和国驻该第三国使领馆证明，或者由当地的爱国华侨团体证明。诉讼代理人的权限如果变更或者解除，当事人应当书面告知人民法院，并由人民法院通知对方当事人。

当事人委托代理人后，本人可以出庭参加诉讼，也可以不再出庭，但是离婚诉讼除外。这是因为只有在当事人双方均出庭的情况下，审判人员才能对双方感情破裂的程度作出正确的判断。此外，法院对离婚诉讼要进行调解，当事人本人如不出庭参加诉讼，调解就无从进行。因此，《民事诉讼法》第65条规定，当事人除本人不能表达意志的外，仍应当出庭参加诉讼，确因特殊情况无法出庭的，必须向法院提交是否同意离婚的书面意见。

第五章

主管与管辖制度

第一节　主管

案　例：百色市某矿业有限责任公司、百色市右江区人民政府用益物权纠纷案[1]

百色市某矿业有限责任公司（以下简称"矿业公司"）于 2014 年 6 月 13 日依法取得百色市右江区钛铁矿采矿许可证。为方便群众出行，2002 年右江区库区移民开发局委托右江区交通局对涉案公路项目进行硬化。硬化工作于 2016 年底已全面完成。后矿业公司先后两次向右江区人民政府递交报告，认为路面硬化涉及压覆矿产资源的，要对压覆的矿产资源进行相关评估工作，因此要求协商对其损失进行赔偿。双方就赔偿问题协商不成而成讼。矿业公司向广西壮族自治区百色市中级人民法院起诉请求：第一，判令右江区人民政府、右江区交通局共同赔偿其经济损失 45 490 046.34 元；第二，判令全部诉讼费用由右江区人民政府、右江区交通局承担。

百色市中级人民法院认为：就本案是否为民事案件受理范围的问题：第一，矿业公司以用益物权受到侵害而提起赔偿之诉，认为右江区人民政府、右江区交通局在其已依法取得采矿权的矿区范围修路并硬化，导致其矿产被压覆且严重影响其采矿造成损失，要求右江区人民政府、右江区交通局赔偿。用益物权是私法保护的民事权利，矿业公司与右江区人民政府、右江区交通局在本案中也是平等的民事主体。虽然右江区人民政府、右江区交通局修路

---

[1]　案例来源：广西壮族自治区高级人民法院［2019］桂民终 571 号民事裁定书。

的决定系行使行政管理职责的行政行为，但该案争议的并不是对该行政行为即修路决定的合法性进行评判，而是修路的行为对采矿权的行使是否造成侵害，因此，该院认为该案属民事案件的受案范围。第二，右江区人民政府、右江区交通局对道路的拓宽和硬化是否影响矿业公司的采矿并造成损失，损失为多少的问题。第三，右江区人民政府、右江区交通局应否向矿业公司赔偿的问题。该院认为，2016年右江区人民政府、右江区交通局根据全国开展精准扶贫工作的部署要求，在矿业公司尚未办理临时用地申请的情况下，对涉案的公路进行提级修缮硬化，右江区人民政府、右江区交通局的修路行为并没有过错。矿业公司尚未取得林业部门的临时使用林地的许可，尚不满足开采的条件，也没有实际开采，没有发生实际损失。在未产生实际损失且损失数额未明确的情况下，矿业公司请求右江区人民政府、右江区交通局赔偿45 490 046.34元没有事实和法律依据，无法予以支持。至于矿业公司实际开采后且因道路硬化而影响开采的程度确定后，矿业公司与右江区人民政府、右江区交通局可以就损失另行协商。判决如下：驳回矿业公司的诉讼请求。

矿业公司不服原判决，向广西壮族自治区高级人民法院提出上诉，请求撤销一审判决，改判支持其公司的一审诉讼请求或发回重审。右江区人民政府、右江区交通局辩称：本案不属于人民法院民事案件受理范围，二审应予纠正；一审认定右江区人民政府、右江区交通局硬化道路影响矿业公司开采矿产错误。

广西壮族自治区高级人民法院认为：右江区人民政府、右江区交通局根据全国开展精准扶贫工作部署要求，为方便群众出行，修建涉案道路，该行为基于行政机关的社会管理职能，属于行政行为。《行政诉讼法》第2条第1款规定："公民、法人或者其他组织认为行政机关和行政机关工作人员的行政行为侵犯其合法权益，有权依照本法向人民法院提起诉讼。"第12条规定，人民法院受理公民、法人或者其他组织提起的认为行政机关侵犯其他人身权、财产权等合法权益的诉讼。右江区人民政府、右江区交通局因完成扶贫工作任务内容的道路修建，而对矿业公司的采矿利益造成损害，不属于平等主体间的民事侵权范畴，一审法院作为民事案件受理并作出民事裁判错误。矿业公司认为右江区人民政府、右江区交通局修建道路违法，损害其合法权益，应当提起行政诉讼。行政诉讼亦能保护公民、法人或者其他组织的人身权、财产权等合法权益，一审法院以矿业公司主张被侵害的采矿权为用益物权，属私法保护范围为由，而确定本案为民事案件错误。综上，本案不属于民事诉讼的案件受理范围，一审法院作为民事案件立案并作出实体判决错误，法院予以纠正。裁定如下：第一，撤销广西壮族自治区百色市中级人民法院［2019］桂 10 民初 6 号民事判决；第二，驳回百色市某矿业有限责任公司的起诉。

问题与思考：

1. 结合本案，简述法院主管。
2. 简述民事争议与行政争议的区别。

法院主管，又称法院的受案范围或者民事审判权的作用范围，是指确定法院与其他国家机关、社会团体之间解决民事、经济纠纷的分工和权限范围。民事诉讼主管作为社会主义民事诉讼法学理论中的一个特有概念，是一个非科学的法律术语，浸透着十分浓厚的行政化色彩。在立法上，民事诉讼主管体现为以国家本位为理念指导；在司法上，民事诉讼主管体现为以法院本位或权力本位为执法理念。有必要重新审视我国现行民事诉讼主管制度，并对其理念予以更新，具体包括：革除权力本位的司法观，树立科学、正确的现代司法理念；在宪法中明确确认裁判请求权，为当事人诉权保护提供宪法依据与理论支撑；进一步明确审判权的界限，科学界定民事审判权的作用范围。[1]研究法院主管或者受案范围，有助于当事人诉权的保护与实现，有助于审判权功能的发挥，有助于诉讼与非诉讼机制的协调发展，有助于实现诉权与审判权的协调。[2]

《民事诉讼法》第 3 条规定："人民法院受理公民之间、法人之间、其他组织之间以及他们相互之间因财产关系和人身关系提起的民事诉讼，适用本法的规定。"但该条关于法院受案范围的界定其实并不清楚，且缺乏应有的涵盖力，只涉及了有关法院受理民事权益争议案件的问题，并未涵盖民事非权益争议案件。非权益争议案件中一般只有一方当事人，即请求确认权利或事实是否存在的一方当事人。由于这种确认通常还涉及一些潜在的利害关系人，为了保证确认的权威性，法院逐步扩大受理案件的范围，将民事非权益争议案件规定于《民事诉讼法》第十五章特别程序、第十七章督促程序、第十八

〔1〕 江伟、廖永安："我国民事诉讼主管之概念检讨与理念批判"，载《中国法学》2004 年第 4 期。
〔2〕 江伟、肖建国主编：《民事诉讼法》（第 8 版），中国人民大学出版社 2018 年版，第 81 页。

章公示催告程序中。因此，界定人民法院主管或者受案范围时应遵循当事人诉讼主体地位平等和具有诉的利益的标准。

我国法院主管或者受案范围主要包括以下几类：第一，平等主体之间发生的财产权和人身权纠纷，具体包括：民法调整的财产关系和人身关系发生纠纷的案件；婚姻法调整的婚姻家庭关系发生纠纷的案件；商法调整的商事关系发生纠纷的案件；经济法调整的部分经济关系发生纠纷的案件。第二，劳动法调整的部分劳动关系发生纠纷的案件。第三，法律规定由法院运用《民事诉讼法》解决的其他案件，主要包括三种情形：①《选举法》和《民事诉讼法》规定的选民资格案件。也有学者认为选民资格案件是一种公法诉讼案件，应当适用专门的选举诉讼程序，不宜将其划入民事案件之中；②《民事诉讼法》规定的宣告失踪案件、宣告死亡案件，认定公民无民事行为能力或限制民事行为能力案件，认定财产无主案件、确认调解协议案件、实现担保物权案件；③适用督促程序、公示催告程序、企业法人破产还债程序处理的案件。[1]

本案中，矿业公司认为右江区交通局对涉案公路项目进行的硬化工作压覆了其矿产资源，因此要求对压覆的矿产资源进行相关评估工作，由右江区人民政府、右江区交通局对其损失进行赔偿。一审中，广西壮族自治区百色市中级人民法院认为因为本案的争议点并不是修路决定的合法性，而是右江区人民政府、右江区交通局修路并硬化的行为是否侵害了矿业公司的用益物权，因为用益物权是私法保护的民事权利，所以矿业公司与右江区人民政府、右江区交通局在本案中是平等的民事主体，故该案属民事案件的受案范围。至于该案件到底是属于民事争议还是行政争议还需要进一步探讨。

民事争议是涉及民事权利义务的争议，而行政争议是涉及行政法律关系的争议，这两种争议适用不同的审理和裁判程序。实践中，行政争议往往涉及经济利益，而经济利益又牵连着民事权利义务，因而行政争议和民事争议的界定并不容易。判别该争议是民事争议还是行政争议有两种方法：①判断该争议是否涉及行政机关行政行为的合法性，如果涉及，则只能是行政争议；②从法律关系的公私法性质进行判断，如果双方当事人处于平等的权利地位，并成为争议的对立当事人的，此种关系就是私法关系，属于民事争议。反之，

---

[1] 江伟主编：《民事诉讼法》（第5版），高等教育出版社2016年版，第124页。

如果一方当事人依公权力支配他方，命令或禁止对方为一定行为或不为一定行为的，即属于公法关系，由此引发的争议属于行政法争议。[1]《民事诉讼法》第 127 条规定了人民法院对于依照行政诉讼法的规定，属于行政诉讼受案范围的，告知原告提起行政诉讼。

具体到本案，二审法院认为对涉案原来道路进行复建，涉及周边村屯水利移民安置、方便群众出行和开展精准脱贫工作部署的要求，属于为管理国家、社会事务所实施的行政行为，因此右江区人民政府、右江区交通局对矿业公司采矿利益造成的损害，不属于平等主体间的民事侵权范畴，矿业公司应当提起行政诉讼。

法院主管或者受案范围与其他国家机关、社会组织处理争议主要有以下几种关系：

（1）人民法院与人民调解委员会主管民事纠纷的关系。人民调解委员会是基层群众性组织，调解解决民间纠纷。人民法院与人民调解委员会在民事主管问题上的关系是：人民法院主管的民事案件的范围宽于人民调解委员会调解纠纷的范围。对于人民法院和人民调解委员会都有权处理的纠纷，双方当事人都同意交人民调解委员会调解的，由人民调解委员会调解；人民调解委员会调解不成，当事人向法院起诉的，由人民法院主管；一方当事人向人民调解委员会申请调解，另一方向法院起诉的，由法院主管。

（2）人民法院与乡（镇）人民政府主管民事纠纷的关系。乡（镇）人民政府是我国的基层人民政府，设有司法助理员具体负责处理民间纠纷的工作。人民法院与乡（镇）人民政府在主管问题上的关系是：人民法院主管范围宽于乡（镇）人民政府主管范围；人民法院主管优先于乡（镇）人民政府的主管，在一方当事人申请乡（镇）政府处理，另一方直接向法院提起诉讼的情况下，由人民法院主管；纠纷经乡（镇）政府处理后，当事人起诉到法院的，仍然作为民事案件由法院主管。

（3）人民法院与仲裁机构主管民事纠纷的关系。民商事仲裁委员会是解决民事纠纷的民间机构。人民法院与仲裁委员会在纠纷主管问题上的关系是人民法院主管的范围宽于仲裁委员会主管的范围，对既属于仲裁委员会，又属于人民法院主管的纠纷，具体主管取决于当事人的选择。当事人双方达成

---

〔1〕　张卫平：《民事诉讼法》（第 4 版），法律出版社 2016 年版，第 97 页。

仲裁协议的，由仲裁委员会受理，不属于人民法院主管。没有仲裁协议或者仲裁协议无效的，由人民法院主管。我国仲裁委员会实行"一裁终局"制度，因此，在作出裁决后当事人就同一纠纷再向人民法院提起的，人民法院不予受理。当事人在仲裁裁决被人民法院依法撤销或裁定不予执行，又未重新达成仲裁协议的情况下向法院提起民事诉讼的，人民法院应当受理。此外，对于劳动仲裁，劳动争议仲裁委员会主管优先于人民法院主管。

（4）人民法院与其他行政机关主管民事纠纷的关系。其他行政机关是指乡（镇）人民政府以外的行政机关。在人民法院和行政机关都有权处理民事争议的情况下，就产生了并行主管问题。我国是以人民法院主管优先，即一方当事人请求行政机关处理，另一方向人民法院提起民事诉讼的，由人民法院主管。双方当事人均请求行政机关处理的，由行政机关主管。但行政机关的处理不是最终处理，当事人不服的，一般仍可以提起诉讼。

第二节　级别管辖

案　例：黄某林与成都某房地产开发有限公司建设工程合同纠纷案[1]

2009 年 8 月 27 日，朝某公司通过投标从成都某房地产开发有限公司（以下简称"房地产公司"）处取得四川省都江堰市"大观镇农民安置点一期建设工程"项目的建设施工权，并于 2009 年 9 月 25 日与房地产公司签订了《建设工程施工合同》并备案。之后，朝某公司与黄某林签订《四川朝某建筑有限公司项目工程部承包合同》（以下简称《承包合同》），将工程承包给黄某林实际施工。该工程已于 2010 年 12 月 7 日竣工并验收合格。黄某林与朝某公司签订的《承包合同》约定，黄某林的工程收费标准按照朝某公司与房地产公司签订的招标文件结算。审计部门审计结果为 89 296 423.34 元，房地产公司共已支付工程款 66 085 175.8 元，故周道公司还应支付黄某林工程款本金 23 211 247.54 元。工程竣工后，黄某林多次向朝某公司催要工程款，其以未与房地产公司结算为由一直未付。因朝某公司怠于行使权利，为了维护自身的合法权益，黄某林依法提起诉讼。

---

〔1〕 案例来源：四川省成都市中级人民法院 ［2020］ 川 01 民初 5142 号民事裁定书。

黄某林向四川省成都市中级人民法院提出诉讼请求：第一，判令房地产公司向黄某林支付工程款本金23 211 247.54元及资金占用利息。以上本息暂计至起诉之日36 800 640元。第二，本案诉讼费由周道公司承担。本案审理过程中，黄某林变更诉讼请求为：第一，判令房地产公司向黄某林支付工程款本金13 707 321.29元及资金占用利息。本息暂计至起诉之日为22 193 993.33元。第二，判令黄某林就工程款本金享有优先权。房地产公司对管辖权提出异议认为，黄某林已将标的额变更至2200余万元，未达到成都市中级人民法院一审案件的管辖标准，黄某林向成都市中级人民法院提起本案诉讼违反了级别管辖的相关规定，故请求将本案移送至都江堰市人民法院审理。

成都市中级人民法院认为：黄某林在法庭调查终结之前变更诉讼请求将标的由36 800 640元调整为22 193 993.33元符合法律规定，本院予以准许。由于黄某林变更后的诉讼标的金额仅为22 193 993.33元，根据《最高人民法院关于调整高级人民法院和中级人民法院管辖第一审民商事案件标准的通知》（法发〔2015〕7号）第1条关于"天津、河北、山西、内蒙古、辽宁、安徽、福建、山东、河南、湖北、湖南、广西、海南、四川、重庆高级人民法院，管辖诉讼标的额3亿元以上一审民商事案件，所辖中级人民法院管辖诉讼标的额3000万元以上一审民商事案件"和《最高人民法院关于调整高级人民法院和中级人民法院管辖第一审民事案件标准的通知》（法发〔2019〕14号）第1条关于"中级人民法院管辖第一审民事案件的诉讼标的额上限原则上为50亿元（人民币），诉讼标的额下限继续按照……文件执行"之规定，该案的诉讼标的额低于本院级别管辖的下限，本案应由基层人民法院管辖。同时，《最高人民法院关于审理民事级别管辖异议案件若干问题的规定》（法释〔2009〕17号）第3条规定："提交答辩状期间届满后，原告增加诉讼请求金额致使案件标的额超过受诉人民法院级别管辖标准，被告提出管辖权异议，请求由上级人民法院管辖的，人民法院应当按照本规定第一条审查并作出裁定。"该规定说明"管辖恒定原则"适用的对象为地域管辖而非级别管辖，即已经受理的民事案件不因行政区域的变化而改变管辖法院，但因原告诉讼请求金额发生变化，超出或低于受诉人民法院级别管辖金额的除外。根据该司法解释第7条关于"当事人未依法提出管辖权异议，但受诉人民法院发现其没有级别管辖权的，应当将案件移送有管辖权的人民法院审理"的规定，如果人民法院发现案件不属于本院级别管辖的，不管是否超过提交答辩状期限及被告是否就此提出管辖权异议，人民法院均应主动审查并予以处理。故本院应当将本案移送有管辖权的人民法院审理。鉴于本案系因建设工程施工合同引发的纠纷，案涉"大观镇农民安置点一期建设工程"项目位于四川省都江堰市，根据《民诉法解释》第28条第2款关于"农村土地承包经营合同纠纷、房屋租赁合同纠纷、建设工程施工合同纠纷、政策性房屋买卖合同纠纷，按照不动产纠纷确定管辖"和《民事诉讼法》第33条关于"因不动产纠纷提起的诉讼，由不动产所在地人民法院管辖"的规定，本案应由工程所在地人民法院即四川省都江堰市人民法院专属管辖。裁定如下：本案移送四川省都江堰市人民法院审理。

问题与思考：

1. 简述我国民事诉讼中划分级别管辖的标准。
2. 级别管辖是否适用管辖恒定原则？请说明理由。

管辖，是指各级人民法院之间和同级人民法院之间受理第一审民事案件的分工和权限。受案范围是确定管辖的前提与基础，先确定某一纠纷属于民事诉讼受案范围，然后再通过管辖确定由哪个人民法院来具体行使审判权。

我国人民法院共分四级，对民事案件实行分级管辖的原则，即各级人民法院均可审判第一审民事案件。绝大多数民事案件由基层人民法院作为第一审法院，《民事诉讼法》第19条规定，中级人民法院管辖重大涉外案件、在本辖区有重大影响的案件、最高人民法院确定的由中级人民法院管辖的第一审民事案件；第20条规定，高级人民法院管辖在本辖区有重大影响的第一审民事案件。我国《民事诉讼法》划分级别管辖的标准主要是案件的性质、案件的影响范围和诉讼标的金额三个方面。本案即为从诉讼标的金额确定级别管辖的案例。由于各个省的经济发展水平不同，由三级不同的法院分别管辖的第一审民商事案件标的金额的标准也就不同。最高人民法院为了减少来自高级人民法院的上诉压力，大幅度调整金额标准，以便将绝大部分一审民事案件放到基层人民法院审理。根据规定，四川省成都市中级人民法院管辖的一审民商事案件为诉讼标的额3000万元以上，黄某林向四川省成都市中级人民法院提出诉讼请求时诉讼标的额为36 800 640元，该金额符合其管辖范围，但在后续审理中变更为22 193 993.33元，故应移送给基层人民法院审理。

在级别管辖中，是否适用管辖恒定原则呢？管辖恒定是指起诉后诉讼中管辖根据发生变化，也不影响已经确定的管辖。我国立法上曾经承认过级别管辖恒定，但是将适用情况限定在原告在答辩期届满后增加诉求金额。后来级别管辖恒定很快就成为原告规避级别管辖的工具，于是《最高人民法院关于审理民事级别管辖异议案件若干问题的规定》〔以下简称《级别管辖异议规定》（2020 年修正）〕第 3 条规定："提交答辩状期间届满后，原告增加诉讼请求金额致使案件标的额超过受诉人民法院级别管辖标准，被告提出管辖权异议，请求由上级人民法院管辖的，人民法院应当按照本规定第一条审查并作出裁定。"该规定说明"管辖恒定原则"适用的对象为地域管辖而非级别管辖，即已经受理的民事案件不因行政区域的变化而改变管辖法院，但因原告诉讼请求金额发生变化，超出或低于受诉人民法院级别管辖金额的除外，这实际上废止了级别管辖恒定，赋予被告级别管辖异议权。此种立法规定的转变，不仅可以防止原告和受理法院滥用级别管辖恒定而规避级别管辖，更代表了我国理论和实务将级别管辖与专属管辖等同，因为其涉及法院的审级分工的问题而具有强制性和排他性。[1]同时，《级别管辖异议规定》（2020 年修正）第 6 条规定："当事人未依法提出管辖权异议，但受诉人民法院发现其没有级别管辖权的，应当将案件移送有管辖权的人民法院审理。"如果人民法院发现案件不属于本院级别管辖的，不管是否超过提交答辩状期限及被告是否就此提出管辖权异议，人民法院均应主动审查并予以处理。本案中基于专属管辖，四川省都江堰市人民法院为有管辖权的法院，故成都市中级人民法院裁定移送给四川省都江堰市人民法院合适。

除了案件标的金额这个因素，案件的性质也是重要的划分标准。20 世纪 80 年代曾规定过所有的涉外民商事案件都由中级以上的人民法院管辖，由于处理涉外民商事案件的经验积累和成熟，进入 21 世纪之后，最高人民法院又出台了相关司法解释，一般涉外案件可由基层人民法院管辖，标的金额高、案情复杂等"重大"的涉外案件由中级人民法院管辖；此外，如涉外合同及侵权纠纷信用证纠纷以及涉及外国判决或仲裁裁决承认与执行等特定涉外类型的案件，则由指定的部分中级人民法院集中管辖。最高人民法院通过规范性文件或司法解释的形式规定的以下几种案件也由中级人民法院管辖：海事海商案件、公益诉讼案件、专利纠纷案件、著作权纠纷案件、重大的涉港澳

---

〔1〕　肖建国："民事诉讼级别管辖制度的重构"，载《法律适用》2007 年第 6 期。

台民事案件、证券虚假陈述民事赔偿案件、涉及驰名商标认定的民事纠纷案件、公司强制清算案件、垄断民事纠纷案件。

关于"在本辖区内有重大影响"这一划分级别管辖的规定，对于高级人民法院而言，往往将诉讼标的金额作为一个衡量"重大影响"的因素，对于中级人民法院而言，辖区内有重大影响的案件本身及其处理结果的影响，远远超出了基层人民法院的辖区范围，因此由中级人民法院作为第一审法院较为合理。在司法实践中对这一判断的运用可能有过，但标的额既不高，案件类型也不特殊的第一审民事案件，仅仅因为这一标准就由更高级别法院管辖的案例确实极少。[1]因此，不能排除这个规定大体上也属于"背而不用"的条文之列。

第三节 地域管辖

案例一：成某建与宋某祥合同纠纷案[2]

2019 年 1 月 18 日，赵县某医院管理有限公司（以下简称"医院公司"）拟将赵县人民医院 PPP 项目中强电安装分部工程承包给成某建，成某建为此先向医院公司缴纳了 780 000 元工程项目定金，该定金由医院公司法定代表人宋某祥收取。后该项目并未实施。此后宋某祥与成某建签订协议书，该协议书第 6 条约定，双方若发生争议，可由成某建所在地人民法院处理。还款期限届满后，虽经多次催要，宋某祥、医院公司拒绝还款。成某建向山东省广饶县人民法院起诉，请求：第一，依法判令宋某祥立即双倍返还定金 1 560 000元，并支付利息。以上共计：1 663 759.24 元。第二，请求依法判令赵县某医院管理有限公司对第一项诉讼请求承担连带清偿责任。第三，请求本案诉讼费等与案件有关的费用全部由宋某祥负担。

山东省广饶县人民法院认为：提交的协议书及证明等材料显示本案所涉合同为建设工程施工合同，所涉工程为河北省石家庄市赵县人民医院相关工程。协议书中虽约定由所在地人民法院管辖，但根据《民事诉讼法》第 34 条

---

〔1〕 王亚新、陈杭平、刘君博：《中国民事诉讼法重点讲义》（第 2 版），高等教育出版社 2021年版，第 54 页。

〔2〕 案例来源：山东省广饶县人民法院［2021］鲁 0523 民初 1805 号民事裁定书。

的规定，当事人对案件管辖的约定不得违反级别管辖和专属管辖的规定，本院对本案没有管辖权，本案应当由案涉建设工程所在地法院即河北省赵县人民法院进行审理。裁定如下：本案移送河北省赵县人民法院处理。

案例二：上海某投资有限公司与辽阳市某教育中心、某信托有限公司买卖合同纠纷案[1]

原告上海某投资有限公司（以下简称"投资公司"）与被告辽阳市某教育中心（以下简称"教育中心"）、某信托有限公司（以下简称"信托公司"）买卖合同纠纷一案，北京市西城区人民法院（以下简称"西城区法院"）于2015年5月27日受理本案。西城区法院于2016年2月25日作出[2015]西民（商）初字第16216号民事判决，判决驳回投资公司的诉讼请求。投资公司不服提出上诉，北京市第二中级人民法院于2016年6月30日作出[2016]京02民终4374号民事裁定：第一，撤销[2015]西民（商）初字第16216号民事判决；第二，发回西城区法院重审。

西城区人民法院在重审过程中，投资公司撤回对信托公司的起诉，并变更诉讼请求为：教育中心就辽宁省辽阳市中级人民法院[1997]辽经初字第211号民事判决确定的辽阳市某经销公司所负债务向原告承担连带清偿责任。后西城区法院于2016年12月29日作出[2016]京0102民初28058号民事裁定，以被告教育中心的住所地并非在该院辖区为由，裁定将本案移送辽宁省辽阳市白塔区人民法院（以下简称白塔区法院）处理。

辽宁省高级人民法院认为：西城区法院将本案移送至白塔区法院欠妥，理由如下：第一，西城区法院[2016]京0102民初28058号民事裁定违反应诉管辖制度。本案中，西城区法院在原审及发回重审中均已开庭审理，当事人进行了应诉，且本案并不存在违反级别管辖和专属管辖的规定，此时即便西城区法院对本案没有管辖权，根据法律规定，西城区法院亦视为对本案具有管辖权。故西城区法院在本案当事人已应诉并开庭审理完毕后将本案移送白塔区法院违反法律规定。第二，违反管辖恒定原则。北京市第二中级人民法院作出[2016]京02民终4374号民事裁定，裁定：撤销[2015]西民

（商）初字第 16216 号民事判决，发回西城区法院重审。该裁定包含了已经确定西城区法院对本案具有管辖权的内容，根据我国民事诉讼中管辖恒定原则，即使原告撤回信托公司的起诉，西城区法院亦对本案具有管辖权。第三，关于本案管辖的确定问题。本案为与公司有关的纠纷，应以民事诉讼法中关于地域管辖的一般原则为基础。尽管白塔区法院亦对本案享有管辖权，原告选择西城区法院起诉符合法律规定。综上，西城区法院在具有管辖权的前提下将本案移送白塔区法院不当。辽宁省高级人民法院经与北京市高级人民法院协商未果，报请最高人民法院指定管辖。

最高人民法院认为：《民事诉讼法》（2017 年修正）第 127 条规定："人民法院受理案件后，当事人对管辖权有异议的，应当在提交答辩状期间提出。人民法院对当事人提出的异议，应当审查。异议成立的，裁定将案件移送有管辖权的人民法院；异议不成立的，裁定驳回。当事人未提出管辖异议，并应诉答辩的，视为受诉人民法院有管辖权，但违反级别管辖和专属管辖规定的除外。"而《民诉法解释》第 35 条规定："当事人在答辩期间届满后未应诉答辩，人民法院在一审开庭前，发现案件不属于本院管辖的，应当裁定移送有管辖权的人民法院。"第 38 条明确规定："有管辖权的人民法院受理案件后，不得以行政区域变更为由，将案件移送给变更后有管辖权的人民法院。判决后的上诉案件和依审判监督程序提审的案件，由原审人民法院的上级人民法院进行审判；上级人民法院指令再审、发回重审的案件，由原审人民法院再审或者重审。"从上述规定来看，受案人民法院发现案件不属于本院管辖，有权依据《民事诉讼法》第 36 条之规定，将案件移送有管辖权的法院。同时为了保护诉讼当事人的合法诉讼权利，避免因为法院对于管辖权的认识存在分歧而损坏当事人的利益，减少当事人的诉累，如果当事人没有提出管辖权异议，且已经应诉答辩，则视为当事人接受管辖，如果法院认为自己没有管辖权，应该在被告应诉前移送相关案件至有管辖权的人民法院。如果被告已经应诉答辩，即使法院认为自己没有管辖权，也不宜再行移送。而对于发回重审、指令再审的案件，法院也不应以无管辖权为由移送管辖。本案中，原告投资公司与被告教育中心、信托公司买卖合同纠纷一案，北京市西城区人民法院于 2015 年 5 月 27 日立案，于 2016 年 2 月 25 日作出［2015］西民（商）初字第 16216 号民事判决，判决驳回投资公司的诉讼请求。投资公司不服提出上诉，北京市第二中级人民法院于 2016 年 6 月 30 日作出［2016］京 02 民终 4374

号民事裁定，指令西城区法院重审。在重审期间，即使西城区法院认为自己没有管辖权，也不能将案件移送。裁定如下：本案由北京市西城区人民法院审理。

问题与思考：

1. 简述不动产纠纷专属管辖。

2. 适用协议管辖应当具备哪些条件？

地域管辖，是指确定同级人民法院之间在各自的区域内受理第一审民事案件的分工和权限。《民事诉讼法》第 22 条规定："对公民提起的民事诉讼，由被告住所地人民法院管辖；被告住所地与经常居住地不一致的，由经常居住地人民法院管辖。对法人或者其他组织提起的民事诉讼，由被告住所地人民法院管辖。同一诉讼的几个被告住所地、经常居住地在两个以上人民法院辖区的，各该人民法院都有管辖权。"这体现了我国划分地域管辖采用的是"原告就被告"的原则，也就是学理上的"一般地域管辖"，之所以这样规定，是因为试图启动诉讼程序利用司法公共资源并将把被告置于耗费成本进行防御之地位的原告，其自身有必要首先付出一定的代价或在某种程度上先行承受诉讼成本的负担。对于被告所在地的法院来讲，易于向被告送达、可就地进行财产保全或现场勘验等方便。[1] 考虑到实践中存在一些由被告所在地人民法院管辖，会给原告行使诉权和人民法院审理案件带来诸多不便的情况，某些情况下也适用"被告就原告"，例如《民事诉讼法》第 23 条规定："下列民事诉讼，由原告住所地人民法院管辖；原告住所地与经常居住地不一致的，由原告经常居住地人民法院管辖：（一）对不在中华人民共和国领域内居住的人提起的有关身份关系的诉讼；（二）对下落不明或者宣告失踪的人提起的有关身份关系的诉讼；（三）对被采取强制性教育措施的人提起的诉讼；（四）对被监禁的人提起的诉讼。"

特殊地域管辖不仅以被告住所地，而且以诉讼标的物所在地或者引起民事法律关系发生、变更、消灭的法律事实所在地为标准确定诉讼的管辖法院。《民事诉讼法》第 24 条至第 33 条规定了合同纠纷管辖、保险合同纠纷管辖、票据纠纷管辖、公司纠纷管辖、运输合同纠纷管辖、侵权诉讼管辖、交通事故管辖、海损事故管辖、海难救助管辖、共同海损管辖共计 10 种属于特殊地

---

〔1〕　王亚新："民事诉讼管辖：原理、结构及程序的动态"，载《当代法学》2016 年第 2 期。

域管辖的诉讼。

关于合同案件管辖法院的确定问题，最高人民法院以司法解释的方式选择了特征履行地规则。根据特征履行理论，每一个双务合同中总有一方当事人的履行行为例如交付物品、提供劳务等的非金钱履行为属于特征履行行为。然而，特征履行地规则由于内容繁琐，容易引发当事人的争议，产生较多问题。于是，一些法院转而采法定履行地规则，导致两种规则在实践中同时发挥作用，进一步加剧了合同案件管辖问题的混乱程度。《民法典》第511条对合同履行地问题作了规定："履行地点不明确，给付货币的，在接受货币一方所在地履行；交付不动产的，在不动产所在地履行；其他标的，在履行义务一方所在地履行。"在实体法中，所谓的合同履行地点，是指合同中单个、具体义务的给付地，这里的义务类型即包括主要义务，又包括次要义务和附随义务等。因此，根据法定履行地规则，只要弄清楚当事人所争议的具体的合同义务，就能确定本案的合同履行地，进而得以认定对本案有管辖权的法院。可见，与特征履行地规则相比，法定履行地规则的特点是条文简单，标准明确。[1]

地域管辖的概念或范畴在外延上还包括专属管辖和协议管辖。专属管辖是指法律规定某些特殊类型的案件只能由特定的法院管辖，其他法院无管辖权，当事人也不能协议变更管辖法院。《民事诉讼法》第34条规定："下列案件，由本条规定的人民法院专属管辖：（一）因不动产纠纷提起的诉讼，由不动产所在地人民法院管辖；（二）因港口作业中发生纠纷提起的诉讼，由港口所在地人民法院管辖；（三）因继承遗产纠纷提起的诉讼，由被继承人死亡时住所地或者主要遗产所在地人民法院管辖。"案例一中向协议约定的山东省广饶县人民法院起诉，但该案为建设工程施工合同纠纷，农村土地承包经营合同纠纷、房屋租赁合同纠纷、建设工程施工合同纠纷、政策性房屋买卖合同纠纷按照不动产纠纷确定管辖，因此本案为专属管辖。专属管辖是排他性管辖，既排除了任何外国法院对诉讼的管辖权，又排除了诉讼当事人以协议方式，选择国内的其他法院管辖。故山东省广饶县人民法院应将案件移送至河北省赵县人民法院。

与不动产有关的纠纷分为两类：一类是围绕不动产的物权设立、权属、效力、使用、收益等产生的纠纷，当事人以物权关系作为诉讼标的；另一类

---

[1] 参见肖建国、刘东："管辖规范中的合同履行地规则研究"，载《现代法学》2015年第5期。

是与不动产有牵连，围绕不动产物权设立、变动之原因或由于物权受侵害而产生的纠纷，典型的如以不动产为担保物的担保合同纠纷，不动产买卖、转让、合作开发合同纠纷，不动产侵权纠纷。前者指向不动产的确认、形成或给付，属于物权纠纷，后者属于作为不动产牵连事件的债权纠纷，尤其合同类纠纷指向合同的成立、效力、履行等。从立法目的考量，不动产纠纷之所以由不动产所在地法院专属管辖，是因为不动产的现场勘验、权属调查、实际分割、变更登记等由不动产所在地法院更为方便，也最符合公益。从这一视角出发，担保合同、买卖合同等与不动产有牵连的债权纠纷一般并无由不动产所在地法院专属管辖的必要。相反，如果合同的双方当事人均不在不动产所在地，排他性的由不动产所在地法院专属管辖，反而会增加当事人的诉讼成本。鉴于此，《民诉法解释》第 28 条第 1 款明确规定："民事诉讼法第三十四条第一项规定的不动产纠纷是指因不动产的权利确认、分割、相邻关系等引起的物权纠纷。"如果纠纷围绕不动产登记、物权确权、用益物权行使、担保物权实现、占有保护等展开，且基于不动产物权提出确认权利存在、对涉诉不动产承担停止侵害、排除妨害、消除危险、返还财产、恢复原状、修理、重作、更换、赔偿损失等诉讼请求，属于不动产物权纠纷的范畴。《民诉法解释》第 28 条第 2 款增加规定："农村土地承包经营合同纠纷、房屋租赁合同纠纷、建设工程施工合同纠纷、政策性房屋买卖合同纠纷，按照不动产纠纷确定管辖。"这一规定突破了第 28 条第 1 款的限制，将不动产纠纷专属管辖适用范围扩张至这四类合同，其中的物权及债权纠纷均可适用。[1] 这四类涉及不动产的合同纠纷具有特殊性。如农村土地承包经营合同纠纷、房屋租赁合同纠纷、政策性房屋买卖合同纠纷，除争议合同的成立、履行等之外，往往牵涉当地的农村土地承包经营政策和房地产宏观调控政策，由不动产所在地法院专属管辖，有利于统一裁判尺度，也有利于法院配合当地政府处理这些类型案件引起的群体性纠纷。又如，建设工程施工合同纠纷往往涉及建筑物工程造价评估、质量鉴定、留置权优先受偿、执行拍卖等，由建筑物所在地法院专属管辖，有利于案件审理与执行。[2]

---

〔1〕　陈杭平：《民事诉讼管辖精义：原理与实务》，法律出版社 2022 年版，第 46 页。
〔2〕　最高人民法院修改后民事诉讼法贯彻实施工作领导小组编著：《最高人民法院民事诉讼法司法解释理解与适用》（上），人民法院出版社 2015 年版，第 181 页。

协议管辖，又称合意管辖或约定管辖，是指双方当事人在民事纠纷发生之前或发生之后，以明示或者默示的方式约定第一审民事案件的管辖法院。《民事诉讼法》第35条规定："合同或者其他财产权益纠纷的当事人可以书面协议选择被告住所地、合同履行地、合同签订地、原告住所地、标的物所在地等与争议有实际联系的地点的人民法院管辖，但不得违反本法对级别管辖和专属管辖的规定。"因此，协议管辖只适用于合同或者其他财产权益纠纷，当事人对其他民事纠纷不得协议管辖；在适用的审级上，协议管辖仅适用于第一审案件；当事人应当在法律规定的范围内选择法院；在管辖的类型上，当事人选择法院时，不得违反有关级别管辖和专属管辖的规定。

应诉管辖，又称默示的协议管辖或者默认管辖，是指原告起诉并被法院受理后，被告不对管辖权提出异议并应诉答辩，视为受诉法院对案件享有管辖权的一项管辖制度。《民事诉讼法》第130条第2款规定："当事人未提出管辖异议，并应诉答辩的，视为受诉人民法院有管辖权，但违反级别管辖和专属管辖规定的除外。"应诉管辖系借鉴德国、日本立法的产物，旨在通过被告应诉答辩免除法院审查任意管辖的负担。[1]被告如果在自送达之日起至答辩期满的15日内，针对原告诉状的实体或程序的其他方面作出答辩、陈述或者提起反诉却没有提起管辖权异议，则视为其同意了受理案件的法院拥有管辖权，但违反级别管辖和专属管辖规定的除外。对于被告在答辩期间既未应诉答辩，也没有提出管辖权异议的情形，《民诉法解释》第35条规定："当事人在答辩期间届满后未应诉答辩，人民法院在一审开庭前，发现案件不属于本院管辖的，应当裁定移送有管辖权的人民法院。"从该规定来看，如果法院认为自己没有管辖权，应该在被告应诉前移送相关案件至有管辖权的人民法院。如果被告已经应诉答辩，即使法院认为自己没有管辖权，也不宜再行移送。

案例二中，原告投资公司向西城区法院起诉，原审已开庭审理，当事人进行了应诉，且本案并不存在违反级别管辖和专属管辖的规定，因此即便西城区法院对本案没有管辖权，根据应诉管辖的规定，西城区法院亦视为对本案具有管辖权。《民诉法解释》第38条明确规定："有管辖权的人民法院受理案件后，不得以行政区域变更为由，将案件移送给变更后有管辖权的人民法

---

〔1〕 段文波："我国民事管辖审查程序的反思与修正"，载《中国法学》2019年第4期。

院。判决后的上诉案件和依审判监督程序提审的案件，由原审人民法院的上级人民法院进行审判；上级人民法院指令再审、发回重审的案件，由原审人民法院再审或者重审。"投资公司不服原判决提出上诉后，北京市第二中级人民法院指令西城区法院重审。在重审期间，即使西城区法院认为自己没有管辖权，也不能将案件移送，因此最高人民法院裁定由西城区法院继续审理。

第四节　裁定管辖

案例一：青岛某科技有限公司与磐安县某烟具厂、北京某科技有限公司侵害实用新型专利权纠纷案[1]

原告青岛某科技有限公司诉被告磐安县某烟具厂、北京某科技有限公司、长春市某电子商务有限公司、张某莉侵害实用新型专利权纠纷一案，青岛市中级人民法院于2019年1月10日立案。原告向法院提出诉讼请求：第一，判令被告停止侵权行为；第二，判令被告连带赔偿原告损失共计30万元；第三，诉讼费由被告承担。被告磐安县某烟具厂在提交答辩状期间，对本案管辖权提出异议，认为本案侵权行为地、被告住所地均在浙江省磐安县，本案属知识产权纠纷，应由浙江省金华市中级人民法院审理。

青岛市中级人民法院认为：根据《最高人民法院关于审理专利纠纷案件适用法律问题的若干规定》第5条、《最高人民法院关于同意杭州市、宁波市、合肥市、福州市、济南市、青岛市中级人民法院内设专门审判机构并跨区域管辖部分知识产权案件的批复》第2条第1款之规定，因侵犯专利权行为提起的诉讼，由侵权行为地或者被告住所地人民法院管辖。发生在杭州市、金华市辖区内有关专利及垄断纠纷的第一审知识产权民事案件由杭州市中级人民法院内设专门审理知识产权案件的机构管辖。原告青岛某科技有限公司系在山东省青岛市收取通过网络购买的被控侵权产品，青岛市作为网络购物收货地不属于上述司法解释规定的侵权行为地，也非被告住所地，故青岛市中级人民法院对该案不享有管辖权。鉴于本案被告住所地、侵权行为地均在浙江省磐安县，属于浙江省金华市辖区，本案属知识产权纠纷，故应将该案

---

[1]　案例来源：山东省青岛市中级人民法院［2019］鲁02民初73号民事裁定书。

移送至杭州知识产权法庭审理。裁定如下：本案移送杭州知识产权法庭审理。

案例二：严某鼎、许某等与张某等与公司有关的纠纷案[1]

严某鼎、许某等与张某、张某照、济南某餐饮管理有限公司合同纠纷系列案件诉至法院。双方曾经签署《股权投资合同》，在该合同中约定由合同签订地人民法院管辖，同时在合同中明确约定北京市西城区为合同签订地，故严某鼎等诉至北京市西城区人民法院。

北京市西城区人民法院认为：涉案《股权投资合同》的签订、履行均在线上完成，当事人住所地或经常居住地均不在北京市，涉案《股权投资合同》载明合同签订地北京市西城区与合同实际签订地明显不符，故北京市西城区不属于与争议有实际联系的地点，涉案《股权投资合同》中协议管辖条款应属无效，裁定将本案移送山东省济南市历下区人民法院审理。

山东省高级人民法院认为：《最高人民法院关于适用〈中华人民共和国合同法〉若干问题的解释（二）》第4条规定，采用书面形式订立合同，合同约定的签订地与实际签字或者盖章地点不符的，人民法院应当认定约定的签订地为合同签订地。涉案《股权投资合同》明确载明合同签订地为北京市西城区，并约定因合同所发生的争议，任何一方可向北京市西城区人民法院提起诉讼，该管辖约定合法有效，故北京市西城区人民法院对本案享有管辖权。经与北京市高级人民法院协商未果，报请最高人民法院指定管辖。

最高人民法院认为：本案是属于经过网络签订的合同履行引发的纠纷。《民事诉讼法》（2017年修正）第34条规定："合同或者其他财产权益纠纷的当事人可以书面协议选择被告住所地、合同履行地、合同签订地、原告住所地、标的物所在地等与争议有实际联系的地点的人民法院管辖，但不得违反本法对级别管辖和专属管辖的规定。"当事人有权约定由合同履行地的人民法院管辖。案涉合同是通过第三方北京人人投网络科技有限公司经营的"人人投app"签订的合同。该合同已经约定北京市西城区为合同签订地。《最高人民法院关于适用〈中华人民共和国合同法〉若干问题的解释（二）》第4条规定："采用书面形式订立合同，合同约定的签订地与实际签字或者盖章地点不符的，人民法院应当认定约定的签订地为合同签订地；合同没有约定签订

---

[1] 案例来源：最高人民法院［2020］最高法民辖80号民事裁定书。

地，双方当事人签字或者盖章不在同一地点的，人民法院应当认定最后签字或者盖章的地点为合同签订地"，故可以认定北京市西城区为合同签订地。"北京市西城区人民法院具有管辖权。裁定如下：本案由北京市西城区人民法院审理。

问题与思考：

1. 结合案例，分析移送管辖的适用条件。
2. 结合案例，分析指定管辖的适用条件。
3. 简述管辖权转移的适用条件。

裁定管辖，是指法院在没有法律明文规定的情形下，基于案件的一定事实与理由，以裁定的方式确定管辖法院。裁定管辖是法定管辖的必要补充。《民事诉讼法》规定了三种裁定管辖：移送管辖、指定管辖和管辖权转移。

（1）移送管辖，是指法院受理案件后，发现本法院对该案无管辖权，依法裁定将案件移送给有管辖权的法院审理。它是法院受理立案之后才知悉没有管辖权而采取的管辖调整措施，是对错误管辖行为的一种纠正，而不是改变案件的法定管辖权。案例一即为移送管辖。《民事诉讼法》第 37 条规定："人民法院发现受理的案件不属于本院管辖的，应当移送有管辖权的人民法院，受移送的人民法院应当受理。受移送的人民法院认为受移送的案件依照规定不属于本院管辖的，应当报请上级人民法院指定管辖，不得再自行移送。"这一规定表明移送管辖必须同时具备三个条件：①人民法院已经受理案件。案例一中，青岛某科技有限公司主张被告侵害其实用新型专利权，故向青岛市中级人民法院提起诉讼，青岛市中级人民法院已经受理该案件。②移送的人民法院对案件无管辖权。根据侵犯专利权行为提起的诉讼由侵权行为地或者被告住所地人民法院管辖的法律规定，山东省青岛市仅为青岛某科技有限公司购买被诉侵权产品的网络购物收货地，故不宜作为侵权行为地来确定本案的地域管辖，且山东省青岛市也并非本案中任一被告的住所地，因此山东省青岛市中级人民法院对本案不享有管辖权。③受移送的人民法院对案件有管辖权。本案中，青岛某科技有限公司主张磐安县某烟具厂为被诉侵权产品的生产商，磐安某烟具厂的住所地位于浙江省金华市磐安县，因此根据"发生在杭州市、金华市辖区内有关专利及垄断纠纷的第一审知识产权民事案件由杭州市中级人民法院内设专门审理知识产权案件的机构管辖"的规定，浙江省杭州市中级人民法院对本案依法享有管辖权。因此，青岛市中级人民法院将案件移送至杭州知识产权法庭审理合适。

人民法院对符合上述三个条件的案件应当移送，但在下列情况下不得移送：①有管辖权的人民法院受理案件后，根据管辖恒定的原则，其管辖权不受行政区域变更、当事人住所地或居住地变更的影响，因此，不得以上述理由移送管辖。②两个以上人民法院对案件都有管辖权时，应当由先立案的人民法院具体行使管辖权，先立案的人民法院不得将案件移送至另一有管辖权的人民法院。③受移送的人民法院即使认为本院对移送来的案件并无管辖权，也不得自行将案件移送到其他人民法院，而只能报请上级人民法院指定管辖。

（2）指定管辖，是指上级法院以裁定方式指定其辖区内的下级法院对某一案件行使审判权的一种管辖制度。除了上述第三种情形外，《民事诉讼法》第38条规定了以下两种情形适用指定管辖：①有管辖权的法院由于特殊原因不能行使管辖权，由上级法院指定管辖。例如，该法院的全体审判人员均需回避或者该法院所在地发生了严重的自然灾害。②法院之间因管辖权发生争议而又协商不成的，应报请它们的共同上级法院指定管辖。《民诉法解释》第40条规定："依照民事诉讼法第三十七条第二款规定，发生管辖权争议的两个人民法院因协商不成报请它们的共同上级人民法院指定管辖时，双方为同属一个地、市辖区的基层人民法院的，由该地、市的中级人民法院及时指定管辖；同属一个省、自治区、直辖市的两个人民法院的，由该省、自治区、直辖市的高级人民法院及时指定管辖；双方为跨省、自治区、直辖市的人民法院，高级人民法院协商不成的，由最高人民法院及时指定管辖。依照前款规定报请上级人民法院指定管辖时，应当逐级进行。"

案例二中，严某鼎等因合同中约定由合同签订地人民法院管辖，所以向北京市西城区人民法院起诉。北京市西城区人民法院经审查认为北京市西城区不属于与争议有实际联系的地点，涉案《股权投资合同》中协议管辖条款属无效，本案应由山东省济南市历下区人民法院审理，山东省济南市历下区人民法院认为应由北京市西城区人民法院管辖。这种情况就属于法院之间因管辖权发生争议中的消极争议，即两个或两个以上人民法院均认为自己对某一案件无管辖权，均不愿受理这一案件，与此相对应的是积极争议，是指两个或两个以上人民法院均认为自己对某一案件有管辖权，争着受理这一案件。北京与山东属于跨省，因此在山东省高级人民法院与北京市高级人民法院协商未果的情况下，报请最高人民法院指定管辖。最高人民法院最终也裁定本案由北京市西城区人民法院审理。《民诉法解释》第41条第2款进一步规定："对报请上级人民法院指定管辖的案件，下级人民法院应当中止审理。指定管辖裁定作出前，下级人民法院对案件作出判决、裁定的，上级人民法院应当在裁定指定管辖的同时，一并撤销下级人民法院的判决、裁定"。

（3）管辖权转移，是指经上级法院的决定或同意，将案件的管辖权从有管辖权的法院转移给无管辖权的法院。管辖权转移是对级别管辖的一种变通和补充。《民事诉讼法》第39条规定："上级人民法院有权审理下级人民法院管辖的第一审民事案件；确有必要将本院管辖的第一审民事案件交下级人民法院审理的，应当报请其上级人民法院批准。下级人民法院对它所管辖的第一审民事案件，认为需要由上级人民法院审理的，可以报请上级人民法院审理。"上调转移是管辖权的向上转移。下放转移是管辖权的向下转移，即上级法院将自己管辖的第一审案件，交由下级法院审理。为了避免管辖权向下转移制度成为部分案件规避级别管辖的方式，切实维护当事人的审级利益，《民诉法解释》第42条规定："下列第一审民事案件，人民法院依照民事诉讼法第三十八条第一款规定，可以在开庭前交下级人民法院审理：破产程序中有关债务人的诉讼案件；当事人人数众多且不方便诉讼的案件；最高人民法院确定的其他类型案件。人民法院交下级人民法院审理前，应当报请其上级人民法院批准。上级人民法院批准后，人民法院应当裁定将案件交下级人民法院审理。"

第五节　管辖恒定

案　例：某会社、中国某工程有限公司侵害技术秘密纠纷案[1]

某会社于2016年以中国某工程有限公司、山东某公司、江苏某公司、赵某朝和王某哲为被告向河北省石家庄市中级人民法院提起侵害技术秘密纠纷诉讼。答辩期间，中国某工程有限公司和山东某公司提出管辖权异议，分别请求将案件移送天津市第一中级人民法院和山东省淄博市中级人民法院审理。河北省石家庄市中级人民法院裁定将该案移送山东省淄博市中级人民法院处

―――――――――――
〔1〕　案例来源：最高人民法院［2019］最高法知民辖终20号民事裁定书。

理，河北省高级人民法院维持了该裁定。案件移送后，会社申请撤诉。山东省淄博市中级人民法院作出裁定，准许某会社撤诉。

某会社于撤诉后向天津市第一中级人民法院重新提起本案诉讼。天津市第一中级人民法院认为，河北省高级人民法院已确定本案由山东省淄博市中级人民法院处理，该案移送山东省淄博市中级人民法院后，某会社自愿申请撤诉不违反法律规定，但其再行起诉仍应向生效裁定确定的有管辖权的法院提出，某会社向天津市第一中级人民法院提起诉讼违反了管辖恒定原则。此外，山东省淄博市系被诉侵权项目所在地，从有利于查明案件事实、方便诉讼，本案由山东省淄博市中级人民法院审理更为有利。综上，天津市第一中级人民法院裁定：中国某工程有限公司、山东某公司提出的管辖权异议成立，本案移送山东省淄博市中级人民法院审理。

某会社不服该裁定，向最高人民法院上诉称：第一，原审裁定错误理解管辖恒定原则。第二，中国某工程有限公司是本案共同被告之一，其住所地位于天津市北辰区，且中国某工程有限公司的被控侵权行为亦发生于此，原审法院对本案有管辖权。第三，原审法院在具有管辖权的情况下，以方便诉讼原则将本案移送山东省淄博市中级人民法院，适用法律错误。综上，请求撤销原审裁定，裁定本案由原审法院审理。

中国某工程有限公司答辩称：第一，原审裁定在裁判理由中援引最高人民法院［2000］交提字第5号案例的说理内容不属于适用法律错误，该案与本案有着高度的相似性，完全可以适用于本案。第二，某会社与中国某工程有限公司等因相同事实与法律关系产生的管辖纠纷，河北省高级人民法院已作出裁定，该裁定已产生既判力，前诉产生既判力的裁定效力及于本案，不因某会社撤诉又另行起诉的行为而改变。第三，原审法院还考虑到山东省淄博市系涉诉项目所在地，由山东省淄博市中级人民法院审理更有利于查明案件事实和方便诉讼，符合民事诉讼法的"两便"原则。综上，请求裁定驳回上诉，维持原审裁定。

最高人民法院认为：本案系侵犯技术秘密纠纷管辖权异议上诉案件。被告中国某工程有限公司住所地位于天津市，属于原审法院辖区范围，《民事诉讼法》（2017年修正）第28条规定："因侵权行为提起的诉讼，由侵权行为地或者被告住所地人民法院管辖。"故原审法院作为中国某工程有限公司住所地法院对本案具有管辖权。《民事诉讼法》（2017年修正）第21条第3款规定："同一诉讼的几个被告住所地、经常居住地在两个以上人民法院辖区的，各该人民法院都有管辖权。"《民诉法解释》第36条规定："两个以上人民法院都有管辖权的诉讼，先立案的人民法院不得将案件移送给另一个有管辖权的人民法院……"根据上述规定，原审法院对本案具有管辖权，不得将案件移送给另一有管辖权的人民法院，其以方便诉讼为由移送管辖，适用法律有误，本院予以纠正。关于当事人撤诉后另行提起诉讼的，是否仍应向前诉生效裁定确定的有管辖权的法院起诉的问题。本院认为，管辖恒定原则，是指确定案件的管辖权以起诉时为标准，起诉时对案件享有管辖权的人民法院，不因确定管辖的事实在诉讼过程中发生变化而影响其管辖权。管辖恒定可以有效避免因管辖变动引发的司法资源浪费，减少当事人讼累，提高诉讼效率，是诉讼经济和诉讼安定的必然要求。《民事诉讼法》虽然没有明确规定管辖恒定原则，但《民诉法解释》第37条、第38条和第39条体现了管辖恒定原则。其中，第37条规定："案件受理后，受诉人民法院的管辖权不受当事人住所地、经常居住地变更的影响。"第38条规定："有管辖权的人民法院受理案件后，不得以行政区域变更为由，将案件移送给变更后有管辖权的人民法院。……"第39条规定："人民法院对管辖异议审查后确定有管辖权的，不因当事人提起反诉、增加或者变更诉讼请求等改变管辖，但违反级别管辖、专属管辖规定的除外。……"从以上规定可知，管辖恒定原则仅适用于案件诉讼程序中，不因确定管辖的事实变化而改变管辖，并不适用于案件诉讼程序终结后当事人重新起诉的情形。某会社向河北省石家庄市中级人民法院提起诉讼的［2016］冀01民初624号案，已经以裁定准许某会社撤诉的方式终结诉讼程序。本案是某会社撤诉后另行提起的诉讼，系一个独立的案件，其有权依法向有管辖权的人民法院起诉，人民法院应当依法独立审查其是否具有管辖权。河北省高级人民法院在［2017］冀民辖终45号案中作出的管辖权裁定效力不能约束本案。原审裁定对管辖恒定原则的理解有误，适用法律不当，本院予以纠正。中国某工程有限公司援引的最高人民法院［2000］交提字第5号案不是指导性案例，且该案旨在解决生效裁定确定受诉法院无管辖权，当事人对裁定有异议的，应当通过审判监督方式提出，而不能以撤诉再向受诉法院起诉的方式请求变更生效裁定的问题，故该案情形亦异于本案，中国某工程有限公司主张参照适用该案的抗辩理由不能成立，本院不予采纳。综上，某会社的上诉请求成立，本院予以支持。裁定如下：第一，撤销天津市第一中级人民法院［2018］津01民初694号民事裁定；第二，本案由天津市第一中级人民法院管辖。

问题与思考：

结合本案，分析管辖恒定的适用条件。

管辖恒定，是指原告起诉时，若受诉法院依民事诉讼法规定享有对本案的管辖权，则此后无论案件情况有何变化，案件始终由受诉法院管辖。[1]管辖确定后，通过管辖恒定可以避免诉讼中因管辖原因的变化导致丧失管辖权，保持了诉讼的安定性。管辖恒定包括地域管辖恒定和级别管辖恒定。1991年《民事诉讼法》及历次修改均未确立管辖恒定原则，有关管辖恒定的内容散见于不同的司法解释中。

地域管辖恒定是指地域管辖按起诉时的标准确定后，不因诉讼过程中确定管辖因素的变动而改变。《民诉法解释》第37条规定："案件受理后，受诉人民法院的管辖权不受当事人住所地、经常居住地变更的影响。"第38条规定："有管辖权的人民法院受理案件后，不得以行政区域变更为由，将案件移送给变更后有管辖权的人民法院。判决后的上诉案件和依审判监督程序提审的案件，由原审人民法院的上级人民法院进行审判；上级人民法院指令再审、发回重审的案件，由原审人民法院再审或者重审。"第39条规定："人民法院对管辖异议审查后确定有管辖权的，不因当事人提起反诉、增加或者变更诉讼请求等改变管辖，但违反级别管辖、专属管辖规定的除外。人民法院发回重审或者按第一审程序再审的案件，当事人提出管辖异议的，人民法院不予审查。"

关于级别管辖恒定，最高人民法院曾在1996年的《最高人民法院关于执行级别管辖规定几个问题的批复》（因与《民诉法解释》第39条冲突而自2021年1月1日起被废止）第2条首次规定了级别管辖恒定："当事人在诉讼中增加诉讼请求从而加大诉讼标的额，致使诉讼标的额超过受诉法院级别管辖权限的，一般不再予以变动。但是当事人故意规避有关级别管辖等规定的除外。"这相当于规定了级别管辖按起诉时的诉讼标的额确定后，不因为诉讼过程中标的额增加或减少而变动。但司法实践中如何判断当事人是否为故意却很困难，不少人以此为由规避级别管辖。因此，2009年《级别管辖异议规

---

〔1〕 黄川：《民事诉讼管辖研究：制度、案例与问题》，中国法制出版社2001年版，第374页。

定》赋予了被告级别管辖异议权，诉讼请求变更不再适用级别管辖恒定，标的物价值发生变化仍适用级别管辖恒定。例如，要求给付股票的诉讼，起诉时的数额是按照当时的股票股价来计算的，在诉讼中有可能该股票的股价发生了很大的变化，为了诉讼安定性，显然不能依照股票的涨跌情形确定管辖法院。[1]

本案中，某会社以被告侵害技术秘密为由向河北省石家庄市中级人民法院提起诉讼。在石家庄市中级人民法院裁定将案件移送给山东省淄博市中级人民法院后，某会社撤诉。之后某会社向天津市第一中级人民法院重新提起本案诉讼，天津市第一中级人民法院认为某会社向其提起诉讼违反了管辖恒定原则。但管辖恒定原则实际上仅适用于案件诉讼程序中，不因确定管辖的事实变化而改变管辖，并不适用于案件诉讼程序终结后当事人重新起诉的情形，因此某会社向天津市第一中级人民法院起诉并不违反管辖权恒定原则，天津市第一中级人民法院应独立审查其是否具有管辖权。

原告增加诉讼请求金额，超过受诉法院的级别管辖标准，是否构成管辖恒定原则的例外？当事人在诉讼中合法的增加、变更诉讼请求，即使致使诉讼请求金额超过或者未达到受诉法院的级别管辖标准，应适用级别管辖恒定原则。例外是，被告提出管辖异议且提出证据表明原告存在规避级别管辖的故意，除非原告能提出表面真实的证据阐明自己没有该种故意，法院应当裁定移送管辖。[2]

第六节　管辖权异议

案　例：北京中创某科技股份有限公司等与某网络股份有限公司房屋租赁合同纠纷案[3]

在何某宝与信威公司民间借贷纠纷中，在债权设立时，信威公司以其名下位于海淀区中关村的涉案房屋向何某宝提供抵押担保，相关诉讼案件经法院调解结案。由于信威公司未按调解书内容履行，何某宝向法院申请执行，

---

[1]　张卫平：《民事诉讼法》（第4版），法律出版社2016年版，第101页。
[2]　参见陈杭平：《民事诉讼管辖精义：原理与实务》，法律出版社2022年版，第33页。
[3]　案例来源：北京市高级人民法院［2021］京民辖终65号民事裁定书。

法院查封了涉案房屋，准备司法拍卖。期间，信威公司向法院表示涉案房屋中仅有北京秋某公司一个承租人，其余面积由其自用。后北京中创某科技股份有限公司（信威公司持有99.29%股权的子公司）提出其承租了涉案房屋中的3000平方米，租金标准仅为5.6元/平方米/日，且不能提供有效支付租金凭证。执行法院未认可北京中创某科技股份有限公司（以下简称"中创公司"）承租涉案房屋的真实性，仅将其提供的租赁合同列为公告附件，同时写明关于房屋的占有使用问题由竞买人另诉解决。该涉案房屋经司法拍卖给某网络股份有限公司。某网络股份有限公司至涉案房屋接管时，发现3748.62平方米房屋被中创公司占有使用。2020年3月24日，某网络股份有限公司向中创公司发出书面通知，要求其支付租金。中创公司向某网络股份有限公司回函，称其已向信威公司预交了一千余万元租金，拒绝向某网络股份有限公司支付租金，拒绝提供相关证明。

某网络股份有限公司向北京市第一中级人民法院提起诉讼，请求法院判令：第一，中创公司从案涉房屋中腾退，将房屋腾空后返还某网络股份有限公司（腾退面积3000平方米，对应房屋估值114 628 724元）；第二，案件受理费由中创公司、信威公司负担；第三，中创公司、信威公司给付某网络股份有限公司租金及占有使用费（自2020年1月7日起至实际腾退之日止，按9.5元/平方米/日，暂计算至2020年12月31日为10 203 000元）。

中创公司在提交答辩状期间，对管辖权提出异议，认为第一项诉讼请求为非财产性质的诉讼请求，本案诉讼标的应以某网络股份有限公司第二项诉讼请求中主张的租金为准，其并未达到北京市第一中级人民法院管辖标准，因此本案依法应由北京市海淀区人民法院管辖。

北京市第一中级人民法院认为：《最高人民法院关于调整高级人民法院和中级人民法院管辖第一审民商事案件标准的通知》（法发〔2015〕7号）规定，当事人一方住所地不在北京辖区，所辖中级人民法院管辖诉讼标的额5000万元以上一审民商事案件。《最高人民法院关于调整高级人民法院和中级人民法院管辖第一审民事案件标准的通知》（法发〔2019〕14号）规定，中级人民法院管辖第一审民事案件的诉讼标的额上限原则上为50亿元（人民币）。诉讼标的是指当事人之间因发生争议而请求人民法院作出裁判的法律关系。诉讼标的额通常理解为诉讼标的的价额或价值。本案应依据诉讼请求确定诉讼标的以及诉讼标的额，据以确定级别管辖。根据某网络股份有限公司的诉讼请求及其所主张的事实、理由，双方争议诉讼标的额为 124 831 724 元，已超出 5000 万元不满 50 亿元，鉴于网络股份有限公司一方住所地不在北京辖区，北京市第一中级人民法院结合本案诉讼标的额确定级别管辖，对本案有管辖权。故中创公司提出的管辖权异议于法无据，裁定驳回中创公司对本案管辖权提出的异议。

中创公司不服一审裁定向北京市高级人民法院提出上诉，请求依法撤销一审裁定，将本案移送至北京市海淀区人民法院审理。

北京市高级人民法院认为：根据本案案由、当事人的诉请主张及在案笔录等材料，本案系房屋租赁合同纠纷，涉案房屋位于北京市海淀区，当事人对于本案按照不动产纠纷确定地域管辖没有争议，争议在于案件级别管辖法院的确定。作为合同纠纷，应以诉讼请求标的额作为确定级别管辖的依据。本案中，双方当事人对于涉案房屋所有权没有争议，且某网络股份有限公司在一审中也表示其目前系基于房屋租赁合同纠纷主张本案诉讼请求。房屋租赁合同的标的为房屋的占有、使用权而非房屋的所有权，其价值的表现形式为租金或占有使用费，因此，房屋租赁合同纠纷诉讼标的一般而言应为争议的租金或占有使用费，不应包括作为租赁物的房屋本身的价值。至于一方请求腾退房屋必然涉及的房屋占有转移问题，因不涉及房屋的所有权，也不应将房屋本身的价值作为诉讼标的。故本案应以某网络股份有限公司第二项诉讼请求即租金及占有使用费的金额 10 203 000 元作为诉讼请求标的额确定级别管辖法院。本案诉讼标的额未超过 5000 万元，北京市海淀区人民法院作为不动产所在地法院对本案具有管辖权。一审法院将涉案房屋价值计入争议诉讼标的金额，认定双方争议诉讼标的额为 124 831 724 元，驳回中创公司的管辖权异议错误，本院予以纠正。裁定如下：第一，撤销北京市第一中级人民法院 [2021] 京 01 民初 6 号民事裁定。第二，本案移送北京市海淀区人民法院处理。

问题与思考：

1. 当事人提出管辖权异议应当符合哪些条件？

2. 法院应当如何处理管辖权异议？

管辖权异议，是指当事人认为受诉法院对案件无管辖权，而向该法院提出不服该法院管辖的意见和主张。设立该制度的目的在于通过赋予当事人提出异议的权利对法院案件管辖权进行监督，从而体现案件审理程序上的正当性。关于管辖权异议提起的条件和处理程序，《民事诉讼法》第 130 条第 1 款规定："人民法院受理案件后，当事人对管辖权有异议的，应当在提交答辩状期间提出。人民法院对当事人提出的异议，应当审查。异议成立的，裁定将案件移送有管辖权的人民法院；异议不成立的，裁定驳回。"提起管辖权异议应当符合以下三个条件：

（1）提起管辖权异议的主体必须是本案的当事人。实践中，本诉被告作为提起主体毋庸置疑，但就原告是否能提起管辖权异议存在争议。有学者认为原告主动地提起诉讼，从而选择了本诉的管辖法院，如果允许其提出管辖权异议，无疑是对自己选择的异议。[1]也有学者认为允许原告在特殊情况下对管辖权提出异议是合法的，也是必要的。因为管辖事关当事人的实体利益，一旦管辖情况发生变化，必然涉及当事人实体利益，并很可能因此而受到影响，此时允许原告提出管辖权异议，才能有效地保障原告的合法利益不受损害，同时也有利于民事诉讼法关于管辖规定得到正确执行。[2]关于第三人，《民诉法解释》第 82 条明确规定无独立请求权的第三人无权提出管辖异议。同样，有独立请求权的第三人也不能提出管辖权异议，这是因为有独立请求权的第三人主动参加他人已开始的诉讼，应视为承认和接受了受诉法院管辖。本案中，中创公司就是作为被告提起管辖权异议，因此主体适格。

（2）管辖权异议的客体是受诉法院对第一审民事案件的管辖权。当事人既可以针对地域管辖也可以针对级别管辖提出异议，但是不能对二审法院二审案件管辖权提出异议，因为上诉案件由哪个二审法院受理是依据一审案件的管辖而定的。本案即为对一审案件的级别管辖存在异议。根据最高人民法院《级别管辖异议规定》，被告在提交答辩状期间提出管辖权异议，认为受诉人民法院违反级别管辖规定，案件应当由上级人民法院或者下级人民法院管辖的，受诉人民法院应当审查，并在受理异议之日起 15 日内作出裁定。本案的中创公司主张腾退房屋的诉讼请求并非基于房屋的所有权而产生的物权纠纷，而是基于租赁合同中承租人义务产生的合同纠纷，因此该诉讼请求应视为非财产性质的诉讼请求，一审法院将第一项诉讼请求中的房屋全部价值作为本案诉讼标的额为认定事实错误，本案的诉讼标的应以被上诉人的第二项

---

〔1〕 张卫平：《民事诉讼法》（第 4 版），法律出版社 2016 年版，第 117 页。
〔2〕 江伟、肖建国主编：《民事诉讼法》（第 8 版），中国人民大学出版社 2018 年版，第 111 页。

诉讼请求中主张的 10 203 000 元租金为准，故应由北京市海淀区人民法院管辖。

（3）提出管辖权异议的时间须在提交答辩状期间届满之前。具体来说就是被告收到起诉状副本之日起 15 日之内。当事人未提出管辖权异议，并应诉答辩的，视为受诉人民法院有管辖权，但违反级别管辖和专属管辖规定的除外。关于答辩期满后追加的共同被告是否拥有提出异议的权利的问题，学界也有不同的看法。有学者认为不宜以答辩期已过为由取消其提出管辖权异议的权利，人民法院在通知他们参加诉讼时，应当指定一个合理的期限，允许他们在这一期限内提出管辖权异议。[1]也有学者认为，不应当允许追加的被告在异议有效期间届满后提出管辖权异议，因为规定管辖权异议期间的目的就是诉讼的安定性，如果允许在管辖权异议期间届满后提出异议，会影响诉讼的安定性，追加被告本身就有类似参加的性质。[2]

当事人提出管辖权异议后，受诉人民法院应当认真进行审查。经审查，异议成立的，应作出裁定，将案件移送有管辖权的人民法院。当案件属于共同管辖时，人民法院在移送前应征求原告的意见，否则会剥夺原告选择管辖法院的权利。异议不成立的，裁定驳回异议，当事人对裁定不服的，可以在 10 日内向上一级人民法院提出上诉。上诉人民法院审查后认为上诉成立的，裁定撤销一审裁定，裁决将案件移送给有管辖权的人民法院。如果上诉不能成立，裁定驳回上诉，维持原裁定。本案里，北京市第一中级人民法院认为中创公司的管辖权异议并不成立，因此裁定驳回异议，中创公司不服该裁定向北京市高级人民法院提出上诉，北京市高级人民法院通过审理认为原审驳回中创公司的管辖权异议错误，上诉理由成立，故裁定撤销北京市第一中级人民法院的民事裁定，将案件移送北京市海淀区人民法院处理。

---

〔1〕　江伟、肖建国主编：《民事诉讼法》（第 8 版），中国人民大学出版社 2018 年版，第 112 页。

〔2〕　张卫平：《民事诉讼法》（第 4 版），法律出版社 2016 年版，第 117 页。

第六章

民事诉讼证据

第一节　证据能力与证明力

案　例：张某与刘某强民间借贷纠纷案〔1〕

原告张某与被告刘某强民间借贷纠纷一案，北京市顺义区人民法院立案后，依法适用简易程序，由审判员张某锐独任审判，公开开庭进行了审理。原告张某向法院提出诉讼请求：第一，被告立即偿还原告借款 200 000 元和利息；第二，本案诉讼费由被告承担。被告刘某强辩称：不同意原告的全部诉讼请求。未曾收到钱，这 200 000 元是原告索要的利息。

北京市顺义区人民法院经审理认定如下事实：张某主张 2020 年 1 月 16 日以现金方式在家中借给刘某强 200 000 元，并提交刘某强出具的《借条》予以证明。刘某强认可上述《借条》由其本人出具，但主张该笔 200 000 元借款并没有实际发生，而是 2019 年 6 月 14 日之前从张某处借款 300 000 元产生的利息。为查明涉案借款 200 000 元发生的时间、背景、付款方式及付款地点，庭审中，法院电话联系了案外人马某刚和金某。马某刚称："刘某强向张某借过 200 000 元和 300 000 元。刘某强借款 300 000 元的时候我在现场，刘某强借款 200 000 元的时候我不在现场。"金某称："我认识张某，刘某强也认识但是不熟。我在 2019 年年底借给过张某 200 000 元，是我给张某送到家里的，这 200 000 元现金是用塑料袋装着的，没有让张某打借条。"张某表示基本认可马某刚和金某的陈述，称出借涉案 200 000 元给张某时，马某刚是否

---

〔1〕　案例来源：北京市顺义区人民法院［2021］京 0113 民初 142 号民事判决书。

在现场自己可能记混了。刘某强不认可马某刚的陈述，称借款 200 000 元时是马某刚打电话让其去张某家，当时马某刚、张某和另外一个人都在场。到了之后，张某让其就之前借款 300 000 元的利息打了 200 000 元的《借条》，并要求在 2020 年 5 月 30 日还清借款本息共计 500 000 元。对于在刘某强未偿还 300 000 的情况下，张某又借给刘某强 200 000 元的原因，张某称因为觉得刘某强挺实在的，没想到会这样。对于在给付刘某强 100 000 元现金时会拍照，但给付 200 000 元现金时未拍照或留存除借条外的其他证据的原因，张某称因为刘某强都是天竺地区的，和同村人也有亲戚关系，所以觉得拍照片也没有必要，之前给付 100 000 元现金拍照是因为其他人说拍个照片合适所以才拍的。

北京市顺义区人民法院认为：第一，张某依据刘某强于 2020 年 1 月 16 日出具的《借条》主张当天借给刘某强 200 000 元现金，刘某强则抗辩借款并未实际发生，故本案争议焦点为该笔 200 000 元的借款是否实际发生。人民法院应当以证据能够证明的案件事实为根据依法作出裁判。审判人员应当依照法定程序，全面、客观地审核证据，依据法律的规定，遵循法官职业道德，运用逻辑推理和日常生活经验，对证据有无证明力和证明力大小独立进行判断，并公开判断的理由和结果。被告抗辩借贷行为尚未实际发生并能作出合理说明，人民法院应当结合借贷金额、款项交付、当事人的经济能力、当地或者当事人之间的交易方式、交易习惯、当事人财产变动情况以及证人证言等事实和因素，综合判断查证借贷事实是否发生。根据庭审查明的情况，结合双方当事人之间的关系、借贷金额、资金来源、款项交付、交易方式等因素，运用逻辑推理和日常生活经验，本院认为涉案 200 000 元借款并未实际发生。具体理由如下：首先，张某曾借给刘某强 300 000 元，约定还款期限为 2020 年 1 月 14 日，但在刘某强到期未偿还分文借款本息、未提供任何担保且张某与刘某强关系并不密切的情况下，张某主张又出借给刘某强 200 000 元，且借款资金来源于张某从朋友处的借款，明显有违交易逻辑和生活常理。第二，张某虽主张借给刘某强 200 000 元时，马某刚在现场，但本院询问马某刚时，马某刚明确予以否认，称其只是在刘某强从张某处借款 300 000 元时在现场。在张某未对此作出合理解释的情况下，本院对张某的主张难以采信。第三，张某在借给刘某强 300 000 元时，对于其中 100 000 元现金付款的情况，张某进行了拍照，能够看出对于现金交付借款的事实，张某有留存证据的意识，但对涉案 200 000 元借款现金的交付情况，张某并未提交除《借条》之外的其他证据，是否有交付现金的现场照片或其他相关证据并非认定借款是否发生的必要条件，但在借款事实的发生明显违背交易逻辑和生活常理的情况下，仅依据《借条》本院难以认定借款实际发生。第四，张某虽主张借款资金来源于从朋友金某处的借款，且金某也表示曾在 2019 年底借给张某 200 000 元现金，但鉴于张某与金某系朋友关系，二人又均称 200 000 元是现金交付，在无其他证据佐证的情况下，本院难以采信张某的主张，且即使张某确实收到了金某给付的 200 000 元现金，张某将该笔款项全部出借给未按约偿还其借款的刘某强，且未让刘某强在出具的《借条》中写明利息，明显有违常理。第五，根据刘某强与张某之间的关系以及刘某强在 2019 年 6 月借款 300 000 元当天即支付给张某 24 000 元的事实，本院有理由相信刘某强所称双方约定了高额利息。结合张某在之前起诉刘某强、曾某琳民间借贷纠纷案件中并未主张借款期间的利息，本院认为，刘某强称《借条》载明的 200 000 元是之前借款的利息，更符合实际和常理。综上所述，北京市顺义区人民法院认为《借条》载明的 200 000 元借款并未实际发生。判决如下：驳回原告张某的诉讼请求。

问题与思考：

1. 简述民事证据裁判原则。
2. 简述我国民事诉讼法有关证据能力的规则。
3. 本案是否体现了自由心证原则？请说明理由。

2001 年《最高人民法院关于民事诉讼证据的若干规定》（以下简称旧《民事证据规定》）第 63 条规定："人民法院应当以证据能够证明的案件事实为依据依法作出裁判。"该条就是关于证据裁判原则的规定。证据裁判原则包括以下四个方面的内容：①当事人和法官必须运用证据来证明或认定案件事实。在民事诉讼中，原则上无证据不得认定事实。②作为证明或认定事实的证据必须具有证据能力。具有证据能力的证据，才具有可采性，才能作为法院认定案件事实的根据。通常情况下，必须同时具备关联性、真实性和合法性的证据才具有证据能力。③作为证明或认定事实依据的证据必须经过法定的证据调查程序来调查和确定。未经法定的证据调查程序调查或者未经当事人充分质证和法官审查判断的证据，在其证据能力的有无没有得到确定前，不能作为法院认定案件事实的根据。④作为违反证据裁判原则的法律后果，法院违背证据裁判原则的，如没有用证据来认定待证事实、采用未经法定的证据调查程序或未经当事人充分质证的证据等，则构成上诉和再审的理由。不过，真实性已经得到确定或者不存在合理争议的事实、经验法则、交易习惯等，通常不适用证据裁判原则。〔1〕2019 年修正后的新《民事证据规定》第 85 条第 1 款承继了该规定，其表述为："人民法院应当以证据能够证明的案件事实为根据依法作出裁判。"只不过将"依据"改为"根据"。《最高人民法院新民事诉讼证据规定的理解与适用》一书，将该条标注为"证据裁判主义"。该书在对此条的解释中指出："人民法院作为调处纷争的国家司法机关，依法享有并行使民事案件的独立审判权。而人民法院审理民事案件，必须以事实为根据，以法律为准绳。为此，要求人民法院裁判案件，必须以证据为根据，而非以其他的标准进行裁判。在此原则下，对案件事实的证明则提出了相应的要求。"所谓证据裁判主义，是指在司法活动中认定案件事实必须以证据为本源，司法证明活动必须以证据为准绳。换言之，司法裁判必须建立在证据的基础上，因此又为"证据裁判主义"。这是人类在摒弃了神明裁判和主观断案的司法证明之后确立的一项司法原则。〔2〕证据裁判原则是刑事诉讼法中的一项原则。受刑事诉讼法理论的影响，证据裁判原则也在民事诉讼中被人们所提及。但基于民事诉讼的特定语境以及民事纠纷性质、实体法属性、纠纷当事人关系、民事诉讼规范体系的特定性，证据裁判规范的要求就具有了与刑事诉讼法不同的意义和价值。其例外情形、原因及发生机理也有所不同。基于民事案件事实揭示的机理和民事诉讼法强调"谁主张谁举证"的举证要求，在民事诉讼中，证据裁判作为原则的意义和地位远不如刑事诉讼。对于如何认识证据裁判的规范地位和意义，无论是民事证据规范文本的规定，还是人们对例外情形的认识，都存在着一些误识。误识的主要原因是脱离了民事纠纷的特性，按照公法思维而非私法思维去认识证据裁判的意义。在民事诉讼中，对于事实认定而言，更重要的是自由心证原则。〔3〕

---

〔1〕　参见邵明："论民事诉讼证据裁判原则"，载《清华法学》2009 年第 1 期；邵明：《正当程序中的发现真实——民事诉讼证明法理之现代阐释》，法律出版社 2009 年版，第 126 页。

〔2〕　最高人民法院民事审判第一庭编著：《最高人民法院新民事诉讼证据规定理解与适用》（下），人民法院出版社 2020 年版，第 738 页、第 740 页。

〔3〕　张卫平："'民事证据裁判原则'辨识"，载《比较法研究》2021 年第 2 期。

证据能力是指特定的证据材料所具有的作为认定事实的资格。从证明的过程来看，一般都是先判断证据是否具有证据能力（是否具有可采性），如果有，再判断其证明力大小，呈现出程序结构进程的递进性。没有证据能力就不具备作为认定案件事实根据的资格，当然也就谈不上证明力，即没有对事实的证明作用与证明价值。换言之，证据能力是证明力的前提和条件。[1]

判断证据是否具有证据能力，主要取决于证据与待证事实之间是否存在关联性和是否具备真实性、合法性。《民事诉讼法》和相关司法解释主要规定了以下证据能力规则：①证人资格规则。不能正确表达意思的人对案件事实所作的"证言"，不具有证据能力。②非法证据排除规则。对以严重侵害他人合法权益、违反法律禁止性规定或者严重违背公序良俗的方法形成或者获取的证据，不得作为认定案件事实的根据。③证据须经过质证的规则。《民诉法解释》第 103 条第 1 款规定："证据应当在法庭上出示，由当事人互相质证。未经当事人质证的证据，不得作为认定案件事实的根据。"④调解或和解中对事实的认可不得作为对其不利的证据的规则。《民诉法解释》第 107 条规定："在诉讼中，当事人为达成调解协议或者和解协议作出妥协而认可的事实，不得在后续的诉讼中作为对其不利的证据，但法律另有规定或者当事人均同意的除外。"⑤证据能力受限制的规则。某些证据材料，只有符合一定的条件时，才具有证据能力，否则不能作为认定事实的依据，因而其证据能力是受到一定限制的。[2]《新民事证据规定》第 90 条规定："下列证据不能单独作为认定案件事实的根据：（一）当事人的陈述；（二）无民事行为能力人或者限制民事行为能力人所作的与其年龄、智力状况或者精神健康状况不相当的证言；（三）与一方当事人或者其代理人有利害关系的证人陈述的证言；（四）存有疑点的视听资料、电子数据；（五）无法与原件、原物核对的复制件、复制品。"按照此条规定，如果没有其他证据，上述单个证据即不具有证据能力，不能作为认定案件事实的依据。本案中证据有借条、原告张某与被告刘某强的陈述，案外人马某刚和金某的证言，除此之外并没有照片等进行佐证。从证据能力而言，并不存在上述情形，因此这些证据都具有证据能力。

---

〔1〕 郑飞："证据属性层次论——基于证据规则结构体系的理论反思"，载《法学研究》2021 年第 2 期。

〔2〕 江伟、肖建国主编：《民事诉讼法》（第 8 版），中国人民大学出版社 2018 年版，第 175 页。

证明力是指证据对案件事实的证明作用的大小。在诉讼理论上，根据证据的证明力是由法律统一作出的规定，还是以法官内心的判断为标准，可以把证据制度分为法定证据制度和自由心证证据制度。我国《民事诉讼法》虽然没有明确规定实行自由心证证据制度，但旧《民事证据规定》第64条规定："审判人员应当依照法定程序，全面、客观地审核证据，依照法律的规定，遵循法官职业道德，运用逻辑推理和日常生活经验，对证据有无证明力和证明力大小独立进行判断，并公开判断的理由和结果。"该规定参考现代自由心证理论，借鉴大陆法系国家的做法，在第64条确立了具有中国特色的法官依法独立审查判断证据的原则。[1]该条被2015年《民诉法解释》第105条和新《民事证据规定》第85条第2款所承继，可以说，旧《民事证据规定》确立了自由心证制度或原则。自由心证是指对于证据的取舍评价以及事实的认定法律原则上不预先规定，而是交给法官自由判断的原则或者制度。[2]法官裁判理由、结果的公开，实为法官将其心证形成的过程、结果通过法律文书的形式对外公开，被视为对法官自由心证的约束。然而，旧《民事证据规定》却是对不同种类或不同性质的证据证明力大小作出预先的设定，其第77条规定："人民法院就数个证据对同一事实的证明力，可以依照下列原则认定：（一）国家机关、社会团体依职权制作的公文书证的证明力一般大于其他书证；（二）物证、档案、鉴定结论、勘验笔录或者经过公证、登记的书证，其证明力一般大于其他书证、视听资料和证人证言；（三）原始证据的证明力一般大于传来证据；（四）直接证据的证明力一般大于间接证据；（五）证人提供的对与其有亲属或者其他密切关系的当事人有利的证言，其证明力一般小于其他证人证言。"该条实际上体现的是法定证据制度的做法。对证明力直接予以认定，本身就与自由心证不相协调，因此新《民事证据规定》删除了有关对证明力直接予以认定的四个条文：第70条"有完全证明力的证据"的规定、第71条"鉴定结论的证明力"、第77条"相反证据和反驳证据的证明力"以及第77条"最佳证据规则"。新《民事证据规定》摒弃过去的法定证据规则，并赋予法官对当事人和证人、鉴定人等的调查询问权和独立审查判

---

[1]　李国光主编：《最高人民法院〈关于民事诉讼证据的若干规定〉的理解与适用》，中国法制出版社2002年版，第425页。

[2]　吴泽勇："民事诉讼中自由心证的裁判方法及司法适用"，载《法律适用》2020年第19期。

断证据的权力，可以认为，自由心证制度在新《民事证据规定》中已经确立。[1]

法官审核认定证据时必须坚持依法原则，遵守法律规定的证据规则和程序，运用逻辑推理和结合日常生活经历，在这样的情况下产生内心确信，内心确信以后要把确信在裁判文书中或在法庭庭审中公开，即公开心证的过程。简单的案子要在法庭上说清楚。如果是普通案件，必须把对证据的采信和事实的认定，特别是有争议的部分，在裁判文书中充分说明。虽然依据自由心证，法官对证据和事实可以自由评价，但这种自由不是没有约束的，法官应遵守依法原则、全面客观原则，运用逻辑推理和经验法则，进行充分说理。本案中，法官判决的说理部分体现了自由心证原则。原被告双方就200 000元的借款是否实际发生存在争议，张某依据刘某强出具的《借条》主张当天借给刘某强200 000元现金，刘某强则抗辩借款为先前借款的利息，并未实际发生。《最高人民法院关于审理民间借贷案件适用法律若干问题的规定》第15条第2款规定："被告抗辩借贷行为尚未实际发生并能作出合理说明的，人民法院应当结合借贷金额、款项交付、当事人的经济能力、当地或者当事人之间的交易方式、交易习惯、当事人财产变动情况以及证人证言等事实和因素，综合判断查证借贷事实是否发生。"法院认为，本案中原告张某的多种行为都不符合交易逻辑和生活常理。他在被告欠其300 000元未还，且未提供担保的情况下，又从朋友处借款200 000元来借给被告；早前的借款中，对100 000元现金付款都会拍照，但本案中的200 000元借款现金却并没有照片；该借条中并没有约定利息。同时，张某也未对证人马某刚否认在借钱现场一事作出合理解释，无其他证据可以证明张某与朋友之间的借款确实存在。因此，结合之前借款300 000元的判决书，根据经验法则，法院有理由相信刘某强主张的该《借条》载明的200 000元是之前借款的利息。

---

[1] 肖建华："民事诉讼案件事实发现的路径——评《关于民事诉讼证据的若干规定》"，载《证据科学》2020年第3期。

第二节 证据的种类

案例一：高某康与某能源开发有限公司等民间借贷纠纷案[1]

2017年3月1日，高某康与某投资管理中心（以下简称"投资中心"）、某能源开发有限公司（以下简称"能源公司"）签订《出借服务协议》。约定："高某康向能源公司出借资金，用于该公司建设专项资金，出借期限为一年。高某康实际交付的全部出借资金到账后，投资中心每月按时支付给高某康出借资金收益及分红，本金收益及分红为月5%，支付方式为月返息，到期后返本。能源公司对高某康与投资中心资金出借所有融资承担无限连带责任。"高某康分别于2017年2月24日、2017年3月1日向投资中心分两次刷卡支付1万元、14万元，投资中心出具收据。

高某康向北京市海淀区人民法院提出诉讼请求：第一，判令投资中心、能源公司返还本金141 023元和利息；第二，判令投资中心、能源公司承担本案全部诉讼费用。事实与理由：根据《出借服务协议》，投资中心、能源公司收款后，只有投资中心分三次，每次付款7500元。该付款优先抵扣了利息，再冲抵本金，现仍尚有本金和利息未还，故诉至法院。能源公司辩称，不同意高某康的诉求，能源公司没有签订过合同，也没有收到高某康的借款，能源公司不承担还本付息的责任。投资中心未作出答辩。诉讼中，能源公司称，《出借服务协议》上的签章并不是能源公司盖的，目前看不是能源公司的签章。高某康称，其签合同的时候就盖好了章，签合同时没有能源公司的人。经法院询问，高某康、能源公司均表示不申请对《出借服务协议》上能源公司的公章进行鉴定。

北京市海淀区人民法院认为：根据在案证据和本院查明的事实，本院争议焦点之一为高某康与能源公司之间是否形成民间借贷合同关系。高某康依据《出借服务协议》向能源公司主张权利，能源公司主张该协议并非其签署，协议上的公章也非该公司公章，双方对协议上的公章均不申请鉴定。根据《最高人民法院关于民事诉讼证据的若干规定》第92条第1款："私文书证的

---

[1] 案例来源：北京市海淀区人民法院〔2020〕京0108民初24919号民事判决书。

真实性，由主张以私文书证证明案件事实的当事人承担举证责任。"故高某康应对案涉《出借服务协议》的真实性承担举证责任。在能源公司不认可该协议上公章真实性的情况下，高某康未能进一步证明该私文书证的真实性。根据高某康的主张，其在签署案涉合同时，从未见过能源公司人员，也未见证能源公司公章加盖过程。案涉借款由高某康支付给了中投资中心，还款亦由投资中心支付。高某康未能提交证据证明其与能源公司就案涉款项形成民间借贷法律关系，现其要求能源公司承担还款责任，缺乏事实与法律依据，本院不予支持。私文书证由制作者或者其代理人签名、盖章或捺印的，推定为真实。投资中心未到庭应诉，高某康提交的《出借服务协议》有中投嘉合中心的签章，该签章应当推定为真实，故《出借服务协议》对投资中心产生约束力。高某康将 15 万元借款交付给了投资中心，投资中心亦偿还了部分款项，双方就 15 万元借款形成民间借贷合同关系。合法的借贷关系受法律保护，借款人应当按期履行还款义务。《出借服务协议》约定借款期限 12 个月，月收益 5%，同时约定投资中心每月按时向高某康支付出借资金收益及分红。现借款期限届满，投资中心应当偿还剩余借款并支付利息。协议约定的利率高于法律保护的上限，高某康主张按照年利率 24% 计算利息，未超出法律法规的保护上限及双方约定，本院予以支持。投资中心支付的三笔还款，优先抵扣利息，再冲抵本金。经本院核算，高某康主张的尚欠本金金额及利息起算时间于法有据，本院予以确认。投资中心经本院依法传唤，无正当理由拒不到庭，视为放弃庭审抗辩权，不影响本院依据查明的事实依法裁判。判决如下：第一，被告北京某投资中心（有限合伙）于本判决生效后 10 日内向原告高某康偿还借款本金 141 023 元和利息；第二，驳回原告高某康的其他诉讼请求。

案例二：郭某文、中国人民财产保险股份有限公司某分公司机动车交通事故责任纠纷案[1]

再审申请人郭某文因与被申请人中国人民财产保险股份有限公司某分公司（以下简称"人财保分公司"）、一审被告运总出租公司、洪某机动车交

---

〔1〕 案例来源：山东省日照市中级人民法院［2020］鲁 11 民再 80 号民事裁定书。

通事故责任纠纷一案，不服原审判决，申请再审。郭某文称：第一，有新的证据证明申请人后续治疗期限合理。第二，一、二审法院认定后续治疗期限的鉴定意见，引用的是《工伤康复诊疗规范》，而本案为交通事故纠纷。原审法院委托所作的鉴定结论缺乏合法性。而且鉴定机构对康复期的鉴定也超出了法院委托鉴定的范围和事项，原审判决直接采信鉴定结论造成本案事实认定不清。第三，原审审理中申请人要求鉴定人员出庭接受质询，而原审法院没有通知鉴定人员出庭接受质询，迳行采信鉴定意见作为定案依据，违反了民事诉讼法的规定，适用法律错误。请求撤销本院二审判决。人财保分公司辩称：原审判决正确，应当依法驳回申请人的再审请求。运总出租公司述称：再审申请人申请再审无事实和法律依据，请求驳回再审申请人的各项诉求。

山东省日照市中级人民法院再审认为：本案再审争议的焦点问题是原判决对申请人主张的康复治疗费用未予支持是否具有事实和法律依据。再审申请人主张其对原判决采信的涉案鉴定意见持有异议，并在原审中要求鉴定人员出庭接受质询，原审法院未通知鉴定人员出庭接受质询，迳行采信鉴定意见，致使本案认定事实不清，违反了法定程序。对此，本院认为：《最高人民法院关于民事诉讼证据的若干规定》（2008 年调整）第 59 条规定："鉴定人员应当出庭接受当事人质询。鉴定人确因特殊原因无法出庭的，经人民法院准许，可以书面答复当事人的质询。"据此规定，若当事人对涉案鉴定意见持有异议，法院应当通知出具鉴定意见的鉴定人员出庭作证，接受当事人的质询。即使因正当事由不能出庭接受质询，也应当就当事人的异议提出书面意见。经查阅原审卷宗材料，再审申请人在一审程序中即对涉案鉴定意见提出异议，此种情形下，原一、二审依法应当通知鉴定人员出庭作证，但原审法院未通知鉴定人员出庭作证，也未要求鉴定人员出具书面质询意见，即迳行采信鉴定意见作出裁判，不符合《民事诉讼法》及最高人民法院相关司法解释规定的证据审核认定规则的要求，致使本案原审对申请人郭某文康复治疗期限和费用的认定事实不清。此外，再审申请人还对原审鉴定结论适用《工伤康复诊疗规范》是否具有合法性提出了异议，并主张本案应当适用《人体损伤致残程度分级适用指南》作为鉴定依据，但原审没有对该标准问题进行调查核实，重审时应当一并予以审查。综上，郭某文的再审申请符合《民事诉讼法》（2017 年修正）第 200 条第（二）、（六）项规定的情形，鉴于原审认定基本事实不清，采信该鉴定结论的程序违法，依法应予撤销原判，发回重审。裁定如下：第一，撤销本院［2020］鲁 11 民终 184 号民事判决及日照市东港区人民法院［2019］鲁 1102 民初 1434 号民事判决；第二，本案发回日照市东港区人民法院重审。

问题与思考：

1. 简述证据的种类。

2. 案例一和案例二中涉及的证据分别属于哪种类型的证据？请说明理由。

《民事诉讼法》第 66 条规定："证据包括：（一）当事人的陈述；（二）书证；（三）物证；（四）视听资料；（五）电子数据；（六）证人证言；（七）鉴定意见；（八）勘验笔录。证据必须查证属实，才能作为认定事实的根据。"这八种证据种类大致是按照证据在民事诉讼程序展开过程中通常出现的先后顺序而排列的，学理上一般将这八种证据称为"法定的证据种类"。按照证据性质上的共同点和差异性再做分类的话，还可以将这八种证据划分为三个大类，即"实物证据""言词证据"和"过程性证据"。[1]实物证据包括书证、物证、视听资料和电子数据，言词证据包括当事人的陈述和证人证言，过程型的证据则包括鉴定意见与勘验笔录。

案例一中的《出借服务协议》即为书证。书证是指用文字、符号、图案等所记载和表达的思想内容来证明案件事实的证据。书证具有诸多优点：①书证的内容与待证事实间的关联直接、显著、易于判断，往往能起到直接的证明作用。②书证的载体在物理上具有稳定性，便于维持书证的证明力。③书证形成通常具有历史性，内容具有预先确定性。书证所具备的优点契合了以意思表示为要素的民事法律行为的证明需要，并迎合了我国民事诉讼中因为对人证不信任而产生的对证据可靠性的需求，在合同诉讼中起到了中心作用，在侵权诉讼中对书证的使用情况接近于刑事诉讼。[2]

根据书证制作主体的不同，可以划分为公文书证与私文书证。公文书证是指国家机关和社会管理职能部门在法定权限范围内依职权所制作的文书，如决议、决定、房产证、结婚证、营业执照、专利证书、判决书、公证书、

---

[1] 王亚新、陈杭平、刘君博：《中国民事诉讼法重点讲义》（第 2 版），高等教育出版社 2021 年版，第 100 页。

[2] 李军：《民事诉讼的书证问题研究——以合同诉讼为例》，西南财经大学出版社 2006 年版，第 1~3 页。

验资报告等。私文书证是指公民、企业或其他组织基于从事民事行为的目的所制作的文书，如借据、欠条、收据、合同书、保证书、承诺书等。一般来说，公文书证的证明力高于私文书证。《民诉法解释》第114条规定："国家机关或者其他依法具有社会管理职能的组织，在其职权范围内制作的文书所记载的事项推定为真实，但有相反证据足以推翻的除外。必要时，人民法院可以要求制作文书的机关或者组织对文书的真实性予以说明。"新《民事证据规定》第92条规定："私文书证的真实性，由主张以私文书证证明案件事实的当事人承担举证责任。私文书证由制作者或者其代理人签名、盖章或捺印的，推定为真实。私文书证上有删除、涂改、增添或者其他形式瑕疵的，人民法院应当综合案件的具体情况判断其证明力。"该条是关于私文书证审核认定规则的规定，包括私文书证真实性的举证责任、形式真实的判断及瑕疵私文书证的认定三个方面的内容。该法条第1款实际上将最高人民法院的思路概括为"谁使用（书证），谁举证"，而并非谁"谁申请（书证），谁举证"，这可以认为是《民事诉讼法》（2017年修正）第64条第1款长期确立的"谁主张（对自己有利的事实），谁举证"原则结合规范说后的具体适用。〔1〕

案例一中高某康依据《出借服务协议》向能源公司主张权利，能源公司主张该协议并非其签署，协议上的公章也非其公司公章。在双方对协议上的公章均不申请鉴定的情况下，根据新《民事证据规定》第92条第1款，高某康作为书证的使用人应当对案涉《出借服务协议》的真实性承担举证责任，但高某康未能进一步证明该私文书证的真实性。根据高某康的主张，其在签署案涉合同时，从未见过能源公司人员，也未见证能源公司公章加盖过程。案涉借款由高某康支付给了投资中心，还款亦由投资中心支付。高某康未能提交证据证明其与能源公司就案涉款项形成民间借贷法律关系。因此，北京市海淀区人民法院认为能源公司不承担还款责任合适。根据新《民事证据规定》第92条第2款，"私文书证由制作者或者其代理人签名、盖章或捺印的，推定为真实"。案例投资中心并未到庭应诉，但在《出借服务协议》有投资中心的签章，因此该签章应当推定为真实，故高某康与投资中心之间存在民间借贷合同关系。

案例二中，郭某文主要是因为对原审中鉴定意见这一证据存在异议而申

---

〔1〕　曹志勋："书证真伪鉴定的必要及费用分配——从新《证据规定》再出发"，载《中国法律评论》2020年第3期。

请再审。鉴定意见是指鉴定人运用自己的专门知识和技能，对民事案件的某些专门性问题进行分析、鉴别后所作出的书面意见。鉴定的启动方式有两种，即当事人申请鉴定和法院依职权决定交付鉴定。当前司法实务中，当事人申请鉴定已经成为最常见的启动方式。新《民事证据规定》第30条第1款规定："人民法院在审理案件过程中认为待证事实需要通过鉴定意见证明的，应当向当事人释明，并指定提出鉴定申请的期间。"第31条规定："当事人申请鉴定，应当在人民法院指定期间内提出，并预交鉴定费用。逾期不提出申请或者不预交鉴定费用的，视为放弃申请。对需要鉴定的待证事实负有举证责任的当事人，在人民法院指定期间内无正当理由不提出鉴定申请或者不预交鉴定费用，或者拒不提供相关材料，致使待证事实无法查明的，应当承担举证不能的法律后果。"第34条规定鉴定材料需要经过质证，未经质证的材料不得作为鉴定的依据。第42条规定鉴定意见被采信后鉴定人无正当理由撤销鉴定意见，不仅应退还收取的鉴定费，而且还会被法院依法采取民事诉讼强制措施。案例二里，再审申请人郭某文主张其对原判决采信的涉案鉴定意见持有异议，并在原审中要求鉴定人员出庭接受质询，在这种情况下，依据新《民事证据规定》第37条和第38条，应该先由鉴定人进行书面答复，答复后当事人仍有异议的，人民法院应当通知鉴定人出庭。而原审法院既未要求鉴定人员出具书面质询意见，也未通知鉴定人员出庭作证，迳行采信鉴定意见作出裁判，因此不符合新《民事证据规定》关于鉴定意见的相关规定。

当事人陈述是指当事人就与本案有关的事实情况向法院所作的陈述。当事人陈述往往真实性与虚假性相并存，因为与自己的利益相关，所以在对自己有利或不利的事实进行陈述时会进行选择性陈述。对此，新《民事证据规定》第63条规定："当事人应当就案件事实作真实、完整的陈述。当事人的陈述与此前陈述不一致的，人民法院应当责令其说明理由，并结合当事人的诉讼能力、证据和案件具体情况进行审查认定。当事人故意作虚假陈述妨碍人民法院审理的，人民法院应当根据情节，依照民事诉讼法第一百一十一条的规定进行处罚。"新《民事证据规定》第90条第（一）项还规定，仅有当事人对己有利的陈述，不得单独作为认定事实的根据。为了增强对当事人陈述之前的心理约束，新《民事证据规定》第65条规定人民法院要求接受询问、进行陈述的当事人签署并宣读保证书。

电子数据，又称电子证据，是指基于计算机应用、通信和现代网络技术等电子化技术手段形成的，以电子形式存在于电脑硬盘、光盘等载体的客观资料。《民诉法解释》第 116 条第 2 款、第 3 款规定："电子数据是指通过电子邮件、电子数据交换、网上聊天记录、博客、微博客、手机短信、电子签名、域名等形成或者存储在电子介质中的信息。存储在电子介质中的录音资料和影像资料，适用电子数据的规定。"新《民事证据规定》第 14 条规定："电子数据包括下列信息、电子文件：（一）网页、博客、微博客等网络平台发布的信息；（二）手机短信、电子邮件、即时通信、通讯群组等网络应用服务的通信信息；（三）用户注册信息、身份认证信息、电子交易记录、通信记录、登录日志等信息；（四）文档、图片、音频、视频、数字证书、计算机程序等电子文件；（五）其他以数字化形式存储、处理、传输的能够证明案件事实的信息。"第 15 条对司法实践中电子数据原件问题进行了规定，只要当事人将涉诉电子数据的内容准确打印出来，均可视为合格原件，这有效地减轻了当事人提交电子数据证据原件的压力。对于电子数据的审查判断，新《民事证据规定》第 93 条强调法院应当结合电子数据生成存储的计算机系统环境、运行状态、监测核查手段、鉴定勘验手段以及电子数据保存、传输和提取的主体与方法等多重因素来综合判断电子数据的真实性。第 94 条规定符合条件的电子证据，法院可直接认可其真实性，在细化列举法院能够直接认定真实的电子数据类型的基础上，新增了关于"中立第三方平台"的规定，鼓励当事人积极运用多种技术手段，以及采用取证存证平台等对证据进行固定、留存、收集和提取，弥补了仅依靠公证程序认定电子证据的不足，提升了电子数据的证据效力。[1]

第三节　文书提出命令

案　例：湖南某文化创意有限公司与伍某合同纠纷案[2]

2020 年 7 月 24 日，湖南某文化创意有限公司（以下简称"文化创意公司"）与伍某签订《主播经纪合作合同》，该合同载明：第一，双方合作期

---

[1]　参见郑学林、宋春雨："新民事证据规定理解与适用若干问题"，载《法律适用》2020 年第 13 期。

[2]　案例来源：湖南省长沙市岳麓区人民法院［2021］湘 0104 民初 1195 号民事判决书。

限自 2020 年 5 月 20 日起至 2023 年 5 月 19 日止；第二，伍某收入为直播报酬的 35%，剩余 15% 的直播报酬归文化创意公司享有；第三，伍某每天直播时长不低于 4 小时，每月直播有效天数不得低于 26 天（事病假除外），每月累计总直播时长不低于 104 个小时；第四，伍某连续三个月未能达到本合同约定的直播时长，或一个月内直播时长未达约定直播时长 60% 的，即构成违约，应向文化创意公司支付不少于 100 万元违约金，或者本合约期内近 12 个月内伍某月平均营收乘以剩余合约月份的总金额，以前述两者金额较高者为准。此后文化创意公司认为，伍某未按《主播经纪合作合同》约定履行直播时长义务，已构成违约，遂诉至长沙市岳麓区人民法院。

原告文化创意公司向长沙市岳麓区人民法院提出诉讼请求：第一，请求判令被告向原告支付违约金 100 000 元；第二，请求判令被告承担本案全部诉讼费用。事实与理由：根据合同，文化创意公司认为，伍某未播满合同约定时长，且擅自停播的行为已构成恶意违约，因其故意违约，致使文化创意公司合同目的无法实现，合法权益受到侵犯，公司遭受严重损失。被告伍某辩称：第一，原告诉称被告于 2020 年 6 月停播，明显与事实不符；第二，双方并无真实履行《主播经纪合作合同》的意思表示且该合同系可撤销的格式合同；第三，原告诉请无事实及法律依据，亦未证明违约行为确实发生且损害事实确实存在，请求人民法院依法驳回原告诉请。庭审中有证人出庭作证表示，被告伍某是为拿回工资才被迫与公司签订《主播经纪合作合同》，双方于 2020 年 5 月曾签署《艺人经纪合同》。

被告伍某向长沙市岳麓区人民法院提交了《文书提出命令申请书》，请求：第一，责令原告提交原被告间于 2020 年 5 月签订的《艺人经纪合同》；第二，责令原告提交《营业性演出许可证》。长沙市岳麓区人民法院经审查认为被告伍某提交的微信聊天证据、同时期入职人员秦某与文化创意公司所签《艺人经纪合同》及证人的证言与实际情况相符，能够证明原告文化创意公司与被告伍某于 2020 年 5 月期间存在签订《艺人经纪合同》之情形，允许了被告伍某第 1 项申请，并作出民事裁定书，裁定：原告文化创意公司于 2021 年 3 月 28 日前向本院提交双方所签《艺人经纪合同》。原告文化创意公司无正当理由拒不提交的，本院可以认定被告伍某主张的书面内容为真实。截至限定日期，原告文化创意公司并未向本院提交双方所签《艺人经纪合同》，亦未向本院提出正当理由。

　　长沙市岳麓区人民法院认为：原告文化创意公司未在规定期限内向法院提交双方《艺人经纪合同》，亦未向法院提出正当理由。法院依法认定双方《艺人经纪合同》为真实存在，结合同期入职人员秦某与原告文化创意公司所签《艺人经纪合同》内容，法院认定该合同系双方真实意思表示，内容不违反法律、行政法规的强制性规定，应认定合法有效。虽双方约定合同期限尚未达到，但经被告伍某提出，原告的运营部主管人员同意，双方实际已于2020年7月20日经协商一致解除了《艺人经纪合同》。原告提交的付款凭证证明其于2020年7月20日未向被告伍某付清2020年6月份应得的全部收益，原告存在违约，其于2020年7月24日以发放6月份剩余收益报酬为条件而要求被告签订《主播经纪合作合同》，该合同系原告已胁迫手段使被告在违背真实意思的情况下订立的，不具有法律效力。因此，原告依据该《主播经纪合作合同》诉请被告支付违约金10万元，无事实和法律依据。判决如下：驳回原告文化创意公司的诉讼请求。

　　问题与思考：

　　1. 简述文书提出命令的内涵和意义。

　　2. 结合本案分析文书提出命令的适用条件。

　　文书提出命令，是指有关书证由对方当事人或者第三人持有时，负举证责任的一方当事人可以申请法院向持有人发布命令，责令其提交该书证的制度。《民诉法解释》第112条规定："书证在对方当事人控制之下的，承担举证证明责任的当事人可以在举证期限届满前书面申请人民法院责令对方当事人提交。申请理由成立的，人民法院应当责令对方当事人提交，因提交书证所产生的费用，由申请人负担。对方当事人无正当理由拒不提交的，人民法院可以认定申请人所主张的书证内容为真实。"文书提出命令制度的确立，对于提升当事人收集证据的能力，保护其合法权益，以及保证法院准确认定案件事实、及时审理民事案件具有非常重要的意义。文书提出义务是当事人对代表国家行使审判权的法院所负的证据协力义务，是诉讼法上的义务，性质为公法上的义务。

　　文书提出命令在我国《民事诉讼法》上没有规定，是《民诉法解释》创设的制度，是最高人民法院为提高当事人举证能力、扩展当事人收集证据手段所采取的重要措施。《民诉法解释》第112条只规定了文书提出命令的主体范围，未涉及客体范围。由于我国的文书提出命令制度是由司法解释所创设，而司法解释囿于其局限性不能为诉讼外第三人设定诉讼法上的义务，因此文书提出义务的主体只能限于控制书证的对方当事人。[1] 新《民事证据规定》第 45 条第 1 款规定了文书提出命令的申请条件，主体范围包括申请人（对待证事实负有举证责任的当事人）和被申请人（控制书证的对方当事人），申请书应当载明的内容包括所申请提交的书证名称或者内容、需要以该书证证明的事实及事实的重要性、对方当事人控制该书证的根据以及应当提交该书证的理由。另外，新《民事证据规定》第 46 条规定："人民法院对当事人提交书证的申请进行审查时，应当听取对方当事人的意见，必要时可以要求双方当事人提供证据、进行辩论。当事人申请提交的书证不明确、书证对于待证事实的证明无必要、待证事实对于裁判结果无实质性影响、书证未在对方当事人控制之下或者不符合本规定第四十七条情形的，人民法院不予准许。当事人申请理由成立的，人民法院应当作出裁定，责令对方当事人提交书证；理由不成立的，通知申请人。"本案中，伍某申请责令原告提交的《营业性演出许可证》就属于"对于待证事实的证明无必要"，因此法院未允许。而对于《艺人经纪合同》，法院经审查认为原告文化创意公司与被告伍某确实于 2020 年 5 月期间存在签订《艺人经纪合同》之情形，因此作出裁定，责令文化创意公司提交。

新《民事证据规定》第 47 条对文书提出命令的客体范围即哪些情形下控制书证的当事人应当提交书证进行了明确规定：①引用文书。控制书证的当事人在诉讼中曾经引用过的书证，意味着其愿意将该书证公开，且其引用该书证本身意味着有利用、公开该书证的积极意愿，因此，负有举证责任的当事人有权要求控制人提交该书证。②利益文书。为对方当事人的利益制作的书证，即利益文书，比如遗嘱被控制，遗嘱继承人可以要求对方当事人提交。③权利文书。对方当事人依照法律规定有权查阅、获取的书证，即权利文书，比如《公司法》中规定了股东或公司债权人对股东大会的记录、股东对公司账簿的记录有查阅权。④账簿、记账原始凭证。商业账簿、记账凭证等财务资料在正常的经济往来中，能够比较准确地反映出交易的主要过程，或者能

---

[1] 最高人民法院民事审判第一庭编著:《最高人民法院新民事诉讼证据规定理解与适用》（上），人民法院出版社 2020 年版，第 436 页。

够从中推定交易情况，具有较强的证明作用。⑤人民法院认为应当提交书证的其他情形。它虽然属于兜底性条款，但其目的在于为人民法院在审判实践中逐步探索前四项之外的书证提出义务范围预留空间，而非将书证提出命令的范围扩展到所有与本案争议事项相关的事实。[1]对于可能会涉及他人的隐私、商业秘密的文书，也需要提交，但可以采用不公开质证的方式来防止侵害隐私、侵害商业秘密。本案中，在原告文化创意公司依据《主播经纪合作合同》起诉被告伍某违约的情况下，伍某主张该《主播经纪合作合同》是其为拿回工资才被迫与公司签订的，双方于 2020 年 5 月签署的《艺人经纪合同》才是真实的意思表示。该《艺人经纪合同》属于文化创意公司控制下的，对查清案件事实有帮助的书证，因此符合"人民法院认为应当提交书证的其他情形"。

新《民事证据规定》第 45 条第 2 款规定："对方当事人否认控制书证的，人民法院应当根据法律规定、习惯等因素，结合案件的事实、证据，对于书证是否在对方当事人控制之下的事实作出综合判断。"第 48 条第 1 款规定："控制书证的当事人无正当理由拒不提交书证的，人民法院可以认定对方当事人所主张的书证内容为真实。"通过这种间接强制的方法，使书证控制人可能承担诉讼法上的不利后果，以促使其尽可能提出书证。对于以妨碍对方当事人使用为目的，毁灭有关书证或者实施其他致使书证不能使用行为的，由于其行为本身已经构成妨碍民事诉讼，在处以罚款、拘留等强制措施的同时，在证据法上也应令其承担更为严重的后果，人民法院可以认定对方当事人主张以该书证证明的事实为真实。本案中截至限定日期，原告文化创意公司并未向法院提交双方所签《艺人经纪合同》、亦未向法院提出正当理由，因此法院有理由相信《艺人经纪合同》为真实存在，《主播经纪合作合同》为原告文化创意公司用胁迫手段使被告伍某在违背真实意思的情况下订立的，故法院判决驳回原告湖南某文化创意有限公司的诉讼请求。

---

[1] 参见最高人民法院民事审判第一庭编著：《最高人民法院新民事诉讼证据规定理解与适用》（上），人民法院出版社 2020 年版，第 449~455 页。

第四节　证据保全

案　例：江西某重工有限公司、江西某机械制造有限公司侵害
实用新型专利权纠纷案[1]

　　江西某重工有限公司（以下简称"重工公司"）向河北省石家庄市中级人民法院提起诉讼，请求：第一，判令江西某机械制造有限公司（以下简称"机械制造公司"）立即停止侵害专利号为 ZL201820703380.9、名称为"一种钻装综合机组的滑动机构"的实用新型专利（以下简称"涉案专利"）权的行为；第二，判令宝某矿业公司、九某矿立即停止侵害涉案专利权的行为；第三，判令机械制造公司赔偿重工公司损失及为制止侵权行为所支付的合理开支共计 320.75 万元。同年 7 月 6 日，重工公司申请证据保全，理由是"被诉侵权产品极易藏匿、转移，特请求人民法院对被诉侵权产品进行查封、扣押"。

　　石家庄市中级人民法院认为：本案被诉侵权产品属于大型机械设备，且重工公司已对被诉侵权产品进行了公证，法院收到重工公司提交的保全申请书时，被诉侵权产品已经由公证书记载的位置转移安装至机井内，证据状态已经发生变更，重工公司亦未提交证据证明被诉侵权产品可能存在灭失或难以取得的风险，且当时法院已经向本案各被告邮寄送达包括起诉状在内的法律文书，并确定了庭审时间，重工公司也对被诉侵权产品进行了公证拍照取证，重工公司证据保全的理由也是防止被诉侵权产品藏匿、转移。综合考量以上因素，证据保全已无事实上的必要。

　　重工公司认为原审法院对重工公司提出的证据保全申请未下达裁定，剥夺了重工公司申请复议的权利，向最高人民法院提起上诉。

　　最高人民法院认为：证据保全是补强当事人举证能力、推动查明案件事实的重要手段。对于当事人或者利害关系人提出的证据保全申请，人民法院应当及时进行审查；对于符合证据保全法定条件的申请，人民法院应当依法支持，通过及时采取恰当、适度的保全措施，切实减轻当事人的证明负担。

---

　　[1]　案例来源：最高人民法院［2020］最高法知民终 624 号民事裁定书。

知识产权领域的侵权行为通常具有隐蔽性和复杂性的特点，人民法院在衡量个案情形是否符合法律关于依申请进行证据保全的条件时，应当基于申请人提交的初步证据，结合日常生活经验和逻辑推理，在全面审查申请保全所依据的初步证据与待证事实之间的关联性、证据保全的必要性和可行性等因素的基础上，对是否准许证据保全申请作出审慎判断。对证据保全申请的审查，既包括对保全申请书所记载的事项要素是否完备的形式审查，也包括对保全是否存在必要性和可行性的实质审查。证据保全申请的实质审查，一般围绕以下三个方面进行：一是申请保全的证据是否与案件事实存在关联性并具有较强证明力；二是申请保全的证据是否存在如不及时保全将灭失或以后难以取得的紧迫性；三是申请人是否业已穷尽合理合法的取证手段仍不能取得相关证据。此外，在适用证据保全时还需注意以下问题：证据保全属于在特定情形下对当事人举证能力的补强，而非替代、免除、转移当事人的举证义务和责任；采取证据保全措施应注意比例原则，在符合证据保全目的的情况下，应当选择对证据持有人利益影响最小的保全措施，充分考虑证据保全措施对当事人或利害关系人的影响，必要时可要求申请人提供担保；证据保全的范围应当以当事人的申请为基础，以查明案件事实的需要为限。具体到本案，本院认为，重工公司的证据保全申请应当得到支持，具体理由如下：

（1）重工公司提交的初步证据与被诉侵权事实之间具有较强的关联性，且具有较强的证明力。一是涉案专利要求保护的与被诉侵权产品系同类产品。而且被诉侵权产品除了部分技术特征未能在该份公证书完全显示以外，涉案专利权利要求记载的其余技术特征均已反映在公证保全照片中。二是根据现已查明的事实，机械制造公司、宝某矿业公司和九某矿与重工公司指控的被诉侵权行为存在密切关系。

（2）重工公司申请法院证据保全具有紧迫性、必要性。一是重工公司申请保全的证据具有"以后难以取得"的紧迫性。本案被诉侵权产品系用于煤矿的岩巷钻装大型机组设备，即使不存在被转移、毁损、隐匿或灭失的风险，但被诉侵权产品一旦从九某矿厂区地面转移至煤矿机井，日后如果需要进一步开展被诉侵权产品相关技术特征的比对工作，就可能需要深入至井下进行，被诉侵权产品相关争议技术特征的比对难度势必明显增大。二是重工公司在本案中已穷尽合理合法的举证手段，其进一步举证证明被诉侵权产品实施的技术方案落入涉案专利权的保护范围确有困难。虽然重工公司通过公证保全的方式进行了拍照取证，但重工公司公证取证时因被诉侵权产品体积较大且处于未开机作业的静止状态，而涉案专利权利要求记载的其中一项必要技术特征位于专利产品机身下部，另一项技术特征，属于产品开机运行后才可以呈现的动态技术特征，故被诉侵权产品是否具备该项技术特征亦无法反映在公证保全的照片中。因此，重工公司申请原审法院对被诉侵权产品采取证据保全措施，以进一步核实确认被诉侵权产品是否具备涉案专利权利要求记载的相关技术特征，并防止被诉侵权产品被转移、隐匿乃至个别部件被更动，确有必要。

（3）重工公司向原审法院申请证据保全具有可行性。虽然重工公司建议采取的措施是查封、扣押，但原审法院完全可以根据具体情况采取对九某矿正常生产经营影响最小的保全措施如拍照、录像、勘验等，以全面掌握被诉侵权产品在静态和动态下的相应技术特征。

（4）原审法院对重工公司所提证据保全申请不予支持的理由不足以令人信服。一是在案事实无从显示在原审法院收到重工公司的证据保全申请时，被诉侵权产品已经由第 256 号公证书记载的保全地点转移至九某矿的机井内。二是原审法院未进行必要的现场查证，迳行采信上述证明所陈述的内容，并以此作为不支持重工公司证据保全及勘验申请的理由之一，有欠严谨。三是原审法院既然收到重工公司寄交的证据保全申请和勘验申请，却仍于两日后向宝某矿业公司、九某矿邮寄应诉材料，该处理方式显然不利于证据保全工作和现场勘验工作的实施。

综上，最高人民法院认为：原审法院未对重工公司庭前提出的证据保全及勘验申请的必要性与可行性进行深入全面的分析，也未在庭后对宝某矿业公司、九某矿提交的被诉侵权产品已下井之证据内容的真实性进行现场核实确认，仅以"证据状态已经发生变更，证据保全已无必要""审判人员已不具备现场勘验的专业条件"为由驳回重工公司所提申请，导致错失第一时间查明并固定与本案被诉侵权产品相关的基本技术事实的时机，确有不当。裁定如下：第一，撤销河北省石家庄市中级人民法院［2019］冀 01 民初 452 号民事判决；第二，本案发回河北省石家庄市中级人民法院重审。

问题与思考：

1. 简述证据保全的内涵和功能。

2. 结合本案分析证据保全的适用条件和程序。

证据保全是指在证据有可能灭失或以后难以取得的情况下，法院根据当事人或利害关系人的申请或者依职权采取措施，对证据加以固定和保护的制度。证据保全包括诉讼中的证据保全和诉前证据保全。诉讼中的证据保全，既可以根据当事人的申请而采取，也可以由法院依职权主动采取。诉前证据保全，只能根据利害关系人的申请采取。证据保全制度的目的在于事先防范，使证据经由法院的调查固定，从而避免因情势变化、物理上的变化等原因或者其他意外情况的出现而发生灭失或者无法使用的情形，导致案件事实难以查明。申请证据保全是当事人重要的诉讼权利。证据保全是补强当事人举证能力、推动查明案件事实的重要手段，促使裁判在事实认定上获得正确的结果，能够在一定程度上减少讼争的发生。证据保全具有保存证据、调查证据和疏减讼源等三个方面的功能。[1]《民事诉讼法》第 84 条第 1、2 款规定："在证据可能灭失或者以后难以取得的情况下，当事人可以在诉讼过程中向人民法院申请保全证据，人民法院也可以主动采取保全措施。因情况紧急，在证据可能灭失或者以后难以取得的情况下，利害关系人可以在提起诉讼或者申请仲裁前向证据所在地、被申请人住所地或者对案件有管辖权的人民法院申请保全证据。"针对诉前证据保全可能出现采取保全措施的法院与受理案件的法院并不一致的情况，新《民事证据规定》第 29 条规定采取保全措施的人民法院应根据当事人的申请将保全的证据及时移交受理案件的人民法院。此外，新《民事证据规定》第 25 条规定当事人或者利害关系人申请证据保全的，应当在举证期限届满前向人民法院提出，申请书应当载明需要保全的证据的基本情况、申请保全的理由以及采取何种保全措施等内容。第 27 条规定了证据保全的方法，人民法院可以采取查封、扣押、录音、录像、复制、鉴定、勘验等方法进行证据保全，并制作笔录。

本节中的案例原文一万六千多字，基于篇幅原因，节选了其中关于证据保全的部分。该案例的争议焦点之一为是否应当进行证据保全。在知识产权诉讼中，江西某重工有限公司为了防止三被告藏匿、转移被诉侵权产品，请求法院对被诉侵权产品进行查封、扣押方式的证据保全。一审法院不予支持该证据保全申请，二审法院认为应当得到支持。知识产权领域的侵权行为通

---

〔1〕　占善刚：《民事诉讼证据调查研究》，中国政法大学出版社 2017 年版，第 284 页。

常具有隐蔽性和复杂性的特点，因此法院应当对是否准许证据保全申请作出审慎判断。除了证据保全，本案还用了另外一种可以发挥保全证据功能的方法，即证据公证。证据公证是指当事人在诉讼前或诉讼中委托公证机构对某种证据的存在状态或作用进行公证，以期保证此后能够向法院提交该证据，并提高其真实可靠性及证明力。

对证据保全申请的审查，既包括对保全申请书所记载的事项要素是否完备的形式审查，也包括对保全是否存在必要性和可行性的实质审查。证据保全申请的实质审查，一般围绕以下三个方面进行：一是申请保全的证据是否与案件事实存在关联性并具有较强证明力；二是申请保全的证据是否存在如不及时保全行将灭失或以后难以取得的紧迫性；三是申请人是否业已穷尽合理合法的取证手段仍不能取得相关证据。本案判决书就上述三个方面进行了详细的说理。

新《民事证据规定》第 27 条第 3 款规定："在符合证据保全目的的情况下，人民法院应当选择对证据持有人利益影响最小的保全措施。"因此，虽然江西某重工有限公司在向原审法院提交的证据保全申请书中建议对被诉侵权产品采取的保全措施是查封、扣押，但原审法院完全可以根据具体情况采取对九某矿正常生产经营影响最小的保全措施如拍照、录像、勘验等，以全面掌握被诉侵权产品在静态和动态下的相应技术特征。前述证据保全方式既不存在实施上的技术障碍，也不会给被诉侵权产品持有及使用方九某矿的正当生产经营造成严重不利影响。

证据保全也可能使对方当事人受到财产方面的损失，所以出于利益衡平的考虑，新《民事证据规定》第 26 条规定："当事人或者利害关系人申请采取查封、扣押等限制保全标的物使用、流通等保全措施，或者保全可能对证据持有人造成损失的，人民法院应当责令申请人提供相应的担保。担保方式或者数额由人民法院根据保全措施对证据持有人的影响、保全标的物的价值、当事人或者利害关系人争议的诉讼标的金额等因素综合确定。"因此，本案中如果一审法院同意江西某重工有限公司的证据保全申请，应当责令其提供担保。此外，申请证据保全错误造成财产损失，当事人请求申请人承担赔偿责任的，人民法院应予支持。

第七章

民事诉讼证明

第一节 证明对象

案　例：某国际文化传媒有限公司与某娱乐有限公司居间合同纠纷案[1]

2013 年 3 月 31 日，某国际文化传媒有限公司（以下简称"传媒公司"）向某娱乐有限公司（以下简称"娱乐公司"）发送一封发票，载有两项：第 1 项，针对 2004 年至 2006 年巡演，娱乐公司应向传媒公司支付 87 690.88 欧元；第 2 项，因华晨宝马公司的活动，传媒公司认可向娱乐公司支付佣金，佣金费用为 9 万欧元。两者相抵，传媒公司支付娱乐公司总额 2309.12 欧元。2013 年 4 月 1 日，传媒公司向娱乐公司发送 001 号备忘录，载明：2013 年 1 月 14 日至 16 日，娱乐公司总经理与传媒公司的总经理吴某童，就 2004 年至 2006 年未结算款项进行了讨论。娱乐公司最开始认为应支付 41 376.26 欧元。在核对报表时，传媒公司发现遗漏了饮食消费，经修正后为 59 816.52 欧元。此外，华晨宝马公司活动，传媒公司向娱乐公司提供 9 万欧元的佣金，传媒公司将上述抵扣后，传媒公司向娱乐公司支付的金额为 2309.12 欧元。2013 年 4 月 11 日至 2014 年 7 月 16 日期间，吴某童与娱乐公司总经理多次邮件沟通，传媒公司还向娱乐公司提出了 011 号、012 号、013 号备忘录。吴某童多次表示，传媒公司支付 9 万欧元佣金的前提是结清 2004 年至 2006 年的未结款项，并与传媒公司向娱乐公司支付的佣金相抵，且折抵后的 2309.12 欧元已

---

〔1〕 案例来源：北京市第三中级人民法院〔2018〕京 03 民终 6023 号民事判决书。

经支付给娱乐公司。娱乐公司对001、012、013号备忘录未确认。

基于上述事实，娱乐公司向北京市朝阳区人民法院起诉，请求：第一，传媒公司支付娱乐公司合同报酬719 775元人民币（以9万欧元为基础进行的换算）；第二，传媒公司支付娱乐公司利息；第三，传媒公司承担本案全部诉讼费用。一审庭审中，娱乐公司不认可传媒公司所主张的其他款项的抵扣。法院询问娱乐公司是否收到2309.12欧元佣金，娱乐公司未予答复。

北京市朝阳区人民法院认为：当事人对自己提出的诉讼请求所依据的事实或者反驳对方请求依据的事实，应当提供证据加以证明，当事人未能提供证据或者证据不足以证明其事实主张的，由负有举证证明责任的当事人承担不利的后果。本案中，娱乐公司提交的传媒公司向其发送的发票及备忘录中，传媒公司均同意支付9万欧元。虽然传媒公司辩称其同意的前提是款项进行对抵，但在发票和001号备忘录中均无法体现佣金给付附有条件，娱乐公司对传媒公司所主张的抵扣约定亦不予认可。虽然吴某童在邮件中表示发票和001号备忘录中的各项目金额不能拆分，需要一并结算，但上述邮件发送时间均晚于发票和001号备忘录，且001、012、013号备忘录未得到娱乐公司的认可，故传媒公司在上述邮件中关于抵扣的单方意思表示对娱乐公司所提出的给付项目佣金的诉讼请求不构成合理抗辩。因此，娱乐公司要求9万欧元，合法有据，法院予以支持。综上，北京市朝阳区人民法院作出判决，传媒公司给付娱乐公司719 775元及利息。

传媒公司不服原审判决，向北京市第三中级人民法院提出上诉，请求：撤销原审判决，依法改判。娱乐公司辩称：同意一审判决，不同意传媒公司的上诉请求。二审审理中查明，传媒公司的011号备忘录中记载：如果吴某童的折中方案总遭到拒绝，他保留调整此笔佣金额度的权利。这一折中方案是本备忘录所有项目的一整套结算方案，不得在结算时单独挑出或剥离任何项目。

北京市第三中级人民法院认为：综合双方诉辩主张及证据，本案二审争议问题的实质在于传媒公司向娱乐公司发出的001号备忘录和发票是否构成对9万欧元债务的自认并因此承担相应给付义务。

（1）传媒公司在备忘录中认可欠付娱乐公司9万欧元是否属于《民诉法解释》第92条第1款所规定的直接适用自认规则的情形。根据我国《民事诉讼法》的相关规定，自认是对于己不利事实的承认。依自认作出的场合，分为诉讼中的自认和诉讼外的自认，两者在证明力上有很大差异。诉讼法学上一般认为诉讼中的自认一经作出，即产生两方面效果：一是对当事人产生拘束力，即当事人一方对另一方主张的对其不利的事实一经作出承认的声明或表示，另一方当事人即无需对该事实举证证明，而且除特定情形外作出自认的当事人也不能撤销或否认其自认；二是对法院产生拘束力，即对于当事人自认的事实，法院在原则上应当予以支持，不能作出与自认的事实相反的认定，无法定情形不能否定自认的效力。在实证法上，《民诉法解释》第92条第1款亦规定："一方当事人在法庭审理中，或者在起诉状、答辩状、代理词等书面材料中，对于己不利的事实明确表示承认的，另一方当事人无需举证证明。"但对于诉讼外的自认，我国现行《民事诉讼法》及有关司法解释均未作出规定。从法理上分析，自认可以使当事人免除证明责任的原因在于自认事实的无争议性，而不是自认事实本身的真实性。虽然出于个人趋利避害的天性，当事人陈述的事实一般都是对自己有利，若其对不利事实作出自认，则此事实即具有较高的真实性，法院依自认认定事实亦具有合理性和正当性。但真实性并非自认效力的唯一依据，更重要的是自认效力的基础即民事诉讼法上的辩论主义。根据这一原理，双方对事实的一致陈述能拘束法院事实认定，如果一方当事人对对方主张的主要事实予以承认，就使该主张事实已经成立，法院应受该事实的约束。因此，自认只能发生在特定的民事诉讼过程中，对于诉讼外发生的当事人承认，由于作出的时间、背景、场合不同，缺乏相应法律程序的保障，仅具有一般的证据效力，不能直接卸除对方当事人的举证负担。本案中，娱乐公司提起诉讼的时间是2016年，而传媒公司向娱乐公司发送001号备忘录及发票的时间是2013年3月、4月间，并未经过诉讼阶段主张或认可，因此，娱乐公司据以主张9万元欧元债权的上述两份文件，不属于传媒公司在诉讼中的自认，仅应作为主要证据使用。既不排除法院为查清事实要求相关当事人进一步提供证据，也不排除法院根据经验法则或者日常情理、交易习惯等作出肯定性或否定性判断。

（2）传媒公司以娱乐公司拖欠其新年音乐会相关款项为前提条件承认欠付娱乐公司9万欧元佣金是否构成限制自认及相应法律后果。本案中，传媒公司在001号备忘录及发票中承认了两个事实：一是传媒公司欠付娱乐公司9万欧元，二是娱乐公司欠付传媒公司87 690.88欧元。娱乐公司现主张对上述承认中的第一个事实予以认可，在双方就此欠款数额意见一致的情况下应当先行给付，至于第二个事实在所不问，不应成为传媒公司支付9万欧元的前提条件。而传媒公司认为这两个事实是打包处理的结果，具有不可分性，不能单独剥离开来分别认定。该争议本质上涉及限制自认的认定问题，即相对于完全自认而言，自认方对对方当事人所主张的事实有所附加或限制承认的法律后果问题。目前诉讼法学中将限制性自认主要分为三种情形：一是当事人一方在承认对方所主张的事实时，附加独立的攻击或防御方法。对于该情形，应认定限制自认产生自认的法律后果，对于自认方所附加的独立主张并不影响自认部分事实的真实存在，可由自认方按照证明负担的原则进一步举证。二是当事人一方对于他方所主张的事实，承认其中一部分而争执其他部分，借以在诉讼上排除对其不利的证明效果。对于该情形，当事人主张一致的部分可以成立自认，但就该部分事实的自认不得扩及全部事实主张，另一方仍对自认方未自认的部分负有举证责任。三是附条件或限制的承认，即当事人一方对对方当事人陈述的事实予以承认，是建立在一定条件或限制基础之上的。目前各国证据法均以不可分性为自认的基本特征之一，即自认人须以正常、理性人的角度承认对方所言事实，而非选择性地摘其片言只语。因此，第三种情形下当事人的陈述是否属于自认，不能断章取义作出对自认方不利的断定，应当从整体上加以考量，基于证据调查及辩论的总体情况对事实作出认定。本案中，传媒公司在 001 号备忘录中提出 9 万欧元是以一揽子解决双方所有债权债务为前提得出的数据，并非独立于其他债务单独计算。换言之，该 9 万欧元债务本身的存在基础是娱乐公司同时承认欠付传媒公司 87 690.88 欧元，否则，传媒公司是不认可该 9 万欧元债务的。因此，本案属于限制自认的第三类情形，不能剥离开 87 690.88 欧元债权的问题，单独认定传媒公司已经对 9 万欧元债务予以承认。

（3）传媒公司认可欠付娱乐公司 9 万欧元佣金是否属于诉讼外协商和解过程中对债务的承认。案件事实真伪不明时，一方在调解或和解时所作自认既可能是对客观事实的认可，也可能是一种妥协和让步，不能直接产生诉讼中自认的法律效力。因此，《民诉法解释》第 107 条对此作出规定："在诉讼中，当事人为达成调解协议或者和解协议作出妥协而认可的事实，不得在后续的诉讼中作为对其不利的根据，但法律另有规定或者当事人均同意的除外。"该条旨在保护一方当事人因调解或和解而对案件事实的认可不能对以后的诉讼产生不良影响，鼓励当事人以调解和解等方式解决纠纷。因此，调解中的自认在调解不成转审判的流程中，自认就变成了"非自认"，既不能约束法院，也不能约束自认人，不能免除对方当事人的举证责任，且不能在以后的诉讼中作为对自认人不利的证据使用。而对于诉讼外协商过程中的自认，与诉讼中自认一致，均降低了双方在纠纷中的对抗性，是双方自愿处分其权利、互谅互让解决矛盾的过程。如果承认和解过程中对事实的认可能够发生自认的效果，必然违反诚实信用原则。因此，在此特殊阶段的自认事实不等同于案件事实本身，不具备承认于己不利事实的证明效力。本案中，传媒公司在001号备忘录中提出9万欧元是以一揽子解决所有纠纷为前提的，存在为达成协议而对欠付款项金额作出让步的可能。传媒公司在协商过程中亦对9万欧元债务发生过意思表示的反复，这均与对9万欧元的自认有本质不同。如果仅将9万欧元单独提出作为传媒公司对债务的承认，而不考虑双方协商解决纠纷的背景以及娱乐公司存在欠付款项的可能，显然不符合双方通过邮件往来对债务进行协商的本意。

（4）双方就9万欧元债务并未达成新的合意，对传媒公司不能产生合同拘束力。本案中，001号备忘录在性质上属于要约，但娱乐公司并未作出认可的意思表示。此后双方反复讨论沟通，均未协商一致。因此，001号备忘录仅是一种方案，不能对传媒公司产生法律约束力。

综合上述分析，双方当事人在诉讼前进行和解协商的过程中作出的承诺可能带有让步妥协性质，尤其是该承诺是以协商双方债权债务相抵消为前提条件的情况下，显然有别于一般情况下单方作出的承诺，不能发生自认的法律效果，不影响协商不成后双方进入诉讼阶段时法院根据证据对案件事实作出认定。《民诉法解释》第90条规定："当事人对自己提出的诉讼请求所依据的事实或者反驳对方诉讼请求所依据的事实，应当提供证据加以证明，但法律另有规定的除外。在作出判决前，当事人未能提供证据或者证据不足以证明其事实主张的，由负有举证证明责任的当事人承担不利的后果。"现娱乐公司主张传媒公司应当支付9万欧元，除上述传媒公司在协商过程中出具的001号备忘录及发票外，并无其他证据能够佐证该欠款事实的存在，亦无证据证明双方就9万欧元债务已经达成新的合意。因此，在001号备忘录及发票不能发生自认效果的情况下，娱乐公司的主张显然缺乏相应证据支持。原审判决仅依据现有证据即支持娱乐公司所主张的9万欧元债权及利息，系认定事实错误，北京市第三中级人民法院予以纠正。综上，北京市第三中级人民法院作出判决：第一，撤销北京市朝阳区人民法院［2016］京0105民初3782

号民事判决。第二，驳回娱乐公司的诉讼请求。

问题与思考：

1. 简述证明对象的范围。

2. 结合本案分析自认的构成条件。

证明对象，也称待证事实，是指由实体法律规范所决定的，在民事诉讼中由对立的双方当事人提出诉讼主张和采用证据加以论证和证明的，并最终由裁判者加以确认的案件事实。证明对象的确定是诉讼证明的起点。当事人在诉讼中主张的案件事实需要满足双方当事人对其存在争议和对该事实的证明具有法律上的意义才能成为民事诉讼中的证明对象。

证明对象的范围主要包括：①实体法律事实。该事实进一步可以区分，法律构成要件的事实为"主要事实"，又称为要件事实；证明主要事实的事实为"间接事实"；用于证明证据能力或证明力的事实为"辅助事实"。②程序法律事实。程序法律事实是指能够引起诉讼法律关系发生、变更、消灭等对解决诉讼程序问题其有法律意义的事实。程序法律事实大多数属于法院应依职权调查的事项，但也有一些程序法律事实是当事人向法院主张后才需要查明的，如存在仲裁协议的事实。③法官所不知的地方性法规、习惯、外国法律。④经验法则。关于经验法则是否属于证明的对象，理论上存在争议，一种观点认为它属于法院依职权调查的对象，而不是当事人证明的对象，另一种观点认为是否成为证明对象不能一概而论，对于不为一般人所知晓的专门知识领域的经验法则，则应当加以证明。[1]

免证事实，是指诉讼中当事人虽然就某一事实提出主张，但免除其提供证据证明的责任的情形。例如，自认事实属于免证事实的范围。新《民事证据规定》第10条规定了7种事实不需要举证证明：自然规律以及定理、定律；众所周知的事实；根据法律规定推定的事实；根据已知的事实和日常生活经验法则推定出的另一事实；已为仲裁机构的生效裁决所确认的事实；已为人民法院发生法律效力的裁判所确认的基本事实；已为有效公证文书所证

---

[1] 参见张卫平：《民事诉讼法》（第4版），中国人民大学出版社2016年版，第228页；《民事诉讼法学》编写组：《民事诉讼法学》（第2版），高等教育出版社2018年版，第138页；江伟、肖建国主编：《民事诉讼法》（第8版），中国人民大学出版社2018年版，第203页。

明的事实。第二项至第五项事实，当事人有相反证据足以反驳的除外；第六项、第七项事实，当事人有相反证据足以推翻的除外。与《民诉法解释》第93条相比，这次修改变化包括仲裁机构的生效裁决所确认的事实由当事人有相反证据足以推翻改为足以反驳；将"已为人民法院发生法律效力的裁判所确认的事实"限缩为"基本事实"。

　　本节中案例主要讨论传媒公司向娱乐公司发出的001号备忘录和发票是否构成对9万欧元债务的自认。新《民事证据规定》第3条关于自认的规定："在诉讼过程中，一方当事人陈述的于己不利的事实，或者对于己不利的事实明确表示承认的，另一方当事人无需举证证明。在证据交换、询问、调查过程中，或者在起诉状、答辩状、代理词等书面材料中，当事人明确承认于己不利的事实的，适用前款规定。"从我国自认制度的现有规定来看，其核心效力在于免证效力以及对作出自认一方当事人的不可撤回效力。[1]

　　自认的构成要件主要包括：①自认的对象是案件事实。②自认必须是与对方当事人所主张的案件事实相一致的陈述。③自认应当是在诉讼过程中向法院所作的陈述，本案即不符合该构成要件。根据《民诉法解释》第92条第1款，诉讼过程中是指"在法庭审理中，或者在起诉状、答辩状、代理词等书面材料中"。新《民事证据规定》对"法庭审理"作了扩大解释，在证据交换、询问、调查过程中所作的于己不利的陈述，也可认定为自认。本案中，传媒公司向娱乐公司发送001号备忘录及发票的时间，远在娱乐公司提起诉讼的时间之前，因此不属于诉讼过程中，不能适用《民诉法解释》的自认规则直接确认该欠款事实存在，该备忘录和发票仅应作为主要证据使用。法院仍可以根据经验法则或者日常情理、交易习惯等对事实作出肯定性或否定性判断。④自认仅适用于有关财产关系的事实陈述，而不适用于身份关系的事实陈述。⑤自认是一种于己不利的陈述。

　　根据不同的标准，自认可以分为不同的类型：①根据自认的程度、范围，可以分为完全自认与限制自认即附条件的自认。新《民事证据规定》第7条规定："一方当事人对于另一方当事人主张的于己不利的事实有所限制或者附加条件予以承认的，由人民法院综合案件情况决定是否构成自认。"对于附条件的自认，法院有自由裁量的权力。②根据当事人意思表示的方式，可以分

---

〔1〕　段文波："我国民事自认的非约束性及其修正"，载《法学研究》2020年第1期。

为明示自认与默示自认即拟制自认。③根据责任主体的不同，可以分为当事人自认与诉讼代理人自认。就诉讼代理人自认，新《民事证据规定》第5条规定："当事人委托诉讼代理人参加诉讼的，除授权委托书明确排除的事项外，诉讼代理人的自认视为当事人的自认。当事人在场对诉讼代理人的自认明确否认的，不视为自认。"推定代理人有自认权限，不论该自认事实是否导致当事人承认对方诉讼请求。而在此之前，代理人虽有自认的权限，但对于自认导致实质上承认对方诉讼请求的情形，必须要求获得当事人的特别授权。本案中，一个争议焦点就是传媒公司以娱乐公司拖欠款项为前提条件承认其欠付9万欧元佣金是否构成附条件的自认。本案中从吴某童发的邮件中可以认定，传媒公司在001号备忘录中提出9万欧元是以一揽子解决双方所有债权债务为前提得出的数据，并非独立于其他债务单独计算，因此属于附条件的自认。根据对新《民事证据规定》第7条的理解，如果关于自认的一部分事实和其他事实是可以分割、相互独立、不是完全关联在一起的，法庭在这种情况下可以认为附条件自认是有效的。如果无法分割就没有办法明确它的效力，这样附条件的自认就不能被认为构成自认。[1]故本案中不能单独认定传媒公司已经对9万欧元债务予以承认。

《民诉法解释》第107条规定："在诉讼中，当事人为达成调解协议或者和解协议作出妥协而认可的事实，不得在后续的诉讼中作为对其不利的根据，但法律另有规定或者当事人均同意的除外。"发生在诉讼中调解里的自认在后续的诉讼中都不能作为对自认人不利的证据使用，发生在诉讼外调解里的自认，基于民事诉讼鼓励当事人以调解和解等方式结案的目的，也不能产生拘束力。本案中传媒公司在协商过程中对9万欧元债务发生过意思表示的反复，因此从诉讼外和解里的自认角度出发，传媒公司也不构成对9万欧元债务的承认。综上所述，《民诉法解释》第90条第1款规定："当事人对自己提出的诉讼请求所依据的事实或者反驳对方诉讼请求所依据的事实，应当提供证据加以证明，但法律另有规定的除外。"在001号备忘录及发票不能发生自认效果的情况下，娱乐公司并无其他证据可以支撑其诉讼请求，故北京市第三中级人民法院撤销原判。

---

〔1〕肖建华："民事诉讼案件事实发现的路径——评《关于民事诉讼证据的若干规定》"，载《证据科学》2020年第3期。

第二节　证明责任分配

案　例：罗某贵与刘某维不当得利纠纷案[1]

　　原告罗某贵、被告刘某维原系夫妻关系，2017 年 7 月 20 日，双方自愿签订《离婚协议》并到汇川区民政局办理了离婚登记。《离婚协议》约定：遵义市贵帆水泥制品有限公司 32%的股份，其中 22%的股份归男方所有，剩余 10%的股份归女方所有。2018 年 8 月 8 日，原告罗某贵向被告刘某维的银行账户转款 20 万元。2020 年 5 月 18 日，刘某维以罗某贵为被告向贵州省遵义市汇川区人民法院提起诉讼，请求依法确认《离婚协议》有效，该案庭审中，罗某贵提供 20 万元的银行流水，拟证明其向刘某维支付 20 万元的事实。刘某维表示不发表质证意见，认为与本案无关。后遵义市汇川区人民法院作出 [2020] 黔 0303 民初 3271 号民事判决书，确认《离婚协议》合法有效。该判决作出后，双方当事人均服判，该判决已发生法律效力。

　　罗某贵以涉案的 20 万元系不当得利为由，向遵义市汇川区人民法院起诉，请求：第一，判令被告返还不当得利款 20 万元给原告。第二，本案诉讼费用由被告承担。事实及理由：在《离婚协议》中，双方约定 22%的股份归原告所有，剩余 10%的股份归被告所有。事隔不久，被告提出放弃《离婚协议》中的 10%的股份，要求原告拿 20 万元现金给被告。原告答应了，并打款。被告 20 万元钱到手后仍要求 10%的股份给其。原告不得已请求法院判令被告返还 20 万元不当得利给自己。被告刘某维辩称：原告起诉基于的事实完全错误，与真实情况不符，这 20 万元是给被告的安家费，主要用于子女的教育，且原告离家时，明确告知被告，不再支付任何费用。根据《民法典》第 985 条，本案中原告支付 20 万元是为了教育子女，可以说明是道德的责任义务，不应当予以返还。

　　庭审中，原告主张：双方于 2018 年 8 月口头变更了《离婚协议》中关于股权的约定，变更为原告放弃股权，被告为此现金补偿原告 20 万元，未签订书面协议。为此，原告提供其与女儿罗某的聊天记录及转账记录截图 16 张，转账金额合计 21 900 元，拟证明罗某在学习期间所有的费用均由原告承担并

支付，20 万元与子女教育费无关。被告不予认可。为此，被告提供了其向女儿转账的截图共 45 页、被告的就医证明、住院结算清单，拟证明被告在女儿学习期间的学费和生活费均由被告在负责和支付，且被告已经被确诊患高血压和脑梗塞，需要长期服药，月平均花费约 500 元。原告对此亦不予认可。

遵义市汇川区人民法院认为：《民法典》第 985 条规定："得利人没有法律根据取得不当利益的，受损失的人可以请求得利人返还取得的利益，但是有下列情形之一的除外：（一）为履行道德义务进行的给付；（二）债务到期之前的清偿；（三）明知无给付义务而进行的债务清偿。"构成不当得利有四个要件：一方获有利益；他方受到损失；获利与受损之间存在因果关系；获利没有合法根据，即无"法律上的原因"。原、被告双方就前三个要件均无异议，仅对第四个要件存在分歧，本案仅需就第四个要件即"获利没有合法根据"进行分析。民法理论上将不当得利分为给付型和非给付型不当得利，就本案事实及双方争议焦点来看，原告主张的应为给付型不当得利。给付型不当得利是因请求人的给付行为而产生的不当得利。"给付"指有意识地、基于一定目的而增加他人的财产。给付型不当得利又可分为两类：第一类为给付目的的基础法律关系根本不存在；第二类为给付目的的基础法律关系曾经存在，但其后该基础法律关系因故不存在。依据上述分类，本案属于给付型不当得利中给付目的的基础法律关系曾经存在，但其后该基础法律关系因故不存在的类型，应由给付人承担"获利没有合法根据"的举证责任。理由如下：首先，这符合证明责任分配的一般原则。"谁主张谁举证"是证明责任分配的一般原则。考虑到当事人举证的难易程度以及保护弱者，法律上还规定了举证责任倒置。对于特定的一些情形，将按照一般原则本由一方承担的证明责任改由对方当事人承担，以弥补一般原则的不足。但是举证责任倒置在一般情形下必须有法律规定。我国法律并未规定不当得利案件中权利主张者举证责任倒置，而且在本案中，给付人即原告离证据并不比被告更远，若倒置举证责任将导致滥诉发生。因此，本案仍适用"谁主张谁举证"的原则。其次，由给付人承担"获利没有合法根据"的举证责任更加公平。相比于受益人，给付人更有能力对其自身转移财产的行为提供证据。给付型不当得利，给付是有初始原因的，作为给付目的的基础法律关系曾经存在、其后发生变动，这属于积极的事实，没有法律上的原因是法律对被给付人的受益是否为法律所定利益之归属的后续评价，并非指给付人没有任何初始给付的原因或目的。

给付人在整个过程中应亲历并了解不当得利中财产发生转移的原因，以及转移原因消失的事实，并认为受益人的受益没有合法根据。因此，给付人对基础法律关系曾存在的事实和变动的事实均有能力加以证明。具体到本案，基于以上理由，原告主张被告获得20万元没有合法根据，要求被告返还，根据《民诉法解释》第91条："人民法院应当依照下列原则确定举证证明责任的承担，但法律另有规定的除外：（一）主张法律关系存在的当事人，应当对产生该法律关系的基本事实承担举证证明责任；（二）主张法律关系变更、消灭或者权利受到妨害的当事人，应当对该法律关系变更、消灭或者权利受到妨害的基本事实承担举证证明责任。"应当由原告就"获利没有合法根据"这一法律构成要件承担举证责任，即原告应当证明给付或转移财产的初始原因或目的，就本案而言，原告主张双方在《离婚协议》的基础上作出了变更，变更为被告放弃分割股权，原告支付20万元给被告作为对价，而后双方又协商一致恢复至《离婚协议》的约定，原告应当对这一事实承担举证责任，若原告主张的这一事实成立，举证责任才发生转移，由受益人即被告举证证明其占有钱款的合法性。然而，原告提供的与其女儿罗某的聊天记录及转账记录截图，显然不能证明原告主张的事实成立，原告提供的［2020］黔0303民初3271号民事判决书产生于原告转款20万元之后，该案诉讼中，被告亦认可双方《离婚协议》中关于股权分割的约定有效，仅凭该判决并不能证明双方之间之前有过变更的约定。相反，被告对于该20万元原因作出了解释，其解释的缘由并未超出合理范围，原、被告共同的女儿罗某的证言亦证实了被告的说法。在此情况下，原告也并未提供证据推翻对被告主张的事实。因此，原告未能完成举证责任，举证责任不能转移至被告，根据《民诉法解释》第90条"当事人对自己提出的诉讼请求所依据的事实或者反驳对方诉讼请求所依据的事实，应当提供证据加以证明，但法律另有规定的除外。在作出判决前，当事人未能提供证据或者证据不足以证明其事实主张的，由负有举证证明责任的当事人承担不利的后果"之规定，原告应当承担举证不能的法律后果，对于原告的诉讼请求，本院不予支持。判决如下：驳回原告罗某贵的诉讼请求。

问题与思考：

1. 简述证明责任和证明责任分配规则。

2. 简述本案适用的证明责任分配规则。

证明责任，又称为举证责任，理论上的行为责任说、双重含义说、危险负担说反映了我国不同时期对证明责任问题的理解，也表明了对证明责任问题认识的不断深化。《民诉法解释》既没有使用此前相关立法和司法解释中的"举证责任"这一概念，也未使用民事诉讼法学理论中经常使用的"证明责任"概念，而使用的是"举证证明责任"这一概念（《民诉法解释》第90、91、108、110、111、112、268、311条共8个条文），其意图在于将证明责任的两层含义均包括在内，即"举证证明责任"包含着客观证明责任（结果意义上的证明责任）以及与客观证明责任方向一致的主观证明责任（提供证据责任）。[1]最高人民法院编写的《最高人民法院民事诉讼法司法解释理解与适用》一书中阐述的理由是，并未采纳举证责任或证明责任的概念，而是使用举证证明责任的表述，其目的在于强调：①明确当事人在民事诉讼中负有提供证据的行为意义的责任，只要当事人在诉讼中提出于己有利的事实主张的，就应当提供证据；②当事人提供证据的行为意义的举证责任，应当围绕其诉讼请求所依据的事实或者反驳对方诉讼请求所依据的事实进行；③当事人在诉讼中提供证据，应当达到证明待证事实的程度，如果不能使事实得到证明，则当事人应当承担相应的不利后果。在具体内容上，举证证明责任与举证责任、证明责任内容一致。[2]对证明责任的解释有主观证明责任与客观证明责任之分。尽管客观证明责任在我国理论界已经一统天下，但实务界在使用证明责任这一概念时，几乎都是从主观证明责任的含义上使用。主观证明责任从当事人的角度说明证明责任，客观证明责任从法院裁判的视角解析证明责任，将证明责任定性为要件事实真伪不明时法院的裁判规则。客观证明责任揭示了该制度的本质，但主观证明责任对该制度的说明简单明了，客观证明责任则复杂、曲折，这是立法、司法解释、裁判文书无法使用客观证明责任概念的原因。主观证明责任在诉讼实务中的适用率远远超过客观证明责任也是主要原因之一。[3]综上，我国理论界为了把事实真伪不明时承担不利的裁判结果的结果意义上的责任与为避免承担败诉后果而有举证必要的行为

〔1〕 江伟、肖建国主编：《民事诉讼法》（第8版），中国人民大学出版社2018年版，第211页。

〔2〕 最高人民法院修改后民事诉讼法贯彻实施工作领导小组编著：《最高人民法院民事诉讼法司法解释理解与适用》（上），人民法院出版社2015年版，第312页。

〔3〕 李浩："证明责任的概念——实务与理论的背离"，载《当代法学》2017年第5期。

意义上的责任区别开来，把前者称为"证明责任"，而把后者称为"举证责任"。而我国的立法和司法解释及司法实务中使用这一术语时并未作区分，往往称"举证责任"，而现行司法解释统称为"举证证明责任"。[1]

证明责任分配，是指按照一定的标准，将事实真伪不明时承受不利裁判后果的风险，预先在双方当事人之间进行分配，使各方当事人分别负担一些事实真伪不明的风险。对于同一事实，证明责任只能由一方当事人负担，而不能同时由双方当事人负担。否则，在该事实真伪不明时，法院就无法根据证明责任作出裁判。关于证明责任分配的标准或者规则，长期以来存在着争论，分配的理论学说有待证事实分类说、法规分类说、法律要件分类说、危险领域说、盖然性说、损害归属说，其中以法律要件分类说为通说，并被应用于司法实践。法律要件分类说的理论中最具有代表性的是德国的罗森贝克提出的"规范说"，他提出的分配证明责任的标准是：主张权利存在的当事人，应当对权利发生的法律要件事实负证明责任；否认权利存在的当事人，应当就权利妨碍、权利消灭或权利受制的法律要件事实负证明责任。[2]

《民事诉讼法》第67条第1款规定"当事人对自己提出的主张，有责任提供证据"，理论与实践中将其简称为"谁主张谁举证"原则或规则。很长一段时间里，这一规定被认为是我国民事诉讼举证责任或者证明责任分配的原则。但是该规则在实践中不易操作，审判人员在某些情况下难以对举证责任或者证明责任的分配进行判断，未明确规定当事人未尽到自己的举证责任或者证明责任应当承担什么后果，因此不能完全解决举证责任或者证明责任分配问题。这不仅不利于当事人权利的保护，也容易给审判的权威性和公正性造成消极影响。[3]有学者认为，在我国实在法的证明责任规范体系中，"谁主张谁举证"属于证明责任基本规则。为实现"谁主张谁举证"规则的法律适用，须阐明其规范内容，探求其具体适用形式。从法律关系视角，"谁主张谁举证"规则借助《民诉法解释》第91条得以澄清；从法律规范视角，该规则可获得"规范说"的理论诠释。"谁主张谁举证"系框架性规则，在适用于

---

[1]　参见胡学军："举证证明责任的内部分立与制度协调"，载《法律适用》2017年第15期。

[2]　参见肖建国、包建华：《证明责任：事实判断的辅助方法》，北京大学出版社2012年版，第82页。

[3]　最高人民法院民事审判第一庭：《民事诉讼证据司法解释的理解与适用》，中国法制出版社2002年版，第410页。

特定民法制度时，应探求其具体适用形式，即从与该民法制度相关的民法规范中寻找权利产生规范和权利变动规范。"谁主张谁举证"规则与请求权基础理论具有诸多理论关联，亦各有侧重点。"谁主张谁举证"规则具体化的关键在于，通过对民法规范的解释识别其证明责任属性，将其归入权利产生规范或权利变动规范。在绝大部分情形，基于民法规范的证明责任属性和实体属性的关联性，依文义解释、历史解释和体系解释等解释方法，可有效识别民法规范的证明责任属性。在例外情形，由于权利阻碍规范不存在民法教义学的理论基础，可借助目的解释消除民事证明责任分配的疑义。[1]

《民诉法解释》第 91 条规定了证明责任分配的一般规则："人民法院应当依照下列原则确定举证证明责任的承担，但法律另有规定的除外：（一）主张法律关系存在的当事人，应当对产生该法律关系的基本事实承担举证证明责任；（二）主张法律关系变更、消灭或者权利受到妨害的当事人，应当对该法律关系变更、消灭或者权利受到妨害的基本事实承担举证证明责任。"本条司法解释的理论依据是依据法律要件分类说中的规范说理论。考虑到我国民事诉讼法上使用主要事实或基本事实的用语而并无法律要件事实的表述，这里使用"法律关系的基本事实"与立法保持一致，也便于实践中理解和适用，它与要件事实同义，即权利及法律关系的构成要件所依赖的事实。[2]

《民诉法解释》第 91 条规定了证明责任分配的一般规则，在合同纠纷案件中，主张合同关系成立并生效的一方当事人对合同订立和生效的事实承担证明责任；主张合同关系变更、解除、终止、撤销的一方当事人对引起合同关系变动的事实承担证明责任。对合同是否履行发生争议的，由负有履行义务的当事人承担证明责任。对代理权发生争议的，由主张有代理权的一方当事人承担证明责任。在一般侵权纠纷案件中，主张损害赔偿的权利人应当对损害赔偿请求权产生的主要事实承担证明责任，也就是指损害赔偿法律关系产生的法律要件事实即存在侵害事实、侵害行为与侵害事实之间存在因果关系、行为具有违法性以及行为人存在过错承担证明责任。

本案为罗某贵主张涉案的 20 万元系刘某维不当得利的侵权纠纷。《民法

---

〔1〕 胡东海："'谁主张谁举证'规则的法律适用"，载《法学》2019 年第 3 期。

〔2〕 最高人民法院修改后民事诉讼法贯彻实施工作领导小组编著：《最高人民法院民事诉讼法司法解释理解与适用》（上），人民法院出版社 2015 年版，第 317 页。

典》第 985 条规定："得利人没有法律根据取得不当利益的，受损失的人可以请求得利人返还取得的利益，但是有下列情形之一的除外：（一）为履行道德义务进行的给付；（二）债务到期之前的清偿；（三）明知无给付义务而进行的债务清偿。"不当得利的构成要件包括以下四个方面：一方取得利益；另一方受有损失；得利与受损之间存在因果关系；没有法律根据。无法律根据包括自始无法律根据和开始有而嗣后丧失法律根据。"是否有法律根据"应依据法律规定和当事人之间的法律行为来判，应解释为无法律规定或缺乏基础的法律关系。当事人双方对前三个要件并无争议，因此本案的争议焦点为刘某维获利是否有法律根据。民法理论上将不当得利分为给付型和非给付型不当得利。给付型不当得利是指受益人受领他人基于给付行为而移转的财产或利益，因欠缺给付目的而发生的不当得利。非给付型不当得利是指基于给付以外的事由而发生的不当得利，包括人的行为、自然事件以及法律规定。[1] 就本案事实及双方争议焦点来看，原告主张的应为给付型不当得利。给付型不当得利又可分为两类：第一类为给付目的的基础法律关系根本不存在；第二类为给付目的的基础法律关系曾经存在，但其后该基础法律关系因故不存在，本案中即为第二类。原告罗某贵主张双方在《离婚协议》的基础上作出了变更，变更为被告放弃分割股权，原告支付 20 万元给被告作为对价，而后双方又协商一致恢复至《离婚协议》的约定，因此该 20 万元属于原告不当得利。但被告刘某维主张该 20 万元为安家费。

考虑到当事人举证的难易程度以及保护弱者，法律上规定对于特定的一些情形，为了弥补一般原则的不足，可以实行证明责任倒置。证明责任倒置，是指将依据法律要件分类说应当由主张权利的一方当事人负担的证明责任，改为由否认权利的另一方当事人就法律要件事实的不存在负证明责任。证明责任倒置主要发生在特殊侵权责任中。但是我国法律并未规定不当得利案件中权利主张者证明责任倒置，因此本案仍适用"谁主张谁举证"的原则。由给付人承担"获利没有法律根据"的证明责任更加公平。相比于受益人，给付人更有能力对基础法律关系曾存在的事实、变动的事实、其自身转移财产的行为加以证明。根据《民诉法解释》第 91 条，原告罗某贵应当证明给付 20

---

〔1〕　参见最高人民法院民法典贯彻实施工作领导小组主编：《中华人民共和国民法典合同编理解与适用》（四），人民法院出版社 2020 年版，第 2800 页。

万元的初始原因或目的，只有其主张的这一事实成立，才由受益人刘某维举证证明其占有钱款的合法性。然而，原告罗某贵的证据不能证明双方之间之前有过变更的约定。同时，被告刘某维对于该 20 万元原因的解释，罗某贵也并未提供证据推翻对刘某维主张的事实。因此，罗某贵未能完成证明责任。《民诉法解释》第 90 条规定："当事人对自己提出的诉讼请求所依据的事实或者反驳对方诉讼请求所依据的事实，应当提供证据加以证明，但法律另有规定的除外。在作出判决前，当事人未能提供证据或者证据不足以证明其事实主张的，由负有举证证明责任的当事人承担不利的后果。"因此，原告罗某贵应当承担举证不能的法律后果。

彭宇案作为一起普通的民事侵权案件，其中的证明责任也值得探讨。自彭宇案以来，如何破解"撞倒"抑或"自摔"的证明成了一个难题。其一审中的证据只有双方当事人的陈述及对彭宇讯问笔录的电子文档。这种情况下，仅凭上述证据，原告不能证明自己被彭宇撞倒过，但又不能排除彭宇撞倒原告的可能性，案件事实陷于真伪不明的状态中。作为案件的主审法官，其可适用的解决途径有两种：一是根据经验法则认定事实；二是通过证明责任制度的适用对事实真相加以认定。在该案中，主审法官选择适用经验法则推定事实，然而该判决并不能服众，就此引起轩然大波，甚至给人们造成"做好事会被讹诈，因此不能随意做好事"的印象。此外，该案中的主审法官基于原被告之间存在碰撞事实，因无法证明原被告之间的过错，所以推定双方都无过错，故选择适用公平责任原则对证明责任加以分配。这种做法要求消极主张者进行举证，而且在所举证据不够充分时就认定其主张的事实不能成立，貌似公平，但其实违背了证明责任分配的宗旨。[1]因为适用公平责任原则，需要满足两个条件。首先，双方均无过错，本案中双方均无过错，或者说无法查明双方是否有过错；其次，还需要一方为对方的利益或者双方的共同利益遭受损失，但本案中，原告既不是为了维护被告的利益也不是为了维护双方的共同利益而遭受损害，因此本案不应适用公平责任原则。在该案中，如果法官适用证明责任分配，认定案件事实作出裁判，就会少很多争议。根据证明责任分配的一般原则，应由主张损害赔偿的原告方举证证明被告彭宇撞

---

〔1〕 何家弘、张小敏："如何破解'撞倒'亦或'自摔'的证明难题"，载《法学杂志》2014年第 7 期。

伤了自己；原告遭受了损害；彭宇所实施的碰撞行为同原告的骨折存在着必然的因果关系；彭宇在双方碰撞的行为中具有一定的过错。倘若原告无法提供任何证据，或是其所提供的证据并不充分，那么依照证明责任分配的原则，法官应判定原告败诉，驳回原告的诉讼请求。

第三节 证明标准

案例一：屈某与利川市某日用品商店、谢某云生命权、健康权、身体权纠纷案〔1〕

2019年1月29日，原告屈某在被告经营的利川市某日用品商店治疗疣癣。被告谢某云先给原告点了药水用纱布包扎起来。时隔两天后，又用医药铲子将原告手上疣癣铲了，又用纱布将手指包起来，时隔三天又通知原告去擦药，之后就让原告自己慢慢恢复。2月15日，原告发现手指在溃烂，被告谢某云仍然是用药水擦拭后包扎。直至6月13日，被告才将原告送往利川市和谐医院检查，和谐医院告知必须要手术，否则会有手指被截断的风险。6月19日上午，在警察的见证下，被告书写承诺一份，承诺原告手环指进行植皮手术所产生的一切费用由其承担。后原告在民大医院住院治疗2次共19天，花费医药费11 126.21元。后经重庆市渝东司法鉴定中心鉴定，原告后期瘢痕修复术的治疗费用预估人民币15 000元，出院后营养时限为2个月，花费鉴定费1400元。期间，被告谢某云仅仅支付原告2万元后再未支付任何费用。

屈某向湖北省利川市人民法院提出诉讼请求：第一，判令三被告赔偿原告各项费用等共计人民币43 650.01元；第二，本案诉讼费用由三被告承担。谢某术（实际经营者）、谢某云辩称：①原告诉称与事实不符。被告仅仅给原告销售了一盒净疣膏，并告知其按照产品说明书使用。②某日用品商店不是医疗机构，店内销售的净疣膏是正规注册的消毒产品，并非国药准字药物。某日用品商店经营范围包含销售消毒用品，其销售行为合法。③本案案由是健康权纠纷，是侵权责任纠纷，原告应围绕构成要件举证。④原告存在恶意敲诈钱财的行为。被告迫于压力不得已才给原告出具了纸条并给付原告2万

---

〔1〕 案例来源：湖北省利川市人民法院［2020］鄂2802民初903号民事判决书。

元。利川市卫健局经调查，被告的销售行为未构成非法行医。⑤从本案证据来看，原告没有证据证明其损害后果与被告的销售行为存在因果关系，原告应承担举证不能的不利后果。

湖北省利川市人民法院认为：公民享有身体健康权。行为人因过错侵害他人民事权益，应当承担侵权责任。根据已查明事实和在案证据分析，可以推断原告左手指感染溃烂与被告使用不知名的药水有因果关系，由此给原告造成的损失理应由实际经营者谢某术赔偿，方能最大限度保护消费者的合法权益。从本案纠纷的起因、经过、结果等进行综合分析，足以认定被告使用药水点原告左手指导致其手指感染溃烂的客观事实，这符合民事诉讼证据规则的高度盖然性标准。谢某术辩称，其销售的中全净疣膏系消毒用品，并非药物，因此不构成非法行医，不应承担赔偿责任。根据原告陈述，其手指溃烂系该店点了药水所致，虽然该店销售中全净疣膏并不违法，但是从该店门楣显示为"力康皮肤病研究所"，容易误导消费者，原告当时作为一名高中生，涉世不深，正是基于该门楣以为该店能够治疗自己手上的疣癣而前往治疗，显然该店存在过错。据此，谢某术的抗辩理由不能成立。谢某云受雇于谢某术，故在本案中不应承担赔偿责任。对于原告主张的各项损失，法院合计 35 996.01 元。为减少当事人的诉累，就谢某术垫付的 20 000 元，本院在裁判时予以扣减。判决如下：第一，被告利川市某日用品商店赔偿原告屈某经济损失人民币 35 996.01 元，扣除已垫付的 20 000 元外，实际还应支付 15 996.01元，此款于本判决生效之日起 15 日内付清。第二，驳回原告屈某的其他诉讼请求。

案例二：王某与争鲜食品有限公司南京秦淮
某分公司餐饮服务合同纠纷案[1]

2021 年 2 月 6 日，原告王某及家人在被告争鲜食品有限公司南京秦淮某分公司（以下简称"某食品分公司"）处食用被告提供的回转寿司产品。在食用完毕后，经被告方工作人员核对，并由被告方工作人员在结账单上填写消费的盘数。结账单填写完毕后，原告在被告收银台处结账，原告向被告支

---

[1] 案例来源：江苏省南京市秦淮区人民法院［2021］苏 0104 民初 3339 号民事判决书。

付 504 元。后原告发现结账金额高于之前的平常消费，返回被告处核对消费的盘数，经双方核对，原告实际消费单价为 6 元的产品 20 盘、单价为 12 元的产品 8 盘、单价为 18 元的产品 10 盘，实际消费总额应为 396 元，由于被告方收银人员将单价为 18 元的产品消费盘数认定为 16 盘，导致原告实际支付 504元，多支付 108 元。原告据此要求被告就多收 108 元的情形进行赔偿，双方协商未果。2021 年 2 月 10 日，被告将多收的 108 元款项退还给原告。

原告王某向江苏省南京市秦淮区人民法院提出诉讼请求：第一，判令被告某食品分公司因欺诈消费者，按照《消费者权益保护法》赔偿 3 倍消费金额 1512 元；第二，判令诉讼费由被告承担。被告某食品分公司辩称，该行为为收银台工作人员的失误，被告不存在欺诈消费者的情形，且被告已经将多收的 108 元费用退还给了原告。原告的诉请没有事实与法律依据，请求驳回原告的诉讼请求。

南京市秦淮区人民法院认为：所谓欺诈，是指一方当事人故意告知对方虚假情况，或者故意隐瞒真实情况，诱使对方当事人作出错误意思表示的行为。因此，构成欺诈需具备下列条件：欺诈方具有欺诈的故意；欺诈方实施了欺诈行为；受欺诈方因欺诈而陷入内心错误；受欺诈方因内心错误而作出了错误的意思表示。本案中，王某在被告收银台结账时，完全有核对结账单与实际消费盘数是否相符的权利与条件，被告亦未作出限制王某核对结账单与实际消费盘数是否相符的行为。同时，被告多收的 108 元是由于结账单上单价为 18 元的实际盘数 10 盘被被告收银人员计算为 16 盘，结合本案结账单的书写情况，"0" 在阿拉伯数字的日常书写中，极易因为未完全封口而被误认为 "6"。此外，《民诉法解释》第 108 条第 1 款规定："对负有举证证明责任的当事人提供的证据，人民法院经审查并结合相关事实，确信待证事实的存在具有高度可能性的，应当认定该事实存在。"第 109 条规定："当事人对欺诈、胁迫、恶意串通事实的证明，以及对口头遗嘱或者赠与事实的证明，人民法院确信该待证事实存在的可能性能够排除合理怀疑的，应当认定该事实存在。"本案中，原告承担被告构成欺诈的举证责任，通过对比上述两条规定可知，在民事诉讼中，用以证明欺诈事实的证据应当达到能够排除合理怀疑的证明标准，高于一般事实高度盖然性的证明标准。而根据原告提供的证据，结合上述分析，并不能达到认定被告构成欺诈的排除合理怀疑的证明标准。当然，被告在今后的经营活动中，尤其在结账单盘数的书写上，应当加强对工作人员的监督管理，避免此类现象再次发生。综上，结合被告已经将多收取的 108 元退还给原告的实际情况，本院对原告的诉讼请求，不予支持。判决如下：驳回原告王某的诉讼请求。

问题与思考：

1. 结合案例，分析高度盖然性证明标准的适用。

2. 结合案例，分析排除合理怀疑证明标准的适用。

证明标准，是指当事人为说服裁判者相信其主张，对其主张形成心证而必须达到的最低证明程度。所谓最低证明程度，是指当事人的证明只有达到该程度之后，裁判者对该方当事人的主张才会形成心证，才会认定其主张。如果当事人的证明超过该程度，因其对该当事人有利无害，故也无需禁止，即可以过之，但不可不及。证明标准既是裁判者认定当事人主张的标准，也是当事人判断应当将诉讼证明达到什么程度的标准。[1]

在过去很长一段时期内，我国三大诉讼法都实行同一个证明标准，即"案件事实清楚，证据确实充分"，在理论上，称其为"客观真实"标准。但该规则并不完全贴合民事诉讼活动，因此《民诉法解释》在总结了审判实践经验、借鉴理论研究成果的基础上增加了高度盖然性标准和排除合理怀疑标准。

高度盖然性标准是指法官从证据中虽未形成事实必定如此的确信，但内心形成事实极有可能或非常可能如此的判断。《民诉法解释》第 108 条从本证和反证的相互比较的角度出发对盖然性规则进行描述。在诉讼证明的过程中，对待证事实负有举证证明责任的当事人所进行的证明活动为本证，不负有举证证明责任的当事人提供证据对本证进行反驳的证明活动为反证。因此《民诉法解释》第 108 条第 1 款规定："对负有举证证明责任的当事人提供的证据，人民法院经审查并结合相关事实，确信待证事实的存在具有高度可能性的，应当认定该事实存在。"对待证事实负有举证证明责任的当事人所进行的本证，需要使法官的内心确信达到高度可能性即高度盖然性的程度才能视为完成证明责任。高度盖然性的规定，是基于现有证据对待证事实的证明，无法达到完全还原客观真实的情况下，所确立的科学的证明规则。第 2 款规定：

---

〔1〕 王学棉：《证明标准研究——以民事诉讼为中心》，人民法院出版社 2007 年版，第 41 页。

"对一方当事人为反驳负有举证证明责任的当事人所主张事实而提供的证据，人民法院经审查并结合相关事实，认为待证事实真伪不明的，应当认定该事实不存在。"反证则只需要使本证的对待证事实的证明，陷于真伪不明的状态，即达到目的。[1]

案例一中，原告主张其是在被告的店中治疗疣癣，因为被告通过铲疣癣、涂不知名的药水的行为造成其手指恶化，故原告请求治疗的费用由被告承担。被告辩称，她们只是卖给原告一盒净疣膏，其销售行为合法。原告没有证据证明其损害后果与被告的销售行为存在因果关系，原告应承担举证不能的不利后果。虽然本案中，双方说法并不一致，但湖北省利川市人民法院审理认为，通过本案纠纷的起因、经过、结果等进行综合分析，足以认定被告使用药水"治疗"原告左手指导致其手指感染溃烂的客观事实，这符合民事诉讼证据规则的高度盖然性标准。公民享有身体健康权。行为人因过错侵害他人民事权益，应当承担侵权责任。根据已查明事实和在案证据分析，可以推断原告左手指感染溃烂与被告使用不知名的药水有因果关系，因此法院判决被告应当赔偿原告的治疗费用。

排除合理怀疑标准，是指负有举证证明责任的当事人对于待证事实的证明，应当使法官确信该事实存在的可能性能够排除合理怀疑。《民诉法解释》第109条引入了排除合理怀疑标准并被新《民事证据规定》第86条第1款所承继，它也称为提高证明标准，而对于降低证明标准的事实则未予规定。第109条规定："当事人对欺诈、胁迫、恶意串通事实的证明，以及对口头遗嘱或者赠与事实的证明，人民法院确信该待证事实存在的可能性能够排除合理怀疑的，应当认定该事实存在。"排除合理怀疑规则是在高度盖然性证明标准的基础上对证明标准的适度提高，它要求法官对待证事实的认定程度达到排除合理怀疑。之所以提高欺诈、胁迫、恶意串通事实的证明标准，是为了维护法律秩序的稳定性、保障交易安全。口头遗嘱的事实容易捏造，不可轻易认定。即使口头赠与的事实最终未能被认定，于被赠与人来说损失的仅仅是期待利益和信赖利益，相对于赠与人来说，损失更容易接受。因此，对口头

---

[1]　最高人民法院修改后民事诉讼法贯彻实施工作领导小组编著：《最高人民法院民事诉讼法司法解释理解与适用》（上），人民法院出版社2015年版，第359页。

遗嘱或口头赠与事实的认定，有必要确立更严格的证明标准。[1]有学者对提高证明标准进行了理论反思：《民诉法解释》第 109 条针对欺诈、胁迫、恶意串通、口头遗嘱、赠与等事实，首次例外地将证明标准从"高度盖然性"提高到"排除合理怀疑"，虽出于建立多层次民事证明标准体系、与民事实体法衔接等良好初衷，但实际存在诸多理论和实践困境：排除合理怀疑标准在民事诉讼领域缺乏足够共识，并且可能冲击高度盖然性的一般标准；民刑证明标准的混搭会模糊民事诉讼与刑事诉讼的界限；与民事实体法规则相协调的证据不充分；美国法和德国法并未提供提高证明标准的比较法论据；提高证明标准显示出对证明标准功能不切实际的期待；以规则提高标准的方式防范操作中的降低标准会引发规则指引的混乱。在高度盖然性的"高"标准确立并严格适用后，未来中国民事诉讼证明标准体系的作业应主要指向"降低"而非"提高"。[2]

案例二中，原告王某主张被告方收银人员将单价为 18 元的产品消费盘数从 10 盘认定为 16 盘构成欺诈。所谓欺诈，是指一方当事人故意告知对方虚假情况，或者故意隐瞒真实情况，诱使对方当事人作出错误意思表示的行为。因此，构成欺诈需具备下列条件：欺诈方具有欺诈的故意；欺诈方实施了欺诈行为；受欺诈方因欺诈而陷入内心错误；受欺诈方因内心错误而作出了错误的意思表示。根据《民诉法解释》第 109 条，欺诈应当符合排除合理怀疑标准，而本案中，根据结账单的书写情况，有理由相信"0"是被误认为"6"，原告的证据又不足以排除合理怀疑，因此南京市秦淮区人民法院判决驳回原告王某的诉讼请求。

新《民事证据规定》第 86 条第 2 款规定："与诉讼保全、回避等程序事项有关的事实，人民法院结合当事人的说明及相关证据，认为有关事实存在的可能性较大的，可以认定该事实存在。"新增了降低证明标准的情形的规定。对当事人主张的与诉讼保全、回避等程序性事项有关的事实认定，人民法院既要按照司法解释所确立的低于一般证明标准的标准为依据进行认定，依法保障当事人的诉讼权利、推进诉讼程序的进行。同时，要防止当事人滥用诉讼权利，迟延诉讼程序，针对当事人主张的诉讼保全或者回避事实，人

---

〔1〕 江必新主编：《新民诉法解释法义精要与实务指引》，法律出版社 2015 年版，第 231 页。
〔2〕 霍海红："提高民事诉讼证明标准的理论反思"，载《中国法学》2016 年第 2 期。

民法院应要求当事人进行说明，并提供相应的证据予以证明。[1]

《民诉法解释》第 108 条第 3 款规定："法律对于待证事实所应达到的证明标准另有规定的，从其规定。"例如，《最高人民法院关于审理食品药品纠纷案件适用法律若干问题的规定》第 5 条第 2 款规定："消费者举证证明因食用食品或者使用药品受到损害，初步证明损害与食用食品或者使用药品存在因果关系，并请求食品、药品的生产者、销售者承担侵权责任的，人民法院应予支持，但食品、药品的生产者、销售者能证明损害不是因产品不符合质量标准造成的除外。"因此，关于消费者对因果关系之要件事实的证明，仅需达到"初步证明"的程度，人民法院应当认定存在该因果关系事实并据此支持消费者的请求。对于该类案件，初步证明是指人民法院在确信存在因果关系之待证事实时，达到较大可能性的证明标准即可，比高度盖然性证明标准有所降低。[2]

第四节 举证时限

案 例：甘肃某房地产开发有限公司建设工程施工合同纠纷案[3]

再审申请人甘肃某房地产开发有限公司（以下简称"房地产公司"）因与被申请人甘肃古某公司建设工程施工合同纠纷一案，不服甘肃省高级人民法院［2019］甘民终 6 号民事判决，向最高人民法院申请再审。

房地产公司申请再审称：第一，二审判决认定事实缺乏依据。二审判决认定案涉工程总价款错误；案涉工程未经竣工验收合格，不具备付款条件。第二，二审判决认定按年利率 24% 计付利息属适用法律错误。第三，二审程序违法。二审法院于庭审结束后接收对方证据，强行组织质证，程序违法。二审判决认定房地产公司经合法传唤无正当理由未到庭质证，与事实不符。一审法院未穷尽送达方式直接采用短信通知开庭时间，程序违法。本案中，房地产公司住所地地址明确、电话畅通，但一审法院未经直接送达，即以短

---

〔1〕 最高人民法院民事审判第一庭编著：《最高人民法院新民事诉讼证据规定理解与适用》（下），人民法院出版社 2020 年版，第 756 页。

〔2〕 江伟、肖建国主编：《民事诉讼法》（第 8 版），中国人民大学出版社 2018 年版，第 222 页。

〔3〕 案例来源：最高人民法院［2019］最高法民申 3879 号民事裁定书。

信方式通知开庭时间，因房地产公司对短信来源和真伪无从判断，导致延误了开庭。综上，依据《民事诉讼法》第 199 条、第 200 条第 2、3、4、6 项申请再审。

最高人民法院认为：第一，关于案涉工程价款数额的认定。二审法院计算得出的工程价款有合同依据和相应的证据支持，房地产公司认为二审判决认定案涉工程价款错误的理由不能成立。关于竣工日期的认定，二审法院根据房地产公司的庭审陈述认定封顶事实，继而认定封顶之日即 2016 年 9 月 11 日为竣工日期并无不当。关于违约金的认定问题，结合本案双方实际履行情况、甘肃古某公司实际损失及房地产公司过错程度等因素，将约定的违约金计付标准适当下调为年利率 24%，并无不当。第二，关于证据质证问题。房地产公司提出二审法院采信的部分证据系甘肃古某公司在二审庭审结束后提交且未经质证，对此，法院认为，《民事诉讼法》（2017 年修正）第 65 条第 2 款规定："人民法院根据当事人的主张和案件审理情况，确定当事人应当提供的证据及其期限……当事人逾期提供证据的，人民法院应当责令其说明理由；拒不说明理由或者理由不成立的，人民法院根据不同情形可以不予采纳该证据，或者采纳该证据但予以训诫、罚款。"从该条规定可知，我国民事诉讼的举证时限制度并未采取绝对的逾期证据失权原则，对于逾期提交的证据，人民法院可以视情形决定是否采纳。本案中，二审法院根据查明事实之需，接受甘肃古某公司逾期提交的与本案争议的基本事实相关的证据，并依法传唤房地产公司进行质证，并未违反法律规定。房地产公司无正当理由拒不到庭质证，应自行承担放弃质证权利的法律后果。故房地产公司主张二审法院认定事实的主要证据未经质证的理由不能成立。第三，关于房地产公司提出一审送达程序问题。《民诉法解释》第 135 条第 1 款规定："电子送达可以采用传真、电子邮件、移动通信等即时收悉的特定系统作为送达媒介。"房地产公司在二审上诉理由中称未能参加一审庭审的原因系该公司法定代表人在外出差申请延期未获准许，由此可见房地产公司知晓一审开庭时间，其主张因无法判断短信真伪而导致耽误参加庭审的理由不能成立。二审判决以房地产公司可委托诉讼代理人出庭，法定代表人出差不属于延期开庭的法定事由为由，认定一审送达程序合法，并无不当。综上，最高人民法院认为房地产公司的再审申请不符合法律规定，作出裁定：驳回房地产公司的再审申请。

问题与思考：

1. 简述举证时限制度。

2. 证据失权的适用及其利弊分析。

举证时限是指负有证明责任的当事人，应当在约定并经人民法院认可的或者人民法院指定的期限内提出相应证据证明其主张，逾期不提供将承担相应不利后果的一项民事诉讼制度。[1]举证时限是一种限制当事人诉讼行为的制度，通过促进当事人积极举证，提高庭审效率，既可以防止诉讼突袭、保证程序公正，又可以避免当事人随时提供证据，特别是在二审、再审程序中提出证据导致裁判的改变，维护司法权威性。举证时限主要包括举证期限和逾期举证的后果这两个方面。

举证期限在性质上属于民事诉讼的期间。新《民事证据规定》第 50 条规定：“人民法院应当在审理前的准备阶段向当事人送达举证通知书。举证通知书应当载明举证责任的分配原则和要求、可以向人民法院申请调查收集证据的情形、人民法院根据案件情况指定的举证期限以及逾期提供证据的法律后果等内容。”之所以将送达举证通知书的时间规定在审理前的准备阶段，是因为在先前的阶段，事实的争议焦点还没有确定，因而无法针对本案所需要的证据来为当事人指定举证期限。而一旦进入审前阶段或审理过程中，法官就可以针对已经确定的争议焦点决定提供何种证据以及多长时间的举证期限。举证期限有法院指定和当事人协商确定两种方式，第 51 条是关于举证期限如何确定的规定：“举证期限可以由当事人协商，并经人民法院准许。人民法院指定举证期限的，适用第一审普通程序审理的案件不得少于十五日，当事人提供新的证据的第二审案件不得少于十日。适用简易程序审理的案件不得超过十五日，小额诉讼案件的举证期限一般不得超过七日。举证期限届满后，当事人提供反驳证据或者对已经提供的证据的来源、形式等方面的瑕疵进行补正的，人民法院可以酌情再次确定举证期限，该期限不受前款规定的期间限制。”第 54 条是关于举证期限的延长的规定：“当事人申请延长举证期限的，应当在举证期限届满前向人民法院提出书面申请。申请理由成立的，人民法院应当准许，适当延长举证期限，并通知其他当事人。延长的举证期限

---

〔1〕　参见夏璐：《民事诉讼举证时限制度研究》，厦门大学出版社 2015 年版，第 4 页。

适用于其他当事人。申请理由不成立的，人民法院不予准许，并通知申请人。"

举证时限确定后，当事人应当在该期限内举证，否则将承担相应的法律后果。对于逾期举证的法律后果，旧《民事证据规定》第 34 条第 1、2 款曾经作了严苛的规定："当事人应当在举证期限内向人民法院提交证据材料，当事人在举证期限内不提交的，视为放弃举证权利。对于当事人逾期提交的证据材料，人民法院审理时不组织质证。但对方当事人同意质证的除外。"学界称之为逾期举证的证据失权效果，其虽然有利于提高诉讼效率和促进程序公正，具有一定的合理性，但理论界和实务部门很多人认为该后果过于严厉，给发现案件真实带来了一定的负面作用，可能不利于实体公正的实现。[1] 就逾期举证的后果而言，证据失权经历了一个从被倡导到被批评的历程。证据失权是指在民事诉讼中，法院对当事人逾期提交的证据不予质证、直接排除的制度。这是法律设定的对于不遵守举证期限的当事人的一种制裁。[2] 基于此，2012 年修正的《民事诉讼法》第 65 条规定："……当事人逾期提供证据的，人民法院应当责令其说明理由；拒不说明理由或者理由不成立的，人民法院根据不同情形可以不予采纳该证据，或者采纳该证据但予以训诫、罚款。"对逾期证据的处理在程序上增加了责令当事人说明理由的环节，在结果上确立了失权、训诫和罚款三种制裁方式，即逾期举证，也未必一定发生失权效果。2015 年《民诉法解释》第 102 条进一步规定了不同情况下逾期举证的法律后果。以当事人是否为故意或重大过失为区分，因故意或重大过失逾期提供证据的，原则上发生证据失权后果，但该证据涉及基本事实的证明的不失权，只是按妨害民事诉讼行为予以训诫、罚款；对于非因故意或重大过失逾期提供证据的，均不发生证据失权后果，人民法院均应采纳，但应当对当事人予以训诫；无论当事人逾期提供证据基于什么程度的主观过错，对方当事人要求赔偿因逾期提供证据致使其增加的交通、住宿、就餐、误工、证人出庭作证等必要费用的，人民法院可予以支持。从 2012 年《民事诉讼法》实施后的审判实务看，对于案件基本事实有关的证据，即使当事人对逾期举证

---

〔1〕 参见肖建华主编：《民事证据法理念与实践》，法律出版社 2005 年版，第 202 页。

〔2〕 吴泽勇："民事诉讼证据失权制度的衰落与重建"，载《中国法学》2020 年第 3 期。

存在重大过失，都选择了一方面采纳该证据，另一方面对当事人进行罚款。[1]
新《民事证据规定》第59条也在总结经验基础上规定："人民法院对逾期提
供证据的当事人处以罚款的，可以结合当事人逾期提供证据的主观过错程度、
导致诉讼迟延的情况、诉讼标的金额等因素，确定罚款数额。"《民事诉讼法》
第118条第1款规定："对个人的罚款金额，为人民币十万元以下。对单位的
罚款金额，为人民币五万元以上一百万元以下。"该规定仅规定了罚款数额的
区间，但具体数额的确定缺乏可参照的实务标准。人民法院根据当事人逾期
提供证据的情形和法律规定予以罚款时，要结合主观过错程度、导致诉讼迟
延的情况、诉讼标的金额等因素确定，考虑当事人的举证能力、获取证据的
难易程度、对整个诉讼进程的影响、比例原则，依法行使自由裁量权，使罚
款数额起到威慑作用，防止畸高或过低。

　　本案中，房地产公司主张二审法院采信的部分证据为甘肃古某公司在二
审庭审结束后提交的，应当发生证据失权。对此，最高人民法院认为二审法
院根据查明事实之需，接受甘肃古某公司逾期提交的与本案争议的基本事实
相关的证据，并依法传唤房地产公司进行质证，并未违反法律规定，即逾期
并不一定失权。

---

　　[1]　李浩："新《民事诉讼证据规定》的主要问题"，载《证据科学》2020年第3期。

第八章

民事诉讼保障制度

第一节　财产保全

案例一：王某、杨某明婚约财产纠纷案[1]

申请人王某与被申请人杨某明及其母杨某光、梁某婚约财产纠纷一案，申请人王某于 2021 年 3 月 2 日向河南省郸城县人民法院申请诉讼财产保全，请求：第一，申请对三被申请人名下的银行存款或同等价值物品（保全金额为 120 000 元）进行查封、冻结；第二，财产保全费用由被申请人承担。事实与理由：申请人诉被申请人婚约财产纠纷一案，为便于将来生效判决的执行，防止被申请人转移藏匿财产，根据《民事诉讼法》第 100 条之规定，特向贵院申请财产保全。申请人王某以其名下的豫 P 牌照小型轿车作为财产担保。

河南省郸城县人民法院经审查认为：申请人申请诉讼财产保全，以防止被申请人转移财产，致使将来的生效裁判难以执行，申请人向本院申请财产保全符合相关法律规定。裁定如下：冻结被申请人杨某明、杨某光、梁某名下的银行存款 120 000 元，或者查封、扣押、冻结三被申请人名下其他同等价值的财产，期限为 1 年。本裁定立即开始执行。如不服本裁定，可以自收到裁定书之日起 5 日内向本院申请复议一次，复议期间不停止裁定的执行。

---

[1] 案例来源：河南省郸城县人民法院［2021］豫 1625 民初 1400 号民事裁定书。

案例二：某财产保险股份有限公司河南省分公司、河南某建设有限公司因申请诉中财产保全损害责任纠纷案〔1〕

2019 年 1 月 14 日，任某滨与牛某、河南某建设有限公司（以下简称"建设公司"）建设工程施工合同纠纷一案，任某滨向郑州市上街区人民法院提出诉中财产保全申请，郑州市上街区人民法院于 2019 年 4 月 25 日作出〔2019〕豫 0106 民初 508 号民事裁定书，并于 2019 年 4 月 30 日裁定冻结原告建设公司的存款 6 380 000 元，冻结期限 1 年。审理中，由于牛某提出管辖异议，该案由濮阳市华龙区人民法院进行了审理。后濮阳市华龙区人民法院判决驳回任某滨的诉讼请求。判决书送达后，各方当事人均未上诉，现该案已生效。

建设公司向郑州市上街区人民法院起诉请求：第一，判令被告赔偿原告利息损失 305 540.82 元（赔偿费用以 6 380 000 元为基数，按照中国人民银行同期贷款利率从 2019 年 4 月 30 日至 2020 年 5 月 1 日计算）；第二，诉讼费由被告承担。

郑州市上街区人民法院认为：公民、法人等合法的民事权益受法律保护，行为人因过错侵害他人民事权益，应当承担侵权责任。人民法院对于可能因当事人一方的行为或者其他原因，使判决不能执行或者难以执行的案件，可以根据对方当事人的申请，作出财产保全的裁定。申请有错误的，申请人应当赔偿被申请人因保全所遭受的损失。关于任某滨申请诉中财产保全是否存在错误的问题。财产保全是为了保证将来生效判决的执行，诉讼请求的合法性和合理性是正当的财产保全的前提和基础。申请保全人是否有过错，不仅要看申请保全人的诉讼请求最终是否得到支持，还要看其是否存在故意或者重大过失，应当结合具体案情、案件裁判结果、败诉原因、案件的诉讼证据等情况综合判断申请人是否已经尽到谨慎合理的注意义务。本案中，任某滨依据其与牛某签订的 6 380 000 元还款协议要求建设公司在欠付工程款范围内承担还款责任，建设公司以任某滨涉嫌虚假诉讼向郑州市公安局上街分局报案，根据公安机关调查笔录及任某滨庭审中陈述，建设公司中标濮阳市清丰县东盟置业公司项目时，任某滨已经退场，其要求建设公司承担责任的诉讼

---

〔1〕　案例来源：河南省郑州市上街区人民法院〔2020〕豫 0106 民初 1639 号民事判决书。

请求无事实及法律依据。任某滨在明知该还款协议系其与牛某为了向濮阳市清丰县东盟置业公司索要欠款的情形下签订的，仍向法院提起诉讼并申请保全建设公司银行存款 6 380 000 元，保全金额巨大，其对该项财产保全措施给建设公司造成的影响应系明知，其更应合理地评估其诉讼风险，权衡可能因保全申请错误所要承担的法律责任，谨慎提出保全申请。故任某滨对保全损害存在过错，给建设公司造成损失，应当承担法律责任。关于建设公司的损失是否应由保险公司承担赔偿责任的问题。涉案诉讼财产保全责任保险系任某滨在保险公司处投保，保险公司出具诉讼财产保全责任保险保单保函作为担保，且保单保函中亦载明了财产保全因申请错误导致的保险责任问题，并在该保函落款处加盖公司印章，该行为应视为被告保险公司自愿对可能涉及的相关责任风险进行承担。被告保险公司在任某滨进行财产保全时未尽到合理谨慎的注意义务，且根据保单第 7 条载明的内容，故被保全人建设公司因保全错误产生的损失应由保险公司在限额内承担相应的赔偿责任。关于建设公司请求的赔偿数额。因任某滨申请冻结原告建设公司的银行存款 6 380 000 元，造成建设公司的银行存款在法院查封期间无法自由流转，给建设公司造成的损失应自财产被采取保全措施起至权利侵害消除之时，即实际冻结期间 2019 年 4 月 30 日至 2020 年 5 月 1 日。对于冻结经营性资金产生的直接损害，应认定为被冻结的账户内资金在被冻结期间的银行同期贷款利率与活期存款利率的利差损失。判决如下：第一，被告某财产保险股份有限公司河南省分公司向原告建设公司赔偿利息损失，即以被冻结存款 6 380 000 元为基数，自 2019 年 4 月 30 日起至 2019 年 8 月 19 日止，按中国人民银行同期贷款基准利率扣减中国人民银行活期存款基准利率计算利息差额；自 2019 年 8 月 20 日起至 2020 年 5 月 1 日止，按全国银行间同业拆借中心公布的贷款市场报价利率扣减中国人民银行活期存款基准利率计算利息差额。第二，驳回原告建设公司的其他诉讼请求。

问题与思考：

1. 结合案例，分析财产保全的适用条件和程序。
2. 简述财产保全的救济方式。

财产保全，是指人民法院防止当事人、利害关系人转移财产，保障生效裁判的顺利执行，避免胜诉债权人权利遭受损失，而对当事人处分相关财产所采取的临时控制措施的一种诉讼保障制度。财产保全应当遵循保护权利减少损害原则、保全审查与实施分离原则、公平与效率兼顾原则、审慎审查与平等保护原则。[1]

诉前财产保全是指起诉前法院根据利害关系人的申请，对被申请人的有关财产所采取的强制性措施。根据《民事诉讼法》第104条的规定，采取诉前保全措施，应当具备下列条件：①必须情况紧急，如果不立即采取财产保全措施，申请人的合法权益就会受到难以弥补的损失。②必须由利害关系人提出申请，法院不能依职权采取。③申请人应当提供担保。④应当向被保全财产所在地、被申请人住所地或者对案件有管辖权的人民法院申请采取保全措施。人民法院接受申请后，必须在48小时内作出裁定；裁定采取保全措施的，应当立即开始执行。申请人在人民法院采取保全措施后30日内不依法提起诉讼或者申请仲裁的，人民法院应当解除保全。

诉讼财产保全，是指人民法院在受理案件之后、作出判决之前，为了保证判决将来能够执行，对当事人的财产或者争执标的物采取限制当事人处分的临时措施。根据《民事诉讼法》第103条，采取诉讼财产保全应当具备下列条件：①必须是因为当事人一方的行为或者其他原因，使判决难以执行或者造成当事人其他损害。②须经当事人的申请。当事人没有提出申请的，人民法院在必要时也可以裁定采取保全措施。③案件的诉讼请求应具有财产给付内容，因为没有给付内容就没有保全的必要。人民法院接受申请后，对情况紧急的，必须在48小时内作出裁定；裁定采取保全措施的，应当立即开始执行。案例一和案例二均为诉讼财产保全。案例一中，在婚约财产纠纷案件受理后，河南省郸城县人民法院尚未作出生效判决之前，王某为了防止被申请人转移藏匿财产，便于将来生效判决的执行，以小型轿车作为财产担保，向法院申请诉讼财产保全符合法律规定。

人民法院对于可能因当事人一方的行为或者其他原因，使判决不能执行或者难以执行的案件，可以根据对方当事人的申请，作出财产保全的裁定。为了避免被申请人知悉保全申请后转移财产，法院一般采取单方、书面的方式审查保全裁定，被申请人没有事前程序保障，权利难免会受到损害。《民事

---

〔1〕 参见曹凤国：《最高人民法院关于人民法院办理财产保全案件若干问题的规定理解与适用》，法律出版社2020年版，第6~9页。

诉讼法》规定的财产保全的救济程序主要包括指向财产保全裁定是否合法的保全复议、因被申请人提供担保或情势变更等而申请解除保全、针对保全行为或者被保全标的物的执行救济以及如果财产保全错误造成了被申请人损失而单独提起的损害赔偿之诉。

案例一中，法院明确表明，"如不服本裁定，可以自收到裁定书之日起五日内向本院申请复议一次，复议期间不停止裁定的执行"，此即为指向财产保全裁定是否合法的保全复议。人民法院应当自收到复议申请后 10 日内审查。对保全裁定不服申请复议的，人民法院经审查，理由成立的，裁定撤销或变更；理由不成立的，裁定驳回。实务中，被申请人提出的复议理由主要有如下类型：第一，被申请人主张保全裁定不具有《民事诉讼法》第 103 条、第 104 条规定的必要性和风险性要求。第二，被申请人主张保全裁定不符合《民事诉讼法》第 105 条对保全范围的规定，保全范围超出了诉讼请求的范围。第三，被申请人主张申请人提供的担保及其数额不符合法律规定。司法实务中，被申请人同时提出三项理由或其中两项理由请求撤销或变更财产保全裁定的情形较为常见，仅一项理由提出复议的往往是主张保全范围超出诉讼请求进而要求变更保全裁定。也仅有主张保全范围超出诉讼请求的理由较容易得到法院的支持。[1]

案例二为被申请人就诉中保全向申请人提起的损害赔偿之诉。因财产保全错误造成了被申请人损失，被申请人提起的损害赔偿之诉可以分为两种：①因法院依职权错误启动财产保全程序造成损失的，由法院按照《国家赔偿法》予以赔偿。②《民事诉讼法》第 108 条规定，申请有错误的，申请人应当赔偿被申请人因保全所遭受的损失。案例二中，判断申请保全人任某滨是否有过错，不仅要看他的诉讼请求最终是否得到支持，还要看其是否存在故意或者重大过失。建设公司中标濮阳市清丰县东盟置业公司项目时，任某滨已经退场，按照法律规定，其已经无权要求建设公司承担责任。但任某滨仍依据其与牛某签订的还款协议向人民法院提起诉讼并申请保全建设公司银行存款6 380 000元，保全金额巨大。任某滨明知该项财产保全措施会给建设公司造成的影响，更应该合理地评估其诉讼风险，权衡可能因保全申请错误所要承担的法律责任，谨慎提出保全申请。因此，任某滨对保全损害存在过错，

---

[1] 刘君博："财产保全救济程序的解释与重构"，载《清华法学》2018 年第 5 期。

给建设公司造成的损失应承担法律责任。为了统一司法尺度，人民法院应立足于多维视角对财产保全"申请有错误"进行解释，即应以当事人地位平等为基本的价值取向，兼顾诉讼行为的性质，并结合财产保全制度的具体类型进行综合考量，以败诉与否作为诉前财产保全申请错误与否的主要判准，以财产保全是否具有合理性作为诉中财产保全申请错误与否的主要判准。[1]

除此之外，针对保全行为或者被保全标的物的执行救济主要是指根据《民事诉讼法》第232条和第234条提起执行异议和案外人异议救济。解除保全措施作为一种救济手段与保全复议也并不相同，其并不争议财产保全裁定本身的适法性，而是撤销或变更保全执行措施。《最高人民法院关于人民法院办理财产保全案件若干问题的规定》第23条规定："人民法院采取财产保全措施后，有下列情形之一的，申请保全人应当及时申请解除保全：（一）采取诉前财产保全措施后三十日内不依法提起诉讼或者申请仲裁的；（二）仲裁机构不予受理仲裁申请、准许撤回仲裁申请或者按撤回仲裁申请处理的；（三）仲裁申请或者请求被仲裁裁决驳回的；（四）其他人民法院对起诉不予受理、准许撤诉或者按撤诉处理的；（五）起诉或者诉讼请求被其他人民法院生效裁判驳回的；（六）申请保全人应当申请解除保全的其他情形。"

第二节　行为保全

案　例：某无线许可有限公司、某技术有限公司确认不侵害专利权纠纷案[2]

2018年1月，某技术有限公司（以下简称"技术公司"）向江苏省南京市中级人民法院（以下简称"南京中院"）提起三案诉讼，请求确认中国地区标准必要专利的许可费率。2018年4月，为反制技术公司的中国诉讼，某无线许可有限公司（以下简称"无线许可公司"）向德国杜塞尔多夫法院提起标准必要专利侵权诉讼，请求判令技术公司停止侵权并赔偿损失。2019年

---

〔1〕　李喜莲："财产保全'申请有错误'的司法考量因素"，载《法律科学（西北政法大学学报）》2018年第2期。

〔2〕　案例来源：最高人民法院［2019］最高法知民终732、733、734号之二民事裁定书。

9 月 16 日，南京中院作出三案一审判决，确定技术公司及其中国关联公司与无线许可公司所涉标准必要专利的许可费率。无线许可公司不服一审判决，向最高人民法院提起上诉，主张原审法院确定的标准必要专利许可费率过低。在最高人民法院二审审理期间，2020 年 8 月 27 日，德国杜塞尔多夫法院作出一审判决，该判决确定的标准必要专利许可费率约为中国确定的标准必要专利许可费率的 18.3 倍。同时，德国杜塞尔多夫法院判定该判决可在无线许可公司提供 240 万欧元担保后获得临时执行。

2020 年 8 月 27 日，最高人民法院知识产权法庭收到技术公司的禁诉令申请。在收到技术公司的禁诉令申请后，最高人民法院综合考虑了必要性、损益平衡、国际礼让原则等因素，在要求技术公司提供担保的基础上，于 2020 年 8 月 28 日作出 [2019] 最高法知民终 732、733、734 号之一行为保全民事裁定（以下简称"原裁定"）：无线许可公司不得在最高人民法院终审判决前申请执行上述德国判决。如违反本裁定，自违反之日起，处每日罚款人民币 100 万元，按日累计。该裁定于当日送达。无线许可公司不服，于 2020 年 9 月 2 日向最高人民法院提出复议申请。2020 年 9 月 4 日，最高人民法院就复议申请举行听证。

最高人民法院认为：根据无线许可公司的复议请求及技术公司的答辩意见，本三案复议程序有如下六个争议焦点：一是原裁定对德国法院裁判的影响是否超出了适度范围；二是无线许可公司若申请临时执行德国法院一审判决对本三案审理的影响；三是若不作出原裁定，技术公司是否可能面临难以弥补的损害；四是原裁定对双方利益的权衡是否失衡；五是本三案是否符合《民事诉讼法》第 104 条规定的解除保全条件；六是原裁定对违反裁定行为采取按日计罚方式处以罚款是否违反法律规定。对此，本院分析如下：

（1）原裁定对德国杜塞尔多夫法院裁判的影响并未超出适度范围（分析理由省略）。

（2）无线许可公司若申请临时执行德国杜塞尔多夫法院一审判决对本三案审理的影响。本三案终审判决具有执行力。在审查行为保全申请时，对于是否可能因当事人一方的行为造成案件判决难以执行等损害这一要件，应当结合行为保全的特点予以理解。行为保全具有保全性和应急性，其目的是确保将来的判决能够获得执行、申请人依据判决确定的权益能够最终得以实现。因此，在行为保全的语境下，考察当事人一方的行为是否会造成案件判决难以执行时，聚焦的核心是，如果不采取保全措施，一旦当事人实施该行为，能否确保判决对当事人发生拘束力和执行力，申请人依据判决确定的权益能否最终得以实现。至于判决内容本身是否适合直接强制执行，并非判断当事人的行为是否可能造成案件判决难以执行时需要考虑的内容。无线许可公司关于本三案终审判决不具有执行力的主张，错误地将判决的执行力混同于判决内容是否适合强制执行。本三案终审判决将确定涉案标准必要专利许可费率，该费率对双方均具有约束力，亦具有可执行内容。

（3）执行德国判决可能会使技术公司遭受难以弥补的损害。在本三案行为保全申请审查中，在德国杜塞尔多夫法院一审判决作出和本院正在对本三案进行审理的特定时间段内，如果无线许可公司申请临时执行德国杜塞尔多夫法院一审判决，可能会给技术公司造成损害。在此时间段内，一旦德国杜塞尔多夫法院一审判决得以执行，则技术公司将仅余两种选择：要么被迫退出德国市场，要么被迫接受无线许可公司要价并与之达成和解。前一情形下，其将承受相关市场损失和商业机会损失；后一情形下，其将被迫接受无线许可公司的超高专利许可费要价，甚至放弃本三案司法救济机会。故此，技术公司因无线许可公司申请临时执行德国法院一审判决所可能遭受的损害既包括有形的物质损害，又包括商业机会和市场利益等无形损害；既包括经济利益损害，又包括诉讼利益损害；既包括在德利益损害，又包括在华利益损害。原裁定认定技术公司可能遭受难以弥补的损害具有证据支持。技术公司申请的行为保全属于诉讼保全范畴，有关事实认定适用优势证据证明标准，而非高度盖然性标准。技术公司提供了德国杜塞尔多夫法院一审判决，就临时执行德国杜塞尔多夫法院一审判决可能使其遭受前述难以弥补的损害作出了合理说明，该说明符合一般商业逻辑和既有商业实践，可以初步证明其所称的难以弥补的损害。无线许可公司提供 240 万欧元担保并不足以弥补技术公司可能遭受的损害。德国杜塞尔多夫法院是否考虑中国判决认定的专利许可费率并受中国诉讼影响，与原裁定缺乏关联性。原裁定法律效力的实现，不取决于其是否得到德国杜塞尔多夫法院的承认与执行，而取决于无线许可公司是否遵守原裁定确定的法律义务。原裁定系针对无线许可公司作出，只要无线许可公司遵守原裁定确定的法律义务，不得在本三案终审判决作出之前申请临时执行德国法院一审判决，该损害即可以避免。

（4）原裁定对双方利益的权衡是否失衡。行为保全裁定中对于当事人利益的考量以利益受损比较为基本方法，即比较不采取行为保全措施对申请人造成的损害和采取行为保全措施对被申请人造成的损害，两害相权取其轻。本三案中，在不采取行为保全措施情形下，技术公司将遭受难以弥补的损害，包括有形损害和无形损害、经济利益损害和诉讼利益损害、在德利益损害和在华利益损害。本三案听证过程中，无线许可公司认可其德国诉讼的核心利益是经济利益，具体而言是德国诉讼所涉标准必要专利的许可使用费。原裁定的利益衡量范围与技术公司的诉讼请求范围并无直接关联。行为保全裁定不同于案件实体判决。行为保全的申请人不限于原告，应予考虑的受损利益也不限于原告诉讼请求。审查行为保全申请时，利益衡量的范围和限度取决于作为行为保全申请对象的行为对申请人和被申请人的影响范围和程度。本三案中，无线许可公司申请临时执行德国杜塞尔多夫法院一审判决是行为保全申请的对象，该行为给技术公司造成的利益影响均可纳入考量范围。原裁定并未考虑最大化技术公司的商业利益。作出原裁定所考虑的是，技术公司因无线许可公司在当前特定时刻申请临时执行德国杜塞尔多夫法院一审判决所可能遭受的损害，而非最大化技术公司的商业利益。原裁定更关注的是，无线许可公司在当前特定时刻申请临时执行德国杜塞尔多夫法院一审判决可能对本三案审理和执行造成的干扰和妨碍。此外，原裁定还考虑了无线许可公司的利益、国际礼让等因素。

（5）本三案是否符合《民事诉讼法》第104条规定的解除保全条件。无线许可公司向德国杜塞尔多夫法院提供担保不属于《民事诉讼法》第104条规定的情形，不构成解除原裁定行为保全措施的充分条件。《最高人民法院关于审查知识产权纠纷行为保全案件适用法律若干问题的规定》第12条规定，人民法院采取的行为保全措施，一般不因被申请人提供担保而解除，但是申请人同意的除外。据此，即便无线许可公司向本院提供相应担保，原裁定所采取的行为保全措施亦不能当然解除。

（6）按日计罚处罚方式符合法律规定。禁止被申请人为一定行为的行为保全措施具有特殊性，其核心是针对被申请人未来的行为，要求其不得为一定行为，不得违法改变现有状态。倘若被申请人拒不遵守法院裁定确定的义务，改变现有状态，则属于积极、故意违法行为。被申请人此种故意违法行为系持续性地违反裁定和改变现状，该行为与一次性的、已经实施完毕的违法行为具有明显区别，应视为被申请人每日均实施了单独的违法行为。对于该种每日持续发生的妨害民事诉讼的行为，应当以按日计罚的方式确定处罚。

按日计罚处罚方式与本三案违反行为保全措施可能产生的后果相适应。

最高人民法院特别指出：技术公司与无线许可公司因标准必要专利许可纠纷在全球展开诉讼，相关国际平行诉讼的存在使得不同法域的法院在审理中面临复杂的情形。本院尊重双方当事人的诉讼权益以及基于商业考量的处分权，但原裁定作为生效裁定所确定的行为保全措施，理应得到各方当事人的尊重与执行。双方应当正确理解并完全履行原裁定确定的行为保全措施，不得以任何方式否定、规避或妨碍原裁定的执行，特别是不得向德国杜塞尔多夫法院申请禁令，对抗原裁定的执行。本院将结合当事人的具体行为以及对原裁定行为保全措施可能带来的影响判断是否构成对原裁定的违反。构成对原裁定违反的，将依法予以制裁，对主要负责人或者直接责任人员予以罚款、拘留；构成犯罪的，依法追究刑事责任。综上，原裁定认定事实清楚，适用法律正确，本院予以维持。裁定如下：驳回无线许可有限公司的复议请求。

问题与思考：

1. 简述行为保全的含义和目的。
2. 本案中禁诉令裁定的创新点有哪些?

行为保全，是指当事人为维护其合法权益，保证生效裁判的执行、阻断侵害行为继续、避免损失的扩大，人民法院依法要求当事人为一定行为或不为一定行为的民事诉讼制度。[1]《民事诉讼法》第 103 条第 1 款规定："人民法院对于可能因当事人一方的行为或者其他原因，使判决难以执行或者造成当事人其他损害的案件，根据对方当事人的申请，可以裁定对其财产进行保全、责令其作出一定行为或者禁止其作出一定行为；当事人没有提出申请的，人民法院在必要时也可以裁定采取保全措施。"行为保全的目的是防止将来的判决不能执行或难以执行和避免因对方的行为给当事人造成损害，功能在于给予债权人预防性的紧急权利保护。无论针对诉前行为保全还是诉讼行为保全，法院均应进行两阶层审查：首先审查保全请求权，其次审查保全理由，也即情况紧急、申请人面临难以弥补之损害的风险。针对保全请求权和保全理由，申请人均应进行主张与证明，但对此可采降低的证明标准，也即只需达到盖然性占优势的证明标准即可；而且，法院在对保全理由进行审查时还

---

〔1〕 张卫平：《民事诉讼法》（第 4 版），法律出版社 2016 年版，第 269 页。

应当进行利益衡量，并遵循比例原则。[1]

在 2012 年《民事诉讼法》正式引入行为保全之前，我国已经在《海事诉讼特别程序法》中规定了海事强制令。同时因为加入世界贸易组织，也按照 TRIPS 协议的要求增加了有关知识产权诉前禁令的条文。无论海事强制令还是有关知识产权的禁令，在性质上都属于对于一方当事人行为采取的临时性强制性措施。虽然行为保全是一种临时性禁令，但是考虑到其实施会给双方的利益带来超出"临时性"的较大影响，因此与财产保全不同，在审查行为保全时需要听取另一方当事人的意见，应主要围绕被申请人的行为是否应当予以制止或者是否应当为某种行为而展开。申请诉前行为保全的当事人必须提供担保，担保的数额由人民法院根据案件的具体情况决定。当事人申请诉讼行为保全的，法院可视具体情况，对其是否应当提供担保以及担保的数额作出决定。不服行为保全的与不服财产保全相同，当事人、利害关系人均不得上诉，但可以申请复议一次，复议期间不停止裁定的执行。

我国民事诉讼法虽然确立了诉前行为保全制度，但是实践中申请保全却存在一定困难，这是困扰知识产权权利人和利害关系人的一个顽疾，亦导致我国立法、司法和理论研究之间产生一定割裂。"申请难"其理论根源可以被归结为对诉权范围的限缩、对程序事项的轻视和对证明标准的误读。通过拓展诉权范畴，建立多维度的诉权体系，可以在理论上克服立案登记制改革的盲区。证明标准以"说明理由"和"可能"为标志，降低诉前行为保全及部分程序事项的证明标准，达到优势盖然性标准，界定为疏明。[2]广义的诉讼证明包括狭义的证明和疏明（也称为释明）。狭义证明是指让法官确信案件事实为真的诉讼证明，疏明是指法官根据有限的证据可以大致推断案件事实为真的诉讼证明。

适用行为保全也是一个利益衡量的过程。以《最高人民法院关于审查知识产权纠纷行为保全案件适用法律若干问题的规定》为例，法官在判断是否适用行为保全时，应当首先考虑是否属于第 6 条有关"情况紧急"的情形，如果不符合，则可以直接否定申请，如符合，则根据第 7 条进行判断申请人

---

[1] 周翠："行为保全问题研究——对《民事诉讼法》第 100-105 条的解释"，载《法律科学（西北政法大学学报）》2015 年第 4 期。

[2] 参见任重："我国诉前行为保全申请的实践难题：成因与出路"，载《环球法律评论》2016 年第 4 期。

是否遭受难以弥补的损害的风险。之后再判断被申请人是否会因保全错误而遭受难以弥补的损害。最后，胜诉可能性仅在当事人双方都有遭受难以弥补损害的可能时才应当予以考虑。

本案为最高人民法院知识产权法庭创造性适用行为保全相关制度，作出我国知识产权诉讼首例具有"禁诉令"性质的行为保全裁定。本案中，行为保全的申请人是技术公司，保全的行为是无线许可公司不得在最高人民法院终审判决前申请执行德国判决。技术公司与无线许可公司的争议焦点为中国地区标准必要专利的许可费率。2019年南京市中级人民法院的判决确定了许可费率，无线许可公司认为该许可费率过低，进行上诉，在最高人民法院二审审理期间，德国杜塞尔多夫法院作出一个是中国18.3倍许可费率的判决，并允许无线许可公司临时执行。如果无线许可公司执行该许可费率，技术公司要么被迫退出德国市场，承受相关市场损失和商业机会损失，要么被迫接受无线许可公司要价并与之达成和解，放弃本三案司法救济机会。如果这种情况下不采取行为保全措施，一旦无线许可公司实施该行为，那么将无法确保最高人民法院二审判决所确定的许可费率对当事人发生拘束力和执行力，技术公司依据判决确定的权益也将不能实现，技术公司将面临难以弥补的损害。因此在技术公司就临时执行德国杜塞尔多夫法院一审判决可能使其遭受的损害作出了符合一般商业逻辑和既有商业实践的合理说明，同时提供了相应的担保的情况下，最高人民法院作出了行为保全裁定。

本案作为"2020年中国法院十大知识产权案件"之一，是首例具有"禁诉令"性质的行为保全裁定。禁诉令，是指在管辖权冲突的情况下，由一国法院发布的禁止当事人在他国法院提起或者继续诉讼的命令。禁诉令制度起源于英国，与传统意义上的行为保全裁定最本质的区别在于其涉及国际平行诉讼，因此在具体的考量因素上二者存在一定差异。在本案中，合议庭考量了五个因素：域外判决临时执行对中国诉讼的影响；采取行为保全措施是否确属必要；损益平衡；采取行为保全措施是否损害公共利益；国际礼让原则。

本案禁诉令裁定的创新点主要包括：第一，必要性判断的全面性。是否颁发禁诉令应着重审查不采取行为保全措施是否会使申请人的合法权益受到难以弥补的损害或者造成案件裁决难以执行等损害。单纯的经济利益损失并非合议庭考察的重点，合议庭更关注非经济利益的损失，本案表现为当事人诉权以及中国裁判可执行性所遭受的损失。第二，考虑到了国际礼让原则。

在本案中，合议庭提出了国际礼让原则考量的三个具体因素：案件受理时间先后、案件管辖适当与否、对域外法院审理和裁判的影响是否适度等。本案裁定限制无线许可公司在本案作出终审判决前申请临时执行德国杜塞尔多夫法院一审判决，既未涉及德国诉讼所涉欧洲专利的侵权认定，又未对德国判决或者执行作出任何评价，更未干涉德国诉讼实体审理及裁判效力。第三，本案裁定促成当事人最终达成全球一揽子和解协议，结束了在全球多个国家的平行诉讼，取得了良好的法律效果和社会效果，为我国科技企业依法维护创新权益提供了新的手段和方式。禁诉令已呈现出适用国家和适用领域不断扩大化和国际化的趋势，并频繁适用于知识产权诉讼特别是标准必要专利诉讼中。目前，我国法律没有明确的禁诉令制度。现有法律框架下，可以以《民事诉讼法》第 103 条的行为保全制度为基础依据，拓宽我国行为保全制度的适用范围和边界，初步构建起中国禁诉令的司法实践路径。在具体考量因素上，可以考虑域外诉讼或裁判对中国诉讼的影响、必要性、损益平衡、公共利益、国际礼让原则等因素。并且，在国际平行诉讼中，对于违反禁诉令的行为存在适用按日计罚的必要性。[1]

第三节　先予执行

案例一：曹某宁、饶某提供劳务者受害责任纠纷案[2]

原告曹某宁与被告饶某、湖北某建筑工程有限公司（以下简称"建筑公司"）提供劳务者受害责任纠纷一案，申请人曹某宁于 2019 年 8 月 23 日向湖北省黄冈市黄州区人民法院申请先予执行，请求先予执行被申请人饶某、建筑公司向申请人曹某宁支付医疗费 30 000 元至武汉脑科医院长江航运总医院。并提供担保人杨某清所有的鄂 A 牌照小型轿车作为担保，且作出承诺，如申请先予执行错误，自愿承担被申请人因先予执行错误遭受的损失。

黄冈市黄州区人民法院认为：对于追索赡养费、抚养费、抚育费、抚恤

---

〔1〕 参见宾岳成："禁诉令性质的行为保全裁定之考量因素及保障措施我国知识产权诉讼首例禁诉令裁定解读"，载《法律适用》2021 年第 4 期。

〔2〕 案例来源：湖北省黄冈市黄州区人民法院〔2019〕鄂 1102 民初 1943 号之一民事裁定书。

金、医疗费用的，根据当事人的申请，人民法院可以裁定先予执行。根据《民事诉讼法》第106条之规定，本案中，原告曹某宁因提供劳务受害受伤住院治疗，已经花费大量医疗费用，且后续治疗需要继续交款30 000元，现原告曹某宁已无能力继续支付医疗费用，急需救治。原告诉称其受被告饶某雇请，被告建筑公司将其所承接的工程违法分包给不具有承接建筑工程资质的个人（饶某），申请先予执行两被申请人30 000元用于医疗费用。裁定如下：第一，在被告饶某、建筑公司的账户中先予执行30 000元。第二，查封担保人杨某清提供的其所有的鄂A牌照小型轿车。

案例二：叶某成侵权责任纠纷案[1]

2018年11月初，被告叶某成雇请项某忠、陈某等5人在浙江省遂昌县范围内的山场上清理枯死松木的过程中滥伐活的松树89株，经丽水小康农林技术服务有限公司鉴定，被告叶某成滥伐的立木蓄积量为22.9964立方米，折合材积13.798立方米，且案发山场属于国家三级公益林。经专家出具修复意见，遂昌县人民检察院诉请判令被告叶某成在"龙潭湾"山场补植2~3年生木荷、枫香等阔叶树容器种1075株，并申请先予执行。在先予执行过程中，由于种植木荷、枫香等阔叶树的时间节点已过，经林业专家重新出具修复评估意见，遂昌县人民检察院提出变更诉讼申请，请求判令被告依据修复意见改种杉木苗，并进行抚育，否则承担生态修复费用。被告叶某成于2020年4月7日完成补植1288株杉木苗任务，遂昌县自然资源和规划局于当日进行了验收。

浙江省丽水市中级人民法院认为：林地是森林资源的重要组成部分，是林业发展的根本。林地资源保护是生态文明建设中的重要环节，对于应对全球气候变化，改善生态环境有着重要作用。被告叶某成违反了《森林法》第23条、第32条的规定，未经许可，在公益林山场滥伐林木，数量较大，破坏了林业资源和生态环境，对社会公共利益造成了损害，应当承担相应的环境侵权责任。综合全案事实和鉴定评估意见，本院对遂昌县人民检察院提起公益诉讼要求被告承担生态环境修复责任的主张予以支持。遂昌县人民检察院提起本案公益诉讼的主体资格适格，程序合法。判决如下：第一，被告叶某成自收到本院［2020］浙11民初35号民事裁定书之日起30日内在"龙潭

---

[1] 案例来源：浙江省丽水市中级人民法院［2020］浙11民初35号民事判决书。

湾"山场补植 1~2 年生杉木苗 1288 株，连续抚育 3 年（截止到 2023 年 4 月 7 日），且种植当年成活率不低于 95%，3 年后成活率不低于 90%。第二，如果被告叶某成未按本判决的第一项履行判决确定的义务，则需承担生态功能修复费用 9658.4 元。

问题与思考：

1. 简述先予执行的适用情形和适用条件。

2. 案例二中，法院适用先予执行是否正确？请说明理由。

先予执行，是指人民法院在审理民事案件中，根据一方当事人的申请，因一方当事人生活或生产的急需，在作出判决之前，根据当事人的申请，裁定一方当事人给付另一方当事人一定数额的金钱或其他财物，或者实施或停止某些行为，并立即执行的法律制度。先予执行制度为我国民事诉讼法所独创，在一定程度上替代了行为保全制度的部分内容。根据调研的情况来看，先予执行制度在司法实践中运行良好，并不存在亟需修改的地方，2012 年《民事诉讼法》在增加行为保全制度的同时，也保留了先予执行制度，两种制度各有侧重，与财产保全制度一起共同构成了有中国特色的民事诉讼临时救济体系。[1]

并非所有的案件都可以申请先予执行，根据《民事诉讼法》第 109 条、《劳动争议调解仲裁法》第 44 条，人民法院、仲裁庭对下列案件，根据当事人的申请，可以裁定先予执行：①追索赡养费、扶养费、抚育费、抚恤金、医疗费用的；②追索劳动报酬、工伤医疗费、经济补偿或者赔偿金的；③因情况紧急需要先予执行的。这里的情况紧急具体包括：需要立即停止侵害、排除妨碍；需要立即制止某项行为的；追索恢复生产、经营急需的保险理赔费的；需要立即返还社会保险金、社会救助资金的；不立即返还款项，将严重影响权利人生活和生产经营的。案例一即为追索工伤医疗费。裁定先予执行后，案件经过审理，判决申请人败诉的，申请人应当将先予执行取得的财产经由执行回转返还给对方。拒不返还的，由人民法院强制执行。被申请人因先予执行遭受损失的，由申请人予以赔偿。

适用先予执行应当符合以下条件：①当事人之间权利义务关系明确。案

---

〔1〕 王胜明主编：《中华人民共和国民事诉讼法释义》，法律出版社 2012 年版，第 251 页。

例一中，被告建筑公司将其所承接的工程违法分包给不具有承接建筑工程资质的个人饶某，曹某宁受饶某雇请提供劳务，劳务关系明确。②申请人有生活或生产经营的急需，不先予执行将严重影响申请人的生活或者生产经营。申请人的生活或生产经营急需，主要指两种情况：申请人无生活来源，如不先予执行可能给权利人的生活带来严重困难；义务人不履行义务，不先予执行将使申请人停工停产，甚至破产的。案例一中，曹某宁因提供劳务受害受伤住院治疗，已经花费大量医疗费用，且后续治疗需要继续交款 30 000 元，现已无能力继续支付医疗费用，属于情况紧急。③申请人提出先予执行申请。劳动者申请先予执行的，可以不提供担保。案例一中，曹某宁虽为劳动者，但仍以担保人杨某清的小型轿车作为担保。④被申请人有履行能力。但如果是劳动者申请先予执行的案件，不需要具备此条件。曹某宁的情况符合适用先予执行，因此黄冈市黄州区人民法院裁定先予执行饶某、建筑公司 3 万元用于医疗费用。

案例二为浙江省首次在环境民事公益诉讼中适用先予执行措施。2017 年12 月，中共中央办公厅、国务院办公厅印发的《生态环境损害赔偿制度改革方案》提出 "各地人民法院要研究符合生态环境损害赔偿需要的诉前证据保全、先予执行、执行监督等制度"。但此后，最高人民法院于 2019 年 6 月 4日公布的《关于审理生态环境损害赔偿案件的若干规定（试行）》并没有关于构建生态环境损害赔偿先予执行制度的细化规定，因此在环境公益诉讼中启动先予执行，在司法实践中尚处于摸索阶段。

环境民事公益诉讼的诉讼请求主要为停止侵害、排除妨碍、消除危险，这与《民诉法解释》中对先予执行规定的前提条件之一 "需要立即停止侵害、排除妨碍" 相符合。因此，尽管法律没有明确规定环境民事公益诉讼可以适用先予执行，但仍具有适用的必要性和可行性。从适用先予执行的条件之一 "需要具有紧迫性" 考量，在生态环境保护案件中，许多重大的环境损害是不可逆转的，或者至少会持续非常长的时间，而生态修复通常有时效性。当下我国关于环境公益诉讼的民事索赔流程需历经多个阶段，如果污染情节较为严重，法院一般采取 "先刑后民" 的诉讼模式，民事索赔周期就进一步延长。等诉讼终结后再执行，生态和环境资源将可能造成无可挽回的损失，执行也将失去意义或者无法执行。因此，为降低修复成本，增加修复效益，有必要通过先予执行的方式及时开展修复活动。

案例二为破坏森林资源的案件，在以往审理的类似案件中，一般在判决生效后当事人才会进行树苗补种，因审限影响，树苗补种往往不在合适的时机，或者当事人会申请在来年或者再过一段时间去缓冲自己的补种期限，造成林业资源未及时得到修复的不利后果。浙江省丽水市中级人民法院在审理中，创新裁定先予执行，让被告能在案件判决前合适的种植时间内及时完成树苗补种任务，最大程度保障树苗的存活率和生长率，对生态修复的及时性作出了很好的探索，可以保障修复的及时性，优化修复效果。[1]因此，法院作出让被告种植杉木苗，并进行抚育的先予执行裁定是正确的。

第四节　对妨碍民事诉讼的强制措施

案例一：陈某提供劳务者受害责任纠纷案[2]

袁某林与陈某、四川省叙永县某物业管理有限公司（以下简称"物业公司"）、叙永县某水务投资有限公司（以下简称"水务投资公司"）提供劳务者受害责任纠纷一案，在该案诉讼过程中，叙永县人民法院根据袁某林的申请作出了［2020］川0524民初3014号之二先予执行裁定，裁定要求复议申请人、物业公司先行支付袁某林医疗费80 000元，对此，复议申请人申请复议期间，叙永县人民法院以陈某拒不履行生效法律文书所确定的义务为由，作出了［2020］川0524司惩60号拘留决定，对陈某司法拘留15天。2021年1月6日，叙永县人民法院以陈某未在规定期限内向法院报告财产为由对其作出［2021］川0524司惩1号拘留决定，再次对其司法拘留15天。

陈某不服［2021］川0524司惩1号拘留决定，向四川省泸州市中级人民法院申请复议。陈某提出，请求撤销［2021］川0524司惩1号拘留决定，在第一次拘留后，其没有也不可能有新的妨害民事诉讼的行为，该案叙永县人民法院以变相方式突破法律规定连续拘留，属严重违法行为，依法应予纠正。

泸州市中级人民法院认为：根据《民诉法解释》第184条规定："对同一妨害民事诉讼行为的罚款、拘留不得连续适用。发生新的妨害民事诉讼行为

---

〔1〕 陈俊如、程建勇："生态修复中先予执行的适用"，载《人民司法》2021年第2期。
〔2〕 案例来源：四川省泸州市中级人民法院［2021］川05司惩复1号复议决定书。

的，人民法院可以重新予以罚款、拘留"。本案中，叙永县人民法院第一次对复议申请人陈某进行司法拘留 15 天是以拒不履行生效生效法律文书所确定的义务为由，而第二次对其司法拘留 15 天是以陈某未在规定期限内向法院报告财产为由。两次对其司法拘留的事由并不一致，因此叙永县人民法院对复议申请人陈某的两次司法拘留行为并不违反《民诉法解释》第 184 条的规定，故其复议申请的理由和请求依法不能成立。决定如下：驳回陈某的复议申请，维持原决定。

案例二：邱某健企业借贷纠纷案[1]

深圳市龙华区人民法院（以下简称"龙华法院"）在执行过程中查明被执行人李某燕名下的涉案房产现由案外人邱某健承租使用。2020 年 7 月 1 日，该院作出协助执行通知书，通知邱某健将其承租涉案房产需要支付的租金汇入龙华法院账户。邱某健在 2020 年 9 月 11 日向龙华法院缴付了涉案房产的租金。2020 年 9 月下旬，邱某健收到广州市中级人民法院的执行裁定书及协助执行通知书，通知其将涉案房产租金付至该院账户。邱某健将两家法院执行情况分别告知了法院，龙华法院明确通知其继续协助执行，在多次催促邱某健继续协助提取对应月份租金未果后，龙华法院遂作出 ［2020］粤 0309 执4424 号执行决定书，决定对邱某健罚款 10 万元，并于 2020 年 10 月 31 日向邱某健送达该决定书。邱某健收到后，于 2020 年 11 月 1 日将涉案房产 9 月及10 月租金共计 37 800 元汇付至龙华法院指定收款账户，并出具《承诺书》，承诺将及时、足额地继续履行龙华法院通知的协助执行义务。邱某健向深圳市中级人民法院申请复议。

深圳市中级人民法院认为：我国民事诉讼法律明文规定了对被执行人收入提取及协助义务人协助提取的执行制度，协助执行义务人应按照法律规定和法律文书要求积极履行义务。本案中，龙华法院向邱某健送达了执行裁定书、协助执行通知书等法律文书后，邱某健未能按照法律文书要求如期履行协助法院执行被执行人李某燕名下涉案房产租金之义务，且经多次催促仍未履行，龙华法院遂对其采取罚款措施，于法有据。《民事诉讼法》（2017 年修正）第 111 条规定，对拒不履行判决、裁定的，人民法院可以根据情节轻重予以罚款、拘留；《民诉法解释》（2020 年修正）第 193 条规定："人民法院

---

〔1〕 案例来源：广东省深圳市中级人民法院 ［2020］粤 03 执复 639 号复议决定书。

对个人或者单位采取罚款措施时，应当根据其实施妨害民事诉讼行为的性质、情节、后果，当地的经济发展水平，以及诉讼标的额等因素，在民事诉讼法第一百一十五条第一款规定的限额内确定相应的罚款金额。"根据上述规定，综合考虑邱某健作为协助执行义务人协助执行情况，其中断履行事出有因，总体未造成租金款项流失不利后果，且在收到龙华法院〔2020〕粤0309执4424号执行决定书后，复议申请人邱某健及时改正，已将之后涉案房产对应月份租金汇付至龙华法院指定收款账户，并承诺继续履行其义务，故龙华法院对复议申请人邱某健罚款10万元的决定过于严苛，本着善意文明执行理念，本院依法予以变更。决定如下：第一，撤销深圳市龙华区人民法院〔2020〕粤0309执4424号执行决定；第二，对邱某健罚款人民币5000元，限于收到本决定书之日起三日内交纳。本决定一经作出即生效。

问题与思考：

1. 简述妨害民事诉讼行为。

2. 结合案例，简述罚款和拘留的适用。

对妨害民事诉讼的强制措施，又称为民事诉讼强制措施，是指人民法院为制止和排除妨害民事诉讼行为，保证诉讼活动的顺利进行，依法对实施妨害诉讼行为的人采取的强制手段。民事诉讼强制措施，虽然不是民事诉讼任何个案都必须采取的措施，但却是民事诉讼程序得以顺利开展的法律保障，其与保全程序、先予执行程序，一并构成了我国民事诉讼法的基本保障程序。作为民事诉讼运行过程中的一项程序保障机制，其对于诉讼秩序的维护发挥着重要作用。民事诉讼强制措施的目的在于保障诉讼程序的顺利进行，其主要特征在于强制性，但同时也具有一定的惩罚性。[1]尽管民事诉讼法律责任与民事诉讼强制措施的设置目的不尽相同、适用对象不完全相同，但从二者的性质上看，强制措施的内容应当是民事诉讼法律责任的表达方式，其应包含在民事诉讼法律责任的范畴之中。民事诉讼法律责任，是指民事诉讼法律关系主体在诉讼活动中实施违法或不当诉讼行为而应承担的法律制裁，是一种包含实体责任和诉讼责任的综合性法律责任。民事诉讼实体法律责任是以实体法来评价或考察民事诉讼中的诉讼行为，即评价诉讼法律关系主体的诉

---

〔1〕 周洪江：《民事诉讼强制措施理论研究》，中国政法大学出版社2019年版，第1页。

讼行为是否符合实体法律规定，包括民事诉讼中的刑事责任、民事责任、行政责任和国家赔偿责任。民事诉讼程序性法律责任，又称为民事诉讼程序性制裁，是指民事诉讼法律关系主体在民事诉讼中因违法诉讼行为而应承担的程序性不利后果，其责任形式主要有程序权利减损、确认结果无效和程序行为重新作出。《民事诉讼法》第十章中规定的"对妨害民事诉讼行为的强制措施"，可以说是现行民事诉讼法律责任的集中体现。民事诉讼强制措施不仅对当事人的诉讼行为进行规制，也对诉讼参与人及其他负有协助义务的案外人的违法行为予以制裁。民事诉讼强制措施的性质是法律制裁，是一种法律责任形式。因此，从制度上、程序上对强制措施加以完善，才能契合维护司法秩序、保障当事人合法权益之民事诉讼制度的目的。[1]

根据《民事诉讼法》第 112 条至第 117 条，下列行为属于妨害民事诉讼行为：①必须到庭的被告以及必须到庭才能查清案件基本事实的原告，经两次传票传唤，无正当理由拒不到庭。②诉讼参与人和其他人违反法庭规则。③诉讼参与人或者其他人妨害诉讼证据的收集、调查及阻拦、干扰诉讼的进行。其主要表现为：伪造、毁灭重要证据，妨碍人民法院审理案件的；以暴力、威胁、贿买方法阻止证人作证或者指使、贿买、胁迫他人作伪证的；隐藏、转移、变卖、毁损已被查封、扣押的财产，或者已被清点并责令其保管的财产，转移已被冻结的财产的；对司法工作人员、诉讼参加人、证人、翻译人员、鉴定人、勘验人、协助执行的人，进行侮辱、诽谤、诬陷、殴打或者打击报复的；以暴力、威胁或者其他方法阻碍司法工作人员执行职务的；拒不履行人民法院已经发生法律效力的判决、裁定的。④拒不履行人民法院已经发生法律效力的判决、裁定。⑤诉讼欺诈与规避执行行为。⑥有义务协助调查、执行的单位拒不履行协助义务，具体包括：有关单位拒绝或者妨碍人民法院调查取证的行为；有关单位接到人民法院协助执行通知书后，拒不协助查询、扣押、冻结、划拨、变价财产的；有关单位接到人民法院协助执行通知书后，拒不协助扣留被执行人的收入、办理有关财产权证照转移手续、转交有关票证、证照或者其他财产的；其他拒绝协助执行的。⑦采取非法拘禁他人或者非法私自扣押他人财产追索债务的行为。案例一中，陈某的行为

---

〔1〕　参见李喜莲：《民事诉讼法律责任研究》，清华大学出版社 2021 年版，第 6 页、第 18 页、第 20 页、第 31 页、第 44 页。

分别属于拒不履行生效法律文书所确定的义务和未在规定期限内向法院报告财产。案例二中，邱某健未及时将房租交给法院的行为属于有义务协助调查、执行的单位拒不履行协助义务。

针对妨害民事诉讼行为的不同类别及严重程度，《民事诉讼法》规定了以下五种强制措施，分别是拘传、训诫、责令退出法庭、罚款、拘留。拘传，是指法院派出司法警察，强制当事人等到庭参加诉讼和到场接受询问。训诫，是指法院以口头方式训斥实施妨害诉讼行为的人，指出其行为的违法性，责令其改正并保证不得再犯。责令退出法庭，是指法院命令违反法庭纪律的人离开法庭，如不服从命令，则由司法警察强制带离法庭。罚款，是指法院责令妨害民事诉讼的人在规定的期限内向国家交一定数额的货币。个人的罚款金额为 10 万元以下，单位为 5 万元以上 100 万元以下。拘留，是指法院决定在一定期限内限制妨害民事诉讼行为人的人身自由。拘留的期限为 15 日以下。

对于同一妨害民事诉讼的行为，有的强制措施可以合并适用，也可以分别适用。例如，对于罚款、拘留可以单独适用，也可以合并适用。但有的强制措施却不能连续适用。例如，对同一妨害民事诉讼行为的罚款、拘留就不得连续适用。但发生了新的妨害民事诉讼的行为，法院可以重新予以罚款、拘留。案例一中，陈某申请复议的理由就是认为法院连续两次适用拘留，属于违法。但泸州市中级人民法院经审查认为两次对其司法拘留的事由并不一致，属于发生了新的妨害民事诉讼行为，因而驳回陈某的复议申请，维持原决定。

在《民事诉讼法》规定的各种强制措施中，有的强制措施具有惩罚性，比如罚款和拘留。这两种强制措施的法律规定赋予法官的自由裁量权都很大，因此法官应贯彻根据行为人行为的情节轻重予以处罚的原则。关于行为的情节轻重，主要从行为的主客观两个方面进行考察。主观方面，主要考量行为人的主观恶意程度；客观方面，主要考量行为对民事诉讼所造成的消极后果。[1]案例二中，龙华法院对邱某健罚款 10 万元，属于顶格处罚。但综合考虑邱某健作为协助执行义务人，已积极先行向龙华法院履行协助执行义务，没有造成任何不利后果，且邱某健中断履行事出有因，总体未造成租金款项流失不利后果，在收到龙华法院 ［2020］ 粤 0309 执 4424 号执行决定书后，邱某健也及时改正，将之后涉案房产对应月份租金汇付至龙华法院指定收款

---

〔1〕 张卫平：《民事诉讼法》（第 4 版），法律出版社 2016 年版，第 281 页。

账户，并承诺继续履行其义务，因此广东省深圳市中级人民法院对罚款进行变更的决定符合依据行为人行为的情节轻重予以处罚的原则。

第五节 送达

案 例：侯某明、刘某民间借贷纠纷案[1]

申诉人侯某明、刘某因与被申诉人夏某鑫、侯某沛民间借贷纠纷一案，湖南省溆浦县人民法院于 2016 年 9 月 20 日作出 [2016] 湘 1224 民初 725 号民事判决，侯某明不服提起上诉。湖南省怀化市中级人民法院于 2017 年 4 月 6 日作出 [2017] 湘 12 民终 45 号民事判决，已经发生法律效力。侯某明、刘某不服，向怀化市人民检察院申请监督，该院提请湖南省人民检察院抗诉。

湖南省人民检察院抗诉认为：怀化市中级人民法院 [2017] 湘 12 民终 45 号民事判决适用法律错误。理由：第一，本案侯某明的真实意思只是以其每月工资为限承担连带责任保证，并没有以其全部财产承担保证责任的意思表示，二审法院没有以侯某明每月工资为限判决侯某明对 240 万元承担连带责任不当。第二，由于溆浦县人民法院存在上述送达违法情形导致刘某未能参与一审庭审进行举证、质证、答辩，无法在法定期间内提起上诉，剥夺了其一审辩论权及上诉权，存在严重程序违法。二审法院本应撤销原判，发回重审，却直接作出判决，属适用法律错误。

湖南省高级人民法院经审理查明，一审原告夏某鑫向法院提交的刘某身份信息，系加盖溆浦县公安局户口专用公章的常口信息，刘某系户主刘某铭的妹妹。刘某的工作单位是溆浦县中医院，童某城、刘某生系侯某明、侯某沛的同事，并非刘某同事。侯某沛与刘某于 2016 年 6 月 8 日达成《离婚协议书》并在溆浦县民政局登记离婚。一审法院送达民事起诉书、应诉通知书、举证通知书给刘某的时间是 2016 年 4 月 26 日，送达地点是溆浦县地税局，签收人是童某城。一审法院送达传票给刘某的时间为 2016 年 7 月 25 日，送达地点是溆浦县地税局，签收人是刘某生。一审法院送达一审民事判决书给刘某的时间是 2016 年 10 月 17 日，送达地点是溆浦县人民法院，签收人是侯某沛。

---

[1] 案例来源：湖南省高级人民法院 [2020] 湘民再 367 号民事裁定书。

湖南省高级人民法院认为：《民事诉讼法》（2017 年修正）第 85 条规定："送达诉讼文书，应当直接送交受送达人。受送达人是公民的，本人不在交他的同住成年家属签收。……"本案一审原告向一审法院提交的刘某身份信息中，刘某的住所与侯某沛并非一处。一审法院在送达应诉通知书等法律文书时，刘某与侯某沛虽系夫妻，但一审法院系将法律文书送达侯某沛所在单位地税局，由侯某沛同事代收并转交侯某沛，并未转交刘某，并未送达侯某沛和刘某的住所，亦不能得出刘某与侯某沛的住所一致。特别是在刘某未到庭应诉时，一审法院并未询问侯某沛是否已将相关法律文书转交刘某，致使刘某有未经合法传唤未到庭行使诉讼权利的正当理由，因此，应认定一审法院未合法送达致缺席审判程序违法。刘某在二审答辩时提出一审未合法送达致其不能依法行使上诉权的主张后，二审法院未对一审向刘某的送达程序进行审理，却告知刘某可依审判监督程序申请再审，属于适用法律错误。综上所述，原审审理程序违法，湖南省人民检察院抗诉理由成立，法院予以采纳。裁定如下：第一，撤销湖南省怀化市中级人民法院［2017］湘 12 民终 45 号民事判决和湖南省溆浦县人民法院［2016］湘 1224 民初 725 号民事判决；第二，本案发回湖南省溆浦县人民法院重审。

问题与思考：

1. 简述电子送达。

2. 本案中，湖南省高级人民法院作出的裁定是否正确？请说明理由。

送达是指人民法院按照法定的程序和方式，将诉讼文书送交当事人或其他诉讼参与人，使其知悉诉讼文书内容的行为。送达的功能主要包括：①保障诉权。保障当事人能够及时行使开庭、举证、质证、辩论甚至反诉的诉讼权利，文书能够送达给当事人是一个最前置的条件。②程序保障。送达正如一道"门槛"，只有越过一审"门槛"，才能进入二审或是执行程序的大门。同时，只有当事人双方均出庭应诉，法院才能查明事实，然后居中作出公正裁判。因此，这不仅是维护诉讼当事人的诉讼程序参与权，更是维护民事诉讼程序的正当性。[1] 送达的实效性侧重于强调有效送达对于交付结果的依赖。在送

---

［1］ 冉崇高、赵克："理论厘清与制度重构：关于民事送达难的实证分析"，载《法律适用》2017 年第 9 期。

达实施行为存在瑕疵的情况下，只要能够证实被通知人确已知悉应当通知的全部信息，则不影响送达的有效性。送达的仪式性侧重于强调实施传递信息行为在送达主体、送达对象、送达地点、送达程序、送达方式乃至送达客体的载体等形式上的合法性与妥当性。送达在诉讼制度与理论研究中长期被视为技术规范而处于边缘地位，送达制度研究普遍缺乏对制度逻辑的追问和应有的理论滋养。[1]

本案中，湖南省溆浦县人民法院采用的是直接送达。直接送达是指人民法院派专人将诉讼文书直接送交给受送达人本人的送达方式。在民事诉讼中的各种送达方式中，直接送达是首选方式，只有在直接送达确有困难时，方可酌情使用其他适宜的送达方式。《民事诉讼法》第88条规定了直接送达的各种情形："送达诉讼文书，应当直接送交受送达人。受送达人是公民的，本人不在交他的同住成年家属签收；受送达人是法人或者其他组织的，应当由法人的法定代表人、其他组织的主要负责人或者该法人、组织负责收件的人签收；受送达人有诉讼代理人的，可以送交其代理人签收；受送达人已向人民法院指定代收人的，送交代收人签收。受送达人的同住成年家属，法人或者其他组织的负责收件的人，诉讼代理人或者代收人在送达回证上签收的日期为送达日期。"一般而言，直接送达不会出差错，然而本案中，法院依据直接送达中"本人不在交他的同住成年家属签收"的规定，将应诉通知书等法律文书交给到刘某丈夫侯某沛所在的单位，侯某沛同事代收并转交给侯某沛，然而侯某沛并未交给刘某。刘某与侯某沛虽系夫妻，但一审法院送达的不当之处在于，其默认刘某与侯某沛的住所一致，于是将法律文书送达侯某沛，并未送达侯某沛和刘某的住所。之后，在刘某未到庭应诉时，一审法院也并未询问侯某沛是否已将相关法律文书转交刘某，最终导致刘某未能参与一审庭审进行举证、质证、答辩，无法在法定期间内提起上诉，剥夺了其一审辩论权及上诉权。在二审中，二审法院应对一审法院向刘某的送达程序是否合法、是否确已实际损害刘某的诉权的事实，进行依法审理查明。如经查明一审送达程序合法，则应阐述合法的理由并对刘某的主张不予支持；如经查明一审送达程序不合法，则应依法撤销原判、发回重审，以保障刘某的诉权。然而，二审法院错误适用法律，告知刘某依审判监督程序申请再审。因此，

---

[1]　傅郁林："作为诉讼行为的送达"，载《法学评论》2022年第2期。

湖南省高级人民法院为了保障刘某的诉权，裁定撤销原判、发回重审是正确的。

电子送达是 2012 年修正《民事诉讼法》时新增加的方式。电子送达，是指采用传真、电子邮件、移动通信等受送达人能够即时收悉的方式进行的送达。电子送达的无形性可以有效地节约资源。电子送达的科技性可以突破时间和空间的限制，提高送达效率。2021 年修正后的《民事诉讼法》将判决书、裁定书、调解书纳入了电子送达的适用范围。原来的规定完全禁止法院裁判文书使用电子送达的方式进行送达，主要是考虑到裁判文书作为重要的司法文书，必须确保受送达人能够收到，且其需要进行长期保存，使用时须出示原件，电子送达的稳妥性不如传统送达方式。如今，电子送达技术已经能够保证法律文书成功送达，且法院结案后都会以电子和纸质两种方式进行存档，需要时申请调用即可。[1]《民事诉讼法》第 90 条规定："经受送达人同意，人民法院可以采用能够确认其收悉的电子方式送达诉讼文书。通过电子方式送达的判决书、裁定书、调解书，受送达人提出需要纸质文书的，人民法院应当提供。采用前款方式送达的，以送达信息到达受送达人特定系统的日期为送达日期。"到达受送达人特定系统的日期，为人民法院对应系统显示发送成功的日期，但受送达人证明到达其特定系统的日期与人民法院对应系统显示发送成功的日期不一致的，以受送达人证明到达其特定系统的日期为准。

公告送达是指在受送达人下落不明时或者在穷尽其他法定送达方式无法送达时，人民法院发出公告将送达内容告诉社会公众，经过法定期间即视为送达的送达方式。采用公告送达应当注意以下几点：①采用公告送达的前提是受送达人下落不明，或者采用其他六种送达方式无法送达的。②公告送达起诉状或上诉状副本的，应说明起诉或上诉要点、受送达人答辩期限及逾期不答辩的法律后果；公告送达法律文书的，应该说明法律文书的主要内容。③公告送达可以在人民法院的公告栏和受送达人原住所地张贴公告，也可以在报纸、信息网络等媒体上刊登公告。公告期满，即视为送达。人民法院在受送达人住所地张贴公告的，应当采取拍照、录像等方式记录张贴过程。④公告送达的，自发出公告之日起，经过 60 日，即视为送达。⑤适用简易程

---

[1] 包冰锋：《最新民事诉讼法条文对照与重点解读》，法律出版社 2022 年版，第 134 页。

序的案件，不适用公告送达。

除了直接送达、电子送达和公告送达，我国《民事诉讼法》还规定了留置送达、委托送达、邮寄送达、转交送达等共计 7 种送达方式。当送达完成以后，受送达人实施诉讼行为、行使诉讼权利和履行诉讼义务的起始时间就得以确定。

第九章

第一审普通程序

第一节　起诉与受理

案　例：某银行股份有限公司沈阳铁西支行、沈阳某建材
有限公司金融借款合同纠纷案[1]

某银行股份有限公司沈阳铁西支行（以下简称"铁西支行"）向沈阳市中级人民法院起诉，请求：第一，沈阳某建材有限公司偿还到期借款本金105 500 000.00元整，并至全部本息给付之日止的利息、罚息、复利。第二，铁西支行对沈阳亚欧投资控股有限公司设定抵押的房屋及其所占有的土地享有优先受偿权。第三，保证人沈阳某工贸集团有限公司、沈阳某融资担保股份有限公司、舒某娜、宋某丹、张某鹏、舒某、马某友对铁西支行诉讼请求范围内债务承担连带保证责任。第四，请求法院判令上述所有被上诉人共同承担本案诉讼费用及律师费用、为实现债权其他所有应付的费用。

沈阳市中级人民法院认为，铁西支行已于立案前将涉案债权转让给案外人，债权人也未申请变更本案的原告，故铁西支行已不具备本案的诉讼主体资格，裁定驳回铁西支行的起诉。

铁西支行不服该判决，向辽宁省高级人民法院提起上诉，请求依法撤销沈阳市中级人民法院作出的［2020］辽01民初341号民事裁定书，指令沈阳市中级人民法院重新审理。事实与理由：一审法院裁定驳回起诉没有事实与法律依据、程序违法。首先，本案的债权转让行为未生效，未向被上诉人发

---

〔1〕　案例来源：辽宁省高级人民法院［2021］辽民终244号民事裁定书。

送任何通知，一审法院认定本案债权已经发生转让并生效，进而认定上诉人不具备本案诉讼主体资格，显然认定错误。其次，上诉人完全符合起诉的法定条件，一审法院适用《民事诉讼法》第 119 条裁定驳回起诉，实为适用法律错误。

辽宁省高级人民法院认为：一审法院裁定驳回铁西支行的起诉属于适用法律错误。理由如下：第一，铁西支行有权提起本案诉讼。《民事诉讼法》（2017 年修正）第 119 条规定："起诉必须符合下列条件：（一）原告是与本案有直接利害关系的公民、法人和其他组织；（二）有明确的被告；（三）有具体的诉讼请求和事实、理由；（四）属于人民法院受理民事诉讼的范围和受诉人民法院管辖。"该条是关于当事人向人民法院提起诉讼应当符合的条件规定。本案中，铁西支行向一审法院提交《最高额综合授信合同》《流动资金借款合同》《最高额抵押合同》《担保承诺书》《保证合同》等证据，拟证明铁西支行与本案金融借款诉讼标的具有利害关系，其起诉时还明确列明了被告、提出了具体的诉讼请求和事实、理由，且本案属于人民法院受理民事诉讼的范围和一审法院管辖。第二，关于本案法律关系性质的问题，需要对案涉金融债权是否发生转让、债权转让协议效力如何，进行实体审理之后加以判断。第三，一审法院已认定铁西支行已将案涉债权转让给案外人，对铁西支行主张的债权进行了实体审理并作出了判断，应以判决形式对当事人的争议进行判断。如果铁西支行提起的诉讼请求缺乏权利保护要件，即诉讼请求不能成立，则应以原告之诉不能得到支持为由，通过判决的形式驳回。综上，一审法院以铁西支行已将案涉债权转让给案外人，其不具备本案的诉讼主体资格为由，裁定驳回起诉，属于适用法律错误，本院予以纠正。裁定如下：第一，撤销沈阳市中级人民法院［2020］辽 01 民初 341 号民事裁定；第二，本案指令沈阳市中级人民法院审理。

问题与思考：

1. 本案铁西支行是否具备诉讼主体资格？请说明理由。
2. 简述起诉要件、诉讼要件、权利保护要件的区别。
3. 简述立案登记制与立案审查制的区别。
4. 人民法院立案登记制改革成效述评。

本案中，一审法院以铁西支行已于立案前将涉案债权转让给案外人为由，认定铁西支行已不具备本案的诉讼主体资格，从而裁定驳回铁西支行的起诉。然而，二审法院通过审理认为铁西支行有权提起本案诉讼。起诉，是指自然人、法人或者其他组织认为自己所享有的或者依法由自己管理、支配的民事权益受到侵害或与他人发生争议，以自己的名义请求人民法院通过审判给予司法保护的诉讼行为。《民事诉讼法》第 122 条规定，起诉必须符合下列条件：①原告是与本案有直接利害关系的公民、法人和其他组织。本案中，铁西支行提供了一系列完整的流动资金借款合同、最高额抵押合同、保证合同及放款凭证等，能够证明其与本案金融借款诉讼标的有直接的利害关系，因此是本案的适格主体。②有明确的被告。《民诉法解释》第 209 条第 1 款进一步规定："原告提供被告的姓名或者名称、住所等信息具体明确，足以使被告与他人相区别的，可以认定为有明确的被告。"本案中，铁西支行所签订的一系列合同和放款凭证能够证明沈阳某建材有限公司、沈阳某工贸集团有限公司、沈阳某融资担保股份有限公司、舒某娜、舒某、马某友、宋某丹、张某鹏是本案明确的适格被告。"有明确的被告"系我国民事诉讼起诉受案条件之一，在民事诉讼理论层面上，即涉及将被告明确作为诉的合法性要件进行审查还是作为诉的有理性要件加以应对。《民事诉讼法》试行之初，在当事人更换制度的配合下，基于当事人的诉讼能力，明确性仅指主体的特定性，并不要求具有解决纠纷的妥当性，即适格。而在废止当事人变更的情形下，应将被告的明确性界定为适格，以节约审判资源并维持当事人适格审查的一体化。被告是否适格具有先决性，必须确定存在后方可续行审理并作出实体判决，当被告"不适格"时应裁定驳回起诉而不能判决驳回诉讼请求。[1]③有具体的诉讼请求和事实、理由。"具体"就是要求原告根据诉的种类，对追求的法律效果或者要求对方当事人承担的责任形式及内容予以明确化和细化。判断诉讼请求是否"具体"的标准则需要根据确认之诉、形成之诉和给付之诉分别确定。确认之诉、形成之诉的判断标准相对容易，给付之诉的判断标准则比较复杂。[2]铁西支行的起诉状中载明了具体的诉讼请求和事实与理由。④属于人民法院受理民事诉讼的范围和受诉人民法院管辖。本案作为金融借款合同纠纷，属于人民法院受理民事诉讼的范围。基于此，二审法院认为一审法院裁定驳回

---

〔1〕 段文波："论民事诉讼被告之'明确'"，载《比较法研究》2020 年第 5 期。

〔2〕 王学棉："'具体'的诉讼请求"，载《国家检察官学院学报》2016 年第 2 期。

铁西支行的起诉属于适用法律错误。

我国《民事诉讼法》第十二章第一节"起诉和受理"中规定了立案审查制度，当事人提起民事诉讼时，法院应进行立案审查，符合起诉条件的才能受理。立法的立案审查制与司法实践中的"起诉难"问题有密切关系。为了解决"起诉难"问题和实现对当事人诉权的有效保护，理论界的许多学者建议废除立案审查制，实行立案登记制，但实务部门普遍反对废除立案审查制。我国《民事诉讼法》第122条、第127条规定了起诉的实质要件，第123条、第124条规定了起诉的形式要件。我国的起诉条件糅合了大陆法系国家的"起诉要件""诉讼要件""权利保护要件"的主要内容，还隐含政策性条件，合力形成了起诉的门槛高。

（1）包含起诉要件。在德国、日本等大陆法系国家，"起诉要件"是指提起诉讼所必须具备的条件，又叫"诉讼成立要件"。它一般包括起诉状必须写明必要记载事项和交纳诉讼费用，仅仅是形式性的要件，法院对原告的起诉不进行任何实体性审查。只要具备起诉要件，就启动了诉讼程序，法院对该诉讼负有审判的义务，因此这种起诉制度又称为立案登记制。

（2）包含诉讼要件。在大陆法系国家，起诉只有符合诉讼法规定的程序性要件才能够合法系属，使起诉合法的程序性要件称为诉讼要件。由于诉讼要件是进行本案实体审理的前提条件，因此又称"实体判决要件"。如果欠缺诉讼要件，法院作出诉不合法的诉讼判决，相当于我国的裁定驳回起诉。由于起诉要件是形式性的，因此诉讼要件具有过滤不合格诉讼的重要作用。我国起诉条件的部分内容与诉讼要件相对应。《民事诉讼法》第122条第（一）（二）项规定原告必须与本案有直接利害关系，被告需明确，相当于当事人适格要件。尽管从条文看，法律对被告并无适格要求，但司法实践中被告适格也是起诉条件之一。第122条第（四）项规定起诉必须属于人民法院主管及受诉法院管辖，这是有关法院的诉讼要件。第127条第（一）项规定"依照行政诉讼法的规定，属于行政诉讼受案范围的，告知原告提起行政诉讼"，相当于德国的诉讼途径管辖权；第（二）项规定"依照法律规定，双方当事人达成书面仲裁协议申请仲裁、不得向人民法院起诉的，告知原告向仲裁机构申请仲裁"，相当于相对诉讼要件，即仲裁协议排除法院管辖；第（三）项规定"依照法律规定，应当由其他机关处理的争议，告知原告向有关机关申请解决"，第（四）项规定"对不属于本院管辖的案件，告知原告向有管辖权的人民法院起诉"，这两项规定重申了有关法院的诉讼要件（主管与管辖）；第（五）项规定"对判决、裁定、调解书已经发生法律效力的案件，当事人又起诉的，告知原告申请再审，但人民法院准许撤诉的裁定除外"，属于有关诉讼标的要件，即不存在对同一事项的生效判决。由于我国缺乏诉讼要件的系统理论，诉讼要件的某些要素尚未在立法中体现，如诉的利益、当事人能力等，但是基于民事诉讼原理，在司法实践中，具备当事人能力是法院受理案件的前提，将诉的利益作为重要的考量因素。

（3）包含权利保护要件。在大陆法系，具备诉讼要件后，要使法院裁判原告的请求有理，必须满足实体上的构成要件，使其主张得到认可，这称为"权利保护要件"或"本案要件"。如果欠缺权利保护要件，法院作出诉无理由的实体判决，相当于我国的判决驳回诉讼请求。我国《民事诉讼法》对诉讼请求所根据的事实与理由和起诉证据的要求，以及要求直接利害关系人才有起诉的资格，表明将部分胜诉要件融入起诉条件之中。如第 122 条第（三）项规定起诉必须有具体的诉讼请求和事实、理由，第 124 条第（三）（四）项规定起诉状应当记载诉讼请求所根据的事实与理由、证据和证据来源、证人姓名和住所。

（4）隐含政策性条件。与大陆法系还有一个最大的不同在于，我国法院通常以第 122 条第（四）项"属于人民法院受理民事诉讼的范围"即主管为依据，认为当事人的起诉不属于法院主管的范围或者不属于民事纠纷而不予受理或者驳回起诉。法院在审查起诉和立案工作中将其作为政策性起诉条件，自由裁量。[1]

将诉讼要件置于起诉条件中，抬高了诉讼开始的门槛和起诉的门槛，导致起诉或诉讼开始的"高阶化"，也就发生了只有我国才有的所谓"起诉难"现象；把诉讼要件作为诉讼开始的要件由立案机构在双方当事人均未参加的情况下单方面予以审查，有悖程序公正的基本理念；将诉讼要件置于起诉条件之中，诉讼程序尚未开始法院便开始对诉讼要件进行审查，审理程序的前移使立案审查程序成为一种"前民事诉讼程序"。[2]2015 年，最高人民法院将立案审查制改为立案登记制。之所以要修改就是因为立案审查制错误地将

---

〔1〕 柯阳友：《起诉权研究：以解决"起诉难"为中心》，北京大学出版社 2012 年版，第 57~61 页。

〔2〕 张卫平："起诉条件与实体判决要件"，载《法学研究》2004 年第 6 期。

实体判决要件置入起诉条件之中，导致起诉受理时法院必须对实体判决要件进行审查，这使得"起诉难、告状难"问题也就成为必然。因此，立案登记制修正起诉条件，将实体判决要件的审理置于受理后的诉讼阶段，只审理形式要件，以实现保障当事人诉权、提升诉讼程序正义的目的。[1]本案中，一审法院以铁西支行已于立案前将涉案债权转让给案外人，债权人也未申请变更本案的原告为由，裁定驳回起诉，实际上就是在进行形式审查的同时进行了实体判决要件审查。关于本案法律关系性质的问题，需要对案涉金融债权是否发生转让、债权转让协议效力如何进行实体审理之后加以判断，这应当是受理案件后在审判时进行。如果案涉债权转让影响到本案金融借款合同法律关系，即当事人主张的法律关系性质与根据案件事实作出的认定不一致，应当在实体审理时将法律关系性质作为本案争议焦点进行审理，然后再作出判断。另外，一审法院在认定沈阳铁西支行已将案涉债权转让给案外人的情况下，属于对其主张的债权进行了实体审理并作出了判断，那么在铁西支行提起的诉讼请求缺乏权利保护要件，即诉讼请求不能成立时，一审法院应以原告之诉不能得到支持为由，通过判决的形式驳回诉讼请求，而非裁定。

　　立案审查制与立案登记制的重大区别是，前者在诉讼系属之前对起诉要件与诉讼要件一并审查，决定是否立案，起诉权行使的结果既有可能启动诉讼程序也有可能不能启动诉讼程序，后者是对符合起诉要件的先登记立案后再审查诉讼要件，起诉权的行使没有遇到障碍，因为当事人起诉非常容易达到提交合法的起诉状和交纳案件受理费的条件；两者相同之处是迟早要对起诉要件和诉讼要件进行审查。[2]人民法院经审查，对原告的起诉决定立案受理后，产生程序法与实体法上的效力。对受诉人民法院而言，通过立案受理，受诉人民法院取得了审判权，排除了其他人民法院对同一案件行使审判权的可能。同时，法院负有依法对该案件进行审理并作出裁判的职责，非因法定原因，不得中途停止对案件的审判。对当事人而言，双方当事人分别取得了原告与被告的诉讼地位，从而各自享有法律赋予的诉讼权利，并承担相应的诉讼义务。同时，法院受理原告的起诉后产生的实体法上的效力，即诉讼时效中断。

---

〔1〕　张卫平："民事案件受理制度的反思与重构"，载《法商研究》2015 年第 3 期。

〔2〕　柯阳友：《起诉权研究：以解决"起诉难"为中心》，北京大学出版社 2012 年版，第 187 页。

2022 年 7 月 29 日,"人民法院这十年"首场新闻发布会举行,发布人民法院立案登记制改革成效。党的十八届四中全会通过的《中共中央关于全面推进依法治国若干重大问题的决定》提出:"改革法院案件受理制度,变立案审查制为立案登记制,对人民法院依法应该受理的案件,做到有案必立、有诉必理,保障当事人诉权。"2015 年 5 月 1 日,人民法院全面施行立案登记制改革。立案登记制改革以来,各级人民法院对符合法律规定、要素齐备的诉状,一律接收,当场登记立案。截至 2022 年 6 月 30 日,全国法院共登记立案累计达到 13 837.17 万件,平均当场立案率达到 95.7%。从"审查"到"登记",人民法院案件受理制度发生根本性变革,长期困扰群众的"立案难"问题已经成为历史。近年来,人民法院及时回应群众需求,建立健全现场立案、自助立案、网上立案、巡回立案、邮寄立案、12368 热线立案等立体化、多元化的登记立案新模式,民事、行政、执行等案件立案渠道更加顺畅。全国法院 100% 应用"人民法院在线服务"小程序,使用手机"掌上立案"在全国四级法院实现全覆盖。为了让人民群众解决纠纷更方便快捷、更多元可选、更低成本,人民法院全面推进一站式多元纠纷解决和诉讼服务体系建设,促进大量矛盾纠纷依法及时高效解决在诉讼前。[1]

第二节　重复起诉与一事不再理

案例一：新疆某水泥厂与新疆某矿业有限责任公司、新疆昆仑某有限公司等损害公司利益责任纠纷案[2]

2011 年 10 月 11 日,新疆维吾尔自治区某水泥厂(以下简称"水泥厂")与新疆某矿业有限责任公司(以下简称"矿业公司")合作成立东湖建材公司,水泥厂以熟料生产线及桃树园石灰石矿采矿权入股,矿业公司系控股股东。2018 年 8 月,矿业公司与智联众惠合伙企业、新疆昆仑某有限公司(以下简称"昆仑公司")、东湖建材公司通过签订两份债权转让协议书,

---

〔1〕 孙航:"'人民法院这十年'首场新闻发布会举行——从'审查'到'登记',确保有案必立、有诉必理",载《人民法院报》2022 年 7 月 30 日。
〔2〕 案例来源:新疆维吾尔自治区高级人民法院〔2021〕新民终 140 号民事裁定书。

使昆仑公司对东湖建材公司享有 5062.8 万元债权,后因东湖建材公司未能履行偿还债务的义务,昆仑公司诉至乌鲁木齐市中级人民法院,诉请东湖建材公司支付欠款 5062.8 万元。该案审理过程中,当事人自行和解达成和解协议,请求法院确认,法院出具了 [2018] 新 01 民初 689 号民事调解书,对当事人达成的和解协议确认如下:第一,东湖建材公司确认欠付昆仑公司债权转让款共计 5062.8 万元;第二,东湖建材公司以名下桃树园石灰石矿采矿权抵偿昆仑公司债权转让款 3223.99 万元;第三,剩余债权转让款 1838.81 万元,东湖建材公司自各方签收本民事调解书后 30 日内向昆仑公司支付;第四,如东湖建材公司未能履约,则昆仑公司有权申请强制执行措施。上述 [2018] 新 01 民初 689 号民事调解书中争议的桃树园石灰石矿采矿权已于 2018 年 9 月 25 日变更登记至昆仑公司名下,有效期至 2022 年 9 月 25 日。

水泥厂认为 [2018] 新 01 民初 689 号民事调解书为矿业公司在未告知水泥厂,没有股东会决议的情况下擅自以物抵债的行为,且前述企业系关联公司,恶意串通通过司法调解的形式损害国家利益,因此申请撤销。乌鲁木齐市中级人民法院经审查认为水泥厂不是适格原告,作出 [2019] 新 01 民撤 5 号民事裁定书,裁定驳回水泥厂的起诉。水泥厂不服,上诉至新疆维吾尔自治区高级人民法院,后撤回上诉,一审裁定发生法律效力。

水泥厂向新疆维吾尔自治区吐鲁番市中级人民法院起诉请求:第一,确认矿业公司与东湖建材公司之间 5062.8 万元的债权债务关系无效;第二,确认矿业公司将其对东湖建材公司上述债权中的 5062.8 万元转移给昆仑公司的行为无效;第三,确认将桃树园石灰石矿采矿权抵债给昆仑公司的行为无效;第四,判令将桃树园石灰石矿采矿权恢复变更至东湖建材公司名下。一审法院认为:首先,本案与 [2019] 新 01 民撤 5 号第三人撤销之诉一案的当事人一致。其次,经审查,水泥厂在本案的诉讼请求实质是否定 [2018] 新 01 民初 689 号民事调解书确定的内容,与其在第三人撤销之诉中请求撤销 [2018] 新 01 民初 689 号民事调解书的诉讼请求一致。最后,水泥厂在第三人撤销之诉及本案中指向的诉讼标的均为案涉的债权及桃树园石灰石矿采矿权,两案的诉讼标的一致。综上,水泥厂提起的第三人撤销之诉与本案系重复诉讼。因此,吐鲁番市中级人民法院裁定驳回水泥厂的起诉。

水泥厂不服该裁定,向新疆维吾尔自治区高级人民法院提起上诉,认为本案不属于重复起诉的情形,请求撤销一审裁定书,指令一审法院审理本案。

新疆维吾尔自治区高级人民法院认为：本案不构成重复诉讼。水泥厂在〔2019〕新 01 民撤 5 号案件中要求撤销〔2018〕新 01 民初 689 号民事调解书，乌鲁木齐市中级人民法院认为水泥厂不具备提起第三人撤销之诉的主体资格，驳回了起诉。法院仅对该案进行了程序性审查并未进入实体审理，对水泥厂起诉所主张的相关事实及涉案当事人间的具体权利义务关系未作出认定，亦未形成相应裁判结果。在此情形下，水泥厂另循诉讼途径，以建材公司股东身份代表公司以损害公司利益为由提出本案诉讼。一审法院认为本案与第三人撤销之诉一案构成重复诉讼属于适用法律有误，本院予以纠正。裁定如下：第一，撤销新疆维吾尔自治区吐鲁番市中级人民法院〔2020〕新 21 民初 15 号民事裁定；第二，本案指令新疆维吾尔自治区吐鲁番市中级人民法院审理。

案例二：李某、吕某旭抵押合同纠纷案[1]

2014 年 10 月 23 日、2014 年 12 月 17 日，吕某旭分别向盛德典当公司借款 300 万元和 600 万元。吕某旭对该 900 万元借款用案涉房产抵押给盛德典当公司，而该房产系吕某旭、李某婚后共同购买，为夫妻共同财产。但吕某旭和盛德典当公司在设定抵押时，并未征求李某的意见。李某向山东省青岛市李沧区人民法院起诉，请求确认吕某旭与盛德典当公司 2014 年 10 月 23 日、2014 年 12 月 17 日签订的抵押合同无效。

青岛市李沧区人民法院认为，〔2015〕崂民二初字第 209 号民事判决书已对盛德典当公司、吕某旭之间的借款事实、抵押权予以确认，该判决已生效并执行完毕。目前为止，该生效判决已对涉案抵押条款效力作出认定，本案不宜对抵押条款效力作出重复认定。李某诉请，违反一事不再理，予以驳回。裁定如下：驳回原告李某的起诉。

问题与思考：

1. 结合本案，简述重复起诉的判断标准。

2. 简述禁止重复起诉、一事不再理、既判力三者之间的关系。

禁止重复起诉是指诉讼系属后，当事人不得对已经起诉的案件，就同一

---

〔1〕 案例来源：山东省青岛市李沧区人民法院〔2020〕鲁 0213 民初 1577 号民事裁定书。

诉讼标的向法院再提起诉讼，若另行起诉，法院则裁定驳回。[1]《民诉法解释》第 247 条规定："当事人就已经提起诉讼的事项在诉讼过程中或者裁判生效后再次起诉，同时符合下列条件的，构成重复起诉：（一）后诉与前诉的当事人相同；（二）后诉与前诉的诉讼标的相同；（三）后诉与前诉的诉讼请求相同，或者后诉的诉讼请求实质上否定前诉裁判结果。当事人重复起诉的，裁定不予受理；已经受理的，裁定驳回起诉，但法律、司法解释另有规定的除外。"这是司法解释首次明确禁止重复诉讼，并规定判断重复诉讼的标准。在判断前后诉是否重复起诉时的判断标准有三个要件：①当事人是否相同；②诉讼标的是否相同；③诉讼请求相同，或者后诉的诉讼请求实质上否定前诉裁判结果。必须三个要件同时相同，后诉才构成前诉的重复起诉。任何一个要件不同，后诉与前诉即不同。这与传统民事诉讼法理论中只以当事人和诉讼标的两个要素判断重复起诉又有所不同。我国司法解释所建构的判断标准或者识别规则，除了判断前后诉的当事人、诉讼标的是否同一，还将诉讼请求作为判断标准之一，需要判断前后诉的诉讼请求是否相同，或者后诉的诉讼请求实质上否定前诉裁判结果。[2]之所以将诉讼请求作为重复起诉判断标准的要件之一，根据最高人民法院权威人士的观点，是因为诉讼请求是建立在诉讼标的基础上的具体声明，在采纳旧实体法说理解诉讼标的的前提下，具体的请求内容对于识别诉讼标的及厘清其范围具有实际意义。因此，将诉讼请求的同一性也作为判断标准，"后诉的诉讼请求实质上否定前诉裁判结果"主要是指后诉提起相反请求的情况。[3]基于功能视角的考察，"后诉的诉讼请求实质上否定前诉裁判结果"要件旨在填补"旧实体法说"诉讼标的理论有时难以识别实质性重复诉讼的功能漏洞，能够超越传统的既判力客观范围发挥遮断后诉的效果。除却后诉的诉讼请求直接否定前诉判决主文之类型外，后诉的诉讼请求以否定前诉先决问题认定为路径，进而实现否定前诉

---

〔1〕　柯阳友："也论民事诉讼中的禁止重复起诉"，载《法学评论》2013 年第 5 期。

〔2〕　夏璇：《民事重复起诉研究——司法控制与诉权保障的博弈》，厦门大学出版社 2020 年版，第 93 页。

〔3〕　最高人民法院修改后民事诉讼法贯彻实施工作领导小组编著：《最高人民法院民事诉讼法司法解释理解与适用》（上），人民法院出版社 2015 年版，第 632 页。

判决主文之目的的，也是符合第 247 条意旨的重复诉讼类型。[1]

禁止重复起诉、一事不再理、既判力之间是何关系？无论大陆法系国家和地区还是普通法系国家，一事不再理原则都包括两个方面的内容：一是在诉讼系属中，阻止相同当事人再行提起后诉，二是在判决确定后，禁止相同当事人对相同诉讼对象的再次讼争。只是由于法律传统和思维方式的差异，普通法系国家以既决事项规则和滥用程序规则来实践一事不再理原则的内容，而大陆法系国家则通过诉讼系属效力和既判力的消极效力承担起一事不再理原则的功能。[2]既判力，又称为判决实质上的确定力，是指当事人之间原争议的民事法律关系已经人民法院判决解决并确定生效，当事人不得对此再提起诉讼或在以后的诉讼中主张与该判决相反的内容，人民法院也不得对当事人之间原争议的民事法律关系再进行判决或在以后的诉讼中作出与该判决相冲突的判决。[3]张卫平先生认为，一事不再理的积极作用是一个案件经过法院的审理，判决生效后，其他的法院就不能够再受理和进行审理；消极作用是当事人不能就同一案件再行起诉，起诉了法院也不受理。既判力的作用在于已经生效的判决排斥其他法院再次受理和两次判决，禁止重复起诉则彻底排除了其他法院能够作出审理和判决的可能性。[4]也就是说，一事不再理包括既判力的消极效果和诉讼系属效力（体现为禁止重复起诉）两个方面的内容。既判力的消极效果是禁止反复，当事人对既判的案件不得再为争执，在制度上体现为禁止当事人再行起诉，若当事人再行起诉，则法院应当一事不再理；积极效果是禁止矛盾，法院在处理后诉时应受前诉确定判决的拘束，在制度上体现为法院应以前诉确定判决对诉讼标的之判断为基础，来处理后诉，若后诉判决与前诉确定判决相矛盾，则为后诉判决的再审理由。[5]一事不再理与既判力的重合效力是既判力的消极效果。但是，一事不再理的诉讼系属效力不为既判力所包含，既判力的积极效果则不是一事不再理的内容。

---

[1] 袁琳："'后诉请求否定前诉裁判结果'类型的重复诉讼初探"，载《西南政法大学学报》2017 年第 1 期。

[2] 最高人民法院修改后民事诉讼法贯彻实施工作领导小组编著：《最高人民法院民事诉讼法司法解释理解与适用》（上），人民法院出版社 2015 年版，第 635 页。

[3] 江伟、肖建国主编：《民事诉讼法》（第 8 版），中国人民大学出版社 2018 年版，第 326 页。

[4] 张卫平："民事诉讼法前沿理论问题"，载《国家检察官学院学报》2006 年第 5 期。

[5] 邵明：《现代民事诉讼基础理论：以现代正当程序和现代诉讼观为研究视角》，法律出版社 2011 年版，第 222 页。

重复起诉包括两种情况，一种是诉讼系属中的重复起诉，另一种是判决确定后的重复起诉。禁止重复起诉与既判力的消极效果以判决确定为界，前者旨在禁止当事人在起诉后，确定判决产生前的重复起诉行为，后者则禁止当事人在判决生效后重复起诉的行为。虽然都含有禁止重复起诉的意味，但不宜将既判力的消极效果也归入禁止重复起诉原则之中。理由如下：第一，既判力不仅是对当事人的约束，也禁止法院进行重复审判或者作出与前诉相异的判决；第二，既判力的价值取向在于维护法律及诉讼活动的安定性及权威性。而禁止重复起诉原则的制度旨趣在于为当事人利用同一次诉讼程序解决纷争提供便利，合理配置司法资源，它侧重的是诉讼经济和防止造成裁判矛盾；第三，违反既判力的重复起诉已经为既判力所遮断。[1]

案例二即为一事不再理原则第二个方面的体现。就吕某旭与盛德典当公司签订的两份抵押合同的效力，［2015］崂民二初字第 209 号民事判决书已予以确认并生效。因此，李某向山东省青岛市李沧区人民法院起诉后，法院基于一事不再理原则，裁定驳回李某的起诉。

案例一涉及重复起诉的判断标准。一审法院认定水泥厂向新疆维吾尔自治区吐鲁番市中级人民法院的起诉与请求撤销［2018］新 01 民初 689 号民事调解书的第三人撤销之诉构成重复起诉，是因为两个诉讼的诉讼当事人相同、诉讼请求一致，诉讼标的均为案涉的债权及桃树园石灰石矿采矿权，符合《民诉法解释》第 247 条之规定。就诉讼标的而言，［2019］新 01 民撤 5 号案件为第三人撤销之诉，诉讼请求是要求撤销［2018］新 01 民初 689 号民事调解书；而本案为股东代表之诉，诉讼请求中并无撤销民事调解书。从实体上的请求权出发来界定诉讼标的，认为诉讼标的是原告在诉讼上所为一定具体实体法之权利主张，因此从该层面来讲，两案依据的请求权基础不一样，诉讼标的也就不同。重复起诉的制度设计之初就是为了避免造成后诉与前诉矛盾，损害司法权威，以及浪费司法资源。但是在本案中，水泥厂在［2019］新 01 民撤 5 号案件中要求撤销［2018］新 01 民初 689 号民事调解书，乌鲁木齐市中级人民法院认为水泥厂不具备提起第三人撤销之诉的主体资格，驳回了起诉。法院仅对该案进行了程序性审查并未进入实体审理，对水泥厂起诉所主张的相关事实及涉案当事人间的具体权利义务关系未作出认定，亦未形成相应裁判结果。在此情形

---

〔1〕　柯阳友："也论民事诉讼中的禁止重复起诉"，载《法学评论》2013 年第 5 期。

下，水泥厂另循诉讼途径，以东湖建材公司股东身份代表公司损害公司利益为由提出诉讼，该诉讼请求对〔2019〕新01民撤5号案件的裁判结果不具有否定效果，因此从以上两个方面来讲，本案不构成重复起诉。

《民诉法解释》第248条规定："裁判发生法律效力后，发生新的事实，当事人再次提起诉讼的，人民法院应当依法受理。"从民事诉讼法理论来看，判决具有既判力。因确定裁判是对特定时点当事人之间的实体法律关系状态的判断，故确定判决仅对基准时之前发生的事项具有既判力，对基准时之后的事项没有既判力。因发生了新的事实，从而使确定判决所认定的权利发生变动，当事人基于该事实再次提起的诉讼，不适用一事不再理原则，法院对此应予以受理。[1]相应条文有：①《民诉法解释》第218条规定："赡养费、扶养费、抚育费案件，裁判发生法律效力后，因新情况、新理由，一方当事人再行起诉要求增加或者减少费用的，人民法院应作为新案受理。"新事实例如一方抚养能力显著恶化、物价水平明显上涨等。②《民事诉讼法》第127条第（七）项规定，判决不准离婚和调解和好的离婚案件，判决、调解维持收养关系的案件，没有新情况新理由，原告在6个月内又起诉的，不予受理。从此规定可以看出，对于维持婚姻、收养关系的前诉来说，如果在6个月内出现新情况、新理由时，原告又起诉的，人民法院应当受理。

第三节　撤诉

案　例：盛某飞、涂某杰民间借贷纠纷案[2]

原审原告盛某飞与原审被告徐某杰民间借贷纠纷一案，于2016年7月4日诉至浙江省东阳市人民法院，法院于2016年8月29日作出〔2016〕浙0783民初9046号民事调解书，已发生法律效力。后经法院审判委员会讨论决定，于2019年11月8日作出〔2019〕浙0783民监3号民事裁定，裁定再审。并于2019年11月14日立案再审。东阳市人民法院审理本案过程中，原审原

---

〔1〕最高人民法院修改后民事诉讼法贯彻实施工作领导小组编著：《最高人民法院民事诉讼法司法解释理解与适用》（上），人民法院出版社2015年版，第637页。

〔2〕案例来源：浙江省东阳市人民法院〔2019〕浙0783民再21号民事裁定书。

告盛某飞向法庭提交了撤诉申请书，申请撤回全部诉请，该院审查后认为原审原告盛某飞的撤诉申请不符合法律规定，遂不予准许。

原审原告盛某飞起诉称：被告徐某杰自 2014 年 10 月至 2014 年 12 月间多次向原告借款，合计 118 800 元。原审审理过程中原审原告将诉请变更为：被告立即支付原告借款本金 50 000 元，借款利息按月利率 2% 自 2016 年 2 月 8 日起暂算至 2016 年 6 月 18 日，此后利息继续计算至实际支付之日止，并注明撤回的 60 000 元不再向法院起诉，但原告可直接向被告追偿。原审被告徐某杰辩称：原、被告是赌博过程中认识的，所欠债务都为赌债，且部分债务是在原告逼迫的情况下签订的。

经浙江省东阳市人民法院审查，原审原告盛某飞涉嫌开设赌场刑事犯罪，已向金华市公安局江南分局移送犯罪线索，江南分局尚在侦查过程中。法院认为：首先，原审原告盛某飞陈述，原审被告徐某杰向其借款 21 万元，但根据其提供的转账记录，转账仅有 64 200 元，现金交付无相应依据，有可能涉嫌虚增债务；其次，原审原告在 2015 年 2 月 18 日出具的收条上写明"今收到徐某杰父亲徐某宁还款 100 000 元，承诺以后不再借款给徐某杰本人"，后又在原审案件中提供落款日期同为"2015 年 2 月 18 日"的 50 000 元借条及 60 000 元的借条，且其不能对该反常情形作合理解释，可能系在双方结清借款的情况下，采取虚假陈述等手段，虚构民事法律关系、虚构民事纠纷并诉至法院，构成《刑法》第 307 条之一第 1 款规定的"以捏造的事实提起民事诉讼"，并致使人民法院基于捏造的事实作出裁判文书并进入执行程序，构成"妨害司法秩序或者严重侵害他人合法权益"，涉嫌虚假诉讼。《最高人民法院关于在审理经济纠纷案件中涉及经济犯罪嫌疑若干问题的规定》第 11 条规定："人民法院作为经济纠纷受理的案件，经审理认为不属经济纠纷案件而有经济犯罪嫌疑的，应当裁定驳回起诉，将有关材料移送公安机关或检察机关。"故本案不宜由法院继续审理，应撤销原调解书，驳回原审原告盛某飞的起诉，并将涉嫌犯罪线索、材料移送公安机关处理。裁定如下：第一，撤销本院〔2016〕浙 0783 民初 9046 号民事调解书。第二，驳回原审原告盛某飞的起诉。

问题与思考：

结合本案，简述撤诉的适用条件。

撤诉，是指当事人向人民法院撤回起诉，不再要求人民法院对其诉讼请求进行审判的诉讼行为。撤诉是当事人对诉权的处分行为，是当事人的一项诉讼权利。撤诉可以分为：申请撤诉与按撤诉处理；撤回起诉与撤回上诉；原告撤回本诉、被告撤回反诉、有独立请求权第三人撤回参加之诉。

申请撤诉是原告的一种积极处分行为，是指原告主动撤回起诉的一种诉讼行为。申请撤诉应符合下列条件：①必须出于原告的自愿。申请撤诉必须是原告的真实意思表示而非受胁迫或者欺诈的情况下提出的。②目的必须正当、合法。原告的撤诉行为，不能损害国家利益、社会公共利益和他人的合法权益，不得规避法律或者企图逃避法律的制裁。③必须在宣告判决之前提出。如果原告在法庭辩论终结以后申请撤诉，应征得被告同意。④必须以书面形式或口头形式向人民法院提出申请。当事人向人民法院提出撤诉申请后，人民法院应依法对撤诉申请进行审查。符合条件的，裁定准许撤诉。经审查，如果当事人有违反法律的行为需要依法处理的，人民法院可以不准许撤诉。有学者认为，被告撤诉同意权透过独立性权利和实质性权利的形态来实现增进诉讼双方当事人实质平等和加强当事人程序保障的效能。然而，被告撤诉同意权在我国却是一种受到人民法院裁量权规制的非独立性权利。应将被告撤诉同意权构筑为不受人民法院权力强制干预的独立性权利，将人民法院权力从实质控制权改造为以形式审查权与阐明权为主要表现形式的程序控制权。同时，应当认真对待被告撤诉同意权，既要构筑精细的权利保障机制确保被告撤诉同意权具有独立支配撤诉效果的实质性，又要运用多种手段督促法院真正接受和利用被告撤诉同意权。[1]

本案即为人民法院不准许撤诉的情形。盛某飞向浙江省东阳市人民法院起诉，请求判决徐某杰归还借款。人民法院在审理过程中发现盛某飞有涉嫌虚增债务、采取虚假陈述等手段，虚构民事法律关系、虚构民事纠纷并致使人民法院基于捏造的事实作出裁判文书并进入执行程序的事实，可能构成开设赌场罪、虚假诉讼罪，因此法院不准许盛某飞撤诉。

按撤诉处理是原告的一种消极处分行为，是指原告没有申请撤诉的情况下，人民法院对于原告的行为按撤诉处理。根据《民事诉讼法》第 146 条和相关司法解释的规定，人民法院在审理民事案件过程中有下列情形之一的，可以按撤诉处理：①原告经传票传唤，无正当理由拒不到庭的，或者未经法

---

〔1〕 唐玉富："被告撤诉同意权的独立性塑造与实质性建构"，载《法学评论》2020 年第 5 期。

庭许可中途退庭的，可以按撤诉处理。②原告应当预交而未预交案件受理费，人民法院应当通知其预交，通知后仍不预交或者申请减、缓、免未获批准而仍不预交的，裁定按撤诉处理。③无民事行为能力的当事人的法定代理人，经传票传唤无正当理由拒不到庭，属于原告方的，可以按撤诉处理。④有独立请求权的第三人经人民法院传票传唤，无正当理由拒不到庭的，或者未经法庭许可中途退庭的，可以对该第三人按撤诉处理。而无独立请求权的第三人经人民法院传票传唤，无正当理由拒不到庭，或者未经法庭许可中途退庭的，不影响案件的审理。需要注意的是，对于依法按撤诉处理的案件，人民法院也应进行审查。如果当事人有违反法律的行为需要依法处理的，人民法院可以不按撤诉处理。

按撤诉处理制度建立的初衷，是对当事人消极行使权利的行为作出终结本次诉讼程序的回应，以体现对法律及法院审判权的尊重，维护法律的严肃性和司法权威。[1] 然而，在法律规定得不够明确、审判权的过度强势和对诉讼权利保障得不足的背景下，不当适用按撤诉处理的案件时有发生。法官在未查明当事人未到庭缘由的情况下就按撤诉处理，会使原告本可以行使的起诉或上诉的权利被轻易剥夺。就此，有学者提出民事撤诉制度的结构性重置，在遵循处分权主义的基础上，将法院垄断化的实质决定权转变为合要件性的形式审查权，与此同时，应满足当事人平等、诉讼经济、程序安定等原则的要求，构建旨在保护对方当事人信赖利益与防止司法资源浪费的制约体系，以期平衡权利保障与权利滥用之间的对立与紧张。[2]

权利人撤诉后，因起诉而生的中断效力归于消灭，因为起诉是"独立"中断事由，它不依附于"请求"事由；起诉是"程序性"中断事由。[3] 撤诉后，视为原告未起诉。当事人撤诉，只能说明当事人处分了自己的诉讼权利，而对其实体权利并没有处分，法院也没有对当事人之间的实体权利义务争议作出裁判。撤诉之后，如果原来的实体权利义务纠纷仍然存在，原告仍可以对此纠纷向法院提起诉讼，法院应当予以受理。

撤诉结案主要是基于原告自愿处分其诉权甚至实体权利而申请或以某种

---

〔1〕　霍海红："论我国撤诉规则的私人自治重构"，载《华东政法大学学报》2012年第4期。

〔2〕　林剑锋："我国民事撤诉制度的结构性重置"，载《法律科学（西北政法大学学报）》2018年第3期。

〔3〕　霍海红："撤诉的诉讼时效后果"，载《法律科学（西北政法大学学报）》2014年第5期

行为表示撤回诉讼，法院以裁定方式同意撤回诉讼或视为原告撤诉。撤诉结案制度的正确运行，对于解决民事纠纷、化解法院审判压力、维护社会秩序具有积极意义。但非基于当事人意愿、偏离正当程序甚至损害实体权利保障的非正当化撤诉结案，不但不能发挥撤诉制度的积极功能，反而会侵害当事人权利，有损诉讼秩序维持和司法公信力。[1]

第四节 缺席判决

案　例：王某英与沈阳某汽车服务有限公司劳动争议纠纷案[2]

2017年7月，原告王某英入职被告沈阳某汽车服务有限公司（以下简称"汽车公司"）工作，从事食堂工作，双方没有签订劳动合同。后因被告经济效益不好，双方协商解除合同，原告上班至2019年10月12日。原告离职前12个月平均工资为2760.26元。原告就本案诉请向劳动人事争议仲裁委员会申请仲裁，该委员会以申请人的仲裁请求不属于劳动人事争议处理范围为由，作出不予受理通知书。

王某英向沈阳市浑南区人民法院起诉，请求法院判令被告支付双倍工资差额部分33 000元；支付解除劳动关系补偿金9000元；支付拖欠工资款1200元；案件受理费由被告承担。被告汽车公司经本院合法传唤，没有派员到庭参加诉讼。

沈阳市浑南区人民法院认为：根据我国《民事诉讼法》的规定，当事人有答辩并对对方当事人提交的证据进行质证的权利，本案被告经本院合法传唤，无正当理由拒不出庭应诉，视为其放弃了答辩和质证的权利。原、被告虽未签订劳动合同，被告亦未为原告缴纳社会保险，但从银行流水可以看出有部分购买菜品等项报销款项，且每月规律时间为原告发放工资，可见双方之间存在劳动关系。经本院依法审查，原告自2017年7月入职，被告始终未与其签订劳动合同，实际用工满一年当日即2018年7月起算一年仲裁时效，

---

[1] 张嘉军等：《程序法治70年：中国民事诉讼一审程序实证研究（1949-2019）》，社会科学文献出版社2022年版，第347页。

[2] 案例来源：沈阳市浑南区人民法院[2020]辽0112民初6489号民事判决书。

原告于 2020 年 3 月 17 日提起仲裁，仲裁时效已过，故本院对原告要求被告支付未签订劳动合同双倍工资的诉讼请求不予支持。根据本案的具体情形，原告诉请被告支付经济补偿金，具有事实及法律依据，本院予以确认。关于原告主张被告支付被拖欠的工资一节，原告未提供工作日加班的事实，故本院仅对工作日判令被告支付工资。判决如下：第一，被告汽车公司于本判决生效之日起十日内向原告王某英支付解除劳动合同经济补偿金 6900.65 元、支付 2019 年 10 月欠付工资 634.54 元；第二，驳回原告王某英的其他诉讼请求。

问题与思考：

本案法院适用缺席判决是否正确？请说明理由。

缺席判决，是指人民法院在一方当事人无正当理由拒不参加庭审或者未经许可中途退庭的情况下，依法对案件进行审理所作出的判决。为了避免诉讼迟延或者使得诉讼在一无所获的情况下遭致终结，缺席判决是针对当事人所出现的缺席情形而不得不采取的一种裁判方式。它是在特别情况下冒着牺牲实体真实为代价而求得程序正义的一种换价模式。[1] 根据《民事诉讼法》及司法解释的规定，下列情形下，法院可以缺席判决：①被告经传票传唤，无正当理由拒不到庭，或者未经法庭许可中途退庭。②无诉讼行为能力被告的法定代理人，经传票传唤无正当理由拒不到庭。③法院裁定不准撤诉的原告，经传票传唤无正当理由拒不到庭。④被告反诉的，原告经传票传唤，无正当理由拒不到庭。根据《民诉法解释》第 241 条，当事人缺席后，人民法院应当按期开庭或者继续开庭审理，对到庭的当事人诉讼请求、双方的诉辩理由以及已经提交的证据及其他诉讼材料进行审理后，可以依法缺席判决。

缺席判决制度在解释论上牵涉重要的诉讼法原理及其实际运用。从诉讼程序的进行有赖于原、被告双方当事人相互展开攻击防御这一前提出发，居中裁判的法官必须通过双方积极的主张及举证等活动才能够获得足以作出判决的案情信息。当事人之间的这种互动对于实体裁判的作出或判决的形成而言必不可缺，但现实的情况却是处于防御方的被告往往缺乏积极参与诉讼的

---

〔1〕　参见毕玉谦："关于民事诉讼中缺席判决救济制度的立法思考"，载《清华法学》2011 年第 3 期；杨剑：《缺席审判的基本法理与制度探索》，厦门大学出版社 2016 年版，第 2 页。

动机。于是，为了给诉讼程序的展开进行提供足够的驱动力，就必须存在某种制度安排，能够"迫使"或"强制"参与动机容易不足的一方当事人至少到庭以表明其态度。而且，考虑到无论如何被告总有可能下落不明，或者面对攻击完全不做回应，也需要有即使发生这种情况仍能够以具有正当性的裁判来结束诉讼的程序机制，一种能够以"程序正义"来有限替代"实体正义"的机制。缺席判决就是在实体判断的时机未必成熟这种不得已的情形下仍然能够以判决结案的一种制度安排。如果被告拒不出庭或者完全放弃防御，往往会使解明度相对较窄且无法再行扩展。此时若以证明度不够而仅追究原告一方举证责任的话，显然很不公平。针对这种情况，法院可以通过调整证明度或适当降低证明标准的方法作出不利于被告的实体判决。并且缺席判决的正当性在很大程度上可以通过如"被告放弃程序保障，应当自行承担相应的风险或不利后果"这样的论证而获得。[1]

本案中，王某英诉沈阳某汽车服务有限公司劳动争议纠纷，被告经法院合法传唤，没有派员到庭参加诉讼，属于可以适用缺席判决的情形。原告提供了一系列证据，足以证明案件事实，被告经法院合法传唤，无正当理由拒不出庭应诉，视为放弃了答辩和质证的权利。本案事实清楚、证据确实充分，因此沈阳市浑南区人民法院依法作出缺席判决。

第五节 诉讼中止与诉讼终结

案 例：深圳华信某科技有限公司、赵某谋侵害发明专利权纠纷案[2]

上诉人深圳华信某科技有限公司（以下简称"华信公司"）因与被上诉人赵某谋、原审被告杭州某广告有限公司（以下简称"广告公司"）侵害发明专利权纠纷一案，不服广东省深圳市中级人民法院于 2019 年 4 月 16 日作出的［2018］粤 03 民初 138 号民事判决，向最高人民法院提起上诉。华信公司的委托诉讼代理人王某、赵某谋的委托诉讼代理人裴某州、广告公司的委托

---

〔1〕 王亚新、陈杭平、刘君博：《中国民事诉讼法重点讲义》（第 2 版），高等教育出版社 2021 年版，第 294 页。

〔2〕 案例来源：最高人民法院［2019］最高法知民终 236 号民事裁定书。

诉讼代理人辛某梅到庭参加诉讼。

本案二审庭审中，赵某谋提出，华信公司已于2019年6月18日核准注销，故对其诉讼主体资格存在异议。华信公司的委托诉讼代理人对此予以认可。依据《民事诉讼法》第150条第1款第3项，最高人民法院决定本案中止诉讼，并依据《民诉法解释》第322条，要求委托诉讼代理人通知华信公司的权利义务承继者于开庭之日起一个月内以当事人身份参与本案诉讼。经法院多次催告，华信公司的权利义务承继者拒不以当事人身份参加本案二审诉讼。最高人民法院裁定如下：本案按深圳华信某科技有限公司撤回上诉处理。广东省深圳市中级人民法院（2018）粤03民初138号民事判决自本裁定书送达之日起发生法律效力。

问题与思考：

1. 结合本案，简述诉讼中止的适用。
2. 简述诉讼终结。

诉讼中止，是指在诉讼进行过程中，由于某种法定情形的出现而使诉讼活动难以继续进行，受诉人民法院裁定暂时停止本案诉讼程序的制度。进行中的诉讼程序是否中止，关系到当事人双方的重大利益，也关系到人民法院审理的效率。正确地规定诉讼中止的事由，对于合理地运行诉讼中止制度，维护当事人的正当权益，提高诉讼效率有着重要的意义。[1]《民事诉讼法》第153条规定，在六种情形下应当中止诉讼，大致可分为两类：第一类，因为适格当事人的原因（一方当事人死亡，需要等待继承人表明是否参加诉讼的；作为一方当事人的法人或者其他组织终止，尚未确定权利义务承受人的；一方当事人丧失诉讼行为能力，尚未确定法定代理人的；一方当事人因不可抗拒的事由，不能参加诉讼的）；第二类，案件之间存在前提关系的原因（本案必须以另一案的审理结果为依据，而另一案尚未审结的），同时还规定了"其他应当中止诉讼的情形"这一项兜底条款。在诉讼过程中，人民法院遇有上述情形之一，需要中止诉讼的，应当作出裁定。诉讼中止的裁定一经作出即发生法律效力，当事人不能对此申请复议，也不能提出上诉。裁定诉讼中止后，除已经依法作出的财产保全和先予执行的裁定仍需继续执行外，人民法院应停

---

[1] 张卫平："民事诉讼中止事由的制度调整"，载《北方法学》2018年第3期。

止对本案的审理。

从实践中的情形来看，诉讼中止对原告影响最大，原告是诉讼程序的发动者，通常情形下，原告总是希望自己主张的诉讼请求能够尽快得以实现，而诉讼中止使得诉讼处于停滞的状态，原告的权利主张实际上被"冻结"。因为适格当事人的原因而诉讼中止，属于相对纯粹的程序性中止事项，但基于"本案必须以另一案的审理结果为依据，而另一案尚未审结的；其他应当中止诉讼的情形"这两种情形而诉讼中止，则是在对案件实体权利义务进行审查之后作出的程序性裁判。

对于诉讼中止，当事人想要案件恢复审理的应对之途有消除诉讼中止事由与寻求救济推翻诉讼中止裁定两种方法。消除诉讼中止事由对于当事人来说是最直接的一项应对措施。诉讼中止必然是由特定的中止事由引发的，不管是程序性事项还是与实体有关的事项，都是一种可消除的暂时状态，而非永久状态。因此，当事人可以通过促进关联程序的进行，或者提请法院督促对方当事人等途径，促进中止事由的消除。寻求救济推翻诉讼中止裁定主要是指当事人认为人民法院作出的诉讼中止裁定确有错误的，可向人民检察院申诉，由人民检察院向人民法院提起检察建议。[1]中止诉讼的原因消除后，可以由当事人申请，或者人民法院依职权恢复诉讼程序。恢复诉讼时，不必撤销原裁定，从人民法院通知或准许当事人双方继续进行诉讼时起，中止诉讼的裁定即失去效力。原已实施的诉讼行为仍然有效，诉讼程序继续进行。

本案中，华信公司已于 2019 年 6 月 18 日核准注销，因此基于《民事诉讼法》第 153 条第 1 款的规定，"作为一方当事人的法人或者其他组织终止，尚未确定权利义务承受人的"，本案应中止诉讼，但在华信公司的权利义务继承者已经确认之后，该继受人经过法院的多次催促拒不以当事人身份参加诉讼，因此法院裁定本案以按华信公司撤回上诉处理。

诉讼终结，是指在诉讼进行中，因发生某种法定的情形，使诉讼无法继续进行或者继续进行已无必要，从而结束诉讼程序的制度。《民事诉讼法》第 154 条规定："有下列情形之一的，终结诉讼：（一）原告死亡，没有继承人，或者继承人放弃诉讼权利的；（二）被告死亡，没有遗产，也没有应当承担义

---

〔1〕 杨光："关于诉讼中止的思考"，载《中国律师》2014 年第 2 期。

务的人的；（三）离婚案件一方当事人死亡的；（四）追索赡养费、扶养费、抚养费以及解除收养关系案件的一方当事人死亡的。"诉讼终结的裁定一经作出即发生法律效力，当事人不能就此申请复议或提起上诉。裁定诉讼终结后，本案的诉讼程序即告结束。

第十章

简易程序与小额诉讼程序

第一节　简易程序

案例一：大连某泰水务有限公司、中国某冶集团有限公司建设工程施工合同纠纷案 [1]

上诉人大连某泰水务有限公司（以下简称"某泰公司"）与上诉人中国某冶集团有限公司（以下简称"某冶公司"）建设工程施工合同纠纷一案，不服大连经济技术开发区人民法院［2018］辽 0291 民初 4776 号民事判决，向辽宁省大连市中级人民法院提起上诉。

大连市中级人民法院认为：原审判决认定基本事实不清，程序违法。第一，某冶公司承建并施工某泰公司发包的案涉工程，双方经法院生效判决解除案涉施工合同后，某冶公司于 2016 年 9 月 9 日与某泰公司进行交接并撤离案涉施工现场。现某泰公司主张，在案外人某建公司进行后续施工过程中，不断发现某冶公司已完成部分工程项目的施工不符合设计及规范要求，或未按照图纸施工，或应完工程但并未施工，而某冶公司对此并不认可。为此，某泰公司对某冶公司在施工过程中存在的上述问题及返工、重做、某建公司施工和修复的应由某冶公司施工的工程所产生的费用申请司法鉴定，经原审法院委托，两个鉴定机构针对工程质量及相关费用作出两个鉴定结论，本案双方当事人均提出异议，经过鉴定机构的异议答复后，双方当事人仍然不服，争议较大，均提出上诉，且均要求发回重审。本院认为，考虑本案双方解除

---

〔1〕　案例来源：辽宁省大连市中级人民法院［2020］辽 02 民终 6527 号民事裁定书。

案涉施工合同、某冶公司提前撤场及某建公司后续施工的特殊性，关于工程质量及相关费用的司法鉴定对明确双方之间的权利义务关系及最终裁判尤为重要。现原审法院对案涉鉴定结论的审查及认定的依据不充分。第二，原审判决不符合适用简易程序的法定条件。违反了《民事诉讼法》（2017年修正）第157条"基层人民法院和它派出的法庭审理事实清楚、权利义务关系明确、争议不大的简单的民事案件"的规定。经审理可得出，本案经过两次司法鉴定才能确定相关事实，由此确定权利义务关系。双方当事人对两次鉴定结论均有异议，并均不服原审判决而提出上诉，因此原审判决适用简易程序审理本案属于程序违法。此案在重审期间，考虑案件的特殊性、复杂性，应采取普通程序审理本案。裁定如下：第一，撤销大连经济技术开发区人民法院［2018］辽0291民初4776号民事判决；第二，本案发回大连经济技术开发区人民法院重审。

案例二：汝州市某投资担保有限公司、王某强追偿权纠纷案[1]

上诉人汝州市某投资担保有限公司与上诉人王某强、席某峰、席某旗，被上诉人河南某启商贸有限公司，被上诉人郭某霞、陈某一、汝州市某生态农业开发有限公司、汝州市某餐饮管理服务有限公司、呼某辉、王某杰、邓某伟、麻某峰、河南某行新能源汽车销售服务有限公司、王某涛、漫某白、郭某魁、汝州市某烟酒供应站、王某杰、王某现、樊某斌、河南某实业有限公司、彭某峰、刘某慧、崔某辉，原审被告汝州市某农民种植专业合作社、席某旗、史某利追偿权纠纷一案，均不服河南省汝州市人民法院［2019］豫0482民初7416号民事判决，向河南省平顶山市中级人民法院提起上诉。

平顶山市中级人民法院认为：各方当事人对河南某启商贸有限公司与汝州某村镇银行股份有限公司之间签订的某村镇借字［2018］第080466号借款合同项下的贷款是否系借新还旧，以及汝州市某投资担保有限公司是否享有追偿权等案件事实争议较大，各方当事人对反担保人是否应承担反担保责任亦分歧较大，并且本案当事人一方人数众多。依据法律及司法解释规定，本案不符合适用简易程序的条件。裁定如下：第一，撤销河南省汝州市人民法院［2019］豫0482民初7416号民事判决；第二，本案发回河南省汝州市人

---

〔1〕 案例来源：河南省平顶山市中级人民法院［2020］豫04民终221号民事裁定书。

民法院重审。

问题与思考：

1. 民事诉讼程序繁简分流改革述评。
2. 结合案例，分析简易程序的适用条件。
3. 简述简易程序转换为普通程序的适用条件。

简易程序是指基层人民法院和它派出的法庭审理事实清楚、权利义务关系明确、争议不大的简单的民事案件适用的程序。在立法上，设立简易程序是以案件与审判程序的适应性为依据的。案件有简单与复杂之分，因而审判程序也有简易程序与普通程序之别。在内容上，简易程序是普通程序的简化，但并不是普通程序的附属性程序和分支程序，也不是普通程序的辅助性程序，简易程序有自己的特定适用范围和诉讼方式。简易程序是与普通程序并存的独立的第一审程序。普通程序高度重视给予当事人双方充分的程序保障，适合于案情相对复杂或疑难、牵涉重大利害关系、双方当事人观点尖锐对立的争议案件。简易程序则采用更加简约且更具弹性的审理方法，用来处理解决日常生活中大量发生的简单纠纷。[1]

对民事案件和诉讼程序进行繁简分流，其目的在于以合乎理性的规范缓解司法资源与司法需求的剧烈冲突，从而使不同案件获得不同的程序保障，并使普通程序的正当化具有现实可能性。繁简分流的理念基础包括以下三个方面：①诉讼成本与诉讼收益相适应。②保障当事人诉诸司法的权利。③保护债权和维护以诚信为基础的交易秩序。[2] 繁简分流有利于满足人民群众多元司法需求、缓解法院"案多人少"矛盾、促进法律规范体系的完备和积极提升国家治理能力。[3] 简易程序和小额诉讼程序的适用并非只是为了提高司法效率，它还有一个更为重要的目标是，实现司法大众化，使当事人便于接近司法，获得简便快捷的司法救济。[4]

2019 年 12 月 28 日，第十三届全国人大常委会第十五次会议作出《关于

---

〔1〕 王亚新、陈杭平、刘君博：《中国民事诉讼法重点讲义》（第 2 版），高等教育出版社 2021 年版，第 303 页。

〔2〕 傅郁林："繁简分流与程序保障"，载《法学研究》2003 年第 1 期。

〔3〕 邵新："司法体制改革背景下繁简分流的法理论证"，载《法治现代化研究》2018 年第 4 期。

〔4〕 江伟、肖建国主编：《民事诉讼法》（第 8 版），中国人民大学出版社 2018 年版，第 312 页。

授权最高人民法院在部分地区开展民事诉讼程序繁简分流改革试点工作的决定》，授权在全国 15 个省（区、市）的 20 个城市开展试点工作。2020 年 1 月 15 日，最高人民法院印发《民事诉讼程序繁简分流改革试点方案》和《民事诉讼程序繁简分流改革试点实施办法》，试点工作正式启动。试点工作取得了以下阶段性成效：①合理拓宽司法确认程序适用范围，群众化解纠纷更加多元便捷高效。②加大小额诉讼程序适用力度，快速便捷终局解纷优势逐步显现。健全完善独立于简易程序的小额诉讼程序规则，通过降低适用门槛、探索合意适用模式、有序简化审理方式和裁判文书，充分发挥小额诉讼程序高效、便捷、低成本、一次性解纷的制度优势。③完善简易程序适用规则，繁简分流的程序运行机制基本形成。合理扩大简易程序适用范围，明确庭审程序和裁判文书简化方式，强化简易程序审限要求，真正发挥简易程序"简、快、灵"的制度优势，与小额诉讼程序、普通程序形成合理区分、有效衔接。④有序扩大独任审判适用范围，审判资源配置更加科学精准。明确基层人民法院独任法官可以适用普通程序审理特定情形案件，探索对简单二审案件适用独任制审理，实现审判组织与案件类型、审理程序灵活精准匹配。⑤加强和规范在线诉讼，线上线下并行的诉讼模式初步形成。及时回应互联网时代群众司法需求，明确在线诉讼活动法律效力，完善电子化材料提交、在线庭审、电子送达等在线诉讼规则。⑥充分保护当事人诉讼权利，切实维护群众合法权益。充分尊重当事人程序选择权、利益处分权和诉讼知情权，做到"简化程序不减权利，提高效率不降标准"。[1]

从性质上看，2021 年修改《民事诉讼法》是第十三届全国人大常委会第十五次会议授权最高人民法院组织开展为期 2 年的民事诉讼程序繁简分流改革试点工作后作出的一次专项修改。修改内容聚焦优化司法确认程序、完善简易程序及小额诉讼程序、扩大独任制适用范围、完善在线诉讼及送达规则等，着力从制度层面优化诉讼程序规则，促进司法资源合理配置，强化信息技术应用支撑，构建"繁简分流、轻重分离、快慢分道"的民事诉讼程序体系。[2] 2020 年试点的民事诉讼繁简分流改革对简易程序调整幅度不大、改革

---

[1] 周强："最高人民法院关于民事诉讼程序繁简分流改革试点情况的中期报告"，载《人民法院报》2021 年 3 月 1 日。

[2] 最高人民法院民事诉讼法修改起草小组编著：《民事诉讼法修改条文对照与适用要点》，法律出版社 2022 年版，第 1 页。

成效不太明显，相应地，2021 年《民事诉讼法》对其修改条款较少。这或许反映出民事简易程序规则完备、符合实际需求，无须再行改革。[1]

根据《民事诉讼法》第 160 条和《民诉法解释》第 256 条，简易程序适用于基层人民法院和它派出的法庭审理事实清楚、权利义务关系明确、争议不大的简单的民事案件。"事实清楚"，是指当事人双方对争议的事实陈述基本一致，并能提供相应的证据，无须人民法院调查收集证据即可查明事实。"权利义务关系明确"，是指能明确区分谁是责任的承担者，谁是权利的享有者。"争议不大"，是指当事人对案件的是非、责任承担以及诉讼标的争执无原则分歧。

关于案例一，首先，原审就案涉工程中某冶公司已完成部分工程项目的施工是否符合设计及规范要求，是否完成预定的工程量的事实，须经过两次司法鉴定才能确定，因此不属于"事实清楚"。其次，某冶公司并不认可自己的施工存在问题，主张不应承担责任，因此不属于"权利义务关系明确"。最后，某泰公司与某冶公司双方就上述事实，及返工、重做、某建公司施工和应由某冶公司施工修复的费用所做的两个鉴定结论并不认可，存在争议，因此不属于"争议不大"。

关于案例二，某村镇借字〔2018〕第 080466 号借款合同项下的贷款是否系借新还旧，以及汝州市某投资担保有限公司是否享有追偿权的案件事实仍存在争议，因此不属于"事实清楚、争议不大"。各方当事人对反担保人是否应承担反担保责任也分歧较大，因此不属于"权利义务关系明确"。

为了防止不适当地扩大简易程序的适用范围，《民诉法解释》第 257 条明确将以下七种情形排除出简易程序的适用范围：①起诉时被告下落不明的。理由是无法知道当事人双方对争议的事实陈述基本一致和对案件的是非、责任以及诉讼标的无原则分歧。②发回重审的。简易程序实行独任制审判，而发回重审的案件往往在事实认定或者诉讼程序方面存在错误，为保证案件的审判质量，不能再适用简易程序审理。③当事人一方人数众多的。这类案件直接涉及众多当事人的利益，社会影响大，不宜适用程序较为简化的简易程序进行审理。④适用审判监督程序的。应当适用审判监督程序的民事案件，其生效裁判确有错误或者生效调解协议违反自愿原则或内容违法，从保障当

---

〔1〕 左卫民、靳栋："民事简易程序改革实证研究"，载《中国法律评论》2022 年第 2 期。

事人合法权益和保证案件公正审判的角度，不得再适用简易程序进行审理。⑤涉及国家利益、社会公共利益的。涉及国家利益、社会公共利益的案件已不属于简单的民事案件范畴，不能适用简易程序进行审理。⑥第三人起诉请求改变或者撤销生效判决、裁定、调解书的。第三人撤销之诉案件涉及原生效判决、裁定、调解书的稳定性，人民法院在审理时应持审慎态度，不宜由法官通过简单程序独任审理。⑦人民法院认为不宜适用简易程序进行审理的。这是一个弹性条款，一般是指新类型案件、疑难、复杂的案件以及在本地区有重大影响的案件。[1]案例二中，被上诉人多达 21 人，属于当事人一方人数众多的情形，因此不能适用简易程序。

案例一，大连市中级人民法院认为："此案在重审期间，考虑案件的特殊性、复杂性，应采取普通程序审理本案，后据实下判。"此即为《民事诉讼法》第 170 条规定的人民法院主动将案件转为普通程序。由于案件是否简单，在立案阶段不能完全加以区分，故不排除适用简易程序的案件事实上却很复杂的情形。从确保当事人的程序利益出发，受理法院应将案件转入普通程序进行审理，具体可细分两种情况：一种是人民法院主动将案件转为普通程序。《民事诉讼法》第 170 条规定："人民法院在审理过程中，发现案件不宜适用简易程序的，裁定转为普通程序。"另一种是当事人异议成立，将案件转为普通程序。《民诉法解释》第 269 条规定："当事人就案件适用简易程序提出异议，人民法院经审查，异议成立的，裁定转为普通程序；异议不成立的，口头告知当事人，并记入笔录。转为普通程序的，人民法院应当将合议庭组成人员及相关事项以书面形式通知双方当事人。转为普通程序前，双方当事人已确认的事实，可以不再进行举证、质证。"为了加强当事人的程序主体地位，扩大简易程序的适用范围，立法者引入民事程序选择权使普通程序可以向简易程序适当转换。《民事诉讼法》第 160 条第 2 款规定："基层人民法院和它派出的法庭审理前款规定以外的民事案件，当事人双方也可以约定适用简易程序。"因而当事人只能对适用于基层人民法院及派出法庭审理的民事案件进行约定，不能将法定的中级以上人民法院审理的案件约定适用简易程序。

关于简易程序的简便审理，应着重把握以下四个方面：

---

〔1〕　参见最高人民法院修改后民事诉讼法贯彻实施工作领导小组编著：《最高人民法院民事诉讼法司法解释理解与适用》（上），人民法院出版社 2015 年版，第 664 页。

（1）简便方式传唤、通知和送达。人民法院可以采取捎口信、电话、短信、传真、电子邮件等简便方式传唤双方当事人、通知证人和送达裁判文书以外的诉讼文书。以简便方式送达的开庭通知，未经当事人确认或者没有其他证据证明当事人已经收到的，人民法院不得按撤诉处理和缺席判决。适用简易程序审理案件，由审判员独任审判，书记员担任记录。

（2）简便方式举证和答辩。简易程序的举证期限不得超过15日，当事人双方一致表示无需举证期准备证据材料，同时被告也表示不需要答辩期准备答辩意见的情况下，人民法院可以作出立即开庭审理的决定。这是双方当事人对自己的举证期限、答辩期间程序利益的明确放弃，人民法院一般都应当准许。当然，由于双方当事人的上述表示涉及其重大诉讼权利的处分，人民法院应记入笔录，由双方当事人签名、盖章或印确认。

（3）简便开庭。简单的民事案件审理不受普通程序中法庭调查、法庭辩论规定的限制，但应当保障当事人陈述意见的权利。当事人双方可就开庭方式向人民法院提出申请，由人民法院决定是否准许。经当事人双方同意，可以采用视听传输技术等方式开庭。

（4）裁判文书简化。《民诉法解释》第270条规定，具有下列情形之一的，对认定事实或判决理由部分可以适当简化：当事人达成调解协议并需要制作民事调解书的；一方当事人明确表示承认对方全部或者部分诉讼请求的；涉及商业秘密、个人隐私的案件，当事人一方要求简化裁判文书中的相关内容，人民法院认为理由正当的；当事人双方同意简化的。

《民事诉讼法》第164条规定："人民法院适用简易程序审理案件，应当在立案之日起三个月内审结。有特殊情况需要延长的，经本院院长批准，可以延长一个月。"审理期限简称审限，是指法律规定的人民法院审理案件必须遵守的期限。2021年修改后的《民事诉讼法》增加了简易程序案件延长审限的规定，明确了延长审限的事由为案件审理过程中"有特殊情况"，延长审限的程序须经本院院长批准，延长审限的期限为1个月。对简易程序审限的修改，与普通程序的审限规定形成有序衔接和梯次化配置，有利于进一步发挥简易程序快速高效解决纠纷的作用。[1]《民诉法解释》第258条第1款规定：

---

[1] 最高人民法院民事诉讼法修改起草小组编著：《民事诉讼法修改条文对照与适用要点》，法律出版社2022年版，第58页。

"适用简易程序审理的案件，审理期限到期后，有特殊情况需要延长的，由本院院长批准，可以延长审理期限。延长后的审理期限累计不得超过四个月。"

第二节　小额诉讼程序

案例一：王某生、洪某机动车交通事故责任纠纷案[1]

再审申请人王某生因与被申请人洪某及原审被告某财产保险股份有限公司南宁中心支公司机动车交通事故责任纠纷一案，不服防城港市防城区人民法院［2020］桂 0603 民初 1247 号民事判决，向广西壮族自治区防城港市中级人民法院申请再审。

王某生申请再审请求：第一，裁定对防城港市防城区人民法院［2020］桂 0603 民初 1247 号案件予以再审；第二，驳回被申请人对申请人的诉讼请求；第三，本案诉讼费由被申请人承担。事实和理由：第一，一审法院判决申请人负责赔偿所有的护理费、误工费是属判处主体承担错误、适用法律错误。第二，一审法院支持被申请人护理费、误工费、营养费、后续治理费没有事实和法律依据。第三，一审法院对本案适用小额诉讼程序，是程序违法。①被申请人对交警部门的处理责任认定不服，并提出了复核申请。②一审庭审中再审申请人对被申请人提出的医疗费、住院期间的误工费、后续治疗期间的误工费、住院护理费、营养费、精神损失费、后续治疗费及承担责任比例等各项诉求（包括金额）均有异议。③对这种诉求争议较大，交通事故责任分担不明，不应适用小额诉讼程序。明显原审法院适用小额诉讼程序剥夺了申请人的上诉权；损害了再审申请人的合法权益，程序违法。

防城港市中级人民法院认为：［2020］桂 0603 民初 1247 号案件系小额诉讼案件，王某生对该案生效判决不服向本院申请再审。依照《民诉法解释》（2020 年修正）第 426 条"对小额诉讼案件的判决、裁定，当事人以民事诉讼法第二百条规定的事由向原审人民法院申请再审的，人民法院应当受理。申请再审事由成立的，应当裁定再审，组成合议庭进行审理。作出的再审判决、裁定，当事人不得上诉。当事人以不应按小额诉讼案件审理为由向原审

---

〔1〕　案例来源：广西壮族自治区防城港市中级人民法院［2020］桂 06 民申 69 号民事裁定书。

人民法院申请再审的，人民法院应当受理。理由成立的，应当裁定再审，组成合议庭审理。作出的再审判决、裁定，当事人可以上诉"之规定，本案应由原审人民法院审查处理。裁定如下：本案移送防城港市防城区人民法院处理。

案例二：句容市某粮油公司与彭某忠返还原物纠纷案[1]

原审原告句容市某粮油公司（以下简称"粮油公司"）与原审被告彭某忠、原审第三人吕某根返还原物纠纷一案，江苏省句容市人民法院［2019］苏 1183 民初 6060 号民事判决书已经发生法律效力。经该院审判委员会讨论决定，于 2020 年 4 月 3 日作出［2020］苏 1183 民监 10 号民事裁定，再审本案。

原审法院认为：本案系返还原物纠纷。原告的诉讼请求为：第一，要求被告和第三人返还后白镇原张庙粮站甲幢和丙幢房屋之间的场地；第二，要求被告支付占有使用费 5770 元；第三，诉讼费由被告承担。原审判决：第一，被告彭某忠于本判决生效之日起 60 日内搬离位于句容市后白镇张庙粮站甲幢和丙幢房屋之间的土地，并将上述土地返还原告粮油公司；第二，被告彭某忠于本判决生效之日起 60 日内给付原告粮油公司占有使用费；第三，驳回原告粮油公司对第三人吕某根的诉讼请求。

江苏省句容市人民法院再审后认定案件事实同原审查明事实一致，法院认为：基层人民法院受理的事实清楚、权利义务关系明确、争议不大、标的额为各省、自治区、直辖市上年度就业人员年平均工资 30% 以下的案件适用小额诉讼程序审理。本案中，原告粮油公司诉请为返还土地及给付占用使用费，被告拒绝返还并要求补偿，双方当事人争议较大。且不动产财产价值较大，其价值明显超出了《民事诉讼法》（2017 年修正）第 162 条规定的标的额上限，案件的处理结果对当事人利益影响重大，故本案不应适用小额诉讼程序，原审适用小额诉讼程序审理不当，应予纠正。无权占有不动产或者动产的，权利人可以请求返还原物。考虑到本案历经原审、审判监督程序、再审，距原告起诉之日已近一年半，如仍按原审中确定的 60 日搬离期限，明显过长，故本院在再审中调整搬离期限为判决生效后 10 日内。综上，原判决认

---

[1] 案例来源：江苏省句容市人民法院［2020］苏 1183 民再 15 号民事判决书。

定事实清楚，适用小额诉讼程序审理不当，裁判结果正确，原审判决确定的返还土地履行期限过长，法院在再审中予以调整。判决如下：第一，维持本院［2019］苏 1183 民初 6060 号民事判决第二项、第三项；第二，变更本院［2019］苏 1183 民初 6060 号民事判决第一项为被告彭某忠于本判决生效之日起十日内搬离位于句容市后白镇张庙粮站甲幢和丙幢房屋之间的土地，并将上述土地返还原告粮油公司。

问题与思考：

1. 结合案例，简述小额诉讼程序的适用范围和适用条件。

2. 简述小额诉讼程序的救济方式。

小额诉讼程序，是指基层人民法院的小额法庭或专门的小额法院快捷审理法律规定的小额金钱诉讼的专门程序。小额诉讼程序作为一种诉讼程序制度出现于 20 世纪中叶。许多国家和地区为了解决因社会不断发展而引发的诉讼数量及诉讼类型的与日俱增和诉讼程序繁琐、诉讼迟延、诉讼成本过高之间的矛盾，一方面积极进行民事司法改革，设立简易程序和小额诉讼程序，目的是对民事案件的审判程序进行分流处理，建构小额诉讼程序、简易程序和普通程序相结合的多元纠纷解决诉讼机制，另一方面重视发挥非诉讼纠纷解决机制的功能和作用。小额诉讼程序有助于实现司法的大众化，通过简易化的努力使一般国民普遍能够得到具体的有程序保障的司法服务。[1]

我国 2012 年修正的《民事诉讼法》在"简易程序"一章中增加了小额诉讼程序的规定，其第 162 条规定："基层人民法院和它派出的法庭审理符合本法第一百五十七条第一款规定的简单的民事案件，标的额为各省、自治区、直辖市上年度就业人员年平均工资百分之三十以下的，实行一审终审。"立法确定的适用范围既在具备可操作性的意义上设置了统一或共通的基本标准，又照顾到了经济发展水平不同的各省、自治区和直辖市的当事人对于案件诉讼标的金额高低的敏感程度存在明显差异的事实。[2]这使一定数额之下的小额争议案件在审理上实行一审终审，进一步缩短了诉讼周期，提高了诉讼效

---

〔1〕 参见范愉："小额诉讼程序研究"，载《中国社会科学》2001 年第 3 期。

〔2〕 王亚新、陈杭平、刘君博：《中国民事诉讼法重点讲义》（第 2 版），高等教育出版社 2021 年版，第 311 页。

率。[1]通过设立小额诉讼程序实现有效的繁简分流，更合理地配置司法资源，更快捷、更及时、更有效地维护当事人的合法权益，实现社会的整体公平和正义。[2]

2021年《民事诉讼法》调整小额诉讼程序适用案件类型、调整小额诉讼程序适用的标的额标准和允许当事人合意适用小额诉讼程序，既保障了当事人对程序利益的处分权，也有利于进一步发挥小额诉讼程序高效、便捷、一次性终局解决纠纷的作用。[3]其第165条规定："基层人民法院和它派出的法庭审理事实清楚、权利义务关系明确、争议不大的简单金钱给付民事案件，标的额为各省、自治区、直辖市上年度就业人员年平均工资百分之五十以下的，适用小额诉讼的程序审理，实行一审终审。基层人民法院和它派出的法庭审理前款规定的民事案件，标的额超过各省、自治区、直辖市上年度就业人员年平均工资百分之五十但在二倍以下的，当事人双方也可以约定适用小额诉讼的程序。"

适用小额诉讼程序审理的案件，必须符合以下两个条件：

（1）必须是简单金钱给付民事案件。简单金钱给付民事案件，是指当事人提出以给付金钱或有价证券为诉讼请求，事实清楚、权利义务关系明确、争议不大、给付金额确定的民事案件。《民事诉讼法》第166条规定："人民法院审理下列民事案件，不适用小额诉讼的程序：（一）人身关系、财产确权案件；（二）涉外案件；（三）需要评估、鉴定或者对诉前评估、鉴定结果有异议的案件；（四）一方当事人下落不明的案件；（五）当事人提出反诉的案件；（六）其他不宜适用小额诉讼的程序审理的案件。小额诉讼程序排除适用规则的主要目的在于避免小额诉讼程序适用泛化，推动小额诉讼案件类型与"事实清楚、权利义务关系明确、争议不大"的适用标准有效对应，确保程序适用聚焦"简单钱债纠纷"，统筹兼顾诉讼效率和权利保障。

（2）案件标的额必须符合规定的标准。《民诉法解释》第272条规定："民事诉讼法第一百六十五条规定的各省、自治区、直辖市上年度就业人员年

---

〔1〕 张卫平：《民事诉讼法》（第4版），法律出版社2016年版，第332页。

〔2〕 江必新主编：《最高人民法院民事诉讼法司法解释专题讲座》，中国法制出版社2015年版，第181页。

〔3〕 最高人民法院民事诉讼法修改起草小组编著：《民事诉讼法修改条文对照与适用要点》，法律出版社2022年版，第60页。

平均工资，是指已经公布的各省、自治区、直辖市上一年度就业人员年平均工资；在上一年度就业人员年平均工资公布前，以已经公布的最近年度就业人员年平均工资为准。"2021 年《民事诉讼法》第 165 条将"标的额为各省、自治区、直辖市上年度就业人员年平均工资百分之三十以下"修改为"标的额为各省、自治区、直辖市上年度就业人员年平均工资百分之五十以下"，并且增加第 2 款"标的额超过各省、自治区、直辖市上年度就业人员年平均工资百分之五十但在二倍以下的，当事人双方也可以约定适用小额诉讼的程序"。

案例一虽然为交通事故责任纠纷，但是当事人除了对给付的数额存在争议外，还对于交警部门的责任认定不服，原审适用小额诉讼程序是否正确，还需等防城港市防城区人民法院审理。案例二为返还原物请求权纠纷，法院认为原告与被告就是否返还土地及给付占用使用费，争议较大，且不动产财产价值较大，明显超过江苏省上年度就业人员年平均工资 30%，因此不应适用小额诉讼程序。案例一的原审法院为防城港市防城区人民法院，符合小额诉讼程序管辖规定。案例二的原审法院为江苏省句容市人民法院，不符合管辖规定。

《民事诉讼法》并没有单独规定小额诉讼案件独立的审判程序，法院审理小额诉讼案件适用第 13 章规定的"简易程序"，即与其他一般的简单民事案件适用的审判程序是一样的，所不同的是小额诉讼程序实行一审终审。小额诉讼程序在第二审程序、再审程序中都不能适用。[1]2021《民事诉讼法》新增第 167 条规定："人民法院适用小额诉讼的程序审理案件，可以一次开庭审结并且当庭宣判。"新增第 168 条规定："人民法院适用小额诉讼的程序审理案件，应当在立案之日起两个月内审结。有特殊情况需要延长的，经本院院长批准，可以延长一个月。"小额诉讼程序作为民事诉讼审理程序中特别的简化程序，其审理期限相较普通程序和简易程序应当更加简短。[2]根据《民诉法解释》第 274 条、第 275 条、第 276 条、第 277 条、第 278 条、第 280 条、第 281 条，人民法院受理小额诉讼案件，应当向当事人告知该类案件的审判组织、一审终审、审理期限、诉讼费用交纳标准等相关事项；小额诉讼案件的举证期限由人民法院确定，也可以由当事人协商一致并经人民法院准许，但一般不超过 7 日，被告要求书面答辩的，人民法院可以在征得其同意的基

---

〔1〕　参见王琦："修改后民诉法视域下的小额诉讼程序"，载《检察日报》2012 年 9 月 25 日。

〔2〕　包冰锋：《最新民事诉讼法条文对照与重点解读》，法律出版社 2022 年版，第 233 页。

础上合理确定答辩期间，但最长不得超过 15 日，当事人到庭后表示不需要举证期限和答辩期间的，人民法院可立即开庭审理；当事人对小额诉讼案件提出管辖异议的，人民法院应当作出裁定，裁定一经作出即生效；人民法院受理小额诉讼案件后，发现起诉不符合《民事诉讼法》第 122 条规定的起诉条件的，裁定驳回起诉，裁定一经作出即生效；因当事人申请增加或者变更诉讼请求、提出反诉、追加当事人等，致使案件不符合小额诉讼案件条件的，应当适用简易程序的其他规定审理；小额诉讼案件的裁判文书可以简化，主要记载当事人基本信息、诉讼请求、裁判主文等内容。

小额诉讼实行一审终审，不得上诉。当事人不服小额诉讼案件判决、裁定的，可以依照《民事诉讼法》的规定申请再审。有学者认为，我国的小额诉讼程序长期处于法官不敢用、当事人不愿用的状态，一审终审后败诉方只能以申请再审的方式寻求救济是造成该程序被虚置的主要缘由；提出宜将申请再审的救济方式改为赋予不服裁判的当事人向原审法院提出异议的权利，在当事人提出异议后，由原审法院组成合议庭适用普通程序对案件重新审理并作出裁判。[1]根据 2021 年《民事诉讼法》第 165 条，适用小额诉讼程序审理的案件实行一审终审，当事人不得提起上诉，但可以通过审判监督程序提起再审的方式寻求救济。

案例一中，申请人王某生认为原审不应适用小额诉讼程序，向防城港市中级人民法院申请再审，但是《民诉法解释》第 424 条规定："对小额诉讼案件的判决、裁定，当事人以民事诉讼法第二百零七条规定的事由向原审人民法院申请再审的，人民法院应当受理。申请再审事由成立的，应当裁定再审，组成合议庭进行审理。作出的再审判决、裁定，当事人不得上诉。当事人以不应按小额诉讼案件审理为由向原审人民法院申请再审的，人民法院应当受理。理由成立的，应当裁定再审，组成合议庭审理。作出的再审判决、裁定，当事人可以上诉。"受理再审申请的应为原审法院，所以防城港市中级人民法院裁定本案移送防城港市防城区人民法院处理。案例二为另一种救济形式，法院依职权提起再审。江苏省句容市人民法院以不动产财产价值较大，其价值明显超出了《民事诉讼法》第 165 条规定的标的额上限，所以不应适用小额诉讼程序为主要理由提起再审。

---

〔1〕 李浩："小额诉讼程序救济方式的反思与重构"，载《法学》2021 年第 12 期。

第十一章

新类型诉讼

第一节　民事公益诉讼

案例一：刘某亮生产、销售假盐案[1]

自 2016 年 6 月开始，刘某亮租用仓库作为生产窝点，使用购进的工业用盐作为原料，生产假冒注册商标"××"牌加碘食盐并批发销售给蔡某经、郑某宾等人。2016 年 10 月 18 日，刘某亮在生产假盐时被民警抓获，并缴获生产的假盐成品 6.42 吨、半成品、包装材料及生产工具一批。国家盐产品质量监督检验中心对现场扣押的普通食用盐进行含碘量质量安全鉴定，认定结果均不合格。刘某亮在接受广州市公安局食品药品与环境犯罪侦查支队民警讯问时，供述其仅生产销售包装量分别为 500 克和 400 克的"××"牌假盐，生产销售至少有 100 吨并以每吨人民币 1200 元销售给客户。2017 年 8 月 7 日，广州市白云区人民法院作出 [2017] 粤 0111 刑初 1217 号刑事判决，认定刘某亮的上述行为构成非法经营罪，判处有期徒刑 3 年并处罚金 8 万元，没收缴获的假盐成品、半成品等扣押的物品。该判决已发生法律效力。

广州市人民检察院于 2017 年 4 月 1 日向广东省消费者委员会发出检察建议，建议该会对刘某亮生产销售假冒伪劣食盐侵犯不特定多数消费者身体健康和生命安全的行为提起消费民事公益诉讼。2017 年 4 月 21 日，广东省消费者委员会复函广州市人民检察院决定不对刘某亮的上述行为提起消费民事公益诉讼。2017 年 4 月 13 日，广州市人民检察院在《检察日报》进行公告，督

---

[1]　案例来源：广东省广州市中级人民法院 [2017] 粤 01 民初 383 号民事判决书。

促有权提起诉讼的机关或者有关组织提起民事公益诉讼，直至开庭前，无任何有权机关或社会组织申请参与本案诉讼。

鉴于受损害的消费者众多且无法确定，广东省消费者委员会又拒绝提起消费民事公益诉讼，故广州市人民检察院根据《民事诉讼法》第55条第2款之规定，向广州市中级人民法院提起诉讼，诉讼请求如下：第一，请求判令被告刘某亮支付其所生产、销售的假冒伪劣食盐产品价款10倍的赔偿金，共计1 200 000元（上述款项上缴国库）；第二，请求判令被告刘某亮在广东省级以上电视台及全国发行的报纸公开道歉。被告刘某亮及其委托诉讼代理人不同意公益诉讼起诉人的诉讼请求，认为本案被告刘某亮侵权行为程度难以证明。被告刘某亮侵权行为实施时间较短；[2017]粤0111刑初1217号刑事判决书中，已经对本案被告刘某亮作出了并处罚金8万元的处罚。刑事判决书上的罚金与本案赔偿金都具有惩罚性质，现在公益诉讼起诉人对本案被告刘某亮同一个行为再追究其赔偿责任的做法，与一事不再罚原则相背。

广州市中级人民法院认为：《民事诉讼法》（2017年修正）第55条第2款规定："人民检察院在履行职责中发现破坏生态环境和资源保护、食品药品安全领域侵害众多消费者合法权益等损害社会公共利益的行为，在没有前款规定的机关和组织或者前款规定的机关和组织不提起诉讼的情况下，可以向人民法院提起诉讼。前款规定的机关或者组织提起诉讼的，人民检察院可以支持起诉。"广州市人民检察院认为刘某亮生产销售不符合食用盐标准的盐进入食用盐市场，侵犯了众多消费者的合法权益。在广州市人民检察院履行了督促相关机关提起民事公益诉讼的法定诉前程序及本院公告的指定期限内均无任何有权机关和组织提起民事公益诉讼的情形下，广州市人民检察院提起本案消费民事公益诉讼符合法律规定，本院予以支持。根据双方的诉辩意见，本院整理争议焦点如下：是否应追加当事人；刘某亮所售假盐的数量和总价款如何认定；刘某亮是否应承担民事侵权责任；赔偿金额如何确定；刘某亮是否应承担赔礼道歉的民事责任（这五个方面的分析和认定由于篇幅所限省略）。判决如下：第一，被告刘某亮于本判决生效之日起10日内向本院支付惩罚性赔偿金1 120 000元，由本院缴付国库；第二，被告刘某亮于本判决生效之日起10日内，在广东省省级以上电视台和全国公开发行的报纸上发表经本院认可的赔礼道歉声明。

案例二：重庆市人民检察院第四分院与重庆市黔江区刘某中采石场环境民事公益诉讼纠纷案[1]

2004 年 7 月 30 日，刘某中申请注册登记个体工商户，字号名称为"重庆市黔江区刘某中采石场"（以下简称"刘某中采石场"）。2005 年 6 月 16 日，刘某中与原黔江区国土资源和房屋管理局签订《采矿权出让合同》（黔江采矿出合字〔2005〕第 005 号）1 份。2005 年 6 月 22 日，刘某中采石场取得了位于黔江区××街道一矿区的采矿许可证，期限为 6 年。随后，刘某中采石场向黔江区××街道 A 居委 B 组张某意农户、张某飞农户租用涉案矿区林地开始露天开采建筑石料用灰岩，张某意农户林权证及张某飞农户林权基本信息表载明二者租给刘某中采石场的林地性质均系地方重点公益林。2011 年 6 月，刘某中采石场采矿权到期后继续开采至 2013 年。2013 年以来，刘某中采石场停止对案涉矿区的开采，但未对矿区进行生态恢复治理，矿区处于岩石裸露状态。重庆市中正司法鉴定中心根据重庆市人民检察院第四分院的委托对刘某中采石场进行司法鉴定，出具了《司法鉴定意见书》，并编制了《重庆市黔江区刘某中采石场生态恢复治理方案》。《司法鉴定意见书》认定案涉矿区被破坏林地面积为 12 380 平方米，原有植被已全部丧失，原始地形地貌发生改变，山体裸露，生态环境损害事实存在，对被损毁林地进行生态修复治理需要费用 32.454 万元。刘某中在重庆市人民检察院第四分院向其调查询问时自认其在案涉矿区开采砂石未办理过林地占用许可手续。重庆市黔江区林业局出具的《证明》亦证实经查阅相关档案资料，未查到刘某中采石场 2004 年至 2013 年办理使用林地手续。

重庆市人民检察院第四分院于 2020 年 8 月 19 日在正义网发布公告，告知法律规定的机关和有关组织可以提起民事公益诉讼，公告期满后，无相关机关或组织提起诉讼，故重庆市人民检察院第四分院以刘某中采石场为被告向重庆市第四中级人民法院提起诉讼，请求：第一，判令刘某中采石场在判决生效后 6 个月内按照鉴定中心的要求对矿区进行生态恢复治理，并经有关部门组织验收合格；第二，如刘某中采石场未履行第一项诉讼请求，应在期满后 10 日内赔偿生态恢复治理费用 32.454 万元；第三，判令刘某中采石场在

---

[1] 案例来源：重庆市第四中级人民法院〔2020〕渝 04 民初 1008 号民事判决书。

判决生效后 10 日内向公益诉讼起诉人支付本案鉴定费、制定生态恢复治理方案费用 10 万元。刘某中采石场辩称，同意修复案涉废弃采石场，承担费用。

重庆市第四中级人民法院认为：本案争议焦点为刘某中采石场应否承担案涉废弃矿区的生态修复责任以及应否承担公益诉讼起诉人开支的鉴定费、制定生态恢复治理方案费用。首先，刘某中采石场在未办理占用林地审批和建设用地审批手续的情况下占用重点公益林进行采石，行为违法，主观存在过错。其次，根据重庆市中正司法鉴定中心出具的《司法鉴定意见书》，刘永中采石场破坏林地面积为 12 380 平方米，造成原有植被已全部丧失，原始地形地貌发生改变，山体裸露，生态环境损害事实存在。最后，刘某中采石场未经林业部门许可在地方重点公益林内露天开采建筑石料用灰岩，严重破坏了矿区林业生态环境，停止开采后又未及时履行对受损生态环境进行修复治理的义务，损害了社会公共利益。因此，公益诉讼起诉人主张刘某中采石场负责对案涉矿区进行生态恢复治理的请求有事实和法律依据，本院予以支持。《最高人民法院关于审理环境民事公益诉讼案件适用法律若干问题的解释》（2015 年）第 20 条规定："原告请求恢复原状的，人民法院可以依法判决被告将生态环境修复到损害发生之前的状态和功能。无法完全修复的，可以准许采用替代性修复方式。人民法院可以在判决被告修复生态环境的同时，确定被告不履行修复义务时应承担的生态环境修复费用；也可以直接判决被告承担生态环境修复费用。生态环境修复费用包括制定、实施修复方案的费用和监测、监管等费用。"第 22 条规定："原告请求被告承担检验、鉴定费用，合理的律师费以及为诉讼支出的其他合理费用的，人民法院可以依法予以支持。"公益诉讼起诉人主张其因查清本案侵权事实及侵权程度而支付的鉴定费、制定生态恢复治理方案费用 10 万元由刘某中采石场承担有事实和法律依据，刘某中采石场对此亦表示认可，因此本院对公益诉讼起诉人主张由刘永中采石场承担该笔费用的请求予以支持。判决如下：第一，重庆市黔江区刘某中采石场在本判决生效后 15 日内开始按照重庆市中正司法鉴定中心编制的《重庆市黔江区刘某中采石场生态恢复治理方案》的要求对采石场进行生态恢复治理，限在开始实施之日起 8 个月内完成生态恢复治理义务并报经有关行政主管部门组织验收合格。第二，刘某中采石场若未履行本判决第一项确定的生态恢复治理义务，则应在期满之日起 10 日内赔偿生态恢复治理费用 32.454 万元。第三，刘某中采石场在本判决生效之日起 10 日内向公益诉讼起诉人重庆市人民检察院第四分院支付鉴定费、制定生态恢复治理方案费用共计 10 万元。

问题与思考：

1. 关于案例一，对刘某亮适用惩罚性赔偿是否具有正当性？请说明理由。

2. 简述公益诉讼与私益诉讼的关系。

3. 关于案例二，刘某中采石场应否承担案涉废弃矿区的生态修复责任？刘某中采石场应否承担公益诉讼起诉人的鉴定费、制定生态恢复治理方案费用？请说明理由。

2007 年《民事诉讼法》修改时增加了案外人执行异议之诉制度，2012 年《民事诉讼法》修正时新增加了民事公益诉讼制度、第三人撤销之诉制度，由于这三类新诉讼制度此前既无相关立法规定，审判实践中也少有受理此类案件，因此构成我国民事诉讼法三大新类型诉讼。[1] 对于这三类诉讼案件，法院应当按照通常诉讼程序进行审理和裁判。但是，与通常的民事案件相比，民事公益诉讼、第三人撤销之诉、案外人执行异议之诉案件的起诉条件、审理程序和裁判等又有特别之处。

民事公益诉讼是近些年我国法学理论界与实务界关注的重点和难点问题。民事公益诉讼，是指法律规定的特定主体针对损害社会公共利益的民事违法行为，依法向法院提起民事诉讼以追究行为人民事责任的制度。[2] 与私益诉讼或者传统民事诉讼相比，民事公益诉讼具有诉讼目的之公益性、原告资格的特殊性、处分权主义与辩论主义适用的适当限制性、判决效力的扩张性和政策形成功能的侧重性等特点。[3]《民事诉讼法》第 58 条规定："对污染环境、侵害众多消费者合法权益等损害社会公共利益的行为，法律规定的机关和有关组织可以向人民法院提起诉讼。人民检察院在履行职责中发现破坏生态环境和资源保护、食品药品安全领域侵害众多消费者合法权益等损害社会公共利益的行为，在没有前款规定的机关和组织或者前款规定的机关和组织

---

〔1〕 江必新主编：《最高人民法院民事诉讼法司法解释专题讲座》，中国法制出版社 2015 年版，第 208 页。

〔2〕 柯阳友：《民事公益诉讼重要疑难问题研究》，法律出版社 2017 年版，第 1 页。

〔3〕 刘学在：《民事公益诉讼制度研究——以团体诉讼制度的构建为中心》，中国政法大学出版社 2015 年版，第 73 页。

不提起诉讼的情况下，可以向人民法院提起诉讼。前款规定的机关或者组织提起诉讼的，人民检察院可以支持起诉。"

公益诉讼检察是新时代中国特色社会主义检察制度的有机组成部分。公益诉讼检察的定位是保护公共利益的"中国方案"、推进法治建设的"中国道路"、检察监督体系的重要组成部分。公益诉讼检察遵循的原则包括坚持党的领导、以人民为中心、依法行使检察权、遵循相关诉讼制度、秉持客观公正的立场等五项原则。公益诉讼检察的理念包括双赢多赢共赢、诉前实现保护公益目的、持续跟进监督。[1] 公益诉讼是一项新的司法制度和检察业务。2022 年是公益诉讼检察全面推开五周年。拥有公共利益代表和国家法律监督机关双重角色定位属性的检察机关，在当前防范化解重大风险、推进国家治理体系和治理能力现代化的大背景下，应结合五年以来的司法实践经验，积极稳妥开拓公益诉讼"等外"空间。检察机关在国家和社会治理中扮演至关重要的角色，应逐渐将公益诉讼范围拓展至专业性技术性更强、影响范围更广、关乎国家持续性发展核心利益和重大社会公共利益，但社会组织力量缺位、监管易于"失序"、政府"失灵"风险较高的关键场域，从深层次、宏观角度做好新时代公益诉讼检察工作。[2]

公益诉讼是国家保护公共利益的程序机制，作为诉讼对象的公共利益的特殊性加剧了程序上的复杂性。公共利益广泛存在于公法与私法领域，并且是一个界定困难、适用混乱和目标繁杂的问题，由于难以形成社会共识，时常给司法和公共行政过程带来困扰。我国近十年的公益诉讼案件主要集中于环境资源保护、消费者权益保护、食品药品安全、国有资产保护、自然遗迹保护以及英雄烈士保护的诉讼等领域，检察公益诉讼更是被视为以法治思维和法治方式推进国家治理体系和治理能力现代化的重要制度设计。公益诉讼制度的目标在于追求实质正义和社会正义。公共利益受到侵害，主要因违反宪法和法律规定，对基本权利造成公共伤害。作为权利救济的综合性程序，公益诉讼最为直接的实体目的就是确认、恢复和实现公共利益，维护社会对法治社会及司法制度的信心。我国的公益诉讼起步较晚，但发展迅速，并很

---

[1] 参见张雪樵、万春主编：《公益诉讼检察业务》，中国检察出版社 2022 年版，第 18~26 页。
[2] 潘剑锋、牛正浩："检察公益诉讼案件范围拓展研究"，载《湘潭大学学报（哲学社会科学版）》2021 年第 4 期。

快形成鲜明特色，在维护人民权益、增进人民福祉方面取得显著成绩。[1]

公益诉讼作为民事诉讼的特别形态，具有相对于行政执法和私益诉讼的双重谦抑性。一方面，维护公共利益是相关行政机关的法定职责，通过公益诉讼维护公共利益在一定程度上可以弥补行政执法的不足，但不能代替行政执法。另一方面，公益诉讼对于多数人利益的保护，是在无法通过私益诉讼加以救济或者单纯的私益诉讼救济不充分、不足够的情况下，立法者所提供的另一种应对策略，其适用具有辅助性、补充性，能够通过私益诉讼维权的，没有必要提起公益诉讼。基于公益诉讼的双重谦抑性，不能认为公益诉讼案件数量越多越好，更不能把公益诉讼看作民事诉讼的常态。[2]

《最高人民法院关于审理消费民事公益诉讼适用法律若干问题的解释》（以下简称《消费公益诉讼解释》）第 13 条第 1 款规定："原告在消费民事公益诉讼案件中，请求被告承担停止侵害、排除妨碍、消除危险、赔礼道歉等民事责任的，人民法院可予支持。"该条在请求权类型方面并未明确列出损害赔偿责任。起草者指出，之所以如此，是因为该条中有"等"字作为保留，可以为损害赔偿请求预留空间。[3]此外，确认格式条款无效，也可以作为消费民事公益诉讼请求。《消费公益诉讼解释》第 13 条第 2 款规定："经营者利用格式条款或者通知、声明、店堂告示等，排除或者限制消费者权利、减轻或者免除经营者责任、加重消费者责任，原告认为对消费者不公平、不合理主张无效的，人民法院应依法予以支持。"

案例一，广州市人民检察院请求判令被告刘某亮支付其所生产、销售的假冒伪劣食盐产品价款十倍的赔偿金。该赔偿金即为消费公益诉讼中的惩罚性赔偿。消费民事公益诉讼适用惩罚性赔偿具有以下三项功能：

（1）赔偿功能。补偿性赔偿不能解决人身伤害难以证明以及精神损害的补救问题，很难对受害人的损害进行充分补救。广州市人民检察院认为：尽管专家证言等证明材料阐明消费者长期食用非碘盐半年后会显现缺碘病症，刘某亮的犯罪行为持续不到半年，但消费者缺碘病症的显现必然要经过潜伏的慢性致害过程，这种潜在的危害也属客观存在的损害后果，不因至今没有

---

〔1〕　王福华："公益诉讼的法理基础"，载《法制与社会发展》2022 年第 2 期。

〔2〕　江伟、肖建国主编：《民事诉讼法》（第 8 版），中国人民大学出版社 2018 年版，第 157 页。

〔3〕　杜万华主编：《最高人民法院消费民事公益诉讼司法解释理解与适用》，人民法院出版社 2016 年版，第 235 页。

消费者向刘某亮主张权利而无视损害的客观存在。消费民事公益诉讼具有替代性和补充性，是为了保护众多不特定消费者的合法权益，同时避免消费侵权者的民事侵权责任落空。因此，适用惩罚性赔偿的重要功能是为了使受害人遭受的损失获得完全的补偿。

（2）制裁功能。惩罚性赔偿制度的动因是针对不法性和道德上的应受谴责性的行为实施惩罚，通过给故意的恶意的不法行为人强加更重的经济负担来达到制裁的效果。应厘清惩罚性赔偿的民事制裁与行政罚款、刑事罚金的关系以及竞合时如何处理。案例一，刘某亮方的辩论意见是［2017］粤0111刑初刑事判决书已对被告刘某亮作出了并处罚金8万元的处罚，检察机关提起120万惩罚性赔偿金与刑事判决书上的罚金都具有惩罚性质，与一事不再罚原则相背。广州市人民检察院的意见是尽管刘某亮被判处刑罚和罚金，但并不能免除其应承担的惩罚性赔偿的民事责任，两种责任不相冲突，不能涵盖。广州市中级人民法院根据双方的诉辩意见，认为惩罚性赔偿金与行政罚款、刑事罚金类似，应参照行政罚款和刑事罚金竞合时采用轻罚在重罚中折抵的原则处理，以避免惩罚的过度，体现惩罚的谦抑，因而8万元的刑事罚金应从120万元的惩罚性赔偿金中抵扣，刘某亮应支付112万元民事惩罚性赔偿金。

（3）威慑功能。威慑是对惩罚性赔偿合理性的最佳解释。威慑分为一般威慑和特别威慑。惩罚性赔偿的一般威慑是针对社会一般人的威慑作用，特别威慑是针对致害人本身的威慑作用。检察机关在消费民事公益诉讼中通过惩罚性赔偿的高额数额强有力地提升了威慑的力度，从而凸显检察机关维护社会公共利益的责任担当和重要地位，弥补行政不作为或者行政监管不力的不足与缺陷。

《民诉法解释》对当事人在公益诉讼中的处分权也进行了一定的限制：①对当事人和解、法院调解的限制。《民诉法解释》第287条规定："对公益诉讼案件，当事人可以和解，人民法院可以调解。当事人达成和解或者调解协议后，人民法院应当将和解或者调解协议进行公告，公告期间不得少于三十日。公告期满后，人民法院经审查，和解或者调解协议不违反社会公共利益的，应当出具调解书；和解或者调解协议违反社会公共利益的，不予出具调解书，继续对案件进行审理并依法作出裁判。"②对撤诉和反诉的限制。《民诉法解释》第288条规定："公益诉讼案件的原告在法庭辩论终结后申请撤诉的，人民法院不予准许。"但《最高人民法院关于审理环境民事公益诉讼案件适用法律若干问题的解释》（以下简称《环境公益诉讼解释》）第27条规定了一种例外情形：负有环境保护监督管理职责的部门依法履行监管职责而使原告诉讼请求全部实现，原告申请撤诉的，人民法院应予准许。

从性质和功能上看，公益诉讼是为社会公共利益，私益诉讼是为了私人利益，两者不冲突，公益诉讼不能取代私益诉讼，私益诉讼也无法取代公益诉讼。就公益诉讼与私益诉讼的关系而言，首先，在后的私益诉讼独立于在先的公益诉讼。《民诉法解释》第286条规定，人民法院受理公益诉讼案件，不影响同一侵权行为的受害人根据《民事诉讼法》第122条规定提起诉讼。但是根据《消费公益诉讼解释》第10条，消费民事公益诉讼案件受理后，因同一侵权行为受到损害的消费者请求对其根据《民事诉讼法》第122条规定提起的诉讼予以中止，人民法院可以准许。其次，公益诉讼裁判对私益诉讼的事实预决效力。《消费公益诉讼解释》第16条规定，已为消费民事公益诉讼生效裁判认定的事实，因同一侵权行为受到损害的消费者根据《民事诉讼法》第122条规定提起的诉讼，原告、被告均无需举证证明，但当事人对该事实有异议并有相反证据足以推翻的除外。消费民事公益诉讼生效裁判认定经营者存在不法行为，因同一侵权行为受到损害的消费者根据《民事诉讼法》第122条规定提起的诉讼，原告主张适用的，人民法院可予支持，但被告有相反证据足以推翻的除外。被告主张直接适用对其有利认定的，人民法院不予支持，被告仍应承担相应举证证明责任。

基于公益诉讼的谦抑性，公益诉讼的起诉条件门槛应当高于私益诉讼。《民诉法解释》第282条规定了提起公益诉讼应当具备以下四个条件：①有明确的被告；②有具体的诉讼请求；③有社会公共利益受到损害的初步证据；④属于人民法院受理民事诉讼的范围和受诉人民法院管辖。初步证据，是指只要提交的证据材料能够认定公共利益受损即可，并非充分证据。该司法解释将"社会公共利益受到损害"的初步证据作为提起公益诉讼的条件，说明"社会公共利益受到损害"不仅是提起公益诉讼的最核心条件，也是区分公益诉讼与私益诉讼的基本标准。案例二，刘某中采石场在未办理占用林地审批和建设用地审批手续的情况下占用重点公益林进行采石，其行为违法，主观存在过错。重庆市中正司法鉴定中心出具的《司法鉴定意见书》已经能够证明被告刘某中采石场污染环境的侵权事实。环境公益诉讼的管辖法院参照侵权案件的规则，由侵权行为地或者被告住所地法院管辖。又由于公益诉讼的复杂性，原则上应当由中级人民法院管辖。被告刘某中采石场为个体工商户，其注册登记地在重庆市黔江区，侵权行为地为重庆市黔江区，因此重庆市第四中级人民法院具有管辖权。

根据《民事诉讼法》第 58 条，公益诉讼的起诉主体为法律规定的机关和有关组织。"机关"是指人民检察院、行政机关。这是因为检察机关作为国家利益和社会公共利益的代表者具备足够的调查取证和诉讼能力；行政机关作为职权部门也掌握大量有关环境评价方面的信息资料，便于收集证据，相对于社会团体和个人而言，其公信力和权威性更高。"有关组织"目前有明确规定的有：①《环境保护法》第 58 条明确规定对污染环境、破坏生态，损害社会公共利益的行为，依法在设区的市级以上人民政府民政部门登记，专门从事环境保护公益活动连续 5 年以上且无违法记录的社会团体、民办非企业单位以及基金会可以向人民法院提起诉讼。②《消费者权益保护法》第 47 条明确规定提起公益诉讼的消费组织的条件，即"对侵害众多消费者合法权益的行为，中国消费者协会以及在省、自治区、直辖市设立的消费者协会，可以向人民法院提起诉讼"。当起诉权竞合时，《民事诉讼法》第 58 条第 2 款明确规定检察机关在没有前款规定的机关和组织或者前款规定的机关和组织不提起诉讼的情况下可以提起公益诉讼。至于检察机关以外的其他机关和组织，《民诉法解释》第 285 条规定："人民法院受理公益诉讼案件后，依法可以提起诉讼的其他机关和有关组织，可以在开庭前向人民法院申请参加诉讼。人民法院准许参加诉讼的，列为共同原告。"案例二，重庆市人民检察院第四分院在起诉前，已经在正义网公告法律规定的机关和有关组织可以提起民事公益诉讼，但是公告期满后无相关机关或组织提起诉讼，因此重庆市人民检察院提起诉讼符合法律规定。

《环境公益诉讼解释》第 18 条规定："对污染环境、破坏生态，已经损害社会公共利益或者具有损害社会公共利益重大风险的行为，原告可以请求被告承担停止侵害、排除妨碍、消除危险、恢复生态环境、赔偿损失、赔礼道歉等民事责任。"这是首次明确了环境民事公益诉讼中被告的六种责任方式。原告为防止生态环境损害的发生和扩大，请求被告停止侵害、排除妨碍、消除危险的，人民法院依法予以支持。原告为停止侵害、排除妨碍、消除危险采取合理预防、处置措施而发生的费用，请求被告承担的，人民法院依法予以支持。原告请求恢复原状的，人民法院依法判决被告将生态环境修复到损害发生之前的状态和功能。无法完全修复的，可以准许采用替代性修复方式。刘某中采石场破坏林地面积为 12 380 平方米，造成原有植被已全部丧失，原始地形地貌发生改变，山体裸露，生态环境损害事实存在，且刘某中采石场未经林业部门许可在地方重点公益林内露天开采建筑石料用灰岩，严重破坏了矿区林业生态环境，停止开采后又未及时履行对受损生态环境进行修复治理的义务，损害了社会公共利益。因此，刘某中采石场应当承担案涉废弃矿区的生态修复责任。

《环境公益诉讼解释》第 20 条规定："原告请求恢复原状的，人民法院可以依法判决被告将生态环境修复到损害发生之前的状态和功能。无法完全修复的，可以准许采用替代性修复方式。人民法院可以在判决被告修复生态环境的同时，确定被告不履行修复义务时应承担的生态环境修复费用；也可以直接判决被告承担生态环境修复费用。生态环境修复费用包括制定、实施修复方案的费用，修复期间的监测、监管费用，以及修复完成后的验收费用、修复效果后评估费用等。"第 22 条规定："原告请求被告承担以下费用的，人民法院可以依法予以支持：（一）生态环境损害调查、鉴定评估等费用；（二）清除污染以及防止损害的发生和扩大所支出的合理费用；（三）合理的律师费以及为诉讼支出的其他合理费用。"案例二，重庆市人民检察院第四分院主张其因查清本案侵权事实及侵权程度而支付的鉴定费、制定生态恢复治理方案费用 10 万元由刘某中采石场承担，刘某中采石场对此亦表示认可，因此，判决刘某中采石场承担鉴定费、制定生态恢复治理方案费用。

第二节　第三人撤销之诉

案例一：袁某昭与李某俐、任某锋第三人撤销之诉纠纷案[1]

李某俐与任某锋于 1999 年 10 月 25 日结婚，在双方婚姻关系存续期间，李某俐购买涉案房屋。后二人于 2005 年 4 月 4 日离婚，约定双方无共同财产、无共同债权债务、各方个人物品归各自所有。2007 年 4 月 24 日，李某俐办理

---

〔1〕　案例来源：湖北省武汉市东西湖区人民法院〔2020〕鄂 0112 民撤 3 号民事判决书。

涉案房屋的权属证书，涉案房屋登记的所有权人为李某俐一人。2015 年 1 月 30 日，原告袁某昭与案外人高某、詹某签订《借款合同》，同日，被告李某俐向原告袁某昭出具担保承诺书，明确表明对上述借款本息及债权人因实现债权所发生的全部费用承担连带责任保证。2015 年 2 月 3 日，原告袁某昭依约向案外人高某支付了借款 100 万元，但案外人高某、詹某、被告李某俐未按时足额清偿借款本息。为此，原告袁某昭向武汉市东西湖区人民法院提起诉讼，要求案外人高某、詹某、被告李某俐等清偿借款本息。2015 年 10 月，原告袁某昭申请财产保全，查封被告李某俐名下位于东西湖区山水星辰三期 31 栋×单元××室的房屋（以下简称"涉案房屋"）。2016 年 9 月 20 日，东西湖区人民法院作出［2015］鄂东西湖民初字第 01470 号民事判决：高某、詹某共同向原告袁某昭偿还借款人民币 100 万元，被告李某俐对上述债务承担连带清偿责任。高某、詹某及被告李某俐未履行上述民事判决。

2017 年 1 月 12 日，原告袁某昭向武汉市东西湖区人民法院申请强制执行，执行案号为［2017］鄂 0112 执 95 号。2017 年 8 月 31 日，该院作出［2017］鄂东西湖民初字第 95 号执行裁定。上述案件执行过程中，被告任某锋向法院提出书面异议，请求中止对涉案房屋的强制执行。2018 年 10 月 26 日，该院经审查作出［2018］鄂 0112 执异 37 号执行裁定：驳回被告二任某锋的异议请求。被告任某锋未在规定期限内向法院提起案外人执行异议之诉。2019 年 1 月 3 日，被告任某锋向法院提起离婚后财产纠纷之诉，请求判令涉案房屋归任某锋所有。2019 年 6 月 3 日 10 时至 2019 年 6 月 4 日 10 时，法院公开拍卖了涉案房屋，买受人陈某以 959 931 元的价格竞得，涉案房屋已完成过户。2020 年 7 月 17 日，武汉市东西湖区人民法院作出［2019］鄂 0112 民初 119 号民事判决如下：涉案房屋产权由被告二任某锋享有五分之三的产权份额，被告一李某俐享有五分之二的产权份额。上述民事判决已生效。

袁某昭向武汉市东西湖区人民法院起诉，请求撤销［2019］鄂 0112 民初 119 号民事判决，并由二被告承担本案诉讼费用。原告认为，二被告明知存在其他诉讼和强制执行的情况下却不告知法院，隐瞒相关事实，存在转移财产恶意逃避债务的嫌疑，［2019］鄂 0112 民初 119 号民事判决涉及虚假诉讼。被告李某俐辩称，原告所述属实，但被告李某俐不存在转移财产，且未侵害原告合法权益。二被告之间的财产分割已经法院生效民事判决进行分割，请求驳回原告诉讼请求。被告任某锋辩称，同意被告李某俐的答辩意见。

武汉市东西湖区人民法院认为：第一，袁某昭依据已经生效的［2015］鄂东西湖民初字第01470号民事判决向本院申请强制执行，本院于2015年10月21日查封了涉案房屋。对于上述房屋权属的确认或者对上述房屋的处理必然与袁某昭有法律上的利害关系，故袁某昭系本案适格主体。第二，本院于2020年7月17日作出［2019］鄂0112民初119号民事判决，袁某昭于2020年10月27日提起诉讼，符合上述法律规定的期限要求。第三，根据《最高人民法院关于执行权合理配置和科学运行的若干意见》第26条"审判机构在审理确权诉讼时，应当查询所要确权的财产权属状况，发现已经被执行局查封、扣押、冻结的，应当中止审理；当事人诉请确权的财产被执行局处置的，应当撤销确权案件；在执行局查封、扣押、冻结后确权的，应当撤销确权判决或者调解书"的规定，本院查封涉案房屋在先，而本院作出的民事判决书对涉案房屋所有权的处置在后，因此，［2019］鄂0112民初119号民事判决应予撤销。第四，任某锋与李某俐离婚时已明确约定双方无共同财产。其以李某俐离婚时隐瞒涉案房屋为由，已经就执行涉案房屋提出书面异议，其异议申请已被本院驳回。在规定期限内，任某锋未向本院提起执行异议之诉，视为其对原执行异议裁定的认可。且任某锋、李某俐在离婚后财产纠纷案件中均隐瞒了涉案房屋已被法院查封，且已进入拍卖程序的事实，存在故意隐瞒事实的情形。综上，［2019］鄂0112民初119号民事判决在涉案房屋已被查封后仍对涉案房屋进行权属分割不妥，应被撤销，对袁某昭的诉讼请求法院予以支持。判决如下：撤销武汉市东西湖区人民法院［2019］鄂0112民初119号民事判决。

案例二：金某庚、沈阳农村商业银行某支行第三人撤销之诉[1]

金某庚向一审法院沈阳市沈北新区人民法院起诉请求：第一，请求撤销沈阳市沈北新区人民法院［2013］北新民初字第3872号民事判决第二项；第二，诉讼费用由被告承担。一审法院认为：本案中，原告金某庚向原审法院提出执行异议，原审法院于2019年9月7日作出［2019］辽0113民初执异字第59号执行裁定，裁定驳回原告金某庚的异议请求。金某庚于2019年9月17日向原审法院提起第三人撤销之诉，于2019年9月26日向原审法院提起执行异议之诉，故原告金某庚在提起执行异议后，无权再对生效判决提起第

---

〔1〕　案例来源：辽宁省沈阳市中级人民法院［2020］辽01民终3791号民事裁定书。

三人撤销之诉，而其认为生效判决侵犯其合法权益，只能按照规定申请再审。因此裁定：驳回原告金某庚的起诉。

上诉人金某庚因与被上诉人沈阳农村商业银行股份有限公司某支行（以下简称"农商银行某支行"）、孙某、于某梦第三人撤销之诉一案，不服沈阳市沈北新区人民法院［2019］辽0113民初7902号民事裁定，向沈阳市中级人民法院提起上诉。上诉请求：第一，对此案进行全面重审，撤销沈阳市沈北新区人民法院［2019］辽0113民初7902号民事裁定，改判支持上诉人的请求；第二，诉讼费用由被上诉人承担。事实与理由：第一，原审法院认定事实和适用法律错误。第二，农商银行某支行与孙某、于某梦之间的《抵押担保合同》是无效的。①根据《担保法》（已失效）第37条第4款，所有权、使用权不明或者有争议的财产不得抵押。2007年孙某因房屋所有权纠纷将上诉人诉至大东区法院，要求上诉人腾房，大东区法院判决驳回孙某诉讼请求，此房屋对孙某来说确属有争议的财产。②此房屋一直由上诉人居住使用，农商银行某支行没有实地审查检验，工作有重大过失，也从未有法院到居住地进行司法查封。③孙某主张此房屋系其名下唯一住房，根据银行内部规定，唯一住房不得抵押。上诉人是根据沈北法院指导去做的，并且法院也立案且开庭审理了，却认为司法程序错误。农商银行某支行、孙某、于某梦辩称，同意一审裁定。

沈阳市中级人民法院认为：因金某庚既启动执行异议程序，又提起第三人撤销之诉，故本案的争议焦点为执行异议之诉、案外人申请再审与第三人撤销之诉的关系问题。《民诉法解释》（2020年修正）与《全国法院民商事审判工作会议纪要》均对案外人提起第三人撤销之诉与案外人申请再审的选择权采取限制态度，其原因在于两种制度在功能上具有一定的相似性与重合性，因此不能允许当事人滥用诉权，同时提起两种诉讼。也就是说，《民诉法解释》（2020年修正）第303条规定的目的在于限制第三人撤销之诉与案外人申请再审的同时提起。而本案特殊之处在于，金某庚在执行异议被驳回后，提起的是执行异议之诉与第三人撤销之诉，两者之间并不必然构成冲突。另外从本案的实际情况看，金某庚提起的执行异议之诉并不符合执行异议之诉的构成要件，而如果驳回其提起的第三人撤销之诉，要求其通过案外人申请再审救济，根据《民诉法解释》（2020年修正）第423条，案外人申请再审的期限为自执行异议裁定送达之日起6个月内。本案执行异议裁定送达金某庚时间为2019年9月16日，至今已超过6个月，其已丧失申请再审的权利。

因此，本案中实际已不存在程序选择冲突，第三人撤销之诉为金某庚获得救济的唯一路径。司法解释与会议纪要规定的目的在于防止诉权滥用、提高审判效率，而非阻碍当事人诉权的行使，因此从本案的特殊情况考量，一审法院应对本案第三人撤销之诉进行实体审理为宜。裁定如下：第一，撤销沈阳市沈北新区人民法院［2019］辽0113民初7902号民事裁定；第二，本案指令沈阳市沈北新区人民法院审理。

问题与思考：

1. 简述提起第三人撤销之诉的条件。

2. 案例二中，二审法院的裁定是否正确？请说明理由。

第三人撤销之诉，是指案外第三人因不可归责于己之事由，未能参与原来的诉讼导致权益受损，为了保护自身的民事实体权益，而向法院提起请求改变或者撤销已经生效的、错误的判决、裁定和调解书的诉讼制度。第三人撤销之诉具有遏制虚假诉讼、程序保障和实体救济、纠正错误裁判、促进诉讼参加制度的发展等功能。[1]《民事诉讼法》第59条第3款规定："前两款规定的第三人，因不能归责于本人的事由未参加诉讼，但有证据证明发生法律效力的判决、裁定、调解书的部分或者全部内容错误，损害其民事权益的，可以自知道或者应当知道其民事权益受到损害之日起六个月内，向作出该判决、裁定、调解书的人民法院提起诉讼。人民法院经审理，诉讼请求成立的，应当改变或者撤销原判决、裁定、调解书；诉讼请求不成立的，驳回诉讼请求。"此即第三人撤销之诉制度。

提起第三人撤销之诉应当具备以下条件：

（1）主体条件。提起第三人撤销之诉的主体是原告，包括有独立请求权的第三人和无独立请求权的第三人。第三人撤销之诉的被告，是生效裁判、调解书中的双方当事人，属于必要共同被告。生效判决、裁定、调解书中没有承担责任的无独立请求权的第三人，应当列为撤销之诉的第三人。《民诉法解释》第296条规定："第三人提起撤销之诉，人民法院应当将该第三人列为原告，生效判决、裁定、调解书的当事人列为被告，但生效判决、裁定、调解书中没有承担责任的无独立请求权的第三人列为第三人。"本案中袁某昭依

---

〔1〕参见刘东：《第三人撤销之诉》，上海人民出版社2020年版，第50~54页。

据已经生效的［2015］鄂东西湖民初字第01470号民事判决向法院申请强制执行，法院于2015年10月21日查封了涉案房屋。对于案涉房屋权属的确认或者对上述房屋的处理必然与袁某昭有法律上的利害关系，故袁某昭具有独立的请求权，系本案适格主体。因此在第三人撤销之诉中袁某昭作为原告，以李某俐与任某锋为被告。有学者就第三人的分类提出新观点：第三人不再以有无独立请求权作为第三人相应诉讼地位的根据，而是直接以是否为独立当事人的地位为根据予以重构。即将诉讼第三人分为两大类即独立第三人和非独立第三人，相应的诉讼参加即为独立诉讼参加和非独立诉讼参加。[1]对于有独立请求权第三人提起第三人撤销之诉的情形，可以将原告适格的标准界定为对当事人争议的诉讼标的主张实体权利的人。在无独立请求权第三人提起第三人撤销之诉的原告适格问题上，应采比较宽松的一般标准，即原则上案件的处理结果影响到第三人的利益的，都可以作为无独立请求权第三人提起第三人撤销之诉。[2]

（2）程序条件。程序参与欠缺的理由是第三人因不能归责于自己的事由未参加诉讼。提起撤销之诉的期间，自第三人知道或者应当知道其民事权益受到损害之日起6个月。该6个月是不变期间，不适用延长、中止、中断的规定。超过6个月期间，第三人提起撤销之诉的，法院不予受理。案例一，法院于2020年7月17日作出［2019］鄂0112民初119号民事判决，袁某昭于2020年10月27日提起诉讼，符合法律规定的期限要求。

（3）实体条件。实体条件包括有证据证明发生法律效力的裁判、裁定、调解书部分或者全部内容错误；生效的判决、裁定、调解书的错误内容损害第三人的民事权益；撤销的对象是已经发生法律效力的判决、裁定和调解书。判决、裁定、调解书内容错误，应当仅限于实体处理内容，不应当包括程序内容，这是第三人撤销之诉与当事人申请再审的事由中最主要的区别。[3]将调解书纳入第三人撤销之诉的客体范围是我国第三人撤销之诉的一大特色。在我国，调解实际上也是一种审判活动，调解的达成离不开法官的活动，而且法官在调解过程中具有很强的引导作用。调解书更是法院的一种司法文书，

---

〔1〕 张卫平："我国民事诉讼第三人制度的结构调整与重塑"，载《当代法学》2020年第4期。

〔2〕 吴泽勇："第三人撤销之诉的原告适格"，载《法学研究》2014年第3期。

〔3〕 江必新主编：《最高人民法院民事诉讼法司法解释专题讲座》，中国法制出版社2015年版，第224页。

法律上调解书与判决具有同等效力，也可能涉及争议民事权益问题。因此，错误的调解书也可能损害第三人的民事权益，也应当作为撤销之诉的客体。[1] 案例一，[2019] 鄂 0112 民初 119 号民事判决已经生效，该判决认为任某锋享有 3/5 的产权份额，李某俐享有 2/5 的产权份额。然而，任某锋与李某俐离婚时已明确约定双方无共同财产。任某锋以李某俐离婚时隐瞒涉案房屋为由，就执行涉案房屋提出过书面异议，其异议申请已被法院驳回。在规定期限内，任某锋未向法院提起执行异议之诉，应视为其对原执行异议裁定的认可。任某锋、李某俐在离婚后的财产纠纷案件中隐瞒了涉案房屋已被法院查封，且已进入拍卖程序的事实，致使法院作出任某锋与李某俐按份享有案涉房屋所有权的判决。法院查封涉案房屋在先，而法院作出的民事判决书对涉案房屋所有权的处置在后，该判决损害了第三人袁某昭的民事利益，因此，符合撤销的对象。

（4）管辖条件。第三人撤销之诉由作出生效判决、裁定、调解书的人民法院专属管辖，不适用民事案件地域管辖、级别管辖的规定。本案管辖法院为湖北省武汉市东西湖区人民法院，为作出 [2019] 鄂 0112 民初 119 号民事判决的法院。

第三人撤销之诉并非所有案件都适用。《民诉法解释》第 295 条规定了不适用第三人撤销之诉的四种情形：①适用特别程序、督促程序、公示催告程序、破产程序等非讼程序处理的案件；②婚姻无效、撤销或者解除婚姻关系等判决、裁定、调解书中涉及身份关系的内容；③《民事诉讼法》第 57 条规定的未参加登记的权利人对代表人诉讼案件的生效裁判；④《民事诉讼法》第 58 条规定的损害社会公共利益行为的受害人对公益诉讼案件的生效裁判。

对遗漏的必要共同诉讼当事人的权利保护，《民诉法解释》规定了两种申请再审的程序。一是在执行过程中，遗漏的必要共同诉讼当事人提出执行标的异议后，则可以按照《民事诉讼法》第 234 条的规定申请再审。《民诉法解释》第 421 条规定："根据民事诉讼法第二百三十四条规定，案外人对驳回其执行异议的裁定不服，认为原判决、裁定、调解书内容错误损害其民事权益的，可以自执行异议裁定送达之日起六个月内，向作出原判决、裁定、调解书的人民法院申请再审。"二是在执行程序之外，遗漏的必要共同诉讼当事

---

〔1〕　张卫平："中国第三人撤销之诉的制度构成与适用"，载《中外法学》2013 年第 1 期。

人，可以根据《民事诉讼法》第 207 条的规定申请再审。《民诉法解释》第 420 条第 1 款规定："必须共同进行诉讼的当事人因不能归责于本人或者其诉讼代理人的事由未参加诉讼的，可以根据民事诉讼法第二百零七条第八项规定，自知道或者应当知道之日起六个月内申请再审，但符合本解释第四百二十一条规定情形的除外。"

第三人撤销之诉制度设立之初的一个现实需要，就是人们对现实中较普遍存在的借助司法程序侵害他人合法利益的现象深恶痛绝。例如，通过虚假诉讼、恶意诉讼、冒名诉讼侵害当事人或案外第三人的合法利益。笔者认为，本案中李某俐与任某锋在明知存在其他诉讼和强制执行的情况下，选择隐瞒相关事实，向法院提起离婚后的财产分割之诉，确实存在虚假诉讼的嫌疑。《民诉法解释》第 190 条第 2 款规定了对恶意串通进行虚假诉讼的原案当事人进行制裁："第三人根据民事诉讼法第五十九条第三款规定提起撤销之诉，经审查，原案当事人之间恶意串通进行虚假诉讼的，适用民事诉讼法第一百一十五条规定处理。"

对于第三人撤销之诉，法院有两种裁判方式：一是改变或者撤销原判决、裁定、调解书；二是驳回诉讼请求。《民诉法解释》第 298 条规定："对第三人撤销或者部分撤销发生法律效力的判决、裁定、调解书内容的请求，人民法院经审理，按下列情形分别处理：（一）请求成立且确认其民事权利的主张全部或部分成立的，改变原判决、裁定、调解书内容的错误部分；（二）请求成立，但确认其全部或部分民事权利的主张不成立，或者未提出确认其民事权利请求的，撤销原判决、裁定、调解书内容的错误部分；（三）请求不成立的，驳回诉讼请求。对前款规定裁判不服的，当事人可以上诉。原判决、裁定、调解书的内容未改变或者未撤销的部分继续有效。"

案例二，金某庚主张案涉房屋属有争议的财产，且一直由其居住等，所以该房屋不能被抵押，因而农商银行某支行与孙某、于某梦之间的《抵押担保合同》无效，沈阳市沈北新区人民法院［2013］北新民初字第 3872 号民事判决损害了其利益。基于此，金某庚先向沈阳市沈北新区人民法院提出执行异议，法院于 2019 年 9 月 7 日作出［2019］辽 0113 民初执异字第 59 号执行裁定，裁定驳回原告金某庚的异议请求。后于 2019 年 9 月 17 日向原审法院提起第三人撤销之诉，请求撤销沈阳市沈北新区人民法院［2013］北新民初字第 3872 号民事判决第二项。又于 2019 年 9 月 26 日向原审法院提起执行异议之诉。故本案审理的关键点是案外人执行异议之诉、案外人申请再审与第三人撤销之诉的关系问题。金某庚在执行异议被驳回后，提起的是执行异议之诉与第三人撤销之诉，两者之间并不必然构成冲突。执行异议之诉应当自执行异议裁定送达之日起 15 日内提起，然而 2019 年 9 月 7 日执行裁定送达，金某庚于 2019 年 9 月 26 日才提起执行异议之诉，金某庚提起的执行异议之诉并不符合构成要件。如果按照一审法院驳回其提起的第三人撤销之诉的判决，要求其必须通过案外人申请再审救济，但是执行异议裁定送达已超过 6 个月，金某庚已丧失申请再审的权利。因此，本案中事实上已不存在程序选择冲突，第三人撤销之诉为金某庚获得救济的唯一路径。因此，辽宁省沈阳市中级人民法院作出撤销的裁定。

最高人民法院颁布的《全国法院民商事审判工作会议纪要》（以下简称《九民纪要》）第 120 条规定："【债权人能否提起第三人撤销之诉】第三人撤销之诉中的第三人仅局限于《民事诉讼法》第 56 条规定的有独立请求权及无独立请求权的第三人，而且一般不包括债权人。但是，设立第三人撤销之诉的目的在于，救济第三人享有的因不能归责于本人的事由未参加诉讼但因生效裁判文书内容错误受到损害的民事权益，因此，债权人在下列情况下可以提起第三人撤销之诉：（1）该债权是法律明确给予特殊保护的债权，如《合同法》第 286 条规定的建设工程价款优先受偿权，《海商法》第 22 条规定的船舶优先权；（2）因债务人与他人的权利义务被生效裁判文书确定，导致债权人本来可以对《合同法》第 74 条和《企业破产法》第 31 条规定的债务人的行为享有撤销权而不能行使的；（3）债权人有证据证明，裁判文书主文确定的债权内容部分或者全部虚假的。债权人提起第三人撤销之诉还要符合法律和司法解释规定的其他条件。对于除此之外的其他债权，债权人原则上不得提起第三人撤销之诉。"立法设立第三人撤销之诉的主要目的是对民事权益受到侵害而未能参加诉讼的案外人提供救济。为实现第三人撤销之诉的立法目的，有必要对《民事诉讼法》第 59 条进行扩张解释，特定情况下将债权人纳入第三人范畴。为防止案外人滥用诉讼权利，影响生效裁判的稳定性和权威性，有必要对债权人作为原告提起第三人撤销之诉设置严格的条件。债权人提起第三人撤销之诉仅限于以下情形：第三人受到法律明确给予特殊保护的债权受到损害；第三人的普通债权受到损害，但其受侵害的债权是第三人依法可以行使撤销权的原裁判文书主文确定的债权；第三人的普通债权受到损害，但第三人有证据证明，原裁判文书主文确定的债权内容部分或者全部虚假。[1]

第三节 案外人执行异议之诉

案例一：夏某与中国某达资产管理股份有限公司浙江省分公司 案外人执行异议纠纷案[2]

2018 年 12 月 27 日，杭州市萧山区人民法院作出［2018］浙 0109 民初 19951 号民事判决。判决生效后，因某亚纺织公司、某盛新能源科技公司、国际物流公司、杨某赞未履行该民事判决确定的义务，某达资产管理浙江分公司向法院申请执行。法院立案执行，案号为［2020］浙 0109 执 4344 号。在执行过程中，法院于 2020 年 7 月 14 日作出裁定：查封杨某赞名下位于海南省陵水黎族自治县清水湾旅游度假区某镇某幢的房产（即案涉房屋）及相应分摊面积的国有土地使用权，7 月 16 日办理了查封手续。夏某以自己是案涉房屋产权人为由向杭州市萧山区人民法院提出执行异议。法院于 2020 年 8 月 18 日作出［2020］浙 0109 执异 50 号执行裁定，裁定驳回了夏某的异议申请。

夏某不服该执行裁定，遂向杭州市萧山区人民法院提起案外人执行异议之诉，提出诉讼请求：不得执行杨某赞名下位于陵水县清水湾旅游度假区的房产及相应分摊面积的国有土地使用权。事实与理由：第一，夏某与杨某赞早在萧山区法院查封之前的 2016 年 12 月 27 日已签订合法有效的书面买卖合同，约定杨某赞以 930 万元的价格将案涉房屋出售给夏某。第二，合同签订后，夏某就拿到了房屋钥匙，实际占有并控制了案涉房屋。第三，夏某已支付全部房屋转让对价款。第四，案涉房屋未办理过户登记并非夏某的原因。签订购房合同时，杨某赞未将房产证办出，夏某书面和电话通知杨某赞，如再不办理房产证并办理双方的过户登记，夏某将诉诸法律程序。2018 年 6 月 6 日，杨某赞办理了房产证，2018 年 4 月 22 日，海南省人民政府出台限购令，夏某在限购范围内，杨某赞于 2020 年 7 月 16 日通知夏某案涉房屋因另案

---

[1] 参见最高人民法院民事审判第二庭编著：《〈全国法院民商事审判工作会议纪要〉理解与适用》，人民法院出版社 2019 年版，第 607~611 页。

[2] 案例来源：杭州市萧山区人民法院［2020］浙 0109 民初 11950 号民事判决书。

被查封。因此，房屋未能办理过户登记并非夏某自身原因导致。

被告某达资产管理浙江分公司辩称：第一，被告不是案涉合同当事人，无法核实案涉合同真实性。第二，合法占有以实际控制为标准。原告提供的证据无法证明其实际占有案涉房屋。第三，对于采用抵债方式，原告应当提供所抵债务客观存在以及抵债事实存在，原告没有提供相应支付凭证，无法证明其已经向杨某赞支付相应价款。第四，即使案涉合同为真，案涉房屋无法过户是因为海南限购，而非杨某赞的原因。综上，请求依法驳回夏某的诉讼请求。第三人杨某赞述称：案涉房屋是在 2014 年至 2015 年间购买，确实因为债务问题抵债给了原告夏某，对原告的诉讼请求没有异议。第三人某亚纺织公司、某盛新能源科技公司、国际物流公司未陈述意见。

杭州市萧山区人民法院认为：夏某与杨某赞在人民法院对案涉房屋查封之前确已签订了合法有效的书面买卖合同并已合法占有案涉房屋。此时，夏某作为案涉房屋买受人，对于取得案涉房屋所有权已经具备了部分条件，若其进一步符合一定条件，法律即可以保护其对于取得该物权的期待，以排除强制执行。对此，《最高人民法院关于人民法院办理执行异议和复议案件若干问题的规定》第 28 条规定："金钱债权执行中，买受人对登记在被执行人名下的不动产提出异议，符合下列情形且其权利能够排除执行的，人民法院应予支持：（一）在人民法院查封之前已签订合法有效的书面买卖合同；（二）在人民法院查封之前已合法占有该不动产；（三）已支付全部价款，或者已按照合同约定支付部分价款且将剩余价款按照人民法院的要求交付执行；（四）非因买受人自身原因未办理过户登记。"夏某符合该规定的第一个和第二个条件。关于案涉房屋房款的支付问题，夏某主张其通过承担杨某赞 600 万元债务的方式支付了部分房款，余款 330 万元也全部支付，但在 2016 年 12 月 19 日签订债务转让协议之后的 12 月 27 日，双方签订的二手房买卖合同对该 600 万元房款的支付方式又约定为合同签订后以转账方式一次性支付给杨某赞，即使在前的债务转让协议合法有效，二者在付款约定上也存在矛盾，余款 330 万元也没有按约定支付，故夏某不能证明其已根据二手房买卖合同的约定向杨某赞支付了相应购房款，不符合前述规定的第三个条件。关于案涉房屋未办理过户登记是否存在夏某自身原因的问题。杨某赞于 2017 年 1 月 4 日已委托夏某代为领取案涉房屋不动产权证，夏某作为买受人理应积极关注其买受房屋的不动产权证办理进度，在杨某赞取得该证后及时办理二人之间的过户转移登记手续。案涉房屋不动产权证于 2018 年 6 月 6 日取得，夏某未提供证据证明在此后至本院 2020 年 7 月 16 日办理查封手续止的期间内，有积极要求杨某赞协助其办理转移登记的行为；对于其诉称的海南省限购政策影响办理过户的问题，本院认为，限购政策只是抽象的一般规范性文件，能否成为案涉房屋办理转移登记的政策障碍、转移登记是否会因此或因其他原因而受阻，只能在提出转移登记申请后由有权行政机关根据申请材料依法作出判断，夏某关于因限购政策导致其未办理案涉房屋过户的观点不能成立。因此，夏某对案涉房屋未办理过户登记存在自身方面的原因。综上所述，夏某对案涉房屋不享有《最高人民法院关于人民法院办理执行异议和复议案件若干问题的规定》第 28 条规定的物权期待权，其享有的民事权益不足以排除强制执行。夏某的诉讼请求，本院依法不予支持。某亚纺织公司、某盛新能源科技公司、国际物流公司经本院合法传唤无正当理由拒不到庭，不影响本案的审理。判决如下：驳回夏某的诉讼请求。

案例二：某宝建筑工程公司与邓某彦、某胜房地产公司申请执行人执行异议纠纷案[1]

某宝建筑工程公司与某胜房地产公司建设工程施工合同纠纷一案，某宝建筑工程公司于 2018 年 3 月 12 日申请财产保全，黑龙江省牡丹江市中级人民法院于 2018 年 3 月 20 日作出 [2018] 黑 10 民初 49 号民事裁定书，查封某胜房地产公司开发的××城小区包括案涉房屋在内的 332 处房产，查封期为三年。2018 年 11 月 6 日，牡丹江市中级人民法院作出 [2018] 黑 10 民初 49 号民事判决书。在该案执行中，邓某彦作为案外人对××城小区 5 号楼的四户房屋提出异议，法院于 2020 年 12 月 23 日作出 [2020] 黑 10 执异 211 号执行裁定书，裁定中止对案涉房屋的执行。某宝建筑工程公司在法定期限内，提起执行异议之诉，请求准许对案涉四户房屋的执行。同时，法院查明案涉四套房屋尚未向牡丹江市不动产登记中心办理国有建设用地使用权及房屋所有权首次登记，未办理不动产首次登记。

牡丹江市中级人民法院认为：本案系申请执行人执行异议之诉，应审查

---

[1] 案例来源：黑龙江省牡丹江市中级人民法院 [2021] 黑 10 民初 3 号民事判决书。

案外人对于案涉房屋是否享有足以排除强制执行的民事权益。《最高人民法院关于人民法院办理执行异议和复议案件若干问题的规定》第28条规定："金钱债权执行中，买受人对登记在被执行人名下的不动产提出异议，符合下列情形且其权利能够排除执行的，人民法院应予支持：（一）在人民法院查封之前已签订合法有效的书面买卖合同；（二）在人民法院查封之前已合法占有该不动产；（三）已支付全部价款，或者已按照合同约定支付部分价款且将剩余价款按照人民法院的要求交付执行；（四）非因买受人自身原因未办理过户登记。"本案中，对于查封前邓某彦是否合法占有案涉房屋的问题。[2018]黑10民初49号民事判决书认定：2017年7月26日，某胜房地产公司与黑龙江某安建设集团有限公司签订了××城一期收尾工程建设工程施工合同。2018年9月10日，某胜房地产公司与某宝建筑工程公司签订××城一期工程确认单。本案庭审中，某宝建筑工程公司和某胜房地产公司均称2018年9月开始陆续交付案涉工程并办理入户。案涉房屋的查封时间是2018年3月20日，邓某彦为证实其在查封前占有案涉房屋出示的证据是三份2019年10月11日形成的商品房联办单及一份商品房买卖合同备案证明，但仅凭鲍某胜在该三份商品房联办单及商品房买卖合同备案证明上手写的"该房于2017年9月已交付邓某彦钥匙"的字样，在没有其他证据予以佐证的情况下，综合[2018]黑10民初49号民事判决书认定的上述事实，无法认定案涉房屋在2017年9月已竣工并符合交付条件，无法证实邓某彦在查封前已合法占有案涉房屋。邓某彦对案涉房屋享有的权益不符合《最高人民法院关于人民法院办理执行异议和复议案件若干问题的规定》第28条规定的可以排除执行的情形。关于本案是否符合《最高人民法院关于人民法院办理执行异议和复议案件若干问题的规定》第29条的情形。《最高人民法院关于人民法院办理执行异议和复议案件若干问题的规定》第27条规定："申请执行人对执行标的依法享有对抗案外人的担保物权等优先受偿权，人民法院对案外人提出的排除执行异议不予支持，但法律、司法解释另有规定的除外。"某宝建筑工程公司申请执行的依据[2018]黑10民初49号民事判决书已确认某宝建筑工程公司对其所承建的包括案涉房屋在内的工程折价或拍卖的价款享有优先受偿权。根据《最高人民法院关于人民法院办理执行异议和复议案件若干问题的规定》第29条，在金钱债权执行中，买受人对登记在被执行的房地产开发企业名下的商品房提出执行异议时，获得人民法院支持应同时满足三个要件，即在人民法院查封之前已签订合法有效的书面买卖合同、所购商品房系用于居住且买受人名下无其他用于居住的房屋以及支付的价款超过合同约定总价款的 50%。该条规定基于对消费者生存权这一价值的维护，赋予消费者对买受房屋的物权期待权以排除执行的效力，即便申请执行人对该房屋享有建设工程价款优先受偿权、担保物权等权利，法律也应更优先保护消费者的物权期待权。消费者购房指的是为满足其生活居住需要而购买房地产经营者所开发的商品房。本案案涉的四套房屋均为商服，并非为满足生活居住需要的住宅，邓某彦不属于商品房消费者的范畴，其享有的权利不能对抗某宝建筑工程公司的建设工程价款优先受偿权，不符合该条规定的可以排除某宝建筑工程公司申请执行的情形。综上所述，案外人邓某彦对案涉房屋不享有足以排除强制执行的民事权益，申请执行人某宝建筑工程公司要求继续执行案涉房屋的诉请符合法律规定，本院予以支持。判决如下：准许执行牡丹江市××城小区四处房屋。

问题与思考：

1. 结合案例，简述案外人执行异议之诉的要件。

2. 简述案外人执行异议之诉的裁判与效力。

3. 简述《全国法院民商事裁判工作会议纪要》关于案外人执行异议之诉的裁判规则。

《民事诉讼法》第 234 条规定："执行过程中，案外人对执行标的提出书面异议的，人民法院应当自收到书面异议之日起十五日内审查，理由成立的，裁定中止对该标的的执行；理由不成立的，裁定驳回。案外人、当事人对裁定不服，认为原判决、裁定错误的，依照审判监督程序办理；与原判决、裁定无关的，可以自裁定送达之日起十五日内向人民法院提起诉讼。"该条规定的案外人执行异议之诉是指在案外人对执行标的物有足以排除强制执行的权利时，可以通过异议之诉阻止对该标的物的执行。我国执行异议之诉制度一直处于发展与完善中。2007 年《民事诉讼法》第一次明确规定了案外人执行异议之诉和申请执行人执行异议之诉，2012 年《民事诉讼法》保留了这两种执行异议之诉的内容，仅对条文序号作了修改。申请执行人执行异议之诉也称为申请执行人许可执行之诉。2008 年《最高人民法院关于适用〈中华人民共和国民事诉讼法〉执行程序若干问题的解释》增加规定了执行分配方案异议之诉。2015 年《民诉法解释》关于执行异议之诉的规定，是针对案外人执行异议之诉和申请执行人执行异议之诉作出的，其适用范围并不包括执行分配方案异议之诉。2016 年《最高人民法院关于民事执行中变更、追加当事人若干问题的规定》第 32 条至第 34 条规定了作为执行当事人变更追加救济措施的执行异议之诉。2021 年修正《民事诉讼法》未对执行异议之诉进行修改与完善。

执行异议之诉是指当事人或案外人通过诉讼的形式，实现对执行中的违法行为予以纠正或解决当事人之间权利义务争议的一种特殊的诉讼形态。[1]案外人执行异议之诉是指在执行程序中，案外人为维护自己的合法权益，向执行法院提出的对有关执行标的实体法律关系进行审理与裁判，以纠正执行错误的请求。申请执行人执行异议之诉，是指申请执行人提起的，请求法院就其与对方当事人之间因执行标的产生的实体权利义务关系进行审理和裁判，判决对执行标的继续执行的请求。执行分配方案异议之诉，是指提出分配方案异议的申请执行人或者被执行人，因不同意未提出异议的申请执行人或者被执行人的反对意见，而提起对其异议理由进行审理和裁判，以确定是否修改分配方案的请求。[2]债务人执行异议之诉是指债务人对于执行依据所载明的请求权，有消灭或妨碍债权人请求的事由，而提起民事诉讼，请求法院判决排除执行依据的执行力，停止执行依据的强制执行。[3]关于是否建立债务人执行异议之诉，争议较大。但由于民事诉讼法未建立债务人执行异议之诉制度，立法机关亦反对在司法解释中创设新类型诉讼，因此被执行人不能依据《民事诉讼法》第 234 条提起执行异议之诉。[4]案外人对执行标的提出执行异议，法院经审查裁定中止对该标的的执行，被执行人与案外人对执行标的的权属产生争议的，应当另行起诉。《民诉法解释》第 307 条规定："申请执行人对中止执行裁定未提起执行异议之诉，被执行人提起执行异议之诉的，人民法院告知其另行起诉。"

案外人执行异议之诉应当具备以下要件：

（1）主体要件。案外人执行异议之诉由案外人提起，应当以案外人为原

---

〔1〕　张卫平：《民事诉讼法》（第 4 版），法律出版社 2016 年版，第 506 页。

〔2〕　《民事诉讼法学》编写组：《民事诉讼法学》（第 2 版），高等教育出版社 2018 年版，第 316 页。

〔3〕　江伟主编：《民事诉讼法》（第 5 版），高等教育出版社 2016 年版，第 422 页。

〔4〕　最高人民法院修改后民事诉讼法贯彻实施工作领导小组编著：《最高人民法院民事诉讼法司法解释理解与适用》（下），人民法院出版社 2015 年版，第 832 页。

告。案外人是指执行依据之执行力所及主体范围之外的人。案外人只需认为其对执行标的享有实体权益，而法院的强制执行行为妨害了其所享有的实体权益的，就有权提起执行异议之诉，请求排除执行行为对其权益的侵害。案外人执行异议之诉的目的主要是排除对特定执行标的的强制执行，阻却执行的进行。而申请执行人的目的是请求法院对该执行标的采取强制执行措施，以实现自己的权利。因此，申请执行人与案外人的主张相对，应当作为案外人执行异议之诉的被告。

（2）诉讼请求要件。案外人提起执行异议之诉必须有明确的排除对执行标的执行的诉讼请求，且诉讼请求与原判决、裁定无关。因为案外人执行异议之诉的目的是排除法院对特定执行标的的执行。案外人在明确提出排除对执行标的执行的诉讼请求时，还可以就其对执行标的享有的权利提起确权之诉，但不能在执行异议之诉中单独就执行标的提起确权之诉，因为其属于另诉的范畴，不属于执行异议之诉，不应由执行法院管辖，而应当按照民事诉讼法关于管辖的规定来确定管辖法院。[1]案外人执行异议之诉的前提是执行行为发生错误，比如将案外人的财产当成被执行人的财产错误地予以强制执行，而执行所依据的生效判决主文本身正确。案外人申请再审的前提是生效判决的主文本身有错误，误将案外人的财产当成债务人的财产予以裁判。

（3）事由要件。提起案外人执行异议之诉，须具备诉讼理由即事由。事由是对执行标的享有足以排除强制执行的民事权益，具体表现为享有所有权或者其他阻止标的物转让、交付的权利。无论案外人在执行标的物上存在的权利是否为物权，只要案外人不具有忍受强制执行的合法理由，就可以提起执行异议之诉。结合民事实体法的规定，案外人足以排除强制执行的权利主要有：所有权、用益物权、担保物权、占有、债权等。[2]《民诉法解释》第309条规定："案外人或者申请执行人提起执行异议之诉的，案外人应当就其对执行标的享有足以排除强制执行的民事权益承担举证证明责任。"

（4）管辖要件。案外人执行异议之诉由执行法院专属管辖。

（5）前置程序要件。在执行过程中，案外人有权对执行标的提出书面异

---

〔1〕 参见江必新主编：《最高人民法院民事诉讼法司法解释专题讲座》，中国法制出版社2015年版，第241页。

〔2〕 参见最高人民法院执行局编：《法院执行理论与实务讲座》，国家行政学院出版社2010年版，第250页。

议，法院作出裁定后，案外人如果不服，不能申请复议，但可以提起执行异议之诉。案外人提起执行异议之诉必须以其对执行标的提出书面异议被裁定驳回为前提，并在执行标的异议裁定送达之日起15内提起，这是前置程序及其时间条件。

案例一，夏某在［2020］浙0109执4344号执行裁定作出后，向杭州市萧山区人民法院提出执行异议，法院于2020年8月18日裁定驳回了夏某的异议申请，因此符合提起案外人执行异议之诉的前置条件。夏某与杨某赞在人民法院对案涉房屋查封之前确已签订了合法有效的书面买卖合同并已合法占有案涉房屋。此时，夏某作为案涉房屋买受人，对于取得案涉房屋所有权已经具备了部分条件。判断夏某对案涉房产是否享有足以排除强制执行的民事权益，主要是看其对该房产是否享有物权期待权。案外人应就其主张的排除强制执行的权利赖以存在的要件事实负举证责任。但夏某不能证明其已根据二手房买卖合同的约定向杨某赞支付了余款330万元。夏某主张其对案涉房屋未办理过户登记是因为海南省人民政府出台限购令，但经法院调查，夏某对案涉房屋未办理过户登记为自身方面的原因。因此，夏某对该房屋不享有足以排除强制执行的民事权益，杭州市萧山区人民法院判决驳回其诉讼请求。

根据《民诉法解释》第309条，在执行异议之诉中，案外人应当就其对执行标的享有足以排除强制执行的民事权益承担举证证明责任。经审理，理由不成立的，判决驳回其诉讼请求；理由成立的，根据申请执行人的诉讼请求作出许可执行某特定标的物的裁判。案例二，某宝建筑工程公司申请执行的依据［2018］黑10民初49号民事判决书中已确认某宝建筑工程公司对其所承建的包括案涉房屋在内的工程折价或拍卖的价款享有优先受偿权。基于对消费者生存权这一价值的维护，法律赋予消费者对买受房屋的物权期待权以排除执行的效力，即便申请执行人对该房屋享有建设工程价款优先受偿权、担保物权等权利，法律也应更优先保护消费者的物权期待权。消费者购房是指为满足其生活居住需要而购买房地产经营者所开发的商品房。本案案涉的四套房屋均为商服，并非为满足生活居住需要的住宅，案外人邓某彦不属于商品房消费者的范畴，且其仅能提供三份商品房联办单及一份商品房买卖合同备案证明，没有其他证据可以佐证其在查封前占有案涉房屋。因此，邓某彦对案涉房屋享有的权益不符合可以排除执行的情形。黑龙江省牡丹江市中级人民法院应许可申请执行人某宝建筑工程公司继续执行案涉房屋的要求。

申请执行人提起执行异议之诉的，以案外人为被告。被执行人反对申请执行人主张的，以案外人和被执行人为共同被告；被执行人不反对申请执行人主张的，可以列被执行人为第三人。案例二中，申请执行人某宝建筑工程有限公司为原告，案外人邓某彦为被告，被执行人某胜房地产置业有限公司为第三人。申请执行人提起执行异议之诉，执行法院认为案外人对执行标的之异议成立，因而裁定对异议标的中止执行为前置程序，执行申请人应当自裁定送达之日起15日内提起诉讼，逾期未起诉的，就丧失了提起异议之诉的权利。

关于案外人执行异议之诉的裁判。《民诉法解释》第310条规定："对案外人提起的执行异议之诉，人民法院经审理，按照下列情形分别处理：（一）案外人就执行标的享有足以排除强制执行的民事权益的，判决不得执行该执行标的；（二）案外人就执行标的不享有足以排除强制执行的民事权益的，判决驳回诉讼请求。案外人同时提出确认其权利的诉讼请求的，人民法院可以在判决中一并作出裁判。"在作出判决前，法院首先要判断案外人对该执行标的是否享有实体权益；案外人对该执行标的享有实体权益的，则需要进一步判断案外人对执行标的所享有的实体权益是否足以排除强制执行，可以按照以下三个步骤进行审查：第一步，要判断被执行人是否对执行标的享有实体权益，如果被执行人对执行标的不享有实体权益，则应判决不得执行该执行标的。第二步，如果被执行人对执行标的也享有实体权益，则要判断案外人对该执行标的所享有的实体权益对于申请执行人根据执行依据所享有的债权是否具有优先效力。如果案外人对执行标的所享有的权利在效力上并不优先于申请执行人的债权，则应当判决驳回诉讼请求。所有权、共有权、他物权、优先权等权利的效力优先于普通债权。第三步，如果案外人对执行标的所享有的权利在效力上优先于申请执行人的债权，则要判断申请执行人实现债权的行为即申请法院对特定执行标的的强制执行的行为是否会妨害案外人对该执行标的所享有的权利。如果法院的强制执行并不妨害案外人对执行标的享有的实体权益，则应当判决驳回诉讼请求。[1]

---

〔1〕 参见最高人民法院修改后民事诉讼法贯彻实施工作领导小组编著：《最高人民法院民事诉讼法司法解释理解与适用》（下），人民法院出版社2015年版，第821页。

关于案外人执行异议之诉的效力。①不得对执行标的进行处分。《民诉法解释》第313条第1款规定："案外人执行异议之诉审理期间，人民法院不得对执行标的进行处分。申请执行人请求人民法院继续执行并提供相应担保的，人民法院可以准许。"法院可以继续维持查封、扣押、冻结等控制住执行措施，但不得对执行标的进行处分，即不得实施处分性执行措施如拍卖、变卖。②撤销执行。法院认为案外人执行异议之诉成立并且判决不得对执行标的执行的，案外人执行标的异议裁定失效，执行程序就应停止，并且撤销已经实施的执行行为。但执行标的的物拍卖程序如果已终结，而价金尚未交付债权人的，则不能撤销已终结的拍卖程序。[1]③案外人恶意提起执行标的的异议、执行异议之诉，造成申请执行人权利无法实现，除了可以在依法纠正的基础上采取执行回转措施，还可以要求赔偿损失。《民诉法解释》第313条第2款规定："被执行人与案外人恶意串通，通过执行异议、执行异议之诉妨害执行的，人民法院应当依照民事诉讼法第一百一十六条规定处理。申请执行人因此受到损害的，可以提起诉讼要求被执行人、案外人赔偿。"

《九民纪要》第119条规定："【案外人执行异议之诉的审理】案外人执行异议之诉以排除对特定标的物的执行为目的，从程序上而言，案外人依据《民事诉讼法》第227条提出执行异议被驳回的，即可向执行人民法院提起执行异议之诉。人民法院对执行异议之诉的审理，一般应当就案外人对执行标的物是否享有权利、享有什么样的权利、权利是否足以排除强制执行进行判断。至于是否作出具体的确权判项，视案外人的诉讼请求而定。案外人未提出确权或者给付诉讼请求的，不作出确权判项，仅在裁判理由中进行分析判断并作出是否排除执行的判项即可。但案外人既提出确权、给付请求，又提出排除执行请求的，人民法院对该请求是否支持、是否排除执行，均应当在具体判项中予以明确。执行异议之诉不以否定作为执行依据的生效裁判为目的，案外人如认为裁判确有错误的，只能通过申请再审或者提起第三人撤销之诉的方式进行救济。"民事诉讼奉行"不告不理"原则，是否在判决中作出确权判项，取决于案外人是否有明确的诉讼请求。如果案外人在诉讼请求中明确要求确权，同时提出排除执行的请求，在判决书的理由阐述部分以及判项中对此问题都应予明确。如果案外人在诉讼请求中并未要求确权，而是仅

---

〔1〕　江伟、肖建国主编：《民事诉讼法》（第8版），中国人民大学出版社2018年版，第470页。

仅提出排除执行的请求，此种情形下，在判决书中不应作出确权判项，仅需对于案外人享有的权利是否排除执行作出回应，案外人是否对于涉案标的享有权利，在判决书中的说理部分阐明即可。对于当事人给付的诉讼请求，判项中予以明确是否支持其请求。如果给付请求相对简单，可以就执行异议之诉请求一并审理一并判决。如果给付请求的审理相对复杂，为避免执行异议之诉案件过分拖延，可以先就是否排除执行先行判决。[1]

《九民纪要》第123条规定："【案外人依据另案生效裁判对非金钱债权的执行提起执行异议之诉】审判实践中，案外人有时依据另案生效裁判所认定的与执行标的物有关的权利提起执行异议之诉，请求排除对标的物的执行。此时，鉴于作为执行依据的生效裁判与作为案外人提出执行异议依据的生效裁判，均涉及对同一标的物权属或给付的认定，性质上属于两个生效裁判所认定的权利之间可能产生的冲突，人民法院在审理执行异议之诉时，需区别不同情况作出判断：如果作为执行依据的生效裁判是确权裁判，不论作为执行异议依据的裁判是确权裁判还是给付裁判，一般不应据此排除执行，但人民法院应当告知案外人对作为执行依据的确权裁判申请再审；如果作为执行依据的生效裁判是给付标的物的裁判，而作为提出异议之诉依据的裁判是确权裁判，一般应据此排除执行，此时人民法院应告知其对该确权裁判申请再审；如果两个裁判均属给付标的物的裁判，人民法院需依法判断哪个裁判所认定的给付权利具有优先性，进而判断是否可以排除执行。"不同的生效裁判根据法律关系的不同作出不同的确权裁判以及不同的给付裁判。由于不同裁判均是生效裁判，一个生效裁判能否排除另一生效裁判的执行，成为实务中的一个难点问题。一是要正确理解确权裁判和给付裁判的效力。确权裁判是对当事人对执行标的物权利状态的确认，给付裁判是在认定当事人享有请求权的基础上，判令对方当事人履行原已存在的义务。[2]因此，申请执行人依据确权裁判申请法院对执行标的物不正确的物权登记状态进行更正时，案外人若依据另一确权裁判提出执行异议，则属于对执行依据有异议，不应当在执行异议之诉中解决，而是应当对作为执行依据的确权裁判申请再审。二是要合理判

---

〔1〕 柯阳友、肖建华、肖建国：《案外人权利救济民事诉讼制度研究》，法律出版社2020年版，第209页。

〔2〕 参见房绍坤："导致物权变动之法院判决类型"，载《法学研究》2015年第1期。

断给付裁判的优先性。基本判断标准是物权优先于债权、特殊债权优先于普通债权。如果作为执行依据的给付裁判中确定具有强制执行效力的给付行为本身是基于申请执行人对执行标的物享有所有权，而案外人申请执行异议的给付裁判中确定具有强制执行效力的给付行为是基于案外人对执行标的物享有债权的，则申请执行人的权利基础优先于案外人的权利基础，不应当认为案外人有权排除执行。如果申请执行人依据对执行标的物享有抵押权的基础，取得了法院裁定拍卖执行标的物的给付裁判，案外人基于对执行标的物享有租赁权（租赁发生在抵押之后）的基础，取得了法院判决承租人接收执行标的物的给付裁判，案外人不能依据该基于租赁权的给付裁判排除申请执行人基于抵押权的给付裁判的执行。[1]

《九民纪要》第 124 条规定："【案外人依据另案生效裁判对金钱债权的执行提起执行异议之诉】作为执行依据的生效裁判并未涉及执行标的物，只是执行中为实现金钱债权对特定标的物采取了执行措施。对此种情形，《最高人民法院关于人民法院办理执行异议和复议案件若干问题的规定》第 26 条规定了解决案外人执行异议的规则，在审理执行异议之诉时可以参考适用。依据该条规定，作为案外人提起执行异议之诉依据的裁判将执行标的物确权给案外人，可以排除执行；作为案外人提起执行异议之诉依据的裁判，未将执行标的物确权给案外人，而是基于不以转移所有权为目的的有效合同（如租赁、借用、保管合同），判令向案外人返还执行标的物的，其性质属于物权请求权，亦可以排除执行；基于以转移所有权为目的有效合同（如买卖合同），判令向案外人交付标的物的，其性质属于债权请求权，不能排除执行。应予注意的是，在金钱债权执行中，如果案外人提出执行异议之诉依据的生效裁判认定以转移所有权为目的的合同（如买卖合同）无效或应当解除，进而判令向案外人返还执行标的物的，此时案外人享有的是物权性质的返还请求权，本可排除金钱债权的执行，但在双务合同无效的情况下，双方互负返还义务，在案外人未返还价款的情况下，如果允许其排除金钱债权的执行，将会使申请执行人既执行不到被执行人名下的财产，又执行不到本应返还给被执行人的价款，显然有失公允。为平衡各方当事人的利益，只有在案外人已经返还

---

〔1〕参见最高人民法院民事审判第二庭编著：《〈全国法院民商事审判工作会议纪要〉理解与适用》，人民法院出版社 2019 年版，第 622 页。

价款的情况下，才能排除普通债权人的执行。反之，案外人未返还价款的，不能排除执行。"参照《最高人民法院关于人民法院办理执行异议和复议案件若干问题的规定》第 26 条的规定，可以请求排除执行的另案生效法律文书的类型包括：一是案外人和被执行人之间权属纠纷的法律文书，并确认案外人对执行标的享有物权；二是案外人和被执行人之间租赁、借用、保管等不以转移财产权属为目的的合同纠纷，判决、裁决执行标的归属于案外人或者向其返还执行标的；三是人民法院在执行过程中作出的拍卖成交裁定书、变卖成交裁定书和以物抵债裁定书。

《九民纪要》第 125 条规定："【案外人系商品房消费者】实践中，商品房消费者向房地产开发企业购买商品房，往往没有及时办理房地产过户手续。房地产开发企业因欠债而被强制执行，人民法院在对尚登记在房地产开发企业名下但已出卖给消费者的商品房采取执行措施时，商品房消费者往往会提出执行异议，以排除强制执行。对此，《最高人民法院关于人民法院办理执行异议和复议案件若干问题的规定》第 29 条规定，符合下列情形的，应当支持商品房消费者的诉讼请求：一是在人民法院查封之前已签订合法有效的书面买卖合同；二是所购商品房系用于居住且买受人名下无其他用于居住的房屋；三是已支付的价款超过合同约定总价款的百分之五十。人民法院在审理执行异议之诉案件时，可参照适用此条款。问题是，对于其中'所购商品房系用于居住且买受人名下无其他用于居住的房屋'如何理解，审判实践中掌握的标准不一。'买受人名下无其他用于居住的房屋'，可以理解为在案涉房屋同一设区的市或者县级市范围内商品房消费者名下没有用于居住的房屋。商品房消费者名下虽然已有 1 套房屋，但购买的房屋在面积上仍然属于满足基本居住需要的，可以理解为符合该规定的精神。对于其中'已支付的价款超过合同约定总价款的百分之五十'如何理解，审判实践中掌握的标准也不一致。如果商品房消费者支付的价款接近于百分之五十，且已按照合同约定将剩余价款支付给申请执行人或者按照人民法院的要求交付执行的，可以理解为符合该规定的精神。"近年来，房屋行政主管部门一直推行房屋买卖合同网签备案制度，当事人若未签订纸质房屋买卖合同，而仅仅是进行了网签，是否构成上述规定的书面买卖合同，十分关键。房屋买卖中的网签是指买卖双方就房屋买卖具体内容协商达成一致后，在网络交易平台上进行签约的一种交易方式，网签系统是房屋行政主管部门为防止一房多卖而建立的网络化管理系统。因此，网签除反映了买卖双方的意思表示，还附加了房屋行政主管部门对双方合同关系的确认及公示，足以认定为买卖双方就标的房屋签订了书面房屋买卖合同。[1]

《九民纪要》第126条规定："【商品房消费者的权利与抵押权的关系】根据《最高人民法院关于建设工程价款优先受偿权问题的批复》第1条、第2条的规定，交付全部或者大部分款项的商品房消费者的权利优先于抵押权人的抵押权，故抵押权人申请执行登记在房地产开发企业名下但已销售给消费者的商品房，消费者提出执行异议的，人民法院依法予以支持。但应当特别注意的是，此情况是针对实践中存在的商品房预售不规范现象为保护消费者生存权而作出的例外规定，必须严格把握条件，避免扩大范围，以免动摇抵押权具有优先性的基本原则。因此，这里的商品房消费者应当仅限于符合本纪要第125条规定的商品房消费者。买受人不是本纪要第125条规定的商品房消费者，而是一般的房屋买卖合同的买受人，不适用上述处理规则。"第一，从商品房消费者享有的权利性质看，其享有的是物权期待权。其优先于抵押权有理论依据。物权优先于债权，本来是民法的一项基本原则，但基于生存利益至上的考虑，可以有例外规定。涉案房屋并未办理过户登记，买受人享有的是请求出卖人将涉案房屋过户至其名下的债权请求权，其本质仍是债权，但房屋买受人对于成为房屋的所有权人享有很大的期待利益，法学理论将其定义为物权期待权，并基于生存利益至上的考虑，赋予其优先于抵押权的效力。[2]第二，从交易安全的保护角度来看，对于商品房消费者来说，在开发商的房屋能够预售的情况下，其完全有理由相信所购买的房屋不存在任何权利瑕疵。而在商品房消费者支付了购房款或者大部分购房款的情况下，如果还不能取得标的物，则其对于交易安全的信赖会受到严重损害，合同法立法指导思想中的在价值取向上应注重交易安全保护的目标就无法实现。第三，从交易成本支出的角度看，应保护商品房消费者的利益。一方面，对于购房人来说，其对于出卖人如何使用所收取的款项并不关心，往往也无能力控制，购房人也很难对开发商清偿银行借款的情况进行调查。与此相反，抵

---

[1]　参见司伟、王小青："执行异议之诉中不动产买受人排除强制执行的要件审查"，载《人民司法》2019年第23期。

[2]　参见最高人民法院民事审判第二庭编著：《〈全国法院民商事审判工作会议纪要〉理解与适用》，人民法院出版社2019年版，第634页。

押权人则更有能力控制开发商，其既可以在设定抵押时同开发商约定出售商品房之前应先清偿其债务，也可以在出借款项时设定一定的条件限制开发商在未清偿其债务之前销售，且抵押权人实施这种控制行为比起购房人来说成本更少且效果更直接。另一方面，针对我国现实的经济发展要求，对于房地产这种高杠杆化的产业，高效率及缩短开发周期是其开发盈利的基本要求。如果要求购房人在购买商品房时，需要调查开发项目是否存在抵押权负担，这必然影响交易的效率，延缓交易的完成，从而影响房地产项目的开发进度，进一步影响到房地产业的持续发展。[1]

《九民纪要》第127条规定："【案外人系商品房消费者之外的一般买受人】金钱债权执行中，商品房消费者之外的一般买受人对登记在被执行人名下的不动产提出异议，请求排除执行的，《最高人民法院关于人民法院办理执行异议和复议案件若干问题的规定》第28条规定，符合下列情形的依法予以支持：一是在人民法院查封之前已签订合法有效的书面买卖合同；二是在人民法院查封之前已合法占有该不动产；三是已支付全部价款，或者已按照合同约定支付部分价款且将剩余价款按照人民法院的要求交付执行；四是非因买受人自身原因未办理过户登记。人民法院在审理执行异议之诉案件时，可参照适用此条款。实践中，对于该规定的前3个条件，理解并无分歧。对于其中的第4个条件，理解不一致。一般而言，买受人只要有向房屋登记机构递交过户登记材料，或向出卖人提出了办理过户登记的请求等积极行为的，可以认为符合该条件。买受人无上述积极行为，其未办理过户登记有合理的客观理由，亦可认定符合该条件。"在执行异议之诉案件审理过程中，可参照《最高人民法院关于人民法院办理执行异议和复议案件若干问题的规定》的规定。在裁判文书的表述上，准确的表述应当是"参照"而非"依照"，因为执行标的异议属于执行程序，其审查标准是以形式审查为原则，以实质审查为例外；执行异议之诉作为审判程序，其审查标准是实质审查，有一审、二审和再审程序。[2]买受人未办理过户登记的原因应综合主观、客观两方面

---

〔1〕 参见张燕、仲伟珩："银行抵押权、预售商品房购房人权利的冲突与解决"，载《人民司法》2017年第16期；最高人民法院民事审判第二庭编著：《〈全国法院民商事审判工作会议纪要〉理解与适用》，人民法院出版社2019年版，第635页。

〔2〕 参见最高人民法院民事审判第二庭编著：《〈全国法院民商事审判工作会议纪要〉理解与适用》，人民法院出版社2019年版，第641页。

因素认定，主观方面应重点考察买受人是否存在怠于甚至故意不办理权属变更登记，或由于自身没有尽到合理注意义务，而导致权属变更登记不能等情形。

第十二章

第二审程序

第一节　第二审程序的启动

案　例：诸暨市某瑞装饰有限公司、某工场文化创意策划

有限公司相邻关系纠纷案[1]

2017 年，某工场文化创意策划有限公司（以下简称"某工场公司"）与某利中心城订立租赁合同，租期 5 年。此后，某工场公司已装修使用。2019 年，浙江省诸暨市某景餐饮有限公司（以下简称"某景公司"）租用某利中心城四楼经营谭鸭血火锅，某景公司租用的上述商铺位于某工场公司租用的商铺上方。后某景公司与某瑞装饰公司（以下简称"某瑞公司"）签订装修协议，在施工责任方面，约定因进行装修施工造成相邻商铺的管道堵塞、渗漏、停水、停电等，由某瑞公司承担修理和赔偿责任。2019 年 11 月 30 日，某景公司的上述商铺第一天试营业，致某工场公司租赁的商铺屋顶漏水，多处受损。此后，某工场公司、某景公司、某利中心城协商未果。某工场公司对其部分受损处进行修复。经法院委托，诸暨某信资产评估有限公司评估认定某工场公司因本案所涉事故造成的列入评估范围的损失在评估基准日 2020 年 7 月 24 日的评估结果为 44 716 元。庭审中，某景公司、某瑞公司对该评估报告中所涉受损教室二的地板受损面积定为 68.25 平方米提出质疑，评估有限公司出具补充鉴定说明，所涉教室二原地板面积 68.25 平方米，更正为地板面积 38.25 平方米，评估金额 5737.5 元。更正后总评估金额为 40 216 元。

---

〔1〕　案例来源：浙江省绍兴市中级人民法院〔2021〕浙 06 民终 174 号民事裁定书。

庭审中，某工场公司、某景公司、某瑞公司对案涉两教室室内面积确定为 48 平方米、58 平方米。一审案件审理过程中，某工场公司明确其请求基于相邻关系，由要求某景公司、某瑞公司共同承担责任，变为要求仅由某景公司承担相应赔偿责任。

某瑞装饰工程有限公司不服一审判决，向浙江省绍兴市中级人民法院提起上诉。某瑞公司上诉请求：撤销原判，发回重审或改判对一审认定的诸信资评〔2020〕第 256 号资产评估报告书（标的金额 40 216 元）不予认定为有效证据。事实和理由：本案上诉人全程参与诉讼，并提出抗辩意见等，被上诉人最终以相邻关系主张权利，一审判决驳回被上诉人要求上诉人承担责任的诉讼请求，上诉人对判决结果没有异议。但因一审判决书中明确上诉人与原审被告之间因装修合同发生的权利义务关系，可另行处理。故本案中认定的事实、证据会对下一案件产生直接影响。一审法院委托评估机构作出的评估报告是本案的重要证据，直接决定本案的判决结果，如上诉人对此不上诉，可能会视为上诉人放弃了上诉权利，认可了该评估报告，将会对上诉人的后续诉讼造成不利影响。上诉人认为评估报告违法无效。

某工场公司辩称：第一，上诉人不具有上诉资格。诉权的行使必须具有一定的利益，无利益即无诉权。本案相邻法律关系发生在被上诉人与原审被告某景公司之间，一审中被上诉人同意追加上诉人为第三人，只是出于化解矛盾的考虑，在纠纷没有成功化解的情况下，被上诉人最终变更诉请，明确基于相邻关系要求原审被告承担赔偿责任，因此，上诉人并非适格的被告主体。一审判决结果也未直接损害到其合法权益，上诉人通过上诉不可能得到比一审判决更为有利的裁判结果，因此上诉人不具有上诉利益，不具备上诉人的主体资格，且原审被告已履行完毕全部的给付金钱义务。第二，上诉人不具有上诉利益，致使其上诉主体不适格，二审不得对其上诉请求进行实体审理，应裁定驳回上诉。

某景公司述称：关于上诉人是否享有上诉权的问题，支持上诉人的观点，但最终责任的承担应由上诉人承担赔偿责任，故上诉人享有上诉权。关于一审采信评估报告的问题，也同意上诉人的观点，对于一审法院关于责任的认定不予认可，应由上诉人承担责任。

浙江省绍兴市中级人民法院认为：当事人向人民法院起诉或上诉，必须满足一定的条件，即当事人的诉求应当具有诉的利益。判断有无诉的利益，则需要审查对当事人的诉讼请求作出判断是否具有必要性和实效性。本案的基础法律关系为相邻关系纠纷，相邻关系是指相互毗邻的两个以上不动产所有人、用益物权人或者占有人，在用水、通风、采光等方面根据法律规定产生的权利义务关系。本案在一审审理的过程中，某工场公司明确其诉讼请求基于相邻关系，要求由某景公司承担相应赔偿责任。故某瑞公司并非本案适格的共同被告，一审判决也未判决某瑞公司承担民事责任，某瑞公司不具有上诉的利益。同时，从某瑞公司的上诉请求来看，其对一审的判决结果并无异议，仅要求确认一审法院依法委托评估机构作出的评估报告不予认定为有效证据。该上诉请求既不涉及具体的给付义务，也不涉及改变实际存在的法律关系或法律状态，亦不具备上诉的利益。关于涵某公司辩称一审法院采纳评估报告这一证据可能对其将来产生的另案诉讼之权益造成影响之理由，根据《最高人民法院关于民事诉讼证据的若干规定》第 10 条："下列事实，当事人无须举证证明：……（六）已为人民法院发生法律效力的裁判所确认的基本事实……前款第二项至第五项事实，当事人有相反证据足以反驳的除外；第六项、第七项事实，当事人有相反证据足以推翻的除外。"因此，人民法院生效裁判认定的事实，仅能够产生免除后诉当事人举证责任的法律效果，但后诉当事人具有相反证据足以推翻的情况下除外。生效裁判认定的事实对后诉而言，在有相反证据足以推翻的情况下，并不会必然对当事人的合法权益产生确定的、无法改变的影响或损害。某瑞公司如对一审判决的证据采信或事实认定不予认可，可在另案诉讼中举证予以推翻。裁定如下：驳回上诉。

问题与思考：

1. 简述第二审程序启动的条件。

2. 本案中，某瑞装饰有限公司是否具有上诉利益？请说明理由。

第二审程序是指当事人因不服地方各级人民法院作出的尚未生效的一审判决或裁定，在法定期限内向上一级人民法院提起上诉，上一级人民法院依法对案件进行审理所适用的程序。当事人提起上诉必须符合法定要件，才能被第二审法院受理。根据《民事诉讼法》和相关司法解释规定，上诉应当符合以下条件：①必须有合格的上诉人和被上诉人。有权提起上诉的仅限于参加原审的当事人。在本案的一审审理的过程中，某工场公司明确其诉讼请求基于相邻关系，仅要求由某景公司承担相应赔偿责任，且一审判决也未判决某瑞公司承担民事责任，因此某瑞公司既非本案适格的共同被告也非承担责任的无独立请求权第三人，不具有上诉人的主体资格。②裁判具有可诉性。可以上诉的裁判主要包括地方各级人民法院按照第一审普通程序所作的判决、基层人民法院按照简易程序所作的判决，以及不予受理的裁定、驳回起诉的裁定、管辖权异议的裁定，不予受理破产申请的裁定和驳回破产申请的裁定。另外，最高人民法院作出的一审判决、法院适用特别程序、督促程序、公示催告程序作出的判决、小额诉讼程序作出的判决不得上诉，调解书不得上诉。③必须在法定的上诉期限内提出上诉。判决的上诉期限是判决书送达之日起15 日内，裁定的上诉期限是裁定书送达之日起 10 日内。上诉期间从送达后的第二日开始计算；当事人分别收到判文书的时间不一致的，以各自收到的时间计算。④必须递交上诉状。不同于一审普通程序中以书面起诉为原则、口头起诉为例外，上诉一律须为书面形式。虽递交上诉状，但未在指定的期限内交纳上诉费的，按自动撤回上诉处理。⑤必须符合上诉案件管辖规定。上诉只能向作出判决、裁定的一审法院的上一级法院提起。

　　本案中判断某瑞公司是否享有上诉权，除了考虑上述条件，还应判断其是否具有上诉利益。上诉利益，又被称为"不服利益"，是指当事人请求上级法院对一审法院作出的对自己不利的裁判予以救济的必要性和实效性。可以提起上诉并请求上诉法院对第一审裁判不服的申请之必要性和实效性予以判决时，上诉人就取得了上诉利益，其对应的权能就是上诉权。这是一个与诉的利益或诉权相对应的概念。[1] 具有上诉利益，是当事人提起上诉具有合法性的诉讼要件之一。当提起上诉的一方当事人不具有上诉利益时，即没有遭受一审不利益判决的一方当事人提起不服之申明，显然会增加法院的审理负担，浪费有限的司法资源。同时对相对方当事人来讲也是不公平的，因为会增加对方当事人的讼累，上诉就要被驳回。[2] 有关上诉利益的判断标准，学理上存在以下三种观点的争论：① "形式上的不服说"。它认为，是否具有上诉利益得从当事人一审中提出的诉讼请求与法院一审判决内容之比较来加以确定，只要法院判决没有满足当事人所提之诉讼请求，即可认为其具有上诉利益。当事人的请求与第一审判决的主文（具有既判力的内容）相比较，只

---

　　〔1〕　参见胡晓霞："上诉利益的判断标准"，载《法学评论》2019 年第 3 期。
　　〔2〕　参见唐力："论民事上诉利益"，载《华东政法大学学报》2019 年第 6 期。

要后者没有满足前者，即认可具有不服之上诉利益。②"旧实体不服说"。它认为，当事人在具有通过上诉能够获得比第一审判决更为有利判决可能性的场合下，即认可具有上诉的利益可提起上诉。③"新实体不服说"。它认为，当事人如果遭受到了确定判决所具有的既判力等其他效力任何致命的不利益的场合，具有不服之上诉利益。[1]上述三学说中，"形式上的不服说"强调的是当事人所提出的诉讼请求与所获得的法院判决内容之形式上的比较有无差异，当请求未获得满足的情况下，无论是实质内容上还是量上，当事人即具有了上诉利益。"旧实体不服说"和"新实体不服说"看重的是当事人通过上诉可获得比一审判决更有利的判决，或者一审判决对其产生了不能通过后诉救济的不利益的情况，当事人具有上诉利益。相较"形式上的不服说"而言，新、旧实体学说更注重当事人通过上诉所能获得的实质利益或者遭受一审判决实质上的不利益的考量。新、旧实体说因判断的基准更为主观化而存在不确定性，而"形式上的不服说"因仅从当事人请求与法院判决的外在形式上之比较来识别，易于判断。基于此，"形式上的不服说"获得了学理上通说的地位，也得到了实务判例的支持。

本案中，判断某瑞装饰工程有限公司是否具有上诉利益，主要是审查其诉讼请求是否具有必要性和实效性。本案的基础法律关系为相邻关系纠纷。相邻关系是指相互毗邻的两个以上不动产所有人、用益物权人或者占有人，在用水、通风、采光等方面根据法律规定产生的权利义务关系。从某瑞公司的上诉请求来看，其对一审的判决结果并无异议，仅要求确认一审法院依法委托评估机构作出的评估报告不予认定为有效证据。该上诉请求既不涉及具体的给付义务，也不涉及改变实际存在的法律关系或法律状态，因而不具备上诉的利益。关于某瑞公司辩称一审法院采纳评估报告这一证据可能对其将来产生的另案诉讼之权益造成影响之理由，根据法律规定，人民法院生效裁判认定的事实，仅能够产生免除后诉当事人举证责任的法律效果，但后诉当事人具有相反证据足以推翻的情况下除外。某瑞公司对一审判决的评估报告不予认可，应在另案诉讼中通过举证进行推翻。一审中采纳评估报告并不会必然对某瑞公司的合法权益产生确定的、无法改变的影响或损害。综上所述，

---

[1] 参见[日]高桥宏志：《重点讲义民事诉讼法》，张卫平、许可译，法律出版社2007年版，第418~421页。

某瑞公司既不具有上诉人主体资格，也不具有上诉利益，不符合上诉的实质要件，因此法院应裁定驳回其上诉。

第二节　第二审程序的审理

案　例：田某菊、杨某生命权、健康权、身体权纠纷案[1]

2017 年 5 月 2 日 9 时 24 分许，田某菊之父段某立与杨某先后进入郑州市金水区××小区 A 号楼 B 单元电梯内，因段某立在电梯内吸烟，二人发生言语争执。段某立与杨某走出电梯后，仍有言语争执，双方被该小区物业公司的工作人员劝阻后，杨某离开，段某立同物业公司工作人员一同进入物业公司办公室，后急救人员于 2017 年 5 月 2 日 09：37 到达段某立身边，宣布临床死亡。

田某菊向郑州市金水区人民法院起诉，请求杨某赔偿田某菊死亡赔偿金326 796 元、丧葬费 22 960 元、精神抚慰金 50 000 元，医疗费 755.8 元，以上共计 400 511.8 元。该法院认为，因段某立在电梯内吸烟问题导致其与杨某发生言语争执，在双方的争执被小区物业公司工作人员劝阻且杨某离开后，段某立猝死，该结果是杨某未能预料到的，杨某的行为与段某立的死亡之间并无必然的因果关系，但段某立确实在与杨某发生言语争执后猝死，依照《侵权责任法》（已失效）第 24 条的规定："受害人和行为人对损害的发生都没有过错的，可以根据实际情况，由双方分担损失。"根据公平原则，结合本案案情，法院判决杨某于判决生效后 10 日内补偿田某菊 15 000 元。

原告田某菊不服一审法院判决，向郑州市中级人民法院提起上诉，请求撤销原判，判决支持田某菊的全部诉讼请求。事实和理由：第一，事发后文化路派出所出警对案发过程进行询问并制作了笔录，该笔录对认定案件事实至关重要。田某菊申请调取该笔录，但一审法院一直未调取，遗漏了认定案件事实的关键证据。第二，一审判决认定杨某的行为与段某立的死亡之间并无必然因果关系错误。第三，一审法院适用公平原则错误，杨某存在过错，根据《侵权责任法》相关规定，应当承担一般侵权责任。杨某辩称：第一，

---

〔1〕　案例来源：河南省郑州市中级人民法院〔2017〕豫 01 民终 14848 号民事判决书。

一审程序合法。一审法院已经从杨某提交的全部监控视频完全了解了事件发生的整个过程，公安机关制作的询问笔录并非本案的关键证据，故没有必要调取。第二，一审判决认定事实清楚，适用法律正确。理由：①段某立的死亡结果是任何人不可能、也无法预见到的。②杨某并未对段某立进行大声呵斥。③杨某对段某立的死亡不应当承担任何法律责任，但考虑到田某菊失去了亲人，即使田某菊不提起诉讼，杨某也愿意对其进行一定费用的捐赠，并不予上诉。

郑州市中级人民法院认为：本案属于生命权纠纷，应当适用《侵权责任法》第6条第1款："行为人因过错侵害他人民事权益，应当承担侵权责任。"因此，确定杨某应否承担侵权责任，关键是要分析杨某对段某立在电梯间吸烟进行劝阻与段某立死亡的事实之间是否有因果关系、杨某是否存在过错。具体分析如下：第一，杨某劝阻段某立吸烟行为未超出必要限度，属于正当劝阻行为。在劝阻段某立吸烟的过程中，杨某保持理性，平和劝阻，双方之间也没有发生肢体冲突和拉扯行为，本案中也没有证据证明杨某对段某立进行过呵斥或有其他不当行为。第二，杨某劝阻段某立吸烟行为本身不会造成段某立死亡的结果。段某立在未能控制自身情绪的情况下不幸死亡。虽然从时间上看，杨某劝阻段某立吸烟行为与段某立死亡的后果是先后发生的，但两者之间并不存在法律上的因果关系。第三，杨某没有侵害段某立生命权的故意或过失。杨某此前不认识段某立，也不知道段某立有某种病史并做过心脏搭桥手术，其劝阻段某立吸烟是履行公民应尽的社会责任，不存在加害段某立的故意，而且杨某及时发挥专业技能对段某立积极施救。杨某对段某立的死亡无法预见，也不存在疏忽或懈怠，没有过错。综上，杨某对段某立在电梯间吸烟予以劝阻的行为与段某立死亡结果不存在法律上的因果关系，杨某不存在过错，不应承担侵权责任。田某菊关于杨某存在过错，应承担一般侵权责任的上诉理由不能成立，法院不予支持。本案中杨某劝阻吸烟行为与段某立死亡结果之间并无法律上的因果关系，因此，一审判决以段某立确实在与杨某发生言语争执后猝死为由，依照《侵权责任法》第24条的规定，适用公平原则判决杨某补偿田某菊15 000元，属于适用法律错误。《民诉法解释》（2015年）第323条规定："第二审人民法院应当围绕当事人的上诉请求进行审理。当事人没有提出请求的，不予审理，但一审判决违反法律禁止性规定，或者损害国家利益、社会公共利益、他人合法权益的除外。"本案一审判决作出后，杨某未上诉，但一审判决适用法律错误，损害社会公共利益，依法应予改判，理由如下：本案中，杨某对段某立在电梯内吸烟予以劝阻合法正当，是自觉维护社会公共秩序和公共利益的行为，一审判决判令杨某分担损失，让正当行使劝阻吸烟权利的公民承担补偿责任，将会挫伤公民依法维护社会公共利益的积极性，既是对社会公共利益的损害，也与民法的立法宗旨相悖，不利于促进社会文明，不利于引导公众共同创造良好的公共环境。因此，一审判决判令杨某补偿田某菊 15 000 元错误，二审法院依法予以纠正。杨某称其考虑到田某菊不幸失去了亲人，愿意对田某菊捐赠一定费用，因不属于本案审理范围，由双方当事人自行处理。判决如下：第一，撤销河南省郑州市金水区人民法院 ［2017］ 豫 0105 民初 14525 号民事判决；第二，驳回田某菊的诉讼请求。

问题与思考：

1. 简述第二审的审理范围。

2. 本案中二审判决是否违反了"上诉禁止不利变更"原则？请说明理由。

学理上根据二审（上诉审）与一审（初审）的关系、上诉审对新事实主张及新证据的开放程度等为标准，将上诉审理模式划分为复审制、事后审制和续审制。复审制，是指二审与第一审没有程序衔接的一种程序构造，二审中重新收集诉讼资料并在此基础上对案件进行审理并作出判决。二审等于重新审理一个全新的案件。事后审制，是指诉讼资料以一审中提出的为限制，不接收新的诉讼资料。二审程序基于原有的诉讼资料，审查一审判决中的事实认定以及判断理由是否存在问题，并根据具体情况作出裁判。续审制，是介于覆审制和事后审制构造之间的一种二审程序构造，二审法院以第一审法院的审理结果为基础，在上诉审程序中允许当事人提出新的诉讼资料，二审法院在确有必要时采纳新的事实主张及证据。[1]民事第二审审理范围原则上受当事人上诉请求的拘束。但由于二审具有"续审"与监督的双重审级职能，且上

---

〔1〕 参见邵明：《现代民事之诉与争讼程序法理》，中国人民大学出版社 2018 年版，第 350 页；王亚新、陈杭平、刘君博：《中国民事诉讼法重点讲义》（第 2 版），高等教育出版社 2021 年版，第354 页。

诉请求受到制度及人为的不恰当限制，"上诉请求拘束原则"存在例外。[1]在续审制下，我国《民事诉讼法》规定原则上应当组成合议庭开庭审理上诉案件。但在司法实践中不开庭审理却成为常态，并异化为以一审庭审笔录为中心的合议庭书面间接审理。这不仅违反了直接主义、口头主义，剥夺了当事人接受裁判的权利，而且导致二审纠错和监督一审的机能丧失。因此，二审应贯彻开庭审理原则，仅限欠缺上诉要件或就裁定提起的上诉案件可不开庭。二审开庭是一审的继续，仍然包括口头辩论与法庭调查两个部分。其中所获得的诉讼资料和证据资料与一审构成一个整体并作为二审裁判的基础。一审中形成的诉讼状态和当事人实施的诉讼行为在二审中继续有效。[2]

《民诉法解释》第 340 条规定："当事人在第一审程序中实施的诉讼行为，在第二审程序中对该当事人仍具有拘束力。当事人推翻其在第一审程序中实施的诉讼行为时，人民法院应当责令其说明理由。理由不成立的，不予支持。"这表明在我国规范层面已经确立了续审制的二审模式。基于这种模式，二审的审理范围原则上由当事人的上诉请求及其事实、理由决定。这种审理范围的限制在理论上也可以概括为"禁止利益变更原则"和禁止"不利益变更原则"。这两个原则实际上是从两个不同的层面约束第二审法院裁判的范围。

禁止利益变更原则，是指二审法院的判决不得超出上诉请求范围增加上诉人的利益。换言之，对上诉人而言，通过上诉所能得到的最大的裁判利益是第二审法院所作的裁判全部支持其上诉请求。禁止不利益变更原则，是指在一方当事人上诉的情况下，第二审法院不得作出比一审判决更不利于上诉人的判决。[3]设立禁止不利益变更原则与刑事诉讼的"上诉不加刑原则"的理由相似，都是为了更好地保障上诉权的行使和上诉目的的实现。当事人之所以上诉，就是希望通过二审能获得更为有利的二审判决。如果允许二审法院超出上诉请求范围加以审判，那么上诉人就要承担上诉后的判决结果比不提起上诉更不利的风险。这样，当事人可能就会有所顾忌，不愿或不敢提出上诉，从而与法律设置上诉制度以救济上诉人之目的相违背。但是，对于某

---

〔1〕 陈杭平："民事第二审审理范围及其例外"，载《国家检察官学院学报》2018 年第 4 期。
〔2〕 段文波："民事二审不开庭审理的反思与修正"，载《中国法学》2021 年第 6 期。
〔3〕 江伟、肖建国主编：《民事诉讼法》（第 8 版），中国人民大学出版社 2018 年版，第 341 页。

些错误，如果坐视不理，等待判决生效后再通过审判监督程序、第三人撤销之诉等于以纠正，就有违二审程序的纠错功能和维护裁判终局性的原理。因此，为了当事人的处分权和二审纠错功能之间的平衡，《民诉法解释》第321条第2款规定："当事人没有提出请求的，不予审理，但一审判决违反法律禁止性规定，或者损害国家利益、社会公共利益、他人合法权益的除外。"

该案二审判决后，引起轩然大波是因为在一审法院基于公平原则判决杨某补偿田某菊15 000元，田某菊作为原告提起上诉后，二审基于维护社会公共利益，在一审被告没有提起上诉的情况下，判决撤销一审判决，驳回田某菊的诉讼请求，使田某遭受到比一审更不利的法律后果。本案的争议焦点在于是否违反了上诉禁止不利变更原则。根据《民诉法解释》第321条第2款，判断本案是否违反上诉禁止不利变更原则的关键在于判断一审判决是否真正损害了社会公共利益。有学者认为，基于二审法院长期以来积累的审判经验、近年来社会热点案件的司法判决造成的极为严重的社会影响、该案一审判决作出之后形成的舆论压力以及从普通民众的视角，该判决的可接受性等方面来看，该二审判决书依据"保护生态环境、维护社会公共利益及公序良俗是民法的基本原则，弘扬社会主义核心价值观是民法的立法宗旨，司法裁判对保护生态环境、维护社会公共利益的行为应当依法予以支持和鼓励，以弘扬社会主义核心价值观。根据郑州市有关规定，市区各类公共交通工具、电梯间等公共场所禁止吸烟，公民有权制止在禁止吸烟的公共场所的吸烟者吸烟。该规定的目的是减少烟雾对环境和身体的侵害，保护公共环境，保障公民身体健康，促进文明、卫生城市建设，鼓励公民自觉制止不当吸烟行为，维护社会公共利益。因而杨某对段某立在电梯内吸烟予以劝阻合法正当，是自觉维护社会公共秩序和公共利益的行为"，[1]因而判决撤销一审判决，驳回田某菊的诉讼请求。但是也有学者指出，本案适用"公共利益"判决是多方因素共同作用的结果，只具个案效力，而不具普适性。二审判决起到了很好的社会效果，同时还需警惕"公共利益"之滥用，防止因过分追求社会效果而忽视对规范的严格适用，使得法律沦为舆论裁判的工具。[2]我们认为，社会

---

〔1〕　熊晓彪："事实、规范与判决正当性——'郑州电梯劝阻吸烟案'评析"，载《西部法学评论》2018年第5期。

〔2〕　王杏飞、王安冉："论民事二审审判范围的确定以'劝阻吸烟案'为例"，载《北方法学》2021年第2期。

中典型案件的判决对公众行为有导向作用，彭宇案发生后，老人无人敢扶成了常态。本案中，郑州市中级人民法院未适用上诉禁止不利变更原则，驳回田某菊的诉讼请求，是以公正裁决树立行为规则，是对维护社会公共利益行为的肯定。

第三节　第二审程序的裁判

案例一：张某涛、潘某霞与朱某露、张某腾民间借贷纠纷案[1]

朱某露、张某腾系夫妻关系，张某涛、潘某霞系夫妻关系。2017 年至 2019 年期间四人有多次转账记录，2019 年年底张某涛给张某腾出具一张借条，写明收到朱某露现金 47 万元整。后朱某露、张某腾向张某涛、潘某霞催要借款，未予偿还。朱某露、张某腾向江苏省睢宁县人民法院起诉请求：第一，判令张某涛、潘某霞支付借款本金 470 000 和借款利息。第二，本案诉讼费由张某涛、潘某霞承担。一审法院认为，在审判过程中，张某涛、潘某霞并没有抗辩潘某霞不是适格被告，且转账记录显示有大部分借款转账系转给潘某霞，因此虽然借条系张某涛个人出具，但应视为夫妻二人共同借款。故江苏省睢宁县人民法院判决张某涛、潘某霞向朱某露、张某腾偿还借款本金 470 000 元及逾期利息损失。

张某涛、潘某霞不服原审判决，向江苏省徐州市中级人民法院提起上诉。张某涛、潘某霞上诉请求：第一，撤销一审判决，依法改判；第二，本案诉讼费用由被上诉人承担。事实与理由：原审法院未就本案借款事实情况进行全面审查，属于认定事实不清。本案并非张某涛与潘某霞共同借款，夫妻债务必须共债共签，而本案借条上的借款人只有张某涛本人签名，其配偶潘某霞并未签名，虽然张某腾有转账给潘某霞，但该转账并不能说明潘某霞也是借款人，潘某霞作为张某涛配偶收到的转账就是张某腾与张某涛往年合作的项目往来款项。朱某露、张某腾辩称：原审认定事实清楚，适用法律得当。

徐州市中级人民法院认为：张某腾、张某涛对于双方曾于 2017 年至 2019 年间存在合作经营的关系无异议，本院予以确认。朱某露、张某腾提交了张

---

[1]　案例来源：江苏省徐州市中级人民法院［2020］苏 03 民终 7699 号民事判决书。

某涛出具的涉案借条及转账记录。张某涛主张本案并非民间借贷法律关系，其出具涉案借条系因张某涛答应协调相关项目验收和尾款结算问题，为此，其应提供证据加以证明，在其不能提供相关证据且张某腾不予认可的情况下，本院对其该主张无法确认。而张某涛作为一名具有完全民事行为能力的自然人，出具涉案借条的行为，在其不能提供证据证明出具手续时存在欺诈、胁迫情形，也未在法定期限内要求撤销或主张权利的情况下，应当认定该行为系张某涛的真实意思表示，具有法律效力。因朱某露、张某腾系夫妻关系，即便出借款项非出自朱某露之手，而是由张某腾进行操作，但结合涉案借条系张某涛向朱某露出具，综合本案证据，根据证据优势原则，一审法院认定朱某露、张某腾与张某涛之间不排除存在借贷关系或因合作结算出具借条，并无不当。关于潘某霞是否应承担涉案款项还款责任的问题。《最高人民法院关于审理涉及夫妻债务纠纷案件适用法律有关问题的解释》（已失效）第3条规定："夫妻一方在婚姻关系存续期间以个人名义超出家庭日常生活需要所负的债务，债权人以属于夫妻共同债务为由主张权利的，人民法院不予支持，但债权人能够证明该债务用于夫妻共同生活、共同生产经营或者基于夫妻双方共同意思表示的除外。"本案中，涉案借条仅由张某涛出具，且二审中张某腾称明确涉案款项性质时潘某霞不在场，亦没有向潘某霞主张过，张某腾、朱某露认可潘某霞没有参与谈过张某腾与张某涛的合作事宜，故现有证据不足以证明涉案款项用于夫妻共同生活、共同生产经营或基于夫妻双方共同意思表示。朱某露、张某腾关于涉案款项构成张某涛、潘某霞夫妻共同债务的诉讼主张，并无相应事实和法律依据。一审仅以部分款项的资金流向即认定为夫妻共同债务不当，本院予以纠正。综上，张某涛、潘某霞的部分上诉请求成立。判决如下：第一，撤销江苏省睢宁县人民法院［2020］苏0324民初5353号民事判决。第二，张某涛于本判决发生法律效力之日起十日内向朱某露、张某腾偿还借款本金470 000元及利息。三、驳回朱某露、张某腾的其他诉讼请求。

案例二：梁某海、梁某胜遗嘱继承纠纷案[1]

上诉人梁某海因与被上诉人李某佳、梁某胜遗嘱继承纠纷一案，不服辽

---

［1］　案例来源：辽宁省辽河中级人民法院［2021］辽74民终50号民事裁定书。

河人民法院 [2020] 辽 7401 民初 1863 号民事判决,向辽宁省辽河中级人民法院提起上诉。

辽宁省辽河中级人民法院认为,一审判决认定基本事实不清、违反法定程序,应予撤销并发回重审。首先,一审判决对于案涉 40 万元遗产的财产形态未予查清。梁某海主张遗嘱所指的 30 万元并非存款,而是李某佳受被继承人王某霞委托用于购买理财产品的钱,至王某霞死亡时累计投入 40 万元。二审庭审中,梁某胜认可王某霞将钱款交由李某佳购买理财产品的事实,只是称对于购买冠群理财产品不知情,并称曾劝过王某霞不要把钱投资理财。被继承人王某霞是否委托李某佳购买理财产品,直接关系到案涉 40 万元遗产的财产形态和分割方式,重审时应结合双方当事人陈述及其他证据予以查明,并在此基础上正确认定王某霞的遗产形态和进行分割。其次,被继承人王某霞在遗嘱中明确表示"三个孙子(女)各一万,重孙子、孙女各一万",上述人员为受遗赠人,应通知其作为原告参加诉讼。一审法院在庭审时询问双方当事人"是否同意给孩子的钱也在本案一并处理",双方当事人均表示同意,但在判决结果中没有体现,且在没有明确授权的情况下,本案当事人无权对上述受遗赠人的权利作出处分。因此,一审法院未通知受遗赠人参加诉讼,违反法定程序。最后,王某霞在遗嘱中表示留 2 万元墓地钱由梁某胜保管,梁某胜在一审庭审时也提出要先留出 2 万元墓地钱再分割遗产,对此一审法院未作出处理。综上所述,一审判决认定基本事实不清、违反法定程序。裁定如下:第一,撤销辽河人民法院 [2020] 辽 7401 民初 1863 号民事判决;第二,本案发回辽河人民法院重审。

问题与思考:

1. 结合案例一,分析依法改判的适用。

2. 结合案例二,分析适用发回重审是否正确?请说明理由。

二审裁判方式,是指二审法院对上诉案件进行审理并形成结论性意见后对原审裁判所采取的处理方式[1]。根据《民事诉讼法》第 177 条和相关司法解释的规定,当事人不服一审法院的判决提起上诉后,二审法院根据不同情

---

[1] 赵旭东:"论民事案件的上诉审裁判方式——兼论《民事诉讼法》关于上诉审判方式的规定",载《法学杂志》2013 年第 6 期。

形可以采取以下裁判方式：①判决驳回上诉，维持原判。二审法院经过对上诉案件审理，认为原判决认定事实清楚，适用法律正确的，应判决驳回上诉，维持原判决。②依法改判。依法改判，是指二审法院针对上诉人的请求，依法废弃原一审判决，重新作出判决。③裁定撤销原判决，发回重审。④裁定撤销原判决，驳回起诉。人民法院只能受理和审判属于民事诉讼受案范围的案件。如果原告所提之诉不属于人民法院民事诉讼受案范围，二审人民法院可以直接裁定撤销原判决，驳回起诉。⑤裁定撤销原判决，移送管辖。当事人不服一审判决提起上诉，二审法院审理过程中，经当事人声明或者二审法院主动依职权审查之后，发现一审法院的管辖错误的，应当裁定撤销原裁判并移送有管辖权的人民法院。

案例一为依法改判。根据《民事诉讼法》的规定，依法改判适用于以下两种情形：①原判决认定事实错误或者适用法律错误的，依法改判、撤销或者变更。这里的改判与撤销、变更并列，因此就属于狭义的改判，即仅指二审法院撤销原判决的整体并自行作出判决。②原判决认定基本事实不清的，裁定撤销原判决，发回原审人民法院重审，或者查清事实后改判。这里是广义的改判，即二审可以撤销一审判决后自行作出判决，也可以针对其中一项或几项作出撤销或变更。因此，可依法改判的事由共计3种：适用法律错误、认定事实错误、认定基本事实不清。根据《民诉法解释》第333条，基本事实是指用以确定当事人主体资格、案件性质、民事权利义务等对原判决、裁定的结果有实质性影响的事实。由于二审采用的是续审制，故只有在基本事实查不清时二审法院可以选择是改判还是发回重审，认定其他事实不清或者认定基本事实错误，二审均应该改判。

案例一，朱某露、张某腾夫妻与张某涛、潘某霞夫妻之间对存在借贷关系的事实双方并无异议，争议点在于该借款是否为张某涛、潘某霞夫妻共同债务。在一审中，法院以张某腾给潘某霞的转账记录为依据，判定为夫妻共同债务，但二审中，二审法院认为根据现有证据不足以证明涉案款项用于夫妻共同生活、共同生产经营或基于夫妻双方共同意思表示。一审法院对案件事实认定错误，因此徐州市中级人民法院撤销原判、依法改判。

从诉讼经济学的角度来讲，二审改判是纠正原判决错误最合适的方式。但是，在特定情形下，二审不适合也不能纠正原审错误，这时就要将案件发回重审。二审发回重审，是指第二审法院依据第一审法院所提供之证据材料据以裁判案件会导致当事人辩论权与审级利益之侵害，因此裁定将案件发回原审法院重新审理的诉讼制度。[1] 在一审法院判决违反法定程序的情况下，之所以发回重审而不是由二审法院直接改判，目的在于保护当事人的诉讼权利，尤其是审级利益。[2]

撤销原判决，发回重审主要适用以下两种情形：一是原判决认定基本事实不清的。二审法院既可以查清事实后改判，也可以裁定撤销原判决，将案件发回原审法院重审。二是原判决遗漏当事人或者违法缺席判决等严重违反法定程序的，二审法院应裁定撤销原判决，发回原审法院重审。根据《民诉法解释》第 323 条，下列情形可以认定为严重违反法定程序：①审判组织的组成不合法的；②应当回避的审判人员未回避的；③无诉讼行为能力人未经法定代理人代为诉讼的；④违法剥夺当事人辩论权利的。《民诉法解释》第 324 条规定："对当事人在第一审程序中已经提出的诉讼请求，原审人民法院未作审理、判决的，第二审人民法院可以根据当事人自愿的原则进行调解；调解不成的，发回重审。"第 325 条规定："必须参加诉讼的当事人或者有独立请求权的第三人，在第一审程序中未参加诉讼，第二审人民法院可以根据当事人自愿的原则予以调解；调解不成的，发回重审。"第 327 条规定："一审判决不准离婚的案件，上诉后，第二审人民法院认为应当判决离婚的，可以根据当事人自愿的原则，与子女抚养、财产问题一并调解；调解不成的，发回重审。双方当事人同意由第二审人民法院一并审理的，第二审人民法院可以一并裁判。"发回重审是上级法院对下级法院进行审判监督和业务指导的一种形式，是纠正下级法院错误判决的程序保障，对保证审判质量、维护司法公正具有积极意义。发回重审有次数限制，只能发回一次。二审法院发回重审的案件，原审法院应当按照第一审程序另行组成合议庭进行审理，审理后所作的判决、裁定，仍然属于一审判决、裁定，当事人仍可以上诉，但该二审不能再次发回。虽然重审仍适用一审程序，但此时已具有原审、二审的案卷材料及证据，因此是既有审判基础上的延续。

案例二，梁某海因不服辽河人民法院［2020］辽 7401 民初 1863 号民事判决向辽宁省辽河中级人民法院提起上诉。一审审理过程中，被继承人王某

---

[1] 黄鑫森：《民事诉讼发回重审制度研究》，武汉大学出版社 2021 年版，第 15 页。

[2] 占善刚：《民事诉讼运行的内在机理研究》，武汉大学出版社 2020 年版，第 229 页。

霞是否委托李某佳购买理财产品，直接关系到案涉 40 万元遗产的财产形态和分割方式，该案涉 40 万元遗产的财产形态尚不明朗，属于原判决认定基本事实不清的情形；一审法院未通知受遗赠人参加诉讼，属于原判决遗漏当事人或者违法缺席判决等严重违反法定程序的情形；一审还遗漏梁某胜的诉讼请求，属于对当事人在第一审程序中已经提出的诉讼请求，原审人民法院未作审理、判决的情形，因此辽河中级人民法院判决撤销原判，发回重审。

第十三章

再审程序

第一节　人民法院决定再审

案　例：明光市人民政府某街道办事处、某云建筑安装公司租赁合同纠纷案[1]

　　某街道办事处根据明光市政府安排，于2009年8月开始代建某小区安置楼房30栋及门面房、明光某菜市场等附属配套工程。2013年12月，工程全部竣工，并于2014年投入使用。2014年11月20日，街道办事处对某菜市场公开招标招租。2014年12月10日，某云建筑安装公司（以下简称"建筑公司"）中标。同年12月24日，建筑公司以缺少消防验收手续等为由提交了《关于要求暂缓签订明光市某菜市场租赁合同的报告》，请求暂缓签订租赁合同。2015年2月28日，双方签订《明光某菜市场租赁合同》，街道办事处将某菜市场整体发包给建筑公司承包经营。另查明，明光市某菜市场自竣工以来，未通过消防验收。

　　某街道办事处向安徽省明光市人民法院提起诉讼，请求依法解除《明光某菜市场租赁合同》，判令建筑公司腾空、交付租赁房产，并支付2017年2月28日起至实际交付之日止的租赁费用。该法院认为：本案讼争的明光某菜市场总建筑面积超过1万平方米，按照规定属应当进行消防验收的建设工程，而该工程竣工后未通过消防验收，违反了《消防法》的强制性规定："依法应当进行消防验收的建设工程，未经消防验收或者消防验收不合格的，禁止投

---

[1]　案例来源：安徽省明光市人民法院［2019］皖1182民再3号民事判决书。

入使用……"，从其文义和用语来看，体现了对所指行为最强的否定性和强制性，应属效力性强制性规定。在此情况下，街道办事处与建筑公司签订《明光某某市场租赁合同》将某某市场出租并投入使用、营业，该合同应属无效。街道办事处在法院释明后，未在指定期间内变更诉讼请求，应驳回其诉讼请求。经审判委员会讨论决定，法院作出判决如下：第一，确认街道办事处与建筑公司签订的《明光某某市场租赁合同》无效；第二，驳回街道办事处的诉讼请求。

该原审判决生效后，各方当事人均未上诉或申诉，明光市人民法院院长发现原判决存有错误，认为需要再审，经审判委员会讨论决定，作出［2019］皖1182民监1号民事裁定，决定再审。法院再审另查明：2016年11月1日，明光市公安消防大队作出《责令限期改正通知书》，责令某农贸公司于2016年11月4日前改正。再审查明的其他事实与原审一致。

安徽省明光市人民法院再审认为：依法成立的合同，对当事人具有约束力。当事人应当按照约定全面履行自己的义务。2015年2月28日，街道办事处与建筑公司在招投标的基础上签订的《明光某某市场租赁合同》，系双方真实意思表示，且不违反法律的强制性规定，合法有效。原审以租赁合同违反《消防法》第11条、第12条、第13条以及《建设工程消防监督管理规定》第13条之规定，认定合同无效，属于适用法律错误，应予纠正。根据《最高人民法院关于审理城镇房屋租赁合同纠纷案件具体应用法律若干问题的解释》第8条，《明光某某市场租赁合同》违反了"关于房屋使用条件的强制性规定"，建筑公司据此有权要求解除，但在租赁合同履行过程中，建筑公司没有申请解除合同，且目前租赁合同约定的租赁期限已满，建筑公司应当按照合同的约定支付租金，并将某某市场房产腾空交付街道办事处。鉴于某某市场在租赁期间始终存在消防安全隐患，公安消防机构已于2016年11月1日作出《责令限期改正通知书》，街道办事处至今未能改正，已严重影响了建筑公司签订租赁合同的目的实现，如要求建筑公司继续按照租赁合同约定的租金标准支付租金明显不合理，应当酌情减少，酌定以第一年租金为准支付欠缴部分的租金，即每年租金60万元。街道办事处要求解除租赁合同，因约定的租赁期限已届满，不存在解除问题，故不予支持。综上，经再审法院审判委员会讨论决定，依照法律的规定，安徽省明光市人民法院再审判决如下：第一，撤销安徽省明光市人民法院［2017］皖1182民初2773号民事判决；第二，街道办事处与建筑公司签订的《明光某菜市场租赁合同》合法有效；第三，建筑公司按照 60 万元/年的标准支付街道办事处租金；第四，建筑公司于判决生效后 60 日内将明光某菜市场房产腾空交付给街道办事处；第五，驳回街道办事处其他诉讼请求。

问题与思考：

1. 简述人民法院启动再审的条件。

2. 本案中，人民法院依职权启动再审是否正确？请说明理由。

人民法院决定再审是人民法院内部对自己的审判工作行使检察监督权，是启动再审程序的途径之一。我国《民事诉讼法》第 205 条规定："各级人民法院院长对本院已经发生法律效力的判决、裁定、调解书，发现确有错误，认为需要再审的，应当提交审判委员会讨论决定。最高人民法院对地方各级人民法院已经发生法律效力的判决、裁定、调解书，上级人民法院对下级人民法院已经发生法律效力的判决、裁定、调解书，发现确有错误的，有权提审或者指令下级人民法院再审。"从该条的规定来看，人民法院主动再审的条件主要是以下两项：一是人民法院主动再审的对象是已经发生法律效力的判决、裁定和调解书。若是判决、裁定没有生效，当事人可以通过上诉程序来救济自己的权利，不需要启动再审程序。二是已生效的判决、裁定和调解书确有错误。再审程序是一种非正常的审判程序，是事后纠错程序，并且会损害裁判的既判力，也不利于社会关系的稳定，因此人民法院主动再审必须针对的是确有错误的判决、裁定和调解书。[1]

本案一审中，安徽省明光市人民法院因菜市场竣工后未通过消防验收，而认定此情况下街道办事处与建筑公司签订租赁合同应属无效，后法院院长发现该判决存在错误，即街道办事处与建筑公司在招投标的基础上签订的租赁合同，系双方真实意思表示，且不违反法律的强制性规定，应认定为合法有效。一审因租赁合同违反《消防法》的规定而认定合同无效的判决属于适用法律错误。于是安徽省明光市人民法院院长在一审作出判决后，各方当事人均未上诉或申诉的情况下，依据《民事诉讼法》的规定，裁定再审，充分体现了依职权再审的救济功能。

---

[1] 江伟主编：《民事诉讼法》（第 5 版），高等教育出版社 2016 年版，第 330 页。

法院依职权再审的特殊性在于，从我国早期的民事诉讼立法来看其本来是再审能够启动的唯一途径，但发展过程中这种救济方式不仅备受争议，而且实际上的运用也日趋减少，以致目前已成为一种辅助性的救济手段，还不排除将来立法对其予以废止的可能。法院依职权提起再审当初的重要性主要建立在"诉访不分"的现实状况之上，且其强烈的职权性与我国民事诉讼日益强调意思自治，向当事人主义转型的趋势形成深刻的矛盾。法学界和实务界逐渐认识到，有必要建立"再审之诉"并在推行"诉访分离"原则的基础上重构审判监督程序。不过，由于我国目前尚不具备取消信访申诉的现实条件，为了与仍然广泛存在的信访申诉相衔接或对应，有必要保留这一救济途径。根据《民事诉讼法》的规定，法院只需发现生效裁判"确有错误"即可依职权提起再审，缺少事由的具体规定且没有期限的限制，因而职权干预的性质依然非常强烈。司法实务中法院真正依职权启动再审的案件在有关再审的司法统计上只占很小的比例。随着对当事人申请再审这一救济途径的强化及规范化，以及把救济渠道扩展到由检察机关提起抗诉或检察建议，法院依职权再审除了针对损害国家或社会公共利益等例外情形，其发挥的主要作用就是对已经穷尽法定程序仍在不断申诉信访而且确实需要纠错的少数案件采取"兜底"或"补漏"式救济。[1]

第二节　当事人申请再审

案　例：屈某大、杨某钒民间借贷纠纷案[2]

再审申请人屈某大因与被申请人杨某钒及一审被告刘某森、贵州某强能源投资有限公司民间借贷纠纷一案，不服山西省高级人民法院［2014］晋民终第311号民事判决，向最高人民法院申请再审。屈某大申请再审称：第一，有新的证据足以推翻原判决。①证人张某与杨某钒及委托诉讼代理人赵某红具有重大利害关系，其证言不能单独作为认定本案事实的依据。②有新证据证明二审判决认定借贷的基本事实缺乏证据证明。第二，二审判决违反法律规定

---

〔1〕 王亚新："民事再审：程序的发展及其解释适用"，载《北方法学》2016年第5期。

〔2〕 案例来源：最高人民法院［2019］最高法民申6151号民事裁定书。

剥夺当事人的辩论权利。本案中，对于债务人刘某森的地址和联系方式，杨某钒是明知的，否则在该案的执行程序中，执行法院也不可能顺利联系到刘某森。但两级法院在审理程序中，均未采用其他送达方式，而径直通过公告方式进行送达，违反了法定送达的顺序，剥夺了债务人刘某森的辩论权利，也使得本案的基本事实未能查清。杨某钒提交书面意见称：第一，本案屈某大申请再审的期限早已届满，屈某大怠于行使申请再审权利，应当承担无权启动再审程序的法律后果。第二，在案的借款合同、借条真实，刘某森与屈某大对合同和借条上签字盖章的真实性均表示认可，应当作为定案依据。二审判决认定事实清楚，证据充分。第三，屈某大提交的证人证言、转款记录等证据，并非再审新证据，且上述证据反映的是杨某钒与刘某森及刘某森之兄之间其他债权债务关系，与本案并无直接关联。刘某森同意屈某大的意见。

最高人民法院认为：屈某大提交的新证据能否推翻二审判决是本案再审审查的主要争议问题。第一，屈某大向法院提交王某新及高某瑞等人书面证言、王某新及刘某森账户往来明细等证据，拟证明刘某森向杨某钒借款共计706万元而非2000万元，且刘某森已向杨某钒还款562万元及一辆宝马745轿车。经查，王某新系刘某森与杨某钒借款附加合同的中间人，其证言的证明力较强；高某瑞亦证明其向杨某钒转账的500万元系受刘某森之兄刘某奇的委托偿还刘某森的借款。法院询问中，刘某森表示同意屈某大的意见，并表示5张借条载明的2000万元并非本金而是高额利息转化而来，其是在被胁迫的情况下签的借条。对此杨某钒虽称其与王某新之间的转账行为与本案无关，但未能提交充分证据证明上述转账行为系基于其他债权债务关系。此外，杨某钒在刘某森第一笔借款到期后并未偿还利息的情况下仍然向刘某森支付借款，不符合双方借款合同的约定，对此杨某钒亦未能作出合理解释。故屈某大提交的上述新证据，可能推翻二审判决。第二，屈某大向法院提交吕梁中院协助执行通知书、判决书等证据，拟证明证人张某与杨某钒及其委托诉讼代理人赵某红有重大利害关系，张某的证言不能单独作为定案依据。对于张某证言的证明力、杨某钒是否在保证期间内向屈某大主张过权利，再审时应结合其他证据综合判定。屈某大再审申请还主张二审存在剥夺当事人辩论权利的程序违法问题。根据《民事诉讼法》第205条，屈某大所提程序违法的主张已经超过申请再审的6个月期间，对其该主张法院不予审查。最高人民法院裁定如下：第一，指令山西省高级人民法院再审本案；第二，再审期间，中止原判决的执行。

问题与思考：

1. 本案当事人申请再审是否符合法律规定的条件？请说明理由。

2. 简述当事人申请再审事由。

当事人申请再审，也称再审之诉，是指当事人对已经发生法律效力的判决、裁定和调解书，认为有错误，符合法律规定的再审事由的，向法院提出变更或者撤销原判决、裁定的请求，并提请法院对案件进行重新审理的诉讼行为。对审判监督程序进行"诉权化改造"，构建民事"再审之诉"的观点在理论与实务界获得了高度的共识。再审之诉的制度逻辑是以当事人的处分权为主导。再审程序的启动、中止、终结都应当受当事人处分权的决定。与此相对，法院审判监督和检察院抗诉的基础是法律监督权。法律监督权的公权力属性，使之不具有可处分性。立法者设置了当事人申请抗诉或检察建议必须先经向法院申请再审的前置程序，一定程度上可以避免申请再审与抗诉同时发生的情形。[1]

申请再审是法律赋予当事人的权利，但只有具备再审利益的当事人享有申请再审的权利。申请再审的当事人必须是全部败诉或部分败诉的当事人，不承担实体权利义务的当事人应当不享有申请再审的权利。若当事人死亡或者终止，权利义务承受人应当享有申请再审的权利。当事人申请再审针对的是已经发生法律效力的判决、裁定和调解书，若是判决、裁定没有发生法律效力，当事人可以通过上诉程序来维护自己的权利。同时，并非所有的判决和裁定当事人都可以申请再审：第一，当事人对已经发生法律效力的解除婚姻关系的判决书和调解书，不得再申请再审，涉及财产的部分除外。第二，按照督促程序、公示催告程序、企业法人破产还债程序审理的案件及再审维持原判的案件，不得再次申请再审。第三，能够申请再审的裁定限于不予受理和驳回起诉的裁定。

根据《民事诉讼法》及其相关司法解释的规定，当事人申请再审必须具备以下条件：①符合法律规定的申请再审期限。《民事诉讼法》第 212 条规

---

〔1〕　吴英姿："'再审之诉'的理论悖论与实践困境——申请再审权性质重述"，载《法学家》2018 年第 3 期。

定，当事人应当在判决、裁定发生法律效力后6个月内提出再审申请，但是具有新的证据，足以推翻原判决、裁定的；原判决、裁定认定事实的主要证据是伪造的；据以作出原判决、裁定的法律文书被撤销或者变更的；审判人员审理该案件时有贪污受贿，徇私舞弊，枉法裁判行为的理由，可以自知道或者应当知道该情形之日起6个月内提出再审申请。②具有法律规定的事由。《民事诉讼法》第207条规定了13种可以申请再审的事由，大致可以划分为实体上、程序上和主体方面三大类。实体上的再审事由包括：有新的证据，足以推翻原判决、裁定的；原判决、裁定认定的基本事实缺乏证据证明的；原判决、裁定认定事实的主要证据是伪造的；原判决、裁定适用法律确有错误的。程序上的再审事由包括：原判决、裁定认定事实的主要证据未经质证的；对审理案件需要的主要证据，当事人因客观原因不能自行收集，书面申请人民法院调查收集，人民法院未调查收集的；违反法律规定，剥夺当事人辩论权利的；未经传票传唤，缺席判决的；原判决、裁定遗漏或者超出诉讼请求的；据以作出原判决、裁定的法律文书被撤销或者变更的。主体方面的再审事由包括：审判组织的组成不合法或者依法应当回避的审判人员没有回避的；无诉讼行为能力人未经法定代理人代为诉讼或者应当参加诉讼的当事人，因不能归责于本人或者其诉讼代理人的事由，未参加诉讼的；审判人员审理该案件时有贪污受贿、徇私舞弊、枉法裁判行为的。《民事诉讼法》第208条规定，当事人针对已经发生法律效力的调解书申请再审的理由是调解违反了自愿原则或是调解协议的内容违反法律。③符合申请再审管辖的规定。《民事诉讼法》第206条规定了向上一级人民法院提出为原则，同时在一方人数众多以及双方当事人为公民的案件，也可以向原审人民法院申请再审。④提交符合条件的再审申请书。人民法院应当自收到再审申请书之日起3个月内审查，符合法律规定的再审情形的，应该裁定再审；不符合法律规定的再审情形的，应当裁定驳回申请。有特殊情况需要延长审查期间的，应当由本院院长批准。

本案中，申请再审的当事人屈某大的原生效裁判败诉，因此享有申请再审的权益。就申请再审的对象而言，本案当事人申请再审的对象是山西省高级人民法院已经发生法律效力的判决。从申请再审的法院来看，根据《民事诉讼法》的规定，当事人可以向作出原生效裁判的上一级人民法院申请再审，本案的终审判决是山西省高级人民法院作出的，当事人向最高人民法院申请再审符合《民事诉讼法》的规定。就申请再审的期间而言，屈某大对 2014 年山西省高级人民法院作出的判决申请再审的两项理由对应不同的期间。就屈某大称该判决违反法律规定剥夺当事人的辩论权利而言，当事人应当在判决、裁定发生法律效力后 6 个月内提出再审申请，时至 2019 年已经超过申请再审的 6 个月期间，因此对该理由最高人民法院不予审查。就屈某大称有新的证据足以推翻原判决而言，具有新的证据，足以推翻原判决、裁定的，可以自知道或者应当知道该情形之日起 6 个月内提出再审申请。因此，屈某大申请再审并未超出法定的申请再审期间。综上，本案当事人申请再审符合法律规定，最高人民法院应当裁定提审或者指令下级人民法院再审。本案最终指令山西省高级人民法院再审。

《民事诉讼法》不仅赋予了当事人申请再审的权利，同时也赋予了当事人向人民检察院申请抗诉或者再审检察建议的权利。为更合理地配置司法资源，切实解决重复申请、多头审查的弊端，增强监督实效，当事人对于已经发生法律效力的判决、裁定、调解书，应当首先依法向人民法院申请再审。[1]《民事诉讼法》第 216 条规定："有下列情形之一的，当事人可以向人民检察院申请检察建议或者抗诉：（一）人民法院驳回再审申请的；（二）人民法院逾期未对再审申请作出裁定的；（三）再审判决、裁定有明显错误的。"在以上三种情况下才可以转而向人民检察院申请抗诉或是再审检察建议。

第三节　人民检察院抗诉和再审检察建议

案例一：周某与东丰县某宇小额贷款有限公司
涂某明等借款合同纠纷案[2]

2014 年 1 月 23 日，某宇小额贷款公司（以下简称"某宇公司"）与周某、徐某明、张某霞签订了《小额借款合同》《保证担保合同》，合同约定，周某向某宇公司借款 110 万元，借款期间 2 个月，借款利率月利 40‰，徐某明和张某霞为该笔借款提供连带保证还款责任，合同签订后，某宇公司于

---

[1]　王胜明主编：《中华人民共和国民事诉讼法释义》，法律出版社 2012 年版，第 505 页。
[2]　案例来源：吉林省辽源市中级人民法院 [2020] 吉 04 民再 40 号民事判决书。

2014年1月24日通过网银转账的方式将借款105.6万元转到张某霞的账户上，贷款到期后，周某、张某霞、徐某明至今未还此款，故某宇公司诉讼至吉林省东丰县人民法院，要求周某给付借款本金110万元及利息48.4万元，本息共计158.4万元，并承担本案全部诉讼费用。吉林省东丰县人民法院判决如下：第一，周某于本判决生效后立即给付某宇公司借款本金105.6万元及利息，徐某明、张某霞承担连带还款责任。第二，驳回某宇公司的其他诉讼请求。

周某不服一审判决向吉林省辽源市中级人民法院提起上诉，请求：撤销原判，改判驳回某宇公司的诉讼请求，由某宇公司承担本案诉讼费和保全费。二审法院认定事实与一审法院认定事实一致。辽源市中级人民法院作出［2018］吉04民终188号民事判决如下：驳回上诉，维持原判。

周某不服二审判决，向吉林省高级人民法院申诉，吉林省高级人民法院于2018年12月4日作出［2018］吉民申3623号民事裁定驳回周某的再审申请。后周某向辽源市人民检察院申诉，事实与理由：第一，一审认定事实错误。自2014年1月23日周某与某宇公司签订小额借款合同至今，周某未收到110万元借款。2015年9月14日张某霞到一审法院说明情况，张某某打入张某霞账户的该笔款项和周某借钱无关，是张某某与张某霞之间的个人往来账。二审法院因周某在借款凭证签字捺印就认定某宇公司履行了借款义务属于认定错误。第二，一审法院、二审法院适用法律错误。某宇公司在签订借款合同后未将借款交付给周某，周某也未指示张某霞、徐某明代收该笔款项，并且周某与张某霞、徐某明、齐某良、某宇公司之间从未有过经济往来，不存在指示交付、抵销等问题。吉林省人民检察院作出吉检民（行）监［2019］22000000311号民事抗诉书，向吉林省高级人民法院提出抗诉。吉林省高级人民法院作出［2020］吉民抗15号民事裁定书，指令吉林省辽源市中级人民法院再审本案。

吉林省人民检察院抗诉认为：辽源市中级人民法院作出的［2018］吉04民终188号民事判决认定事实不清。本案借款合同签订后，周某、徐某明、张某霞在某宇公司提供的《个人贷款借款凭证》上签字并加印个人手印，但在借款人签名栏载有根据借款人要求将上列款项转入户名、账号处均为空白，即双方对款项的流向没有明确约定。虽某宇公司主张双方口头约定将款项交付给张某霞，已完成款项的交付，并提供证人于某的证言，但于某系其单位员工，与其有利害关系，其证言的真实性不确定，某宇公司提供的证据不足以证明其主张。同时，徐某明、张某霞的陈述未明确证实周某指示某宇公司将款项交付给张某霞，徐某明的证言前后矛盾，且与张某霞有利害关系，其证言的真实性也无法确定。本案原审法院认定周某与某宇公司之间的借贷行为已经实际发生的事实没有形成证据链条。同时，某宇公司作为专门从事金融贷款业务的机构，在与借款人没有明确约定款项流向的前提下，将款项交付给他人不符合常理。因此，原审法院认定某宇公司已经履行了合同约定的给付义务缺乏证据证明，系认定事实不清。

吉林省辽源市中级人民法院认为：《合同法》（已失效）第 60 条规定："当事人应当按照约定全面履行自己的义务。当事人应当遵循诚实信用原则，根据合同的性质、目的和交易习惯履行通知、协助、保密等义务。"本案中，某宇公司与周某签订的《小额借款合同》系双方当事人真实意思表示，不违反法律的强制性规定，不违背公序良俗，该借款合同经双方当事人签名、盖章后成立并有效。签订借款合同后，某宇公司出具了个人贷款借款凭证，在该凭证中在借款人签名栏载有根据借款人要求将上列款项转入户名、账号处均为空白，即双方对借款流向没有明确约定。虽然某宇公司主张双方口头约定将借款交付给张某霞，且已通过银行转账完成交付，并提供证人于某的证言，但于某系某宇公司工作人员，双方存在利害关系，在无其他证据佐证的情况下，于某的证言真实性存疑，不能证明某宇公司的主张。同时，徐某明、张某霞的陈述未明确证实周某指示某宇公司将款项交付给张某霞，徐某明的陈述前后矛盾，且与张某霞有利害关系，二人的陈述无其他证据佐证，故本院对二人的陈述不予采信。故某宇公司未遵循诚实信用原则向周某交付借款，借款合同并未实际履行，某宇公司要求周某偿还欠款的请求没有事实和法律依据，本院不予支持。原审判决认定事实不清，适用法律错误，应予改判；抗诉机关的抗诉理由成立，应予支持；某宇公司的诉讼请求没有事实和法律依据，应予驳回。判决如下：第一，撤销吉林省东丰县人民法院［2015］东民初字第 2945 号民事判决；第二，撤销吉林省辽源市中级人民法院［2018］吉 04 民终 188 号民事判决；第三，驳回东丰县某宇小额贷款有限公司的诉讼请求。

案例二：李某松、项某勇民间借贷纠纷案〔1〕

原审原告李某松与原审被告项某勇民间借贷纠纷一案，浙江省台州市黄岩区人民法院［2011］台黄宁商初字第137号民事判决已经发生法律效力。台州市黄岩区人民检察院以台黄检民监［2020］33100300101号检察建议书向法院提出再审检察建议。经法院审判委员会讨论决定，于2021年1月7日作出［2021］浙1003民监1号民事裁定，再审本案。

台州市黄岩区人民检察院提出再审检察建议认为：李某松以无抵押、快速放贷等为诱饵，诱使借款人项某勇签订高于实际借款额的借条，同时收取了"砍头息"等费用。后李某松又凭借虚增金额的借条，隐瞒借款人已还款事实，提起民事诉讼，目的是利用司法机关的裁判非法占有他人财物，已严重妨害了司法秩序，不仅侵害了借款人的合法权益，而且损害了国家利益或者社会公共利益，其行为已涉嫌"套路贷"诈骗犯罪。原审判决符合"认定的基本事实所依据的证据系虚假、不合法，有新的证据足以推翻原判决"这一情形，建议再审。

李某松在原审中向法院起诉请求：要求项某勇立即归还借款本金20 000元，并赔偿自借款之日起至实际还款之日止按月息2分计算的利息损失。本案原审认定事实：2010年3月10日，项某勇向李某松借款20 000元，并出具借条一份约定月利率2%。项某勇借款后至今未予归还。法院原审判决：项某勇于判决生效后15日内归还李某松借款本金20 000元及利息损失

台州市黄岩区人民法院再审查明：2020年12月3日，温岭市人民法院对李某松等人犯敲诈勒索等罪作出［2020］浙1081刑初668号刑事判决，已经发生法律效力。刑事判决认定李某松等人实施的"套路贷"诈骗、敲诈勒索违法犯罪事实包括：2010年3月10日，项某勇向李某松借款20 000元，约定利息50元/日/万元，扣除十天头息1000元，项某勇实际到手19 000元。因项某勇无力归还，李某松遂持原借条于2011年5月向黄岩区人民法院起诉，要求项某勇归还本金20 000元及月息2分的利息。

台州市黄岩区人民法院再审认为：人民法院作为经济纠纷受理的案件，经审理认为不属经济纠纷案件而有经济犯罪嫌疑的，应当裁定驳回起诉，将

---

〔1〕 案例来源：浙江省台州市黄岩区人民法院［2021］浙1003民再1号民事裁定书。

有关材料移送公安机关或检察机关。根据生效的刑事判决，本案原审判决确认的民间借贷事实，系李某松对项某勇实施的"套路贷"敲诈勒索犯罪的事实，且李某松已依法被追究刑事责任。故本案不属于民事纠纷，李某松提起的民事诉讼应予驳回。原审判决不当，应予撤销。裁定如下：第一，撤销台州市黄岩区人民法院［2011］台黄宁商初字第 137 号民事判决；第二，驳回原审原告李某松的起诉。

问题与思考：

1. 结合本案，简述人民检察院发动再审的方式。
2. 人民检察院提起抗诉与再审检察建议的区别。

人民检察院发动再审，是指人民检察院对人民法院已经生效的判决、裁定发现有发动再审的法定事由，或者对于生效的调解书，发现其损害了国家利益、社会公共利益时，提请人民法院对案件重新进行审理的诉讼活动。《民事诉讼法》第 215 条规定："最高人民检察院对各级人民法院已经发生法律效力的判决、裁定，上级人民检察院对下级人民法院已经发生法律效力的判决、裁定，发现有本法第二百零七条规定情形之一的，或者发现调解书损害国家利益、社会公共利益的，应当提出抗诉。地方各级人民检察院对同级人民法院已经发生法律效力的判决、裁定，发现有本法第二百零七条规定情形之一的，或者发现调解书损害国家利益、社会公共利益的，可以向同级人民法院提出检察建议，并报上级人民检察院备案；也可以提请上级人民检察院向同级人民法院提出抗诉。各级人民检察院对审判监督程序以外的其他审判程序中审判人员的违法行为，有权向同级人民法院提出检察建议。"据此，人民检察院发动再审有两种方式：一是再审检察建议，二是抗诉。

民事检察建议，是指人民检察院在履行诉讼监督职能过程中，对人民法院在民事诉讼中的违法行为或者符合再审事由的诉讼结果，以"建议"的形式，向人民法院提出纠正意见的检察监督方式。[1]再审检察建议，是指人民检察院对于同级人民法院确有错误的生效裁判或者调解书，以检察建议的形式要求法院启动案件复查程序，并根据审查情况决定是否启动再审程序的监

---

[1]　吴岳翔：《民事检察建议制度研究》，法律出版社 2017 年版，第 7 页。

督形式。[1]

案例二为人民检察院提出再审检察建议的情形。台州市黄岩区人民检察院认为原审判决符合"认定的基本事实所依据的证据系虚假、不合法，有新的证据足以推翻原判决"这一情形，因此根据《民事诉讼法》向同级法院即台州市黄岩区人民法院提出检察建议。根据台州市黄岩区人民检察院的检察建议，台州市黄岩区人民法院决定启动再审程序进行重新审理。相比于抗诉程序，再审检察建议可以直接向作出生效裁判的同级法院提出，无须提请上一级检察机关，减少了提请抗诉、提出抗诉及法院指令再审三个环节，简化了再审程序，有利于节约司法资源、提高诉讼效率。再审检察建议作为一种辅助作用的监督方式，并无必然启动再审程序的法律效力，法院对于检察建议可以裁定再审也可以决定不予再审。

抗诉，是指人民检察院对人民法院作出的生效判决、裁定，认为确有错误，或者发现调解书损害国家利益、社会公共利益时，依法向人民法院提出重新审理要求的诉讼活动。虽然检察机关可以因自己发现的线索提起抗诉，但实践中绝大部分情况下是以当事人的申诉为前提，案例一即为此情况。检察院提起抗诉必须符合以下条件：第一，人民法院的判决、裁定以及损害公益的民事调解书已经生效。并非所有的民事裁定书均可以抗诉，一般认为，对可以上诉的民事裁定才能提出抗诉。第二，具有法定的抗诉情形，即符合《民事诉讼法》第 207 条的情形或者调解书损害国家利益、社会公共利益的。第三，在再审程序的启动上，当事人申请再审优先于检察监督。只有当人民法院驳回再审申请，或逾期未对再审申请作出裁定，或再审判决、裁定有明显错误等三种情形下，检察监督权才可以介入，即遵循当事人申请再审优先原则。除《民诉法解释》第 411 条规定的损害国家利益、社会公共利益的抗诉无需当事人申请再审前置外，其他案件应当适用当事人申请再审优先原则。

关于检察建议、抗诉等两种监督方式的适用问题，检察建议除了不受抗诉审级的限制，能将检察机关的外部监督形式转化为法院内部监督形式之外，能够针对诉讼过程中法院滥用审判权、自由裁量权等违法行为进行诉中监督。

---

[1] 范卫国："民事再审检察建议实践问题研究——基于样本数据的分析"，载《武汉理工大学学报（社会科学版）》2017 年第 6 期。

因此，有学者认为应当遵循检察建议优先于抗诉而适用的原则。[1]优先适用对生效裁判既判力以及生效裁判所判定的民事法律关系影响最小的监督方式，既符合检察监督谦抑性的内在要求，又符合公权力行使中所应普遍遵循的比例原则。

案例一为检察院提起抗诉。从抗诉的程序来看，周某不服二审判决，先向吉林省高级人民法院申诉，吉林省高级人民法院裁定驳回周某的再审申请后，周某才向辽源市人民检察院申诉，符合《民事诉讼法》规定的当事人申请再审优先原则。从抗诉的对象来看，本案中，吉林省人民检察院针对的抗诉对象是辽源市中级人民法院作出的判决，这符合我国《民事诉讼法》关于抗诉对象的规定。从抗诉的主体来看，本案是辽源市人民检察院提请吉林省人民检察院抗诉，吉林省人民检察院向吉林省高级人民法院提出抗诉，符合《民事诉讼法》规定的地方各级人民检察院对同级人民法院已经发生法律效力的判决、裁定，可以提请上级人民检察院向同级人民法院提出抗诉。从抗诉的理由来看，吉林省人民检察院认为辽源市中级人民法院作出的民事判决认定事实不清，这符合"原判决、裁定认定的基本事实缺乏证据证明的"的规定。吉林省高级人民法院指令吉林省辽源市中级人民法院再审本案。

第四节　案外人申请再审

案　例：吴某峰、俞某山民间借贷纠纷案[2]

梁某以工程资金周转为由共向俞某山借款 260 万元，该借款由新昌具某花木专业合作社（以下简称"合作社"）承担保证责任并于 2019 年 2 月 25 日经浙江省新昌县人民法院调解一致，形成 [2019] 浙 0624 民初 551 号民事调解书。2020 年 1 月 13 日在梁某及保证人合作社逾期未归还欠款的情况下，俞某山向法院申请强制执行。在执行过程中本院对合作社名下银行账户采取冻结。案外人吴某峰提出执行异议，称合作社账户中被冻结的 1 226 001 元为其所有的工程款。吴某峰因为购苗需要发票，约定由合作社代开苗木款发票

---

〔1〕　江伟、肖建国主编：《民事诉讼法》（第 8 版），中国人民大学出版社 2018 年版，第 370 页。

〔2〕　案例来源：浙江省新昌县人民法院 [2020] 浙 0624 民申 16 号民事裁定书。

给东阳市某驰生态建设有限公司（以下简称"建设公司"），吴某峰给一点手续费。后建设公司于 2020 年 1 月 22 日汇给合作社 1 226 001 元，该款项事实是建设公司支付给吴某峰的工程款，因而吴某峰要求将 1 226 001 元归还给异议人。

浙江省新昌县人民法院于 2020 年 3 月 12 日作出 ［2020］ 浙 0624 执异 3 号执行裁定书，裁定驳回其异议请求。吴某峰对异议不服，向原法院提起执行异议之诉，法院于 2020 年 8 月 25 日作出 ［2020］ 浙 0624 民初 1049 号民事判决书，判决驳回吴某峰关于建设公司汇入合作社的账户的 1 226 001 元人民币是其所有，法院不得执行的诉讼请求；吴某峰认为，原审调解认定的事实错误，向浙江省新昌县人民法院申请再审，称被申请人之间根本不存在 260 万元的借款关系，该调解书系被申请人之间恶意串通，虚构事实的基础上作出的调解，其目的是侵占申请人等人的财产。

浙江省新昌县人民法院认为：《民事诉讼法》（2017 年修正）第 227 条规定："执行过程中，案外人对执行标的提出书面异议的，人民法院应当自收到书面异议之日起十五日内审查，理由成立的，裁定中止对该标的的执行；理由不成立的，裁定驳回。案外人、当事人对裁定不服，认为原判决、裁定错误的，依照审判监督程序办理；与原判决、裁定无关的，可以自裁定送达之日起十五日内向人民法院提起诉讼。"《民诉法解释》（2020 年修正）第 423 条规定："根据民事诉讼法第二百二十七条规定，案外人对驳回其执行异议的裁定不服，认为原判决、裁定、调解书内容错误损害其民事权益的，可以自执行异议裁定送达之日起六个月内，向作出原判决、裁定、调解书的人民法院申请再审。"根据上述法律和司法解释规定，案外人在执行程序中提出执行异议后，对异议不服的，以异议请求与原裁判有无关系为条件，分别可提起案外人执行异议之诉及案外人申请再审。本案中，原审调解书只确认了俞某山对梁某、合作社享有债权，俞某山与梁某、合作社之间的执行为金钱债权执行，吴某峰在该案中所提异议请求为解除对合作社账户中款项的冻结并向其交付该账户中相应款项，显然与作为执行依据的 ［2019］ 浙 0624 民初 551 号民事调解书确认的俞某山与梁某、合作社债权债务关系正确与否无关，依法应当提起执行异议之诉。而事实上，吴某峰也因此提出了执行异议之诉，且本院已经依法作出判决。根据《民事诉讼法》第 227 条，吴某峰的再审申请不符合申请再审的条件。另外，《最高人民法院关于适用〈中华人民共和国民事诉讼法〉审判监督程序若干问题的解释》（2008 年）第 5 条规定，案外人对原判决、裁定、调解书确定的执行标的物主张权利，且无法提起新的诉讼解决争议的，可以依法向作出原判决、裁定、调解书的人民法院的上一级人民法院申请再审。依据该条规定，首先，案外人应当向上一级人民法院申请再审。其次，案外人需对原判决、裁定、调解书确定的执行标的物可主张权利，案外人方有资格申请再审，案件当事人的普通债权人并无该申请再审权利。而本案中，［2019］浙 0624 民初 551 号民事调解书仅确认梁某、合作社向俞某山承担金钱支付义务，而再审申请人吴某峰亦仅对合作社享有普通债权，因此，吴某峰亦不符合申请再审主体资格。裁定如下：驳回吴某峰的再审申请。

问题与思考：

1. 简述案外人权利救济制度的共通性原理。

2. 结合案例，简述案外人申请再审的条件和程序。

案外人权利救济制度包括第三人参加诉讼制度、第三人撤销之诉、案外人申请再审、案外人执行救济制度。案外人权利救济制度遵循以下共通性原理：

（1）从制度目的上来看，各种案外人权利救济制度都是案外人因自身合法权益受到损害后寻求司法救济以维护自身合法权益的途径，包括以提起、参加诉讼的方式或者提出异议复议的方式参与审判程序或者执行程序。有独立请求权第三人参加诉讼、第三人撤销之诉、案外人申请再审和案外人异议之诉均是以提起诉讼的方式维护自身的合法权益；而无独立请求权第三人是以参加诉讼的方式维护自身的合法权益，程序性执行救济则是以提出异议复议的方式维护自身的合法权益。

（2）从主体上来看，各种案外人权利救济制度均涉及多方主体，诉讼程序中或者执行程序中存在三方或者三方以上的当事人。在第三人参加诉讼制度中，不仅存在原诉讼中的原告和被告，还包括有独立请求权第三人或者无独立请求权第三人；在第三人撤销之诉中，存在作为原告的第三人和作为被告的原诉讼的当事人；在案外人申请再审程序中，存在作为再审原告的案外人和作为再审被告的原诉讼的当事人；在案外人权利的程序性执行救济中，除了申请执行人和被执行人外，还存在利害关系人等提出异议的主体；在案外人权利的实体性执行救济中，包括了作为案外人、申请执行人和被执行人三方主体。

（3）从内容上来看，各种案外人权利救济制度所涉及的法律关系都是较为复杂的，存在两个或者两个以上的法律关系，其中的实体问题或者程序问题都比普通的诉讼程序或者普通的执行程序更为复杂。在第三人参加诉讼中，除了原诉讼当事人之间存在的法律关系外，存在第三人与原告或者被告之间的法律关系。在第三人撤销之诉和案外人申请再审中，案外人也与前诉的原告或者被告存在某种法律关系。在案外人异议之诉中，由于案外人与被执行人存在某种法律关系从而引发了案外人与申请执行人关于执行标的的争议。至于执行异议复议程序，执行机关违法执行行为不仅影响到了被执行人等的权益，还影响到了案外人的权益。

（4）从结果上来看，各种案外人权利救济方式均要求对案外人和原程序中的当事人之间的权利义务关系作统一的处理。对于有独立请求权第三人参加诉讼、第三人撤销之诉、案外人申请再审和案外人异议之诉而言，其裁判的既判力及于案外人和其他参与诉讼的当事人。而无独立请求权第三人参与诉讼，其也受到确定裁判效力的约束。〔1〕

案外人申请再审，是指在生效裁判实质性侵害案外人合法权益，而案外人在生效裁判作出前又没有获得程序参与、辩论和质证等正当程序保障的情况下，案外人依据法律的规定对生效裁判不服向人民法院申请再审的程序制度。案外人申请再审有两种形式：一是执行程序外的案外人申请再审，也称为"案外人直接申请再审"；二是执行程序中的案外人申请再审。〔2〕本案中，案外人吴某峰就俞某山与梁某、合作社达成并执行完毕的民事调解书共提出两次异议，第一次是在执行过程中主张合作社的账户的 1 226 001 元人民币是其所有，第二次是在执行异议之诉被判决驳回后，申请再审，主张调解书是被申请人之间恶意串通，虚构事实的基础上作出的调解，其目的是侵占申请人等人的财产。

案外人在执行程序中的申请再审则需要具备以下四个条件：①须从执行

〔1〕 柯阳友、肖建华、肖建国：《案外人权利救济民事诉讼制度研究》，法律出版社 2020 年版，第 23 页。

〔2〕 肖建国："论案外人申请再审的制度价值与程序设计"，载《法学杂志》2009 年第 9 期。

立案到结案的执行过程中，案外人对执行标的主张权利并提出书面异议，执行法院以异议理由不成立为由裁定驳回。②须案外人对裁定不服，认为作为执行依据的原判决、裁定、调解书有错误。③再审申请须自执行异议裁定送达案外人之日起 6 个月内提出。④再审申请须向作出原判决、裁定、调解书的人民法院提出。本案中，吴某峰第一次提起的异议为请求解除对合作社账户中款项的冻结并向其交付 1 226 001 元，而原审调解书只确认了俞某山对梁某、合作社享有债权，该调解书确认的内容正确与否与吴某峰的异议请求无关，因此不符合作为执行依据的原判决、裁定、调解书有错误的条件，不能提起执行程序中的案外人申请再审，只能依法应当提起执行异议之诉。

案外人在执行程序外申请再审需要具备以下四个条件：①案外人对原判决、裁定、调解书确定的执行标的物主张权利。②案外人无法通过提起新的诉讼来解决执行标的物权利争议。③再审申请在判决、裁定、调解书发生法律效力后 2 年内，或者自知道或应当知道利益被损害之日起 3 个月内提出。④再审申请向作出原判决、裁定、调解书的上一级人民法院提出。本案中，吴某峰主张调解书为恶意串通而申请再审时，执行程序已经结束，已经无法通过提起新的诉讼来解决执行标的物权利争议，因此属于执行程序外的案外人申请再审。根据适用条件，吴某峰应当向浙江省新昌县人民法院的上一级人民法院申请再审，另外吴某峰作为普通债权人，并不具有对执行标的的主张权利的案外人资格，因此吴某峰的申请不符合执行程序外的案外人申请再审的条件，浙江省新昌县人民法院裁定驳回吴某峰的再审申请。

比较两种类型的案外人申请再审，主要有以下四点不同：

（1）执行程序外的案外人申请再审向作出原判决、裁定、调解书的上一级人民法院提出，而执行程序中的案外人申请再审向作出原判决、裁定、调解书的人民法院提出。

（2）执行程序外的案外人申请再审须以案外人"无法提起新的诉讼解决争议"为前提，而执行程序中的案外人申请再审则须满足"案外人书面异议—法院裁定驳回—案外人不服裁定申请再审"等程序性的前提条件。之所以这样规定，一方面，在执行程序外即执行程序未开始或执行程序已结束时，要求案外人"无法提起新的诉讼解决争议"才能申请再审，这一条件其实与再审制度的性质非常契合，因为再审属于非常规的救济机制，奉行谦抑、克制原则，在有其他更为经济便利的救济手段时，不宜发动再审程序；同时，考虑到案外人申请再审的主旨是推翻损害其利益的生效裁判，而非通过再审判决为案外人设定权利义务关系，因此，原判决即使被再审撤销，案外人受到侵害的实体权利关系仍然需要通过另行诉讼加以判定。所以，如果案外人可以"提起新的诉讼解决争议"，那么再审就非恰当和明智的选择。另一方面，执行过程中，案外人申请再审所附加的程序性前提条件，也具有一定的正当化基础，即通常情况下法院经由司法程序作出的生效裁判是值得信赖的，同时，鉴于执行程序的效率价值取向以及迅速执行、及时执行的要求，执行过程中案外人对生效法律文书指定交付的执行标的主张权利并提出异议，由执行法院先行审查，过滤掉一些明显不能成立的异议，有助于遏阻利用案外人异议拖延执行的现象，维护执行程序的顺利进行。[1]

（3）执行程序外的案外人直接申请再审，须以案外人对原生效裁判确定的"执行标的物"主张权利为条件，而执行程序中的案外人申请再审则以案外人对"执行标的"主张权利提出异议为条件。

（4）申请再审期限表述上的差异，即执行程序外的案外人申请再审除了适用判决、裁定、调解书发生法律效力后 2 年内的期限，还允许案外人自知道或应当知道利益被损害之日起 3 个月内提出。前一个期限为不变期间或除斥期间，后一个期限则为诉讼时效，适用时效中断、中止的规定。

案外人申请再审的案件，需要根据案外人的诉讼地位来分别确定再审程序：①如果案外人为原审裁判遗漏的应当参加诉讼的必要共同诉讼人则在按第一审程序进行再审时，应追加其为当事人，作出新的判决；在按第二审程序进行再审时，经调解不能达成协议的，应撤销原判，发回重审，重审时应追加案外人为当事人。②如果案外人并非必要共同诉讼人，只是对原审的诉讼标的物主张独立的实体权利，则再审时仅审理其对原判决提出异议部分的合法性，并应根据审理情况作出撤销原判决相关判项或者驳回再审请求的判决。撤销原判决相关判项的，应当告知案外人以及原审当事人可以提起新的诉讼解决相关争议。

《九民纪要》第 121 条规定："【必要共同诉讼漏列的当事人申请再审】民事诉讼法司法解释对必要共同诉讼漏列的当事人申请再审规定了两种不同的程序，二者在管辖法院及申请再审期限的起算点上存在明显差别，人民法

---

〔1〕 江伟、肖建国主编：《民事诉讼法》（第 8 版），中国人民大学出版社 2018 年版，第 367 页。

院在审理相关案件时应予注意：（1）该当事人在执行程序中以案外人身份提出异议，异议被驳回的，根据民事诉讼法司法解释第 423 条的规定，其可以在驳回异议裁定送达之日起 6 个月内向原审人民法院申请再审；（2）该当事人未在执行程序中以案外人身份提出异议的，根据民事诉讼法司法解释第 422 条的规定，其可以根据《民事诉讼法》第 200 条第 8 项的规定，自知道或者应当知道生效裁判之日起 6 个月内向上一级人民法院申请再审。当事人一方人数众多或者当事人双方为公民的案件，也可以向原审人民法院申请再审。"被遗漏的必要共同诉讼人根据《民诉法解释》第 420 条和第 421 条申请再审的两种程序，存在以下明显差异：①申请再审的法院不同。执行程序外的案外人申请再审一般是向上一级人民法院申请再审，但第三人一方人数众多或者当事人双方为公民的案件，也可以向原审人民法院申请再审。执行程序中的案外人申请再审是向执行法院也是原审人民法院申请再审。②申请再审 6 个月期限的起算点不同。执行程序外的案外人申请再审是从知道或者应当知道生效裁判文书之日起计算 6 个月。执行程序中的案外人申请再审是从执行异议裁定送达之日起计算 6 个月。③申请再审的事由不同。执行程序外的案外人申请再审应符合《民事诉讼法》第 207 条第 8 项规定的情形，即"无诉讼行为能力人未经法定代理人代为诉讼或者应当参加诉讼的当事人，因不能归责于本人或者其诉讼代理人的事由，未参加诉讼的"。执行程序中的案外人申请再审则不局限于《民事诉讼法》第 207 条第（八）项规定的情形，只要符合《民事诉讼法》第 207 条规定的 13 种情形的一种，就应当再审。④前置程序的不同。执行程序外的案外人申请再审无须前置程序。执行程序中的案外人申请再审则存在前置程序，须以提出执行异议并被裁定驳回为前提。[1]

《九民纪要》第 122 条规定："【程序启动后案外人不享有程序选择权】案外人申请再审与第三人撤销之诉功能上近似，如果案外人既有申请再审的权利，又符合第三人撤销之诉的条件，对于案外人是否可以行使选择权，民事诉讼法司法解释采取了限制的司法态度，即依据民事诉讼法司法解释第 303 条的规定，按照启动程序的先后，案外人只能选择相应的救济程序：案外人先启动执行异议程序的，对执行异议裁定不服，认为原裁判内容错误损害其

---

[1] 参见最高人民法院民事审判第二庭编著：《〈全国法院民商事审判工作会议纪要〉理解与适用》，人民法院出版社 2019 年版，第 615 页。

合法权益的，只能向作出原裁判的人民法院申请再审，而不能提起第三人撤销之诉；案外人先启动了第三人撤销之诉，即便在执行程序中又提出执行异议，也只能继续进行第三人撤销之诉，而不能依《民事诉讼法》第 277 条申请再审。"案外人既针对执行依据本身，同时也针对执行标的提出异议的，法院应当向案外人释明，令其明确诉讼请求。如果是针对执行标的的，告知其提起执行异议之诉。案外人针对担保物权提出异议，其救济途径是案外人申请再审、第三人撤销之诉还是执行异议之诉？例如，消费者购房人针对抵押权生效判决提出异议的，如果针对裁判本身提出异议，比如，认为抵押权不成立、无效或者抵押权设立是虚假的，应申请再审或者提起第三人撤销之诉；如果认可抵押权的存在，仅仅认为从顺位上其应当排在抵押权前面，系针对执行标的提出的异议，应提起执行异议之诉，而不是申请再审或者提起第三人撤销之诉。[1]

---

〔1〕 参见最高人民法院民事审判第二庭编著：《〈全国法院民商事审判工作会议纪要〉理解与适用》，人民法院出版社 2019 年版，第 620 页。

第十四章

非讼程序

第一节　法院确认调解协议程序

案　例：铜仁市生态环境局、贵州省玉屏侗族自治县某源城乡建设开发有限公司申请确认生态环境损害赔偿磋商协议效力案[1]

2018 年 4 月至 2018 年 12 月，贵州省玉屏侗族自治县某源城乡建设开发公司（以下简称"某源公司"）在未办理相关手续的情况下，在位于贵州省玉屏侗族自治县某公园内设置弃渣场，共占 3.27 公顷，弃渣量共计 900 000 立方米。某源公司的弃渣行为严重损害了公园的植被资源、生态系统服务功能，应依法承担生态环境损害赔偿责任。鉴于以上事实，铜仁市人民政府授权指定铜仁市生态环境局（甲方）与某源公司（乙方）就生态损害赔偿事宜进行磋商，对生态赔偿修复方案以及相关费用达成一致，于 2020 年 10 月 10 日达成《贵州省玉屏侗族自治县某公园败贼冲弃渣场生态环境损害赔偿协议》。铜仁市中级人民法院受理后，已将铜仁市生态环境局与某源公司达成的《贵州省玉屏侗族自治县某公园败贼冲弃渣场生态环境损害赔偿协议》主要内容在《人民法院报》予以公告，公告期为 2020 年 11 月 4 日至 2020 年 12 月 4 日。公告期内，未收到书面反馈意见。

铜仁市中级人民法院认为：本案为生态环境损害赔偿司法确认案件，根据《最高人民法院关于审理生态环境损害赔偿案件的若干规定（试行）》第 1 条、第 3 条的规定，属于人民法院受案范围并属于本院管辖；铜仁市生态环

---

[1]　案例来源：贵州省铜仁市中级人民法院［2020］黔 06 民特 15 号民事裁定书。

境局经铜仁市人民政府授权指定，其作为申请人主体适格。双方达成的协议系依据贵州省环境工程评估中心出具的《玉屏侗族自治县某公园败贼冲弃渣场生态环境损害鉴定评估报告》《修复方案》所制定，是双方的真实意思表示，内容不违反法律法规强制规定，且不损害国家利益、社会公共利益，应予以确认其合法有效。裁定如下：申请人铜仁市生态环境局与申请人贵州省玉屏侗族自治县某源公司达成的《贵州省玉屏侗族自治县某公园败贼冲弃渣场生态环境损害赔偿协议》有效。当事人应当按照协议约定自觉履行义务，一方当事人拒绝履行或者未全部履行的，对方当事人可以向人民法院申请强制执行。

问题与思考：

1. 简述非讼程序的内容和功能。

2. 结合案例，简述调解协议司法确认的适用条件。

3. 法院能否直接确认调解协议无效？请说明理由。

非讼案件，是指对某项民事实体法律关系或民事权益不存在争议的案件。非讼程序，是指处理非讼案件的程序，处理的是非争议事项，其目的并非解决民事纠纷，而是从法律上确认申请人是否享有某项民事权益或确认某项民事法律事实是否存在。非讼程序遵循以下基本原理：一是非讼程序原则上限制当事人主义的适用而采行职权主义。二是非讼程序不存在争议，无对立的双方当事人而只有申请人一方，因此采用书面审理主义，原则上无须公开审理。三是非讼案件不存在双方当事人质证或辩论程序，法官采用书面审查或者比较独特的证明方式，对于非讼案件事实采取证明程序简捷的自由证明和证明标准比较低的释明。[1]

大陆法系国家通常将民事程序区分为诉讼程序和非讼程序，并设置不同的程序技术予以调整。例如，诉讼程序主要适用当事人主义，非讼程序则运用职权主义；诉讼程序原则上公开审理，非讼程序原则上不公开审理，等等。这种多元化的程序分类和技术设计，目的在于适应社会发展中审理对象的日趋多元化及程序主体对于程序的不同价值需求。非讼程序在现代社会中主要具有两方面功能：其一，通过非讼程序监护、确认、许可及证明等作用的发挥，司法权得以介入民事权利或者法律事实形成阶段，对权利或法律事实形

---

〔1〕 江伟、肖建国主编：《民事诉讼法》（第8版），中国人民大学出版社2018年版，第397页。

成承担监督与保护作用，从而为社会公众和关系人提供一种可预期结果，达到预防纠纷发生的效果。如法人清算人的选任、失踪人财产管理人的选任等程序均体现了这一功能。其二，弥补诉讼程序的缺陷，解决部分不宜采用诉讼程序解决的争议。[1]我国的非讼程序包括特别程序、督促程序、公示催告程序和企业法人破产还债程序。民事诉讼程序最基本也是最重要的分类是诉讼程序与非讼程序，而非我们传统上理解的通常程序与特别程序。因为，特别程序是一个很宽泛的概念，是一个缺乏严格规定性且在多种意义上使用的概念，对其很难做一个整体上的理论概括，也没有太大的研究价值。而非讼程序具有丰富的内容，研究诉讼程序与非讼程序的关系具有重要的理论和实践价值。立法上用非讼程序取代特别程序，更能反映此类案件的本质特征，有助于相关程序制度的完善和对非讼程序的深入研究。[2]

在多元化纠纷解决机制的司法政策推动下，2012 年修改《民事诉讼法》在特别程序中新增了法院确认调解协议程序。司法确认程序，是指对符合法律规定的非诉调解协议，法院依申请进行司法审查后，赋予具有明确性给付内容的非诉调解协议以强制执行力的程序机制。司法确认程序具有促进人民调解实效化的复兴功能、降低民事纠纷成案率的减压功能、助力行政调解细则化的参照功能和缔造基层治理良善化的善治功能。[3]民事诉讼中的确认之诉同样也包含着法院的确认行为，因此很容易让人误以为司法确认和确认之诉一样，都是诉讼裁判权的运用。但其实司法确认与确认之诉存在着实质差异。确认之诉的对象原则上必须是存在着争议的权利或者法律关系，其目的是在原告权利或者法律地位存在危险或者不安定状态下，通过诉的方法消除这种危险或者不安定。司法确认的对象是双方当事人自愿达成的协议中所包含的没有争议的法律关系。作为一种非讼裁判权，人民调解协议的司法确认并不解决纠纷，只是对当事人没有争议的协议内容进行确认和固定。[4]

司法确认程序属于非讼程序，司法确认程序的价值取向在于满足当事人

---

〔1〕 郝振江：“论非讼程序在我国的重构”，载《法学家》2011 年第 4 期；郝振江：《非讼程序研究》，法律出版社 2017 年版，第 158 页。

〔2〕 章武生：“非讼程序的反思与重构”，载《中国法学》2011 年第 3 期。

〔3〕 刘加良：《司法确认程序的生成与运行》，北京大学出版社 2019 年版，第 91 页。

〔4〕 郝振江：“论人民调解协议司法确认裁判的效力”，载《法律科学（西北政法大学学报）》2013 年第 2 期。

的多元解纷需求和实现司法效率；优化司法确认程序的目的在于引领、推动和保障非诉讼调解的发展。在民事诉讼程序繁简分流改革过程中，人民法院就优化司法确认程序进行了一系列探索，积累了一些实践经验。为实现司法确认程序的价值目标，我国有必要进一步优化司法确认程序。为此，我国应当完善司法确认程序启动方式，完善调解协议审查内容、审查方式以及司法确认裁定瑕疵救济程序，完善诉前调解制度以拓展司法确认程序的适用，完善审判质效指标体系以提升人民法院委派诉前调解和司法确认的积极性。[1]

2021 年修正后的《民事诉讼法》第 201 条，扩大了司法确认程序的适用范围，调整了司法确认案件的管辖规则。从类型上看，除人民调解外，其他依法成立的调解组织达成的调解协议也可以申请司法确认。从法院层级上看，除基层人民法院外，中级人民法院和金融法院、知识产权法院等专门人民法院也可以适用司法确认程序。对于人民法院邀请调解组织开展先行调解的，按照"谁邀请、谁受理"的原则确定管辖法院。对于调解组织自行开展调解的，除调解组织所在地外，增加了当事人住所地、标的物所在地两个管辖连接点。[2]《民事诉讼法》第 202 条规定："人民法院受理申请后，经审查，符合法律规定的，裁定调解协议有效，一方当事人拒绝履行或者未全部履行的，对方当事人可以向人民法院申请执行；不符合法律规定的，裁定驳回申请，当事人可以通过调解方式变更原调解协议或者达成新的调解协议，也可以向人民法院提起诉讼。"根据《民事诉讼法》第 201 条的规定，应当自调解协议生效之日起 30 日内提出。一般认为，该 30 日为不变期间，不得中止、中断或延长。当事人申请司法确认调解协议应提供下列材料：司法确认申请书、调解协议和身份证明、资格证明，以及与调解协议相关的财产权利证明等证明材料，并提供双方当事人的联系方式、调解组织主持调解的证明。委托他人代为申请的，必须向人民法院提交由委托人签名或者盖章的授权委托书。当事人口头申请的，人民法院应当记入笔录，并由当事人签名、捺印或者盖章。

山东某食品公司原本以为要打很长时间的官司，但通过达成调解协议、双方当事人共同提交司法确认调解协议申请书、法院作出确认协议有效的民

---

[1] 刘敏："论优化司法确认程序"，载《当代法学》2021 年第 4 期。

[2] 最高人民法院民事诉讼法修改起草小组编著：《民事诉讼法修改条文对照与适用要点》，法律出版社 2022 年版，第 81 页。

事裁定书、食品公司进行履行的方式仅历时 14 天，该纠纷就得到了解决。既不用收取费用，又快捷，充分体现了司法确认的优点。

根据权利不得滥用原则，调解协议即便是当事人的真实意思表示，但如果内容不真实、不合法，就不能通过人民法院进行司法确认。《民诉法解释》第 355 条规定了有下列情形之一的，人民法院裁定不予受理：①不属于人民法院受理范围的；②不属于收到申请的人民法院管辖的；③申请确认婚姻关系、亲子关系、收养关系等身份关系无效、有效或者解除的；④涉及适用其他特别程序、公示催告程序、破产程序审理的；⑤调解协议内容涉及物权、知识产权确权的。人民法院受理申请后，发现有上述不予受理情形的，应当裁定驳回当事人的申请。人民法院受理司法确认申请后，应当指定一名审判人员对调解协议进行审查。审判人员如果认为调解协议符合确认条件可以在审查当事人申请、调解协议、有关证明材料基础上作出确认调解协议有效的裁定。对于案情复杂或者涉案标的额较大的案件，应当通知双方当事人到庭进行询问，采取必要的实质审和证据调查。确认调解协议的裁定作出前，当事人撤回申请的，人民法院可以裁定准许。人民法院在确认程序中应当对调解协议的"自愿性"和"合法性"进行审查。《民诉法解释》第 358 条规定："经审查，调解协议有下列情形之一的，人民法院应当裁定驳回申请：（一）违反法律强制性规定的；（二）损害国家利益、社会公共利益、他人合法权益的；（三）违背公序良俗的；（四）违反自愿原则的；（五）内容不明确的；（六）其他不能进行司法确认的情形。"对上述几类情形，人民法院之所以不宜直接确认调解协议无效是因为，首先，司法的被动性决定了审理乃至作出裁判一般不能超越当事人的诉求。既然当事人没有就调解协议是否有效提出请求，人民法院也就没有必要直接确认调解协议是否有效。其次，如果人民法院在非讼程序不经开庭审理的前提下对调解协议是否有效作出了确认，将导致当事人不能就相关事项充分表达意见，其应有的诉讼权利难以得到有效保障。最后，确认调解协议是否有效将直接影响到当事人的实体权益，这需要人民法院进行更多的实体审查，投入更多的司法资源，这与司法确认程序便捷的特点不符。[1]

---

[1] 江必新主编：《最高人民法院民事诉讼法司法解释专题讲座》，中国法制出版社 2015 年版，第 318 页。

为正确审理生态环境损害赔偿案件，严格保护生态环境，依法追究损害生态环境责任者的赔偿责任，《最高人民法院关于审理生态环境损害赔偿案件的若干规定（试行）》第20条明确规定："经磋商达成生态环境损害赔偿协议的，当事人可以向人民法院申请司法确认。人民法院受理申请后，应当公告协议内容，公告期间不少于三十日。公告期满后，人民法院经审查认为协议的内容不违反法律法规强制性规定且不损害国家利益、社会公共利益的，裁定确认协议有效。裁定书应当写明案件的基本事实和协议内容，并向社会公开。"通过人民法院通过对生态环境损害赔偿协议的司法确认，赋予赔偿协议强制执行效力，对拒绝履行、未全部履行经司法确认的生态环境损害赔偿协议的，当事人可以向人民法院申请强制执行，这促进了赔偿协议的有效履行和生态环境修复工作的切实开展。

第二节　实现担保物权程序

案　例：王某山、朱某超申请实现担保物权案[1]

申请人王某山与被申请人朱某超于2009年8月25日签订了《抵押借款担保合同》，被申请人朱某超向申请人王某山借款25万元，借期自2009年8月25日至2010年2月24日止。月息20‰，使用期6个月，计人民币30 000元整，利息一次性付清。该合同第5条第2项约定：甲方（被申请人）借款到期后，未能按时还本付息，应向乙方支付本合同项下借款本金25%计62 500元违约金。被申请人朱某超以位于薛城区某小区3号楼2单元302户房产作为借款抵押担保，双方于2009年8月27日在薛城区房产管理局办理了房屋他项权登记。并约定抵押期限为借款人还清借款本息止，抵押担保范围为借款本息、违约金、滞纳金以及为实现债权、抵押权所产生的一切费用。

申请人王某山向山东省枣庄市薛城区人民法院申请实现担保物权，该法院于2020年12月4日立案后，依法适用特别程序进行了审查。王某山述称：第一，请求依法裁定，申请人在被申请人担保的范围内优先受偿被申请人位于薛城区某小区3号楼2单元302户的房屋的拍卖款，即：本金250 000元及

---

〔1〕 案例来源：山东省枣庄市薛城区人民法院 ［2020］鲁 0403 民特 140 号民事裁定书。

利息；第二，本案案件受理费用由被申请人承担。事实和理由：申请人与被申请人系朋友关系，2009年8月25日被申请人因急需用钱向申请人借款250 000元，同时签订了《抵押贷款担保合同》。双方于2009年8月25日在薛城区房产管理局办理了抵押房屋的他项权登记。该款到期后，经申请人多次向被申请人催要，被申请人以各种理由推脱拒不偿还。被申请人用于抵押的位于薛城区某小区3号楼2单元302户房屋已被薛城区人民法院依法拍卖，拍卖所得价款510 596.2元现存于薛城区人民法院，请求依法裁决申请人对抵押房屋的拍卖款依法享有优先受偿权。朱某超辩称：第一，申请人主张的利息过高。第二，本案的诉讼费用由申请人承担。本案中，被申请人向申请人借款及提供房屋抵押担保情况属实，该借款在申请人的多次催要下至今无力偿还，因此，被申请人同意以房屋拍卖款偿还借款。但申请人主张的利息过高，请法院依法判决。

　　枣庄市薛城区人民法院认为：申请人与被申请人于2009年8月25日签订了《抵押借款担保合同》，被申请人向申请人借款250 000元，借期自2009年8月25日至2010年2月24日止。月息20‰，使用期6个月，计人民币30 000元整，利息一次性付清。该合同第5条第2项约定：甲方（被申请人）借款到期后，未能按时还本付息，应向乙方支付本合同项下借款本金25%计62 500元违约金。被申请人以位于薛城区某小区3号楼2单元302户房产作为借款抵押担保，双方于2009年8月27日在薛城区房产管理局办理了房屋他项权登记。并约定抵押期限为借款人还清借款本息止，抵押担保范围为借款本息、违约金、滞纳金以及为实现债权、抵押权所产生的一切费用。该申请数额远远低于起诉时所要求的数额，因此，原告的申请符合法律规定。裁定如下：准许申请人王某山对被申请人朱某超位于薛城区某小区3号楼2单元302户的房屋拍卖所得的价款在400 000元范围内享有优先受偿权。

　　问题与思考：

　　1. 结合本案，阐述实现担保物权程序的适用。

　　2. 当事人或者利害关系人认为实现担保物权的裁定侵害其权利时，应当如何救济？请说明理由。

　　2012年修正的《民事诉讼法》在第十五章特别程序中增加了第七节"实现担保物权案件"程序，明确了实现担保物权的程序规则，为物权法中的

"申请法院拍卖、变卖"提供了程序性支持，确立了诉讼程序与非讼程序相衔接的担保物权实现模式。《民法典》第 386 条规定："担保物权人在债务人不履行到期债务或者发生当事人约定的实现担保物权的情形，依法享有就担保财产优先受偿的权利，但是法律另有规定的除外。"担保物权，是指为了确保债权的实现，债务人或第三人在其不动产、动产或财产权利上设定的，当债务人不履行到期债务或发生当事人约定的实现担保物权的情形时，债权人有权就该担保财产变价并优先受偿的限制物权。[1]在我国民事实体法上主要是指抵押权、质权和留置权。担保物权的实现是指担保物权人在特定条件下对担保物行使优先受偿权的行为。法院实现担保物权程序主要是非讼程序，采取自由证明程序。适用该程序的条件是不存在民事权益争议，即对主债权债务、担保物权和担保物是否处分没有争议，当事人仅仅是因为担保物必须通过公权力予以实现而提出申请。[2]

《民事诉讼法》第 203 条规定："申请实现担保物权，由担保物权人以及其他有权请求实现担保物权的人依照民法典等法律，向担保财产所在地或者担保物权登记地基层人民法院提出。"第 204 条规定："人民法院受理申请后，经审查，符合法律规定的，裁定拍卖、变卖担保财产，当事人依据该裁定可以向人民法院申请执行；不符合法律规定的，裁定驳回申请，当事人可以向人民法院提起诉讼。"

实现担保物权案件可以由审判员一人独任审查。如果案件重大、复杂，或者担保财产标的额超过基层人民法院管辖范围的，应当组成合议庭进行审查。法院受理实现担保物权案件后，应当进行"形式审查"而非"实质审查"。"形式审查"主要是从形式上审查主合同的效力、期限、履行情况；担保物权是否有效设立、担保财产的范围、被担保的债权范围、被担保的债权是否已届清偿期等担保物权实现的条件；是否损害他人合法权益。实质审查虽然有利于法院全面、准确地查明案件事实，公正作出裁判，但该做法不符合实现担保物权案件程序快捷、高效实现担保物权的立法本意。在解释论上，实现担保物权程序应以形式审查为原则。同时，在审查中应当保障担保人、

---

〔1〕 最高人民法院民法典贯彻实施工作领导小组主编：《中华人民共和国民法典物权编理解与适用》（下），人民法院出版社 2020 年版，第 979 页。

〔2〕 江伟、肖建国主编：《民事诉讼法》（第 8 版），中国人民大学出版社 2018 年版，第 412 页。

债务人的陈述权。经该程序作出的许可拍卖、变卖裁定在性质上为"对物之执行名义"，法院只能对该裁定指向的特定担保财产进行拍卖、变卖。在非讼审查过程中，如就担保物权的有效成立、担保物权实现的条件等实体问题出现争议时，由争议主体向有管辖权的法院提起诉讼予以解决。[1]

本案中，申请人王某山与被申请人朱某超签订的抵押借款担保合同中约定了被申请人朱某超以位于薛城区某小区的房产作为借款抵押担保，现该债权已届清偿期，且被申请人朱某超对该项担保并无争议，因此王某山有权向该房产所在地山东省枣庄市薛城区人民法院申请实现担保物权。因该房屋已经被法院依法拍卖，按照担保合同，王某山享有优先受偿权，并且王某山申请实现担保物权的数额远远低于其起诉时所要求的数额，因此法院作出裁定准许申请人王某山对被申请人朱某超位于薛城区某小区 3 号楼 2 单元 302 户的房屋拍卖所得的价款在 400 000 元范围内享有优先受偿权。

如果当事人、利害关系人对人民法院准许拍卖、变卖担保物的裁定提出异议，认为侵害了其权益，应当如何救济？《民诉法解释》第 372 条规定："适用特别程序作出的判决、裁定，当事人、利害关系人认为有错误的，可以向作出该判决、裁定的人民法院提出异议。人民法院经审查，异议成立或者部分成立的，作出新的判决、裁定撤销或者改变原判决、裁定；异议不成立的，裁定驳回。对人民法院作出的确认调解协议、准许实现担保物权的裁定，当事人有异议的，应当自收到裁定之日起十五日内提出；利害关系人有异议的，自知道或者应当知道其民事权益受到侵害之日起六个月内提出。"为何只能向原审法院提出？因为非讼裁判变更程序性质上并不是新程序，而是一种附随程序，是原审人民法院发现裁判不当或裁判基础变化时的一种自我调整程序。裁判不当是指裁判生效后因同一事实关系在事后因新事实的出现作出了与判决时完全不同的评价。裁判基础变化是指构成裁判基础的事实在判决作出后发生了情事变更，这种情况发生在继续性法律关系中。我国特别程序中无民事行为能力或限制行为能力事实的消除就是情事变更。此外，由于原审法院对裁判相对更加熟悉，基于程序迅速、经济以及便利的考量，上述情

---

[1] 毋爱斌："'解释论'语境下担保物权实现的非讼程序——兼评《民事诉讼法》第 196 条、第 197 条"，载《比较法研究》2015 年第 2 期。

形出现时由原审法院进行变更更符合非讼程序的设立目的。[1]

当被申请人不服时或者利害关系人认为实现担保物权的裁定侵害了其权利时，可以通过何种途径进行救济？依照特别程序审理的案件不适用审判监督程序，在裁判发生法律效力以后，如果发现原裁判在事实认定或适用法律方面有错误，或者是出现了新情况、新事实，人民法院根据有关人员的申请查证属实之后，依特别程序的规定撤销原裁判，作出新裁判。这样做的法理在于非讼案件本身的基础事实是没有民事争议的，因此在适用非讼程序的过程中不会造成对实体权利义务的变更，它的裁判也就没有既判力，可以直接撤销。实现担保物权案件属于非讼案件，准许与否之裁定，既无确定实体法上法律关系存否之性质，对于债权及担保物权之存否也无既判力。因此，通过审判监督程序救济的方式在理论上说不通。那么，利害关系人是否可以适用第三人撤销之诉制度救济？第三人撤销之诉针对的是具有既判力的法律文书。实现担保物权程序是非讼程序，非讼程序作出的裁定不具有诉讼程序中裁决的既判力，因此不适用第三人撤销之诉。[2]

第三节　督促程序

案　例：江苏某甫建设工程有限公司镇江分公司支付令案[3]

申请人陈某卫与被申请人江苏某甫建设工程有限公司镇江分公司申请支付令一案，镇江市丹徒区人民法院于 2011 年 9 月 9 日以 [2011] 徒商督字第 00001 号立案，于同日发出支付令：被申请人江苏某甫建设工程有限公司镇江分公司应当自收到本支付令之日起 15 日内，给付申请人陈某卫借款 12 000 000 元，申请费 31 266 元，由被申请人江苏某甫建设工程有限公司镇江分公司负担。被申请人逾期不提出书面异议，支付令已发生法律效力。

---

[1] 郝振江："非讼裁判的效力与变更"，载《国家检察官学院学报》2014 年第 2 期。

[2] 参见江必新主编：《最高人民法院民事诉讼法司法解释专题讲座》，中国法制出版社 2015 年版，第 332 页。

[3] 案例来源：镇江市丹徒区人民法院 [2019] 苏 1112 民督监 1 号民事裁定书。

　　镇江市丹徒区人民法院认为：双方当事人对借款事实是否存在及借款实际交付的金额方面存在巨大争议，督促程序是专门针对社会生活中一些案情清楚，当事人不否认欠债事实和所欠债务数额的简单债务纠纷所设定的程序。根据《民事诉讼法》第216条，人民法院受理督促程序案件申请后应当对债权人提供的事实、证据进行审查，确认债权债务关系是否明确、合法。法院受理陈某卫的申请后，仅凭其提供的落款日期有改动痕迹的借条即认定双方借款关系成立，未严格审查借条所涉款项出借人是否已经实际交付以及以何种形式交付。法院经审查认为本案不应适用督促程序处理，并发出支付令。经本院审判委员会讨论决定，裁定如下：第一，撤销镇江市丹徒区人民法院［2011］徒商督字第00001号支付令；第二，驳回陈某卫的支付令申请。

　　问题与思考：

　　1. 简述督促程序的适用条件。

　　2. 本案中法院作出的撤销裁定是否正确？请说明理由。

　　督促程序，是指人民法院根据债权人申请，以支付令督促债务人限期履行金钱债务的程序。债务人若在法定期间内对支付令不提出异议或异议被驳回的，则支付令具有执行力。作为一种非讼程序，督促程序具有以下主要性质：第一，专门性。主要体现在：①督促程序的适用范围，仅为债权人请求给付金钱和有价证券的非讼案件；②关于债务和送达的特殊要件，主要有债务已到履行期、债权人与债务人没有其他债务纠纷、支付令能够送达债务人。第二，非讼性。主要体现在：①督促程序中，仅有一方当事人即债权人，债务人并不参加审理；②督促程序因债权人的申请并非起诉而开始；③原则上不开庭审理，不可能也无须法庭辩论，法院依据债权人提供的事实证据进行书面审理。第三，简捷性。主要体现在：①实行独任制；②没有法庭辩论，采取自由证明，程序并不复杂；③实行一审终审，即若债务人对支付令提出合法异议的则督促程序终结，若债务人没有提出支付令异议或异议被驳回的则支付令具有既判力和执行力。第四，适用的可选择性。即督促程序的适用具有可选择性，亦即债权人对督促程序有选择适用的自由，即在同时符合督促程序法定的适用范围和适用条件时，债权人有权选择申请适用督促程序，或者选择起诉适用争讼程序。[1]

支付令，是法院根据债权人的申请，督促债务人履行义务或提出书面异议的命令，是一种司法文书，也是督促程序的核心内容。[2]《民诉法解释》第 427 条规定，债权人向基层人民法院申请支付令应当符合下列条件：①请求给付金钱或者汇票、本票、支票、股票、债券、国库券、可转让的存款单等有价证券。②请求给付的金钱或者有价证券已到期且数额确定，并写明了请求所根据的事实、证据。③债权人没有对待给付义务。④债务人在我国境内且未下落不明。⑤支付令能够送达债务人。⑥收到申请书的人民法院有管辖权。⑦债权人未向人民法院申请诉前保全。债权人提出申请后，人民法院应当在 5 日内通知债权人是否受理。同时，基层人民法院受理申请支付令案件，不受债权金额的限制。法院受理申请后，由审判员一人进行形式审查。法院应当在受理申请之日起 15 日内向债务人发出支付令。若债务人拒绝接收，法院可以留置送达。本案中，原告陈某卫的诉讼请求是请求被告江苏某甫建设工程有限公司返还借款 12 000 000 元，符合督促程序"债权人请求债务人给付金钱、有价证券""数额确定且已到期"的规定。

支付令一经送达债务人即产生如下效力：①拘束力。人民法院一般不得撤销或变更支付令，即便支付令确有错误或违法，也只能通过债务人异议或法院裁定撤销等方式让其失效。当然，如果支付令仅仅存在误写误算等形式上的错误，人民法院则可通过裁定予以更正。②督促力。支付令具有督促债务人在收到支付令之日起 15 日内清偿债务或提出书面异议的效力。③确定力。支付令一经送达，就已生效，债务人不能就此提起上诉。15 日异议期满债务人没有提出异议或提出异议被驳回，则支付令方具有强制执行的效力。除了支付令异议导致支付令失效之外，人民法院受理支付令申请后，债权人就同一债权关系又提起诉讼；人民法院发出支付令之日起 30 日内无法送达债务人的；债务人收到支付令前，债权人撤回申请的，法院都应当裁定终结督促程序，支付令自行失效。

支付令异议，是指债务人就支付令所记载的债务，向发出支付令的人民法院书面提出不同意见。督促程序中，人民法院仅根据债权人一方提出的事

---

〔1〕 江伟、肖建国主编:《民事诉讼法》(第 8 版)，中国人民大学出版社 2018 年版，第 415 页。

〔2〕 《民事诉讼法学》编写组:《民事诉讼法学》(第 2 版)，高等教育出版社 2018 年版，第 278 页。

实证据来发出支付令，法律允许债务人提出支付令异议，是在程序上平等保护债务人。未发生既判力的支付令，其救济途径是债务人提出支付令异议。债务人收到人民法院发出的支付令，如认为不应当清偿债务的，应在收到支付令之日起 15 日内向人民法院提出异议。这里规定的 15 日异议期限，为不变期间。债务人未在法定期间提出书面异议，而向其他人民法院起诉的，不影响支付令的效力。异议必须以书面方式提出，债务人以口头方式提出的异议无效。人民法院对债务人的书面异议进行审查，由于督促程序是非讼程序，并不解决债权人与债务人之间的纠纷，故对异议是否成立只能进行形式审查。经审查异议成立的，作出终止督促程序的裁定，支付令自行失效。支付令失效后，转入诉讼程序，但申请支付令的一方当事人不同意提起诉讼的除外。支付令失效后，申请支付令的一方当事人自收到终结督促程序裁定之日起 7 日内未向受理申请的法院表明不同意提起诉讼的，视为向受理申请的法院起诉。已经发生既判力的支付令，其纠正程序是法院裁定撤销支付令。《民诉法解释》第 441 条规定："人民法院院长发现本院已经发生法律效力的支付令确有错误，认为需要撤销的，应当提交本院审判委员会讨论决定后，裁定撤销支付令，驳回债权人的申请。"本案中，在镇江市丹徒区人民法院于 2011 年 9 月 9 日向江苏某甫建设工程有限公司发出支付令后，被申请人并未提出书面异议，因而支付令已发生法律效力。针对该支付令，法院审查时发现，在 2011 年受理陈某卫的申请后，未严格审查借条所涉款项出借人是否已经实际交付以及以何种形式交付，而仅凭其提供的落款日期有改动痕迹的借条即认定双方借款关系成立，属于事实认识错误，因而该案不应适用督促程序处理。因此，丹徒区人民法院撤销镇江市丹徒区人民法院［2011］徒商督字第00001号支付令的裁定。

督促程序终结主要有以下三种情形：第一，自然终结。自然终结是督促程序的正常终结，是指债务人在收到支付令之后，既没有提出异议，又履行了债务，从而使督促程序终结。第二，裁定终结的法定情形：①不予受理裁定。法院经审查，认为债权人的支付令申请不符合受理条件，裁定不予受理，终结督促程序。②裁定驳回申请。法院受理债权人的支付令申请后，通过审理发现具有《民诉法解释》第 428 条规定的情形之一，在受理之日起 15 日裁定驳回申请，终结督促程序。③裁定异议成立。债务人对支付令提出异议后，经审查，法院认为异议符合《民诉法解释》第 435 条规定的情形之一，异议成立，裁定终结督促程序的。第三，其他裁定终结督促程序的情形：①法院受理支付令申请后，债权人就同一债权债务关系又提起诉讼的；②法院发出支付令之日起 30 日内无法送达债务人的；③债务人收到支付令前，债权人撤回申请的。

督促程序的本质是在当事人无实质争议纠纷中，让债权人以简速程序获得具有执行效力的支付令。该程序于大陆法系运行良好，在我国却近乎休眠。但对民间借贷、金融借款合同和信用卡纠纷实证分析发现，大量符合督促程序适用条件的案件却进入了诉讼程序。督促程序适用率低的原因在于：当事人权利义务配置失衡，支付令送达困难，法院排斥督促程序等。在"案多人少"矛盾突出的当下，激活督促程序、充分发挥其案件分流功能尤为必要。消解制约督促程序运行实效的因素包括：改督促程序与诉前财产保全的竞争关系为并存关系；规范对支付令申请和异议的审查；推动电子支付令的适用；优化督促程序与相关程序的衔接，以唤醒休眠于法规范中的督促程序。[1]

第四节　公示催告程序

案　例：昆明某恒商贸有限公司申请公示催告案[2]

申请人昆明某恒商贸有限公司于 2020 年 1 月 21 日向法院申请对票据号码为 2308731021034201912165383838×××× ，出票人为西双版纳某某旅游度假区开发有限公司，收款人为云南建投某建设有限公司、承兑人为西双版纳某某旅游度假区开发有限公司、承兑日期为 2019 年 12 月 16 日、保证人为某创西南房地产开发（集团）有限公司、保证日期为 2019 年 12 月 18 日、票据金额为500 000 元的商业承兑汇票公示催告。

昆明市西山区人民法院认为：《民事诉讼法》（2017 年修正）第 218 条规定："按照规定可以背书转让的票据持有人，因票据被盗、遗失或者灭失，可以向票据支付地的基层人民法院申请公示催告。依照法律规定可以申请公示催告的其他事项，适用本章规定。申请人应当向人民法院递交申请书，写明

〔1〕 张海燕："督促程序的休眠与激活"，载《清华法学》2018 年第 4 期。
〔2〕 案例来源：昆明市西山区人民法院［2020］云 0112 民催 2 号民事裁定书。

票面金额、发票人、持票人、背书人等票据主要内容和申请的理由、事实。"第 219 条规定："人民法院决定受理申请，应当同时通知支付人停止支付，并在三日内发出公告，催促利害关系人申报权利。公示催告的期间，由人民法院根据情况决定，但不得少于六十日。"第 222 条规定："没有人申报的，人民法院应当根据申请人的申请，作出判决，宣告票据无效。判决应当公告，并通知支付人。自判决公告之日起，申请人有权向支付人请求支付。"从以上规定看，公示催告程序是对票据的最后持有人在丧失票据后的一种权利补救和保全程序，申请公示催告的法定事由应为票据最后持有人因其意志以外的原因导致可背书转让的票据脱离其有效控制，下落不明。本案中，经法院询问及申请人在申请书中陈述，申请公示催告的票据系云南建投某建设有限公司背书给申请人，后申请人通过背书方式将票据转给了云南某港建筑材料有限公司，申请人并与云南某港建筑材料有限公司签订过协议，现申请人主张云南某港建筑材料有限公司存在欺诈。从申请人的陈述看，申请人并非票据的最后持有人，且现相对人能够确定，票据并非处于下落不明的状态。因此，申请人申请公示催告不符合法定的公示催告的受理条件。裁定如下：驳回昆明某恒商贸有限公司的申请。

问题与思考：

1. 简述公示催告程序的含义和特点。

2. 结合本案，分析公示催告程序的条件。

公示催告程序，是指法院依据申请人的申请，将申请的票据以公示的方式，催告不明的利害关系人在指定期间内申报权利，如逾期无人申报，则作出除权判决，宣告票据失权的一种非讼程序。公示催告程序，是对票据的最后合法持有人在票据丧失后的一种权利补救和保全程序，在性质上为非讼程序。[1] 通过这种方式，最后的合法持票人在丧失票据后，可以使自己的合法权益得到及时、有效的保护，同时可以维护正常的经济秩序。

与诉讼程序相比较，公示催告程序主要有以下几个特点：第一，申请人的限定性。公示催告程序的申请人只能是丧失票据的最后持有人，其他与丧

---

〔1〕 张雪楳："票据丧失救济之公示催告程序疑难问题研究——兼论票据权利人的认定"，载《人民司法》2015 年第 8 期。

失票据有关系的人，都不能向法院提出公示催告申请。被催告申报权利的利害关系人，具有不特定性。第二，适用范围的有限性。公示催告程序仅适用于可以背书转让的票据在丧失后向法院申请公示催告的案件。第三，案件的非讼性。适用公示催告程序审理的案件，只有申请人，没有被申请人，也不存在民事权益争议。第四，审理方式的特殊性。①以公示催告的方式来确定利害关系人是否存在，只进行书面审查。②公告期届满无人申报权利的，法院不直接作出判决，而必须由申请人向法院提出申请后，才可以作出除权判决。第五，审理组织的特殊性。公示催告案件分为两个阶段进行审理：第一阶段，在法院对申请人的公示催告申请进行审查并发布公告期间，由一名审判员独任审理。第二阶段，法院根据当事人的申请作出除权判决时，由合议庭审理。[1]

公示催告程序依申请人的申请而开始。申请公示催告程序，应当符合以下条件：①须符合公示催告程序的适用范围。我国的公示催告程序，首先适用于可以背书转让的票据，其次适用于依照法律规定可以申请公示催告的其他事项。②须具备申请公示催告的法定事由。必须是可以背书转让的票据被盗、遗失或者灭失以及其他的法定事由，并且由于以上事由使得利害关系人不明。③申请人须适格。公示催告的申请人须是可以背书转让的票据的最后持有人以及法律规定的其他人。在司法实务中，存在着最后持票人并非合法持票人的情形，如采用欺诈、胁迫、抢夺等非法手段而取得票据的人，尽管为最后持票人，但其并不享有票据权利。④须向有管辖权的法院提出书面申请。申请公示催告只能向票据支付地的基层人民法院提出。合法的申请书应当载明以下事项：申请人的基本情况、请求事项、事实理由。⑤依法交纳申请费。申请公示催告的，每件交纳申请费100元。

人民法院收到公示催告的审查后，应当立即审查，并决定是否受理。经审查认为不符合受理条件的，7日内裁定驳回申请；认为符合受理条件的，通知予以受理，并同时通知支付人停止支付，并在3日内发出公告，催促利害关系人申报权利。停止支付通知的效力及至公示催告程序终结。支付人收到停止支付通知后拒不止付的，除依照《民事诉讼法》的规定采取强制措施外，除权判决确定后，支付人仍应承担付款义务。申请人因此遭受损害的，支付人应当承担损害赔偿责任。

---

〔1〕《民事诉讼法学》编写组：《民事诉讼法学》（第2版），高等教育出版社2018年版，第283页。

　　本案中，申请公示催告的票据为云南建投某建设有限公司背书给申请人，后申请人通过背书方式将票据转给了云南某港建筑材料有限公司。首先，根据公示催告程序的申请人限定性特点，公示催告程序的申请人只能是丧失票据的最后持有人，且被催告申报权利的利害关系人，具有不特定性。而本案中的申请人昆明某恒商贸有限公司并非票据的最后持有人，且现相对人能够确定。其次，公示催告程序仅适用于可以背书转让的票据在丧失后向法院申请公示催告的案件，而本案中票据并非处于下落不明的状态。故根据以上两点，昆明某恒商贸有限公司不符合申请公示催告的条件。因此，昆明市西山区人民法院作出驳回昆明某恒商贸有限公司的申请的裁定。

　　公示催告作出之后，利害关系人应在指定期间内申报权利。利害关系人出示的票据与申请公示催告的票据一致的情况下，则意味着申请人和申报人对该票据存在着争议，所以人民法院应当裁定终结公示催告程序，这一裁定是终局裁定，不得上诉或申请再审，此时申请人或者申报人可以向票据支付地基层人民法院另行起诉。当无人申报权利或者申报被驳回后，公示催告申请人自公示催告期间届满之日起1个月内向人民法院进行申请，人民法院就可以作出该票据或其他事项不再具有法律效力的判决，此即除权判决。人民法院作出除权判决后，应当进行公告，并通知支付人。除权判决自公告之日起具有除权力，即利害关系人不拥有该票据上的权利，而公示催告的申请人依据除权判决享有该票据上的权利。支付人拒绝支付的，申请人可以向人民法院起诉。同时，为了纠正除权判决的错误和依法维护利害关系人的合法权利，利害关系人可以自知道或者应当知道除权判决公告之日起1年内，向作出判决的人民法院起诉。利害关系人起诉请求人民法院撤销除权判决的，被告仅限于除权判决的申请人。利害关系人仅诉请确认其为合法持票人的，经审理，人民法院认定其请求成立，应当在裁判文书中写明，确认利害关系人为票据权利人的判决作出后，除权判决即被撤销。

第十五章

民事执行程序总论

第一节 执行依据

案 例：唐某霞、吴某梅申请执行人执行异议纠纷案[1]

原告唐某霞与毛某成是多年的朋友关系，马某因经营服装厂需资金周转，通过毛某成介绍向原告借款，2013 年 10 月 25 日，11 月 29 日，原告通过案外人叶某卫通过交通银行网银向马某汇款 2 482 600 元，支付现金 17 400 元，合计 2 500 000 元。2014 年 8 月 29 日，被告马某出具借条一张，被告毛某成担保，约定按月利率 3% 计息，借期 3 个月：2014 年 8 月 29 日至 2014 年 11 月 29 日止。逾期则按天数计息，每天按借款总额的 5‰ 罚息。同日，原、被告签订《借款合同补充协议》对上述借款经过作了详细说明。该借款到期后，除归还利息至 2014 年 9 月 28 日外，经原告同意，2016 年 9 月 27 日，被告马某书面承诺还款期限顺延至 2017 年元月 29 日止，被告毛某成仍签名担保。届期，被告马某避而不见，被告毛某成也未还款。经计算，被告马某、王某玲欠原告唐某霞借款本金 2 500 000 元，2014 年 9 月 29 日起至 2017 年 4 月 29 日止，按月利率 2% 计息为 1 550 000 元，合计本息 4 050 000 元。另查明，被告王某玲系被告马某的妻子。该借款系夫妻共同债务。

2017 年 5 月 3 日，唐某霞以马某、王某玲、毛某成为被告向安徽省当涂县人民法院提起民间借贷纠纷诉讼。法院受理后，于 5 月 10 日作出 [2017]皖 0521 民初 1807 号民事裁定书，裁定冻结毛某成在银行的存款 4 100 000 元

---

[1] 案例来源：安徽省马鞍山市中级人民法院 [2020] 皖 05 民终 1454 号民事判决书。

或查封、扣押毛某成价值相当的财产。5 月 15 日，当涂县人民法院查封了毛某成名下的案涉房屋。同年 8 月 31 日，当涂县人民法院作出 [2017] 皖 0521 民初 1807 号民事判决书，判决主要内容为：第一，马某、王某玲于判决生效之日起 30 日内一次共同归还所欠唐某霞借款本金 2 500 000 元，利息 1 550 000 元，合计 4 050 000 元，并以借款本金 2 500 000 元为基数，按月利率 2%，支付自 2017 年 4 月 30 日至实际还款之日止的利息；第二，毛某成对上述借款本息承担连带清偿责任。该判决书发生法律效力后，唐某霞向当涂县人民法院申请执行。

执行过程中，当涂县人民法院对案涉房屋进行司法拍卖。2018 年 12 月 27 日，一审法院作出 [2018] 皖 0521 执 408 号之七执行裁定书，裁定确认案涉房屋被他人以 75 万元竞买取得。2019 年 1 月 11 日，马鞍山某置业有限公司（以下简称"置业公司"）以案外人身份向一审法院提出执行异议，要求从案涉房屋拍卖款中优先支付毛某成尚欠的 28 万元购房余款。2019 年 4 月 18 日，一审法院作出 [2019] 皖 0521 执异 2 号执行裁定书，裁定自案涉房屋的拍卖执行款 75 万元中支付置业公司购房款 28 万元。唐某霞收到该裁定书后，向一审法院提起执行异议之诉，认为置业公司对案涉房屋不享有足以排除强制执行的民事权益。经审理，当涂县人民法院于 2019 年 12 月 4 日作出判决，撤销了一审法院 [2019] 皖 0521 执异 2 号执行裁定书。2020 年 1 月 13 日，吴某梅以案外人身份，以其与被执行人毛某成系夫妻关系，上述被执行拍卖的房产和车辆均系夫妻共同财产，毛某成的担保系个人债务为由，向当涂县人民法院提出执行异议。当涂县人民法院作出 [2020] 皖 0521 执异 1 号执行裁定书裁定：第一，确认异议人吴某梅享有拍卖夫妻共同财产所得价款的 50%份额；第二，从拍卖执行款支付 28 万元给置业公司，以支付欠余购房款。

马鞍山市中级人民法院认为：第一，《物权法》（已失效）第 95 条规定："共同共有人对共有的不动产或者动产共同享有所有权。"案涉房产属夫妻共同共有财产，夫妻中非被执行人一方可在该共有财产拍卖程序中主张其享有财产的份额。且案外人执行异议之诉的目的在于当案外人的合法权益受到侵害时，可以采取有效手段予以救济，以保障自身的合法权益。毛某成与吴某梅系夫妻关系，吴某梅对登记在其配偶毛某成名下的案涉房屋享有共同共有的物权权利，作为申请执行人的唐某霞知晓吴某梅该共同共有权利的存在，故本案不存在善意第三人的情形，案涉房屋亦未进入流通领域，唐某霞申请执行案涉房屋的依据属其对毛某成享有的连带担保的债权。吴某梅作为案涉房产的共同权利人，在其权利受到侵害时，享有在案件执行程序终结前提出执行异议的程序权利，可主张案涉房屋作为共同共有财产请求法院对其应享有的份额予以认定，故当涂县人民法院［2020］皖0521执异1号执行裁定书确认异议人吴某梅享有拍卖夫妻共同财产所得价款的50%份额并无不当。第二，人民法院执行机构在执行过程中只能以生效法律文书为依据，依法采取执行措施，强制义务人履行生效法律文书所判定的义务，其无权对执行过程中当事人之间发生的实体性权利纠纷作出确权裁判。具体到本案中，吴某梅与唐某霞对能否"从拍卖执行款支付28万元给马鞍山某置业有限公司，以支付欠余购房款"存在的争议属于实体权利争议，当事人对实体权利义务发生争议时，应通过诉讼程序解决。虽然从结果上来说，吴某梅从当涂县人民法院领取28万元后仍可以直接支付给马鞍山置业有限公司，但是一审法院在执行过程中针对该实体权利争议直接作出裁定，超出了执行程序的职权范围，违背了程序正当合法原则，依法应予以纠正。综上，唐某霞的上诉理由部分成立，一审判决认定事实清楚，但适用法律部分有误，应予以纠正。判决如下：第一，撤销安徽省当涂县人民法院［2020］皖0521民初2165号民事判决；第二，维持安徽省当涂县人民法院［2020］皖0521执异1号执行裁定书第一项，即"确认异议人吴某梅享有拍卖夫妻共同财产所得价款的50%份额"；第三，撤销安徽省当涂县人民法院［2020］皖0521执异1号执行裁定书第二项，即"从拍卖执行款支付28万元给马鞍山市某置业有限公司，以支付余欠购房款"；第四，驳回唐某霞其他诉讼请求。

问题与思考：

1. 简述制定民事强制执行法的必要性、基本原则和主要内容。

2. 简述执行依据的种类。

3. 本案中，［2020］皖0521执异1号执行裁定书是否正确？请说明理由。

民事执行，又称民事强制执行，是指法院的执行机构依照法定程序，运用国家强制力，强制被执行人履行生效法律文书确定的义务，以实现申请执行人合法权益的活动。法律文书确定的给付内容有两种实现方式：一种是义务人自觉履行义务；另一种是法院通过行使公权力强制义务人履行义务，即民事执行。民事执行行为是执行机构基于债权人的申请，运用国家公权力，强制债务人履行债务，以实现债权人权利的公法上行为。民事执行机构强制被执行人履行其义务并解决相关争议所适用的法定程序，就是民事执行程序。民事执行法是规定执行机关的组织及其运用强制力实施执行行为的程序规范的总和。

2022 年 6 月 21 日，最高人民法院院长周强在第十三届全国人民代表大会常务委员会第三十五次会议上代表最高人民法院作关于《中华人民共和国民事强制执行法（草案）》的说明。[1]以下为制定民事强制执行法的必要性、基本原则和主要内容：

（1）制定民事强制执行法的必要性。制定民事强制执行法是党的十八届四中全会确定的一项重大政治任务和立法任务，是以习近平同志为核心的党中央关于推进全面依法治国、建设中国特色社会主义法治体系作出的重要决策部署，具有重大深远意义。①制定民事强制执行法是落实党中央关于切实解决执行难部署的必然要求。党的十八届四中全会明确提出"切实解决执行难""依法保障胜诉当事人及时实现权益"的目标。2016 年 3 月以来，在以习近平同志为核心的党中央坚强领导下，人民法院打赢"基本解决执行难"攻坚战并持续巩固提升成果，解决了一批群众反映强烈的执行领域突出问题，有效治理了案件底数不清、执行行为不规范、案款管理混乱等乱象，中国特色的执行制度、机制和模式日益完善，人民群众实现胜诉权益的获得感不断提高。制定民事强制执行法是深入贯彻落实习近平法治思想和党的十八届四中全会部署的实际行动，有利于进一步巩固"基本解决执行难"成果，健全综合治理、源头治理执行难长效机制，为实现党中央提出的"切实解决执行难"目标提供有力法律保障。②制定民事强制执行法是完善中国特色社会主义法律体系的必然要求。2020 年 5 月，第十三届全国人民代表大会第三次会议审议通过《中华人民共和国民法典》，为人民群众权益保障提供了强大法律武器。民事强制执行制度是实现民事权利的重要保障，事关民法典等民事法律制度有效施行，必须根据经济社会发展和司法实践需要不断完善。在民事诉讼法执行程序编基础上制定专门的民事强制执行法，有利于推进执行法律规范体系化、具体化，为人民法院严格规范公正文明办理执行案件提供充分

---

[1] 周强："关于《中华人民共和国民事强制执行法（草案）》的说明——2022 年 6 月 21 日在第十三届全国人民代表大会常务委员会第三十五次会议上"，载《人民法院报》2022 年 6 月 26 日。

法律依据，为民事主体实现权利提供更加全面的法律保障，有利于完善具有中国特色、时代特色、实践特色的民事强制执行法律制度，健全中国特色社会主义法律体系，为世界法治文明发展贡献中国智慧。③制定民事强制执行法是巩固社会主义基本经济制度、推进社会诚信体系建设、推动高质量发展的必然要求。健全的民事强制执行制度有助于保护产权、维护交易秩序、优化营商环境。2019 年以来，人民法院年均办理 1016 万件执行案件，执行到位金额年均 1.85 万亿元，大量市场要素和资金通过执行程序得以重组、释放，为完善社会主义市场经济体制发挥了重要作用。当前，经济下行压力加大，一些市场主体特别是中小微企业、个体工商户面临生存困难，通过民事强制执行程序及时高效兑现胜诉权益的诉求更加强烈，同时对执行措施的合法性、适当性、精准性和平等保护各方权益的要求更加迫切。制定民事强制执行法，进一步健全民事强制执行制度，有利于完整、准确、全面贯彻新发展理念，更好发挥执行职能作用，督促当事人自觉履行义务，维护交易安全和市场秩序，推进社会诚信体系建设，营造市场化法治化国际化营商环境，推动构建新发展格局，实现高质量发展。④制定民事强制执行法是规范约束执行权、强化执行监督、推动执行体系和执行能力现代化的必然要求。执行工作作为依靠国家强制力实现生效法律文书的活动，既是司法程序的关键一环，也事关当事人能否真正兑现胜诉权益。近年来，人民法院大力加强执行规范化建设，持续整治滥用执行权、侵犯人民群众权益的违法行为，取得明显成效。同时，消极执行、乱执行等执行不规范问题在有些地区、有些方面仍然存在。制定民事强制执行法，优化执行权配置，完善执行权运行机制，强化对执行权的监督制约，有利于建立权责明晰、运转高效、监管有力、保障充分的现代化执行体系，将执行权关进制度铁笼，确保执行权严格规范公正文明行使，确保民事主体合法权益得到切实保障。

（2）制定民事强制执行法遵循的基本原则。①坚持正确政治方向。牢牢坚持党对司法工作的绝对领导，坚定不移走中国特色社会主义法治道路，坚决贯彻党中央的决策部署，坚持服务党和国家工作大局，充分发挥民事强制执行法在坚持和完善中国特色社会主义制度、促进国家治理体系和治理能力现代化等方面的重要作用。②坚持以人民为中心。践行善意文明执行理念，提升依法高效执行水平，及时实现胜诉当事人的合法权益，充分保护各方当事人和利害关系人合法权益。③坚持立足国情。全面总结党的十八大以来党领导人民法院攻坚执行难形成的制度和经验，充分体现我国民事强制执行制度优越性，以立法方式巩固发展执行法治成果。④坚持问题导向。牢牢扭住人民群众的急难愁盼问题，以实践需求明确立法方向，不断提高民事强制执行法立法的针对性、有效性、适应性，夯实切实解决执行难的法律基础。

（3）制定民事强制执行法的主要内容。草案分为 4 编 17 章，共 207 条，各编依次为总则、实现金钱债权的终局执行、实现非金钱债权的终局执行、保全执行，以及附则。在体例结构上，参考民法典，采用编章节的体例和总分结构；在立法技术上，逐级提取"公因式"，尽可能减少条文，也提高结构的系统性；在草案内容上，注重总结具有实践基础、中国特色的执行查控、执行财产变现、执行管理模式，并把制约和监督执行权、规范执行行为，以及通过执行实践和司法解释解决不了的法律适用难题作为起草重点。①总则编。该编规定民事强制执行活动必须遵循的基本原则和一般性规则，统领各分编，共 7 章 99 条，主要内容有：第一章"一般规定"，明确了立法目的、立法依据、基本原则等。第二章"执行机构和人员"，主要规定了执行机构的设置、执行人员的范围和职责等。第三章"执行依据"，主要明确了执行依据的功能、范围、要件和不予执行问题等。第四章"执行当事人"，主要规定了执行当事人的范围和变更追加当事人程序。第五章"执行程序"，共有 7 节。第一节"一般规定"，主要规定了执行行为的记录、执行和解、执行担保、执行公开等。第二节"执行立案"，主要规定了管辖法院的确定、申请执行的条件、受理、执行通知等。第三节"执行调查"，主要规定了线索核实、法院查询、搜查、审计、悬赏等调查措施。第四节"执行措施"，主要规定了执行措施的种类、限制消费、限制出境和拘传等。第五节"制裁措施"，主要规定了罚款和拘留措施的适用条件、实施、期限等。第六节"协助执行"，主要规定了协助执行义务人及事项、程序、法律责任等。第七节"执行停止和终结"，主要规定了中止执行、暂缓执行、终结执行的情形和效力等。第六章"执行救济"，主要规定了执行行为异议和复议、案外人异议和案外人异议之诉、执行回转等。第七章"执行监督"，主要规定了上级法院监督、检察监督。②实现金钱债权的终局执行编。该编共有 7 章 83 条，主要内容有：第八章"执行财产的范围"，主要规定了执行财产权属的形式判断原则、豁免执行财产范围及其例外等。第九章"对不动产的执行"，共有 3 节，是对动产、债权等其他财产执行的参照适用依据。第一节"查封"，主要规定了不动产查封的方法、效力等。第二节"变价",主要规定了不动产的现场调查、确定参考价、拍卖、变卖、抵债等变价程序。第三节"强制管理",主要规定了强制管理的适用情形、管理人制度和收益的使用等。第十章"对动产的执行",主要规定了动产的查封方法及其效力、查封物的保管等有别于不动产查封变价程序的内容。第十一章"对债权的执行",主要规定了对存款和一般债权的执行方法。第十二章"对股权等其他财产权的执行",主要规定了股权、股票、知识产权等财产权的特殊执行方法。第十三章"对共有财产的执行",主要规定了对按份共有财产和共同共有财产的执行方法等。第十四章"清偿和分配",主要规定了案款发放、分配的适用条件、程序以及对分配方案不服的救济等。③实现非金钱债权的终局执行编。该编共有 2 章 17 条。第十五章"物之交付请求权的执行",主要规定了交付不动产、动产、种类物等标的物的执行方法。第十六章"行为请求权的执行",主要规定了可替代行为、不可替代行为、不作为等的执行方法。④保全执行编。该编共有 1 章 5 条,主要规定了保全执行的启动、特殊变价规则以及与终局执行的衔接、保全中的担保等内容。⑤附则。"附则"部分共有 3 条,主要规定了本法与民事诉讼法的关系、本法的适用范围以及生效日期。

有学者认为,人民性是习近平法治思想的鲜亮底色,我国民事强制执行立法应当坚持以人民为中心思想。以人民为中心的民事强制执行立法的逻辑起点是民事权益的有效司法保护,保护路径为由抽象的民事权益确认到具体的民事权益确定,再到实际的民事权益实现,实质是将静态的"权益宣告"转化为现实的"权益确定",再以国家强制力确保"权益实现"。该立法应当以程序利用者为中心,既要抵制实务部门的本位主义倾向,也要避免列举域外理论或立法例来代替实质性论证。民事强制执行立法不仅应当妥善调整债权人、债务人、利害关系人、案外人等主体之间的关系,还应当防止未经正当程序保障且不具有主观可归责性的主体被随意卷入强制执行程序。因而,以人民为中心的民事强制执行立法应当贯彻效率、人道、安定等三种价值理念。[1]

执行依据,又称执行根据或执行名义,是指执行机关据以执行的法律文

---

[1] 黄忠顺:"以人民为中心的民事强制执行立法:逻辑起点、价值理念及关键环节",载《深圳大学学报(人文社会科学版)》2022 年第 1 期。

书，是由有关机构依法出具的，载明债权人享有一定债权，债权人可据以请求执行的法律文书。执行依据作为一种已经生效的法律文书，不仅权利义务主体应当明确，而且给付的内容也应当明确。不具有给付内容，或虽有给付内容但法律规定不属于法院强制执行的法律文书，不能成为执行依据。

《民事诉讼法》第 231 条根据法律文书制作者的不同，将执行依据分为两种类型：一是人民法院制作的法律文书，包括民事判决、裁定和刑事判决、裁定中的财产部分等；二是法律规定由人民法院执行的其他法律文书。发生法律效力的民事判决、裁定，以及刑事判决、裁定中的财产部分，由第一审人民法院或者与第一审人民法院同级的被执行的财产所在地人民法院执行。法律规定由人民法院执行的其他法律文书，由被执行人住所地或者被执行的财产所在地人民法院执行。人民法院制作的法律文书主要包括：①确定的判决。可以作为执行依据的判决有民事判决和刑事判决中有关财产部分的判决。其中，民事判决包括依据特别程序作出的认定财产无主的判决。刑事判决中，有关财产部分的判决包括对被告人课以财产刑和责令被告人退赔的刑事判决，以及附带民事诉讼中确定被告人承担民事赔偿责任的判决。②确定的裁定。作为执行依据的裁定主要是民事裁定。《民事诉讼法》第 157 条规定的 11 种民事裁定中，只有财产保全和先予执行的裁定具有给付内容，可以作为执行依据。人民法院基于特别程序作出的实现担保物权裁定和确认调解协议裁定，依据法律的规定，也可以成为执行依据。另外，执行回转的裁定、执行担保人财产的裁定、追究协助执行人民事责任的裁定也可以作为执行依据。其他仅对诉讼程序作出的有关程序性问题的民事裁定不能作为执行依据。根据我国缔结或参加的国际条约、双边的司法协助协定，或根据互惠原则，人民法院承认外国法院判决或外国仲裁机构的裁决的，要通过裁定予以承认。具有给付内容、符合执行条件的裁定，也可以成为执行依据。③发生法律效力的调解书、支付令。法律规定由法院执行的其他法律文书主要包括：①仲裁裁决。对于仲裁裁决，当事人不得请求复议，也不得向法院上诉。对于具有给付内容的裁决，一方当事人不履行的，另一方当事人可以向法院申请执行。②劳动争议仲裁裁决。③劳动争议先予执行裁决。仲裁庭对追索劳动报酬、工伤医疗费、经济补偿或者赔偿金的案件，根据当事人的申请，可以裁决先予执行，移送人民法院执行。④农村土地承包仲裁裁决。⑤农村土地承包仲裁先行裁决。⑥公证债权文书。对经公证的以给付为内容并载明债务人愿意接受强制执行承诺的债权文书，债务人不履行或者履行不适当的，债权人可以依法向有管辖权的法院申请执行。公证债权文书应当依当事人双方共同申请作出，公证处在当事人、利害关系人对申请公证的事项无争议的情况下，对债权文书的合法性、真实性进行公证，所公证的债权文书方可被赋予强制执行力。[1] 人民法院执行机构在执行过程中只能以生效法律文书为依据，依法采取执行措施，强制义务人履行生效法律文书所判定的义务，其无权对执行过程中当事人之间发生的实体性权利纠纷作出确权裁判。

本案中，吴某梅与唐某霞对能否"从拍卖执行款支付 28 万元给置业公司，以支付欠余购房款"存在的争议属于实体权利争议，当事人对实体权利义务发生争议时，应通过诉讼程序解决。虽然从结果上来说，吴某梅从一审法院领取 28 万元后仍可以直接支付给置业公司，但是一审法院在执行过程中针对该实体权利争议直接作出裁定，超出了执行程序的职权范围，违背了程序正当合法原则，故该执行裁定错误，应依法予以纠正。

执行依据是债权人据以申请执行和执行机关据以采取执行措施的生效法律文书，根据其制作过程尊重当事人意思自治的程度，可分为裁判和协议两类：裁判类执行依据是双方当事人经过争执对抗，由裁判机关（人民法院或仲裁机构）依照完整的审判程序或裁决程序，在证据调查的基础上认定事实和适用法律而形成的裁判文书或仲裁裁决书；协议类执行依据是在当事人充分协商、互谅互让、意思自治基础上形成的以权利义务为内容的法律文书，具体包括人民法院制作的调解书、司法确认的人民调解协议、仲裁调解书、依调解制作的仲裁裁决书、被赋予强制执行效力的公证债权文书。此类执行依据具有类似合同特征，存在条件、期限、对待给付等诸多限制，经博弈后协商一致的权利义务仍易出现理解和表达上的分歧，构成相对复杂，在执行审查中屡屡出现各种争议。协议类执行依据所载债权相对于诉请解决的原争议民事权利义务，实质上是债的变更、债的替换或者新债取代旧债，且经常将现在给付请求权更换为如担保、将来给付、违约责任等诸多具有不确定因素的新的给付请求权。依据制作机构仅进行债的变更、债的替换或者新债产生的合法性审查。新债要素的歧义和不确定性易导致执行内容争议。为保障此类执行依据的执行力，审查主体应当从执行机构调整为执行依据制作机构，

---

〔1〕 江伟、肖建国主编：《民事诉讼法》（第 8 版），中国人民大学出版社 2018 年版，第 443 页。

执行机构自身仅限于公益性或者程序性审查。当执行依据内容审查机构难以确定执行依据实质而不予执行时，原则上应当允许申请执行人以新的法律关系为基础另行起诉。[1]

第二节　执行标的

案　例：李某隆与王某红、王某强、尚某敏民间借贷纠纷案[2]

李某隆与王某红、王某强、尚某敏民间借贷纠纷一案中，李某隆不服庆阳市中级人民法院作出的［2020］甘10执异198号执行裁定书，向甘肃省高级人民法院申请复议。庆阳市中级人民法院（以下简称"庆阳中院"）查明，关于异议人李某隆与被执行人王某强、尚某敏、王某红民间借贷纠纷一案，2016年8月19日，甘肃省庆阳市西峰区人民法院作出［2015］庆西民初字第3674号民事判决书，判决如下：第一，被告王某强、尚某敏共同归还原告李某隆借款本金486 000元及并按月利息2%支付自2014年9月4日起至归还之日止的利息；被告王某强、尚某敏共同归还原告李某隆借款本金252 750元及并按月利息2%支付自2014年11月14日起至归还之日止的利息；第二，被告王某红对上述借款本息承担连带清偿责任。判决生效后，王某强、尚某敏、王某红未自动履行义务，异议人李某隆向庆阳市西峰区人民法院（以下简称"西峰区法院"）申请强制执行，西峰区法院立案执行，2017年9月11日，庆阳中院提级执行。在执行中，庆阳中院于2019年11月8日对被执行人王某红名下位于庆阳市西峰区的房产及被执行人王某红名下的奥迪牌轿车进行了查封。后被执行人分次履行现金50万元。2020年6月12日，庆阳中院作出［2018］甘10执恢39号之三执行裁定书，认为本案执行标的738 750元，被执行人王某红（担保人）先后已履行50万元，剩余238 750元及利息，所查封的被执行人王某红名下的奥迪轿车价值可保证本案债权的实现，避免超标的查封，裁定：解除对王某红名下位于庆阳市西峰区房产的查封。2020

---

〔1〕　马登科："协议类执行依据的审查逻辑和制度完善"，载《法律科学（西北政法大学学报）》2021年第6期。

〔2〕　案例来源：甘肃省高级人民法院（2020）甘执复268号执行裁定书。

年 6 月 28 日，异议人李某隆向庆阳中院提交书面异议申请，请求撤销 [2018] 甘 10 执恢 39 号之三执行裁定书，对被执行人王某红名下的西峰区房产继续查封。庆阳中院认为，被执行人王某红作为担保人负连带清偿责任，已清偿借款 50 万元，剩余债务未履行完毕，现有被执行人王某红名下奥迪牌轿车仍在查封中，法院作出 [2018] 甘 10 执恢 39 号之三执行裁定书，解除对被执行人王某红名下位于庆阳市西峰区房产的查封裁定并无不当。异议人提出撤销该裁定书的理由不能成立，异议请求不予支持，裁定驳回李某隆异议请求。李某隆不服庆阳中院上述裁定，向甘肃省高级人民法院复议称：第一，撤销庆阳中院作出的 [2018] 甘 10 执恢 39 号之三、[2020] 甘 10 执异 198 号执行裁定书；第二，对被执行人王某红名下的西峰区房产予以查封。

甘肃省高级人民法院认为：在执行过程中，被执行人王某红分次履行 50 万元，执行法院对查封被执行人王某红名下的奥迪轿车未进行评估、拍卖，也未对执行依据确定的剩余本金及利息和违约金进行认真核算，上述事实不清，盲目解除查封的房产，可能会导致生效法律文书无法全额执行到位。根据《最高人民法院关于人民法院民事执行中查封、扣押、冻结财产的规定》（2008 年调整）第 21 条第 2 款，对于超标的查封，若已查封财产为不可分物且被执行人无其他可供执行的财产或者其他财产不足以清偿债务的情形下，不予解除对超标的额部分财产的查封、冻结。本案中，被执行人王某红承担连带清偿责任，所涉其名下被查封的房产仅存在一个权属证明，应属于不可分物，王某红认为执行法院超标查封，除王某红提供足以证明存在查封明显超过标的额的证据外，并提供其他可供执行的财产或者其他财产足以清偿债务的证据，则查封其位于庆阳市西峰区房产及车辆不存在超标的情形。综上，庆阳中院作出的 [2018] 甘 10 执恢 39 号之三、[2020] 甘 10 执异 198 号执行裁定书，基本事实认定不清，应当予以纠正。裁定如下：第一，撤销庆阳市中级人民法院 [2018] 甘 10 执恢 39 号之三执行裁定书；第二，撤销庆阳市中级人民法院 [2020] 甘 10 执异 198 号执行裁定书。

问题与思考：

1. 简述执行标的的特征和类型。

2. 本案中，甘肃省高级人民法院作出的裁定是否正确？请说明理由。

执行标的，又称执行客体，是指在执行程序中，执行机构的执行行为指向的用于满足权利人实体权利请求的客体。一般而言，能够用以实现债权的物、权利或行为都属于执行标的，现代社会尊重个人人格，人为权利的主体，人身或自由一般不能成为权利的客体，即以财产执行为原则，以人身自由执行为例外。

执行标的具有以下特征：①范围有限性。执行标的作为实现申请执行人合法权益的客体，必须与申请执行人请求实现的权利的性质相一致，并属于被执行人所有或支配。同时，在执行中还要保留被执行人及其所扶养家属的基本生活费用和必要的财产。因此，执行标的的范围是有限的。②确定性。执行标的在据以执行的法律文书发生法律效力时就已经确定，在具体实施执行的过程中，非依法定程序不得变更执行标的。重视执行标的的确定性，是防止滥用执行权、维护执行当事人合法权益的重要保障。③非抗辩性。非抗辩性，是指生效法律文书确定的执行对象，无须当事人再举证予以证明，也不需要双方当事人再进行言词辩论予以确定，而是由执行机构依职权调查和判断。[1]

能够作为执行标的的是被执行人的财产或行为。财产可以是有体物，如不动产或动产，也可以是无形财产权，如知识产权。作为执行标的之无形财产权，必须是债务人独立的财产权利，具有财产价值和可转让性。完成行为的执行中，执行标的是被执行人的作为或不作为。《民事诉讼法》第259条明确规定了行为成为执行标的之情形："对判决、裁定和其他法律文书指定的行为，被执行人未按执行通知履行的，人民法院可以强制执行或者委托有关单位或者其他人完成，费用由被执行人承担。"这里理论上把执行标的解释为积极的行为，实践中，不作为也可以是执行标的，例如判决债务人在一定期限内不得为一定行为，或永久性停止侵害等。

对于人身能否成为执行标的，我国学术界尚未形成统一意见。有学者认为，人身既可以成为间接执行的执行标的，也可以成为直接执行的执行标的。间接执行是执行机构不直接以强制力实现债权人的权利，而课予债务人一定

---

〔1〕　参见谭秋桂：《民事执行原理研究》，中国法制出版社2001年版，第205~209页。我国理论界对执行标的的法律特征的认识观点不一。两特征说认为执行标的的特征是非抗辩形和法定性，参见章武生主编：《民事诉讼法新论》，法律出版社2002年版，第539~540页。三特征说认为执行标的的特征是多样性、非抗辩性和法定性，参见肖建华："执行标的的若干问题研究"，载陈光中、江伟主编：《诉讼法论丛》（第2卷），法律出版社1998年版，第617~621页。

的不利后果，以迫使债务人履行债务的执行，如拘留债务人或债务人的法定代表人。我国现行法律为促使债务人履行债务（尤其是不可替代的行为），允许以债务人的人身自由为间接执行的执行标的。比如，当事人不履行法律文书确定的行为，如果该项行为义务只能由被执行人完成，法院可依照《民事诉讼法》的规定，以拒不履行判决、裁定为由对债务人（包括单位主要负责人和直接责任人员）予以罚款、拘留，构成犯罪的，追究刑事责任。当然，对被执行人拘留的方式迫使被执行人履行债务的间接执行方式并非强制执行的目的，因此应当严格适用。[1]

被执行人的财产，原则上均可强制执行。但基于保障社会安全或债务人的生存、维护社会利益或第三人利益等考虑，法律规定对于被执行人的特定财产。执行法院不得采取执行措施。具体到有体物来说，《最高人民法院关于人民法院民事执行中查封、扣押、冻结财产的规定》第3条规定："人民法院对被执行人下列的财产不得封、扣押、冻结：（一）被执行人及其所扶养家属生活所必需的衣服、家具、炊具、餐具及其他家庭生活必需的物品；（二）被执行人及其所扶养家属所必需的生活费用。当地有最低生活保障标准的，必需的生活费用依照该标准确定；（三）被执行人及其所扶养家属完成义务教育所必需的物品；（四）未公开的发明或者未发表的著作；（五）被执行人及其所扶养家属用于身体缺陷所必需的辅助工具、医疗物品；（六）被执行人所得的勋章及其他荣誉表彰的物品；（七）根据《中华人民共和国缔结条约程序法》，以中华人民共和国、中华人民共和国政府或者中华人民共和国政府部门名义同外国、国际组织缔结的条约、协定和其他具有条约、协定性质的文件中规定免于查封、扣押、冻结的财产；（八）法律或者司法解释规定的其他不得查封、扣押、冻结的财产。"对无形财产权而言，法律或司法解释规定对某些财产权利不得执行，主要包括：信用证开证保证金；证券经营机构清算账户资金；证券、期货交易保证金；银行承兑汇票保证金；旅行社质量保证金；粮棉油收购专项资金；商业银行根据国家政策向特定企业发放的具有特定用途的贷款；社会保险基金和社会基本保障资金；国防科研试制费；金融机构存款准备金；军费（但军队"特种企业存款"除外）；《民法典》规定的专属于债务人所有的权利，如健康权、姓名权、肖像权、名誉权等都不得成为执

---

〔1〕 参见孙丽娟、谢俊："论执行标的有限性及其救济"，载《法学杂志》2010年第5期。

行标的。

在李某隆与王某红、王某强、尚某敏民间借贷纠纷中，执行标的是被执行人王某红名下位于庆阳市西峰区的房产及奥迪牌轿车。本案执行标的共738 750元，被执行人王某红履行50万元后，以名下还查封一辆奥迪轿车为由，向执行法院申请解封房产。执行法院在对被执行人王某红名下的奥迪轿车未进行评估、拍卖，也未对执行依据确定的剩余本金及利息和违约金进行认真核算的情况下，解除了查封的房产，这可能会导致生效法律文书无法全额执行到位。根据《最高人民法院关于人民法院民事执行中查封、扣押、冻结财产的规定》第19条，对于超标的查封，若已查封财产为不可分物且被执行人无其他可供执行的财产或者其他财产不足以清偿债务的情形下，不予解除对超标的额部分财产的查封、冻结。本案中，被执行人王某红承担连带清偿责任，所涉其名下被查封的房产仅存在一个权属证明，应属于不可分物，王某红认为执行法院超标查封，除王某红提供足以证明存在查封明显超过标的额的证据，并提供其他可供执行的财产或者其他财产足以清偿债务的证据外，则查封其位于庆阳市西峰区房产不存在超标的情形。因此，甘肃省高级人民法院作出的裁定是正确的。

第三节 执行和解

案 例：王某军、陈某芳合同纠纷案[1]

2019年6月20日，山东省武城县人民法院就陈某芳诉王某军民间借贷纠纷一案，出具了［2019］鲁1428民初1358号民事调解书，协议内容为："一、王某军于2019年7月12日前偿还陈某芳借款本金5000元；二、剩余借款178 651元自2019年8月起按每月偿还5000元的标准于每个月的12日前偿还，如果不能按期偿还，截至2019年12月12日将剩余的款项一次性付清；三、其他无争执。因王某军未履行该协议，陈某芳申请法院执行该调解书所确定的权利和义务。"在执行过程中，陈某芳作为甲方，王某军作为乙方，双方于2020年8月26日达成执行和解协议，协议约定："一、［2019］鲁1428

---

［1］ 案例来源：山东省武城县人民法院［2020］鲁1428民初1831号民事判决书。

民初 1358 号民事调解书确定的乙方应给付甲方借款 22 861 元及利息,乙方用自己生产的宝马电动轿车另加 2000 元抵偿以上借款;二、车辆立即交付,2000 元于 2021 年 1 月 1 日前付清,甲方收到以上车辆后同意撤回对王某军的执行申请;三、执行费 243 元由乙方负担。协议达成后当即交付给陈某芳白色宝马电动四轮轿车一辆。"诉讼中王某军不能提供涉案车辆的合格证、技术标准、使用说明书等相关手续。后陈某芳自愿撤销对王某军的执行申请,山东省武城县人民法院出具了 [2020] 鲁 1428 执 334 号执行裁定书,裁定终结 [2019] 鲁 1428 民初 358 号民事调解书案件的执行。2020 年 11 月 14 日,陈某芳以该车没有合格证、没有说明书、没有售后服务点、无法上牌上路、侵害个人合法权益、对人身有危险为由诉至山东省武城县人民法院,要求撤销上述和解协议,退回车辆。

陈某芳向山东省武城县人民法院起诉,提出请求:第一,依法撤销双方于 2020 年 8 月 26 日签订的执行和解协议,王某军给付陈某芳借款 22 861 元及利息;诉讼中要求退回给王某军四轮白色宝马电动轿车一辆;第二,本案诉讼费及其他一切费用由王某军承担。王某军辩称,本案涉及的执行和解协议书是在 [2019] 鲁 1428 民初 1358 号民事调解书执行过程中达成的和解,是双方自愿达成的,没有任何强制,且协议基本履行完毕,陈某芳从王某军处开走四轮车后一直在使用,没有提出过不同意见。当时,该车没有证件的事情早就知道,现陈某芳又以没有相关证件,属于重大误解应予以撤销为由诉讼。再者,该协议已经基本履行,撤销协议对于双方均没有益处。

山东省武城县人民法院认为,根据《最高人民法院关于执行和解若干问题的规定》第 16 条,当事人、利害关系人认为执行和解协议无效或者应予撤销的,可以向执行法院提起诉讼。执行和解协议被确认无效或者撤销后,申请执行人可以据此申请恢复执行。涉案执行和解协议是在执行过程达成的,尚未履行完毕。现陈某芳提起诉讼,符合法律规定程序。本案的关键是涉案车辆抵偿借款的执行和解协议应否撤销。《合同法》(已失效)第 54 条规定:"下列合同,当事人一方有权请求人民法院或者仲裁机构变更或者撤销:(一)因重大误解订立的;(二)在订立合同时显失公平的。一方以欺诈、胁迫的手段或者乘人之危,使对方在违背真实意思的情况下订立的合同,受损害方有权请求人民法院或者仲裁机构变更或者撤销。当事人请求变更的,人民法院或者仲裁机构不得撤销。"《道路交通安全法》第 119 条第 1 款第(三)(四)项规定："（三）'机动车'，是指以动力装置驱动或者牵引，上道路行驶的供人员乘用或者用于运送物品以及进行工程专项作业的轮式车辆。（四）非机动车是指以人力或者畜力驱动，上道路行驶的交通工具，以及虽有动力装置驱动但设计最高时速、空车质量、外形尺寸符合有关国家标准的残疾人机动轮椅车、电动自行车等交通工具。"案涉的四轮电动车，显然不属于残疾人机动轮椅车或电动自行车的范畴，而是以电力作为动力装置驱动的轮式车辆，应当属于机动车范畴。《道路交通安全法》第8条规定："国家对机动车实行登记制度。机动车经公安机关交通管理部门登记后，方可上道路行驶。……"案涉四轮电动车既不能登记上牌又不能上道路行驶，而不能上路行驶显然不是陈某芳抵债获取该电动车的协议目的。涉案四轮电动轿车没有合格证、没有说明书、没有技术标准等，不能进入市场流通。该执行和解协议属于因重大误解、显失公平订立的合同，应予撤销。合同无效或者被撤销后，因该合同取得的财产应当予以返还；不能返还或者没有必要返还的，应当折价补偿。故该执行和解协议撤销后，陈某芳应返还给王某军白色四轮宝马电动轿车。关于陈某芳在本案中所诉的借款及利息，原民事调解书已发生法律效力，待本案结案后可再次申请执行。判决如下：第一，撤销陈某芳与王某军于2020年8月26日签订的执行和解协议；第二，陈某芳于判决生效后5日内退还给王某军白色四轮宝马电动轿车一辆；第三，驳回陈某芳的其他诉讼请求。

问题与思考：

1. 简述执行和解协议的成立要件。
2. 本案中的执行和解协议被撤销是否正确？请说明理由。

执行和解，是指在执行过程中，双方当事人自愿作出相互谅解和让步，就如何履行生效法律文书的有关内容达成协议，即执行和解协议，从而结束执行程序的活动。在执行中，双方当事人自行和解达成协议的，执行员应当将协议内容记入笔录，由双方当事人签名或者盖章。执行程序允许和解，但不允许调解，这是因为执行人员的任务是强制实现生效法律文书的内容，而非解决实体权利义务的争议。《民事诉讼法》第237条第2款规定："申请执行人因受欺诈、胁迫与被执行人达成和解协议，或者当事人不履行和解协议的，人民法院可以根据当事人的申请，恢复对原生效法律文书的执行。"

执行和解协议的内容一般包括：①变更履行的主体。由第三人代为承担被执行人的债务。②标的物及其数额的变更。即债权人放弃部分债权或协议变更执行标的物。③履行期限的延长。如延长全部债务的履行期限或分期分批延长债务的履行期限。④履行方式的变更。如约定以物抵债或以劳务抵债等方式履行义务。执行当事人可以对其全部或部分债权债务的履行达成和解协议。当事人对部分债权债务的履行达成和解协议的，其和解的效力仅及于该部分债权债务的执行。本案中的执行和解协议即为履行方式的变更，王某军用自己生产的宝马电动轿车另加 2000 元抵偿欠陈某芳的借款 22 861 元及利息。

执行和解协议的成立应具备以下要件：①主体要件。执行和解的主体只能是双方当事人即申请执行人和被执行人。②主观要件。执行和解的达成必须双方完全自愿。任何受制于对方或第三方的压力、胁迫、不当干预而达成的执行和解，任何在发生重大误解、违背诚实信用原则等情形下所为的执行和解，都违背了自愿原则。③内容要件。执行和解的内容必须合法。和解协议的内容不得违反国家法律、法规和政策的强制性规定，不得损害国家、集体和其他人的合法利益，否则无效。④时限要件。当事人自行达成和解协议，须在执行过程中发生。⑤形式要件。执行和解协议必须记入执行笔录。本案中，陈某芳就达成的调解书申请执行，在执行过程中与被执行人王某军达成和解协议。陈某芳抵债获取该电动车的协议目的是便于出行，但是根据《道路交通安全法》第 119 条第 1 款第（三）（四）项："（三）'机动车'，是指以动力装置驱动或者牵引，上道路行驶的供人员乘用或者用于运送物品以及进行工程专项作业的轮式车辆。（四）'非机动'车是指以人力或者畜力驱动，上道路行驶的交通工具，以及虽有动力装置驱动但设计最高时速、空车质量、外形尺寸符合有关国家标准的残疾人机动轮椅车、电动自行车等交通工具。"案涉的四轮电动车，显然不属于残疾人机动轮椅车或电动自行车的范畴，而是以电力作为动力装置驱动的轮式车辆，应当属于机动车范畴。案涉四轮电动车既不能登记上牌又不能上道路行驶，同时还没有合格证、没有说明书、没有技术标准等，不能进入市场流通，并不符合陈某芳想便于出行的目的，故该执行和解协议属于因重大误解、显失公平订立的合同，

《民诉法解释》第 464 条规定："申请执行人与被执行人达成和解协议后请求中止执行或者撤回执行申请的，人民法院可以裁定中止执行或者终结执行。"增加了执行和解后申请执行人对执行程序运行选择权的规定。之所以须

经申请是因为执行和解本质上属于私法行为，执行和解协议对当事人产生合同上的约束力，受民事法律规范调整。执行和解是当事人行使处分权的行为，只要协议是双方当事人的真实意思表示，内容不违反法律规定，不损害国家、集体和他人的利益，执行法院应当准许。执行人员原则上不得参与当事人之间的执行和解，也不应该主动要求当事人和解。执行程序的中止、终结是对执行程序的实质变更，因此，应当有权利提出申请的主体是申请执行人。如果达成了执行和解协议，仅有被执行人申请中止或者终结执行的，执行法院不应当允许。本案中，在达成执行和解协议后，陈某芳自愿撤销对王某军的执行申请，法院出具了［2020］鲁1428执334号执行裁定书，裁定终结［2019］鲁1428民初358号民事调解书案件的执行，至此，一个完整的执行和解程序就应当结束了。但本案出现了例外情形，即执行和解协议存在可撤销情形，故山东省武城县人民法院判决撤销陈某芳与王某军签订的执行和解协议，陈某芳退还给王某军白色四轮宝马电动轿车。原民事调解书已发生法律效力，陈某芳待结案后可再次申请执行借款及利息。

从该案例中可以看出，执行和解和执行和解协议并不相同。从语义来看，和解协议是当事人就债务人如何履行执行依据确定的内容而达成的一致意思表示，它分为书面和口头两种形式。执行和解则是执行机关准许执行当事人按照其达成的协议实现执行依据确定内容的活动与过程。由此可见，和解协议是协议，执行和解是活动与过程；和解协议的主体是执行当事人，执行和解的主体是执行机关与执行当事人。执行和解的成立应当具备两个条件：一是执行当事人达成和解协议；二是执行当事人向执行机关提交和解协议。也就是说，达成和解协议是执行和解成立的必要条件，但不是充分条件；向执行机关提交和解协议是执行和解成立的另一必要条件。只有达成和解协议并向执行机关提交，执行和解才能成立。只有提交执行机关，当事人达成的和解协议才能构成执行和解协议，没有提交执行机关的和解协议并非执行和解协议。[1]

执行和解协议仅发生拘束执行当事人的效力。和解协议已经履行完毕的，不得再请求恢复执行。执行和解协议书只是当事人间的协议，不得成为执行依据，不能排除原执行依据的执行力。所以，当事人达成和解协议后，原执

---

〔1〕　参见谭秋桂："论民事执行和解的性质"，载《法学杂志》2020年第11期。

行依据并不因此失效，只是原执行程序因此中止或结束。如申请执行人因受欺诈、胁迫与被执行人达成和解协议，或者一方当事人不履行或不完全履行执行和解协议的，对方不能就执行和解协议的有关内容向法院另行起诉，而只能申请恢复对原生效法律文书的执行。但和解协议已履行的部分应当扣除。本案中，王某军在诉讼过程中已向陈某芳偿还借款 2000 元，陈某芳在申请执行时应将 2000 元予以扣除。申请恢复执行原法律文书，适用《民事诉讼法》第 246 条有关申请执行时效的规定，申请执行时效因达成执行和解协议而中断，其期间自和解协议所定履行期的最后一日重新计算。

执行和解制度是我国民事强制执行法一项颇具自身特点的制度，也是民事强制执行实践中经常适用的一项制度，同时也是学术界（不仅民事诉讼法学界，也是法学界）争议最多的一项制度。学术界和实务界对于执行和解制度的结构、性质、实际运用一直都有许多议论，执行和解制度从来都是学界关于民事强制执行领域的主要话题之一。学者们对执行和解概念的定义也不统一。有的定义强调执行和解是对执行依据确定的权利义务关系的变更；有的强调不仅是对已确定权利义务关系的变更，还包括其他执行事项，如履行时间、履行方式等达成的协议；有的则没有强调对执行依据的变更，只是强调和解是对生效法律文书义务如何履行的协议；有的定义指出执行和解的效力在于使原执行程序不再进行；有的则指出和解协议的效力在于停止或者结束执行程序。[1]将当事人变更执行债权的和解协议记入笔录或附卷，产生阻却强制执行的效力，这种民事"执行和解"制度为我国所特有，曾罕见地得到了国外学者的赞誉。它在司法实践中被广泛应用于减轻执行负担、清理执行积案、化解执行矛盾等场合，一度在有些地方法院占到执行结案量的 1/4 以上。短期看，执行和解在"用两到三年时间基本解决执行难"运动中被寄予厚望；从长远看，它将在《强制执行法》的立法中占据重要位置。[2]

---

[1] 张卫平："执行和解制度的再认识"，载《法学论坛》2016 年第 4 期。
[2] 陈杭平："论民事'执行和解'制度"，载《清华法学》2018 年第 5 期。

第四节　执行行为异议与复议

**案　例：汉中某江南房地产开发有限公司与陕西某兴建筑劳务
有限责任公司建设工程施工合同纠纷案**[1]

申请执行人陕西某兴建筑劳务有限责任公司（以下简称"某兴劳务公司"）与被执行人杨某林、某江南房地产公司（以下简称"房地产公司"）建设工程施工合同纠纷案，经南郑区人民法院（以下简称"南郑法院"）一审、汉中市中级人民法院（以下简称"汉中中院"）二审、陕西省高级人民法院指令汉中中院再审，于 2019 年 11 月 12 日作出［2019］陕 07 民再 8 号民事判决。判决生效后，被执行人未履行义务，申请执行人向南郑法院申请强制执行。在执行过程中，南郑法院于 2020 年 4 月 23 日作出［2020］陕 0703 执 304 号执行裁定书，裁定对被执行人房地产公司、杨某林的银行等金融机构的存款予冻结、划拨，对其收入予扣留、提取，对其财产予查封、扣押（上述冻结、扣划、扣留、提取、查封、扣押金额限于人民币 10 596 333 元之内）。房地产公司提出异议，认为汉中中院［2019］陕 07 民再 8 号民事判决，判令房地产公司在欠付杨某林工程款的范围内对杨某林应付某兴劳务公司 1059 万余元款项承担还款责任，但房地产公司与杨某林没有结算，房地产公司是否还欠杨某林的工程款不明，在此情况下，执行法院对房地产公司的财产采取执行措施是错误的，请求撤销上述执行裁定，停止对房地产公司财产的强制执行措施。南郑法院认为，在审判及异议听证中，房地产公司均未就已付清杨某林工程款的主张提供证据，其异议理由不能成立，裁定驳回房地产公司的异议请求。

房地产公司不服汉中市南郑法院［2020］陕 0703 执异 6 号执行裁定，向汉中中院申请复议，请求：第一，撤销南郑区法院［2020］陕 0703 执异 6 号执行裁定；第二，撤销南郑法院［2020］陕 0703 执 304 号及［2020］陕 0703 执 304 号之一、之二、之三、之四、之五执行裁定，停止对复议申请人的财产的执行行为。主要理由：第一，［2019］陕 07 民再 8 号民事判决判令复议

---

[1]　案例来源：陕西省汉中市中级人民法院［2020］陕 07 执复 26 号执行裁定书。

申请人在欠付杨某林的工程款范围内对杨某林应付某兴劳务公司的工程款承担还款责任。但截至目前，杨某林没有与复议申请人结算，在复议申请人是否欠杨某林工程款不明的情况下，对复议申请人采取强制执行措施是错误的。第二，即使是杨某林与复议申请人结算后，确定了复议申请人仍欠杨某林的工程款，执行法院才能对复议申请人等值的财产采取执行措施。因此，南郑法院［2020］陕 0703 执异 6 号执行裁定以［2019］陕 07 民再 8 号民事判决确定复议申请人在欠付杨某林工程范围内承担还款责任为由，认为查控该案执行标的范围内的复议申请人的财产合法，是让复议申请人对杨某林的债务承担连带责任，明显是错误的。一审时复议申请人提交给杨某林支付工程款的凭据，一审承办异议的法官不收，却在裁定书中称复议申请人没有提交证据，对复议申请人程序不公。

汉中市中级人民法院认为：本案争议的焦点问题，即执行法院对房地产公司的财产采取控制措施是否合法。从查明的事实看，房地产公司与杨某林之间的建设工程施工合同没有结算，是否欠工程款不明，在审查房地产公司提出的异议中，被执行人杨某林应当作为当事人参与异议审查，对本案涉及工程结算及执行法院的执行行为表达自己的意见，从而综合判断对房地产公司的财产采取控制措施是否合法。但杨某林并未参加异议案件审查。裁定如下：第一，撤销汉中市南郑区人民法院［2020］陕 0703 执异 6 号执行裁定；第二，发回汉中市南郑区人民法院重新审查。

问题与思考：

1. 简述执行救济的内容、价值定位和功能。
2. 简述执行行为异议的适用条件。
3. 简述执行行为异议与执行异议之诉的区别。
4. 本案中，汉中市中级人民法院作出的裁定是否正确？请说明理由。

执行救济，是指当事人或利害关系人或案外人的利益，因法院的执行行为违法或不当而受到侵害时，为了保护当事人、利害关系人和案外人的合法权益，法律所规定的救济方法和制度。执行救济分为程序上的救济、实体上的救济和程序实体的双重救济方法。程序上的救济是指《民事诉讼法》第232 条的执行行为异议和第 233 条的申请变更执行法院。实体上的救济是指《民事诉讼法》第 234 条的案外人异议、执行异议之诉以及司法解释确立的分配方案异议之诉。程序实体的双重救济是指《民事诉讼法》第 240 条的执行回转。实践中，违法执行、不当执行侵害案外人合法权益的情形屡见不鲜，执行异议复议、案外人异议、案外人异议之诉等保护案外人合法权益的执行救济制度，始终是理论界研究的重点、实务界关注的焦点。[1]执行救济制度的价值定位是"保障公正、注重效率"，这是由执行救济制度的本质属性和执行工作的根本任务决定的。各类因强制执行措施引发的纠纷需要有符合正当程序保障原则的救济渠道，且执行救济制度需考虑到执行工作的特殊性，兼顾效率，这是构建和评价、理解与适用相关法律条文时必须遵从的基本理念。[2]执行救济具有以下三大功能：①权利救济功能。它既是对执行当事人和案外人实体权益和程序权益的救济，又是一个经常以权利体现出来的制度体系，与法律文书确定的实体权利相比处于附属性地位。②权力控制功能。这种控制既表现为私权利对公权力的控制，以权利制约权力，也表现为公权力之间的制衡，以权力制约权力。③平衡功能。一方面能实现私权利内部实体权利与程序权利的平衡，另一方面能实现公权力与私权利之间的平衡。[3]

现行执行救济制度分为三大类：第一类是执行救济异议制度。这类制度的基本特点是异议的提出、审查、裁决的程序属于非讼程序。异议的对象是违法执行行为。第二类是执行救济诉讼制度。此类制度包括案外人或第三人异议之诉、债权人（申请人）异议之诉和分配异议之诉。它们的基本特点是，执行中争议的解决是通过诉讼的方式，争议的内容涉及实体权利义务。第三类是执行回转制度。执行回转制度是我国执行救济制度的一个特色。执行回转无需通过获得新的执行根据便能够简便高效率地实现救济。执行救济制度具有以下三个基本特征：第一，执行中实体争议与程序争议既分离又混同。执行中的部分争议，在其处理程序上存在实体救济与程序救济的分离。例如，关于违法执行行为的救济明确适用执行异议程序，采用非讼的方法，并且实行复议制度。但某些争议又采取合一处理的方式。例如，关于案外人对执行标的错误的争议又采取执行异议加执行异议之诉的方式，将案外人的执行异

---

〔1〕　肖建国：《中国民事强制执行法专题研究》，中国法制出版社 2020 年版，第 166 页。

〔2〕　参见朱新林：《论民事执行救济》，中国政法大学出版社 2015 年版，第 22 页；朱新林："民事执行救济制度的司法适用与立法完善——以民诉法第 225、227 条为中心"，载《法治研究》2015 年第 1 期。

〔3〕　陈衍桥："执行救济的功能论"，载《广西社会科学》2019 年第 8 期。

议作为案外人异议之诉的前置程序。第二，在执行完结之后，执行根据被撤销时，直接采取执行回转的非讼方式恢复原有的状态。第三，执行救济制度的非体系化。作为体系化的执行救济制度，要求能够基本顾全到执行救济的整体需要，并且各个具体的执行救济制度之间应协调自洽。[1]

执行行为异议，是指当事人或利害关系人认为执行程序、执行措施方法违反法律规定的，请求执行法院予以救济的制度。《民事诉讼法》第232条规定："当事人、利害关系人认为执行行为违反法律规定的，可以向负责执行的人民法院提出书面异议。当事人、利害关系人提出书面异议的，人民法院应当自收到书面异议之日起十五日内审查，理由成立的，裁定撤销或者改正；理由不成立的，裁定驳回。当事人、利害关系人对裁定不服的，可以自裁定送达之日起十日内向上一级人民法院申请复议。"

有权提出异议的主体包括当事人和利害关系人。《最高人民法院关于人民法院办理执行异议和复议案件若干问题的规定》第5条对常见的利害关系人及其能够提出异议的四类情形进行了列举：①他案债权人。其认为在先查封人民法院的执行行为违法影响其债权受偿的。例如，抵押权人认为在先查封的法院无法定正当理由一直不处置查封财产，导致其抵押权长期拖延受偿的。②拍卖程序的竞买人。其认为人民法院的拍卖程序违法，影响其公平竞价的。③优先购买权人。其认为人民法院的拍卖、变卖或者以物抵债程序违法，侵害其对执行标的优先购买权的。④协助义务人。其认为人民法院要求协助执行的事项超出其协助范围或者要求协助执行的事项违反法律规定的。另外，以概括的方法对利害关系人的其他情形进行了兜底规定，即当事人以外的公民、法人和其他组织，如果认为其他合法权益受到人民法院违法执行行为侵害的，也可以提出执行行为异议。需要注意的是，这里的"其他合法权益"，应是指程序性权益和不能排除执行的实体权益，如果是主张能够排除执行的实体权益，则其身份是案外人。[2]本案为当事人汉中某江南房地产开发有限公司提出执行行为异议。

执行行为异议分为申请和异议两种类型，申请是指请求执行机关为一定

---

〔1〕 张卫平："执行救济制度的体系化"，载《中外法学》2019年第4期。

〔2〕 参见江必新、刘贵祥主编：《最高人民法院关于人民法院办理执行异议和复议案件若干问题规定理解与适用》，人民法院出版社2015年版，第73~77页。

行为或不为一定行为的意思表示，异议是指当事人或利害关系人不同意执行机关所实施的某种执行行为，而请求执行机关予以变更或撤销的意思表示。对于执行行为异议，由实施强制执行行为的法院行使专属管辖，执行行为异议应于执行程序开始后，执行终结前提出，当事人、利害关系人提出书面异议的，人民法院应当自收到书面异议之日起 15 日内审查，理由成立的，裁定撤销或者改正；理由不成立的，裁定驳回。当事人、利害关系人对裁定不服的，可以自裁定送达之日起 10 日内向上一级人民法院申请复议。当事人或利害关系人提出执行异议后，为避免延滞执行程序，并不停止执行程序。即使当事人或利害关系申请复议时，也不能停止执行程序。因执行方法、措施、具体执行程序等违反法律规定侵害其程序上的利益，当事人、利害关系人之间并不存在实体权利义务争议，只是因为执行程序上的瑕疵侵害了其程序上的利益，因此，此救济方法是一种程序上的救济，针对的是执行行为本身，而不涉及实体争议问题。本案中，房地产公司就是向执行裁定书作出的汉中市南郑区人民法院提出的异议，汉中市南郑区人民法院认为其异议理由不能成立，裁定驳回了异议请求，继而房地产公司向上一级人民法院即汉中市中级人民法院申请复议。

执行行为是指执行法院在执行过程中作出的能够发生一定法律效果的行为。为了便于异议主体行使异议权，防止利用不当的异议理由迟滞执行，《理执行异议和复议题的规定》第 7 条就可以提出异议的执行行为的范围进行了明确的规定：第一类是查封、扣押、冻结等各类执行措施，实践中往往以裁定等相关法律文书作为载体，也是异议指向最多的对象。第二类是执行的顺序、期间等应当遵守的法定程序。例如，如果人民法院不经查封、扣押、冻结就直接处分被执行的财产，当事人、利害关系人可以提出异议。第三类是人民法院在执行过程中作出的侵害当事人、利害关系人合法权益的其他行为。还应注意两点：第一，从《民事诉讼法》第 232 条对违法的执行行为，人民法院应当予以"裁定撤销或者改正"的用语看，这里的执行行为一般应当是指针对人民法院作出的积极行为，但也不排除特殊情况下对消极执行行为的异议，例如轮候查封债权人要求在先查封法院尽快处置查封财产的。第二，并非对人民法院在执行中作出的所有行为均可提出异议。人民法院的内部管理行为，例如更换承办人、延长执行期限等，不能提出异议；上级人民法院的监督行为，例如指定执行、提级执行，也不能提出异议。[1]本案中，房地产公司针对的就是汉中市南郑区人民法院作出的［2020］陕 0703 执 304 号执行裁定书中确定的将其金融机构的存款予以冻结、划拨，对其收入予以扣留、提取，对其财产予以查封、扣押的执行行为。

根据《最高人民法院关于人民法院办理执行异议和复议案件若干问题的规定》第 23 条第（三）项，上一级人民法院对不服异议裁定的复议申请审查后，异议裁定认定基本事实不清、证据不足的，裁定撤销异议裁定，发回作出裁定的人民法院重新审查，或者查清事实后作出相应裁定。从本案查明的事实来看，房地产公司与杨某林之间的建设工程施工合同并没有结算，是否欠工程款仍不明，在审查房地产公司提出的异议中，被执行人杨某林应当作为当事人参与异议审查，对本案涉及工程结算及执行法院的执行行为表达自己的意见，但杨某林并未参加异议案件审查，因此汉中市南郑区人民法院作出裁定时所认定的基本事实不清，汉中市中级人民法院裁定撤销并发回重审。

《民事诉讼法》第 233 条规定了人民法院自收到申请执行书之日起超过 6 个月未执行的，申请执行人可以向上一级人民法院申请执行。此条的立法目的在于解决执行实践中存在的执行不力而非执行不能现象。上一级人民法院经审查，可以责令原人民法院在一定期限内执行，也可以决定由本院执行或者指令其他人民法院执行。

执行行为异议与执行异议之诉作为两种不同的执行救济方法，二者区别如下：①当事人不同。执行行为异议可以由债权人、债务人或利害关系人提出；执行异议之诉由债务人或案外第三人提出。②管辖法院不同。执行行为异议由执行法院专属管辖；执行异议之诉由民事法院（即执行法院的民事庭）管辖。③异议目的不同。执行行为异议系对执行程序不服，以撤销或更正执行行为为目的；执行异议之诉则以排除强制执行为目的。④异议原因不同。执行行为异议的原因在于对执行法院的执行措施方法不服，认为执行程序违法等；执行异议之诉的原因在于有消灭或妨碍债权人请求的事由或就特定标的物有足以排除强制执行的权利。⑤裁判程序不同。执行异议原则上不经言词辩论，以裁定形式作出；执行异议之诉为正常的民事审判程序，经过言词

---

〔1〕 参见刘贵祥、范向阳："《关于人民法院办理执行异议和复议案件若干问题的规定》的理解与适用"，载《人民司法》2015 年第 11 期。

辩论程序以判决形式作出。[1]

第五节　案外人异议

案　例：张某与北京某拾科技发展中心案外人异议纠纷案[2]

中国某资产管理公司重庆分公司（以下简称"资产管理公司"）与某坤锦绣房地产开发公司（以下简称"锦绣公司"）、北京某坤投资集团有限公司（以下简称"投资公司"）、北京某坤长业房地产开发有限公司（以下简称"长业公司"）、黄某波借款合同纠纷一案，重庆市高级人民法院于2014年10月29日保全查封了锦绣公司名下含争议房屋以及对应的土地使用权在内的相关财产。2015年4月20日，法院作出［2014］渝高法民初字第00055号民事判决书，判决由锦绣公司偿还资产管理公司借款本金2亿元及其利息，投资公司、长业公司、黄某波对上述债务承担连带清偿责任，资产管理公司对涉案的抵押物享有优先受偿权。判决生效后，资产管理公司向法院申请执行，法院于2016年3月11日立案执行。因被执行人未履行生效法律文书确定的义务，法院在执行中，分别于2016年8月22日作出［2016］渝执恢15号之一执行裁定书、2019年8月12日作出［2016］渝执恢15号之十一执行裁定书，续行查封了被执行人锦绣公司名下含争议房屋以及对应的土地使用权在内的相关财产。本案执行中，北京某拾科技发展中心（有限合伙）受让了本案的债权，经该公司申请，法院于2019年2月26日以［2019］渝执异17号执行裁定书裁定变更北京某拾科技发展中心（有限合伙）为本案申请执行人。再查明：2012年11月5日，资产管理公司向北京市海淀区建设委员会（房屋管理局）出具了抵押权人同意抵押房屋销售的证明，同意锦绣公司开发的海淀区头堆村碧河花园一期某区2、3号楼在建工程抵押和现房抵押的房屋全部进行销售。另查明：案外人张某于2013年1月9日与锦绣公司签订了《商品房现房买卖合同》，购买了房屋，总价款为180万元，锦绣公司于2013年1月13日出具了专用发票。张某缴纳了2013年至2014年度至2020年至

［1］　江伟、肖建国主编：《民事诉讼法》（第8版），中国人民大学出版社2018年版，第468页。
［2］　案例来源：重庆市高级人民法院［2021］渝执异3号执行裁定书。

2021 年度供暖费 9058.56 元。由于锦绣公司和资产管理公司的债务纠纷，导致上述房屋仍然登记在锦绣公司名下，未办理分户产权证。

案外人张某向重庆市高级人民法院提出异议，称坐落于北京市海淀区房屋，系其在法院查封之前从锦绣公司处购买，于 2013 年 1 月 9 日签订《商品房现房买卖合同》，并支付了全部购房款，同日交付房屋，该买卖合同真实存在，已经网签备案。至今未办理产权过户登记的原因在于锦绣公司，其没有任何过错，现因原债权人资产管理公司的执行申请，导致贵院查封了该房屋，损害了其合法权益，请求法院依法解除对上述房屋以及对应土地使用权的查封并中止执行。

重庆市高级人民法院认为：本院查封的争议房屋，系案外人张某从被执行人锦绣公司处购买的商品房，当时该房屋虽有抵押，但抵押权人资产管理公司出具了同意销售抵押房屋的证明，应视为资产管理公司放弃了以抵押权对抗买受人的物权期待权。张某签订房屋买卖合同的时间和实际占有使用该房屋的时间，均在本院司法查封以前，张某已经支付了全部房屋价款，该房屋目前虽然登记在被执行人锦绣公司名下，未办理过户登记给买受人，是锦绣公司和债权人的债务纠纷所致，而非因买受人张某的自身原因和过错，对案外人张某作为无过错不动产买受人的物权期待权应当依法予以保护，案外人张某对本案的执行标的享有足以排除强制执行的权益，故其异议请求合法有据，本院予以支持。裁定如下：中止对被执行人北京锦绣房地产开发有限公司位于北京市海淀区某街 2 号院 3 号楼 6 层 601 号房屋以及对应土地使用权的执行。

问题与思考：

1. 简述案外人异议的条件。

2. 本案中，案外人张某对房屋是否享有足以排除强制执行的权益？请说明理由。

案外人异议，是指案外人基于对执行标的的有足以排除强制执行的实体权利，向执行法院提出的不许对该标的实施强制执行的请求。《民事诉讼法》第 234 条规定："执行过程中，案外人对执行标的提出书面异议的，人民法院应当自收到书面异议之日起十五日内审查，理由成立的，裁定中止对该标的的执行；理由不成立的，裁定驳回。案外人、当事人对裁定不服，认为原判决、裁定错误的，依照审判监督程序办理；与原判决、裁定无关的，可以自裁定送达之日起十五日内向人民法院提起诉讼。"立法采取的是"案外人异议前置、异议之诉后置"的法定顺序主义结构，即案外人对执行标的的权属存在争议的，必须先向执行法院提出书面异议，然后法院经过裁判后，才能根据具体情况启动审判监督程序或提起执行异议之诉。案外人异议前置程序，由"审查性裁决"代替"审理性裁决"，有违"审执分离"原理，但具有一定的诉前截流效果，一定程度上防止恶意转移财产的得逞，产生了一定的积极效果。[1]

　　案外人异议属于实体上的救济方法，而非对执行程序本身提出异议。案外人异议应当在执行程序开始后、终结前向执行法院提出，为了防止案外人滥用异议权，同时利于人民法院准确把握异议的焦点，提出案外人执行异议必须采取书面形式。执行机构应当自收到书面异议之日起15日内对案外人是否系权利人、该权利的合法性与真实性，以及该权利能否排除执行进行审查。案外人对执行标的不享有足以排除强制执行的权益的，法院裁定驳回其异议；案外人对执行标的享有足以排除强制执行的权益的，法院裁定中止执行。驳回案外人执行异议的裁定自送达之日起15日内，无论案外人是否向法院起诉，执行机构均不得对执行标的进行处分。案外人撤回异议或者被裁定驳回异议后，再次就同一执行标的提出异议的，人民法院不予受理。

　　提出案外人执行异议的主体须为案外人，即执行当事人以外，对执行标的主张排除执行的实体权利，认为法院对该标的的执行侵害其实体法上权利的公民、法人或者其他组织。《最高人民法院关于适用〈中华人民共和国民事诉讼法〉执行程序若干问题的解释》第15条规定，案外人提起执行异议的事由包括案外人对执行标的主张所有权或者有其他足以排除执行标的的转让、交付的实体权利，包括所有权、担保物权、占有等权利及利益。《民诉法解释》第463条第1款规定："案外人对执行标的提出的异议，经审查，按照下列情形分别处理：（一）案外人对执行标的不享有足以排除强制执行的权益的，裁定驳回其异议；（二）案外人对执行标的享有足以排除强制执行的权益的，裁定中止执行。"

---

　　〔1〕　参见唐力等：《新民事诉讼法实施状况评估与对策建议》，中国法制出版社2018年版，第225~229页。

本案中，重庆市高级人民法院查封的争议房屋，系案外人张某从被执行人锦绣公司处购买的商品房，当时该房屋虽有抵押，但抵押权人资产管理公司出具了同意销售抵押房屋的证明，应视为资产管理公司放弃了以抵押权对抗买受人的物权期待权。张某签订房屋买卖合同的时间和实际占有使用该房屋的时间，均在法院司法查封以前，张某已经支付了全部房屋价款，虽然目前该房屋登记在被执行人锦绣公司名下，未办理过户登记给买受人，但这是锦绣公司和债权人的债务纠纷所致，而非因买受人张某的自身原因和过错，因此案外人张某作为无过错不动产买受人的物权期待权应当依法予以保护，其对本案的执行标的享有足以排除强制执行的权益。因此，重庆市高级人民法院裁定中止了对该房屋及对应土地使用权的执行。

为充分保护案外人的合法权益，避免将案外人的财产作为被执行人的责任财产予以执行，《最高人民法院关于适用〈中华人民共和国民事诉讼法〉执行程序若干问题的解释》第16条规定，案外人执行异议审查期间，可以对执行标的采取查封、扣押、冻结等控制性措施，但不得进行处分。案外人向人民法院提供充分、有效的担保请求解除对异议标的的查封、扣押、冻结的，执行法院可以根据案件的具体情况予以准许。申请执行人提供充分、有效担保请求继续执行的，执行法院应当继续对异议标的物予以执行，以防止案外人滥用异议权而造成执行的过分拖延。因案外人提供担保解除查封、扣押冻结有错误，致使执行标的无法执行的，执行机构可以直接执行担保的财产；申请执行人提供担保请求继续执行有错误，并给对方当事人造成损失的，应当予以赔偿。

第六节　不予执行

案　例：北京某元信业信息技术有限公司、陈某良借款合同纠纷案[1]

申请执行人北京某元信业信息技术有限公司（以下简称"某元公司"）与被执行人陈某良借款合同纠纷一案，湛江仲裁委员会作出的［2018］湛仲字第0E032979号已经发生法律效力，但被执行人未履行其确定的法律义务。

---

〔1〕　案例来源：山东省潍坊市中级人民法院［2021］鲁07执43号执行裁定书。

申请执行人向山东省潍坊市中级人民法院申请强制执行，法院于 2021 年 1 月 7 日立案。法院查明，[2018] 湛仲字第 0E032979 号裁决书的裁决主文如下："一、限被申请人陈某良于本裁决生效之日起七日内向申请人某元公司偿还尚欠借款本金 3066.51 元及逾期利息。如果未按本裁决指定的期间履行给付金钱义务，加倍支付迟延履行期限的债务利息。二、本案仲裁费 30.4 元由被申请人陈某良承担。"被申请人于 2017 年 4 月 22 日通过北京某某普惠信息技术有限公司（以下简称"普惠公司"）居间服务签订了《借款协议》，约定借款本金总额为 15 218.78 元，借款期限为 18 个月，自 2017 年 4 月 22 日起至 2018 年 10 月 21 日止，年利率 11.15%，还款方式为每月等额本息还款 918.33 元。此《借款协议》中出借人不明，仲裁裁决对此亦无确认。《借款协议》第 9 条约定出借人在借款关系存续期间可随时将全部或部分债权转让给第三方，其后某元公司受让该债权并以权利人的身份向湛江仲裁委员会申请仲裁。仲裁过程中，湛江仲裁委员会未对借款行为合法性予以审核，仲裁程序均为缺席裁决，其也未能提供被执行人签收申请书副本、仲裁规则、仲裁员名录、仲裁裁决书等相关文书的送达回证。同时，普惠公司、某元公司营业执照经营范围不包含信贷业务经营事项。普惠公司通过居间服务，向社会不特定对象发放贷款并收取本息，某元公司受让普惠公司的债权，变相从事经营性信贷业务，超出了经营范围。

潍坊市中级人民法院认为：该案在仲裁过程中，仲裁庭未能充分保障当事人申请仲裁员回避、提供证据、答辩等基本程序性权利，亦未对《借款协议》的合法性进行审查，应认为仲裁的程序违反法定程序。普惠公司以其运营的平台在线吸收公众存款并通过向社会不特定对象提供资金服务以赚取高额利息，出借行为具有反复性、经常性，借款目的也具有营业性。《银行业监督管理法》第 19 条和《中国银行保险监督管理委员会、公安部、国家市场监督管理总局、中国人民银行关于规范民间借贷行为维护经济金融秩序有关事项的通知》明确规定未经有权机关依法批准，任何单位和个人不得设立从事或者主要从事发放贷款业务的机构或以发放贷款为日常业务活动。普惠公司、某元公司的《营业执照》中载明的经营范围均不包括从事金融业务范围，其未经批准超越经营范围，直接从事或以债权转让等形式变相从事经常性的贷款业务，属于从事非法金融业务活动，为法律及《网络借贷信息中介机构业务活动管理暂行办法》所禁止。该裁决如得到执行，将扰乱金融管理秩序，损害社会公共利益。裁定如下：第一，不予执行湛江仲裁委员会［2018］湛仲字第0E032979号裁决书。第二，当事人可以根据双方达成的书面仲裁协议重新申请仲裁，也可以向人民法院起诉。

问题与思考：

1. 简述不予执行的含义和适用情形。

2. 本案适用不予执行是否正确？请说明理由。

不予执行，是指法院在对仲裁裁决、劳动争议仲裁裁决、公证债权文书的申请执行书或承认和执行外国法院的判决、裁定的申请书予以审查或执行过程中，因出现法定的原因，裁定停止执行并结束执行程序的行为。

对公证债权文书赋予强制执行效力，是国家强制力在公证活动中的体现。公证债权文书强制执行程序简便、快捷、高效，有利于公证职能的充分发挥，规范民事经济活动。同时公证债权文书的有效执行是多渠道解决争议的方式之一，对维护当事人的合法权益具有不可替代的重要作用。[1]公证机关赋予强制执行效力的执行证书是指公证机关依照国家赋予的权力和法律规定的程序，对于追偿债款、物品的文书进行审查，认为事实清楚，双方没有争议并经当事人申请，依法制作的证明该项文书具有强制执行力的法律文书。《公证法》和《民事诉讼法》均规定债权文书确有错误的，人民法院可以裁定不予执行。《民事诉讼法》第245条第2款规定："公证债权文书确有错误的，人民法院裁定不予执行，并将裁定书送达双方当事人和公证机关。"《民诉法解释》第478条第1款规定："有下列情形之一的，可以认定为民事诉讼法第二百四十五条第二款规定的公证债权文书确有错误：（一）公证债权文书属于不得赋予强制执行效力的债权文书的；（二）被执行人一方未亲自或者未委托代理人到场公证等严重违反法律规定的公证程序的；（三）公证债权文书的内容与事实不符或者违反法律强制性规定的；（四）公证债权文书未载明被执行人不履行义务或者不完全履行义务时同意接受强制执行的。"

不予执行仲裁裁决的事由因其是国内仲裁裁决还是涉外仲裁裁决而有所不同。根据《民事诉讼法》第244条，国内仲裁裁决有下列情形之一的，法

---

［1］ 厦门市中级人民法院执行局课题组等："公证债权文书强制执行现状调研分析——以厦门法院证债权文书执行裁决审查情况为例"，载《中国应用法学》2018年第1期。

院应当裁定不予执行：①当事人在合同中没有订有仲裁条款或者事后没有达成书面仲裁协议的；②裁决的事项不属于仲裁协议的范围或者仲裁机构无权仲裁的；③仲裁庭的组成或者仲裁的程序违反法定程序的；④裁决所根据的证据是伪造的；⑤对方当事人向仲裁机构隐瞒了足以影响公正裁决的证据的；⑥仲裁员在仲裁该案时有贪污受贿，徇私舞弊，枉法裁决行为的。人民法院认定执行该裁决违背社会公共利益的，裁定不予执行。仲裁裁决被人民法院裁定不予执行的，当事人可以根据双方达成的书面仲裁协议重新申请仲裁，也可以向人民法院起诉。根据《民事诉讼法》第281条，我国涉外仲裁机构作出的裁决，具有以下情形之一的，裁定不予执行：①当事人在合同中没有订有仲裁条款或者事后没有达成书面仲裁协议的；②被申请人没有得到指定仲裁员或者进行仲裁程序的通知，或者由于其他不属于被申请人负责的原因未能陈述意见的；③仲裁庭的组成或者仲裁的程序与仲裁规则不符的；④裁决的事项不属于仲裁协议的范围或者仲裁机构无权仲裁的。人民法院认定执行该裁决违背社会公共利益的，裁定不予执行。不管是国内仲裁机构还是涉外仲裁机构作出的仲裁裁决，法院认定执行该裁决违背社会公共利益的，裁定不予执行。根据《民诉法解释》第476条，人民法院裁定不予执行仲裁裁决后，当事人对该裁定提出执行异议或者复议的，人民法院不予受理。当事人可以就该民事纠纷重新达成书面仲裁协议申请仲裁，也可以向人民法院起诉。

本案中的仲裁裁决为国内仲裁裁决，山东省潍坊市中级人民法院裁定不予执行主要基于两点：第一，仲裁庭未能充分保障当事人申请仲裁员回避、提供证据、答辩等基本程序性权利，亦未对《借款协议》的合法性进行审查，应认为仲裁的程序违反法定程序。第二，普惠公司在未取得经营资质的情况下，非法从事金融业务活动，为法律及《网络借贷信息中介机构业务活动管理暂行办法》所禁止。该裁决如得到执行，将扰乱金融管理秩序，损害社会公共利益。因此，山东省潍坊市中级人民法院作出不予执行的裁定。

终结执行不同于不予执行。终结执行，是指在执行程序中，因发生法律规定的事由，执行程序没有必要或者不可能继续，因而依法结束执行程序。《民事诉讼法》第264条规定："有下列情形之一的，人民法院裁定终结执行：（一）申请人撤销申请的；（二）据以执行的法律文书被撤销的；（三）作为被执行人的公民死亡，无遗产可供执行，又无义务承担人的；（四）追索赡养费、扶养费、抚养费案件的权利人死亡的；（五）作为被执行人的公民因生活困难无力偿还借款，无收入来源，又丧失劳动能力的；（六）人民法院认为应当终结执行的其他情形。"

我国的执行实践中，产生了一种特殊类型的执行终结制度，即终结本次执行程序，简称"终本"，是指在执行程序开始后，人民法院按照执行程序要求，履行了法定执行手续，采取了相应强制措施，穷尽了执行手段和方法，仍然无法使案件得以执行，在查明被执行人确无可供执行的财产，暂时无履行能力的情况下，执行工作暂时没有必要继续进行，由法院裁定本案执行程序阶段性终结，本执行案件即告结案，因而暂时结束执行程序的一种制度。[1]

---

〔1〕 江伟、肖建国主编：《民事诉讼法》（第 8 版），中国人民大学出版社 2018 年版，第 488 页。

第十六章

民事执行程序分论

第一节 实现金钱债权的执行

案例一：淄博市某村村民委员会、陈某堂执行实施类纠纷案[1]

淄博高新技术产业开发区人民法院依据已经发生法律效力的淄博高新技术产业开发区人民法院作出的［2020］鲁0391民初2440号民事判决书、淄博市中级人民法院作出的［2021］鲁03民终291号民事判决书发出执行通知书，责令被执行人陈某堂、张某玲、陈某、朱某芸即时履行法律文书确定的和法律规定的全部义务，但被执行人陈某堂、张某玲、陈某、朱某芸至今未履行义务。裁定如下：第一，冻结、划拨被执行人陈某堂、张某玲、陈某、朱某芸在银行、信用社及其他有储蓄业务单位的应当履行义务的存款（冻结、划拨存款数额详见协助冻结、划拨存款通知书）。第二，若银行存款数额不足，则查封、扣押、冻结被执行人陈某堂、张某玲、陈某、朱某芸应当履行义务部分的财产（详见查封、扣押、冻结财产清单）。第三，冻结银行存款的期限为1年，查封、扣押动产的期限为2年，查封不动产、冻结其他财产权的期限为3年。需要续行查封、扣押、冻结的，应当在查封、扣押、冻结期限届满前7日内向本院提出续行查封的书面申请；履行义务后可以申请解除查封。本裁定立即执行。

---

[1] 案例来源：淄博高新技术产业开发区人民法院［2021］鲁0391执446号执行裁定书。

案例二：陈某旺、岳某占民间借贷纠纷执行审查案[1]

陈某旺与鲁山县某美贸易广场、鲁山县某城实业有限公司、张某民、武某涛民间借贷纠纷一案中，河南省平顶山市新华区人民法院于 2019 年 3 月 26 日作出 [2018] 豫 0402 民初 3285 号民事判决，判决鲁山县某美贸易广场向陈某旺偿还借款 2 000 000 元及利息，同时鲁山县某城实业有限公司、张某民、武某涛对以上还款承担连带清偿责任。

张某民与岳某占民间借贷纠纷一案，在诉讼过程中达成调解协议，鲁山县人民法院于 2017 年 8 月 10 日作出 [2017] 豫 0423 民初 3812 号民事调解书。后因被告张某民未履行生效法律文书确定的义务，岳某占申请强制执行，在执行过程中，依据 [2016] 豫 0423 民初 4918 号民事调解书及 [2017] 豫 0423 民初 3812 号民事调解书，执行董某莲与张某民民间借贷、岳某占与张某民民间借贷两案中，2020 年 5 月 30 日，张某民所有的门面房一处被以 400 万元拍卖并成交。于是，陈某旺以新华区人民法院作出的生效判决为执行依据，在执行程序开始后，被执行人的财产执行终结前向鲁山县人民法院申请参与分配，2020 年 12 月 28 日，鲁山县人民法院作出 [2020] 豫 0423 执恢 749-2 号通知，以陈某旺据以申请参与分配的执行依据中除自然人张某民、武某涛之外，还有具备法人资格的鲁山县某城实业有限公司，不符合《民诉法解释》第 508 条规定的被执行人为公民或其他组织为由，确认陈某旺在岳某占申请执行张某民民间借贷一案的执行程序中对案涉不动产的拍卖价款不具有参与分配的资格。陈某旺遂作为利害关系人，向鲁山县人民法院提起执行异议。鲁山县人民法院审理后认为，[2020] 豫 0423 执恢 749-2 号通知，确认陈某旺对案涉不动产的拍卖价款不具有参与分配的资格，符合法律规定，于 2021 年 1 月 21 日作出 [2021] 豫 0423 执异 02 号异议裁定，驳回异议人陈某旺的异议请求。

陈某旺不服该异议裁定，向平顶山市中级人民法院申请复议，请求撤销 [2021] 豫 0423 执异 02 号执行裁定，确认陈某旺享有案涉被执行人张某民不动产拍卖价款参与分配的资格。主要理由为《民诉法解释》（2020 年修正）

---

[1] 案例来源：平顶山市中级人民法院 [2021] 豫 04 执复 42 号执行裁定书。

第508条和第509条第2款并没有规定同案被执行人包括有企业法人、公民、其他组织的债权人不能参与分配。

平顶山市中级人民法院认为：本案争议焦点为陈某旺是否具有参与分配资格。《民诉法解释》（2020年修正）第508条第1款规定："被执行人为公民或者其他组织，在执行程序开始后，被执行人的其他已经取得执行依据的债权人发现被执行人的财产不能清偿所有债权的，可以向人民法院申请参与分配。"第509条第2款规定："参与分配申请应当在执行程序开始后，被执行人的财产执行终结前提出。"本案中，陈某旺作为参与分配申请人，已取得对被参与分配的被执行人张某民的执行依据，且在其申请执行鲁山县某美贸易广场、鲁山县某城实业有限公司、张某民、武某涛一案中，因未发现被执行人有可供执行财产，而被裁定终结本次执行程序。现被执行人张某民名下房屋被拍卖后不能偿还所有债权，陈某旺在对被执行人张某民名下房屋拍卖款执行程序终结前，向鲁山县人民法院申请对被执行人张某民名下房屋拍卖款参与分配，符合上述司法解释规定的参与分配条件，依法应予准许。上述司法解释中所规定的被执行人为公民或者其他组织，应是指存在多个债权人且其名下财产不能清偿所有债权而被申请参与分配的被执行人为公民或者其他组织。鲁山县人民法院在执行过程中，以陈某旺据以申请参与分配的执行依据中除自然人张某民、武某涛之外，还有具备法人资格的鲁山县某城实业有限公司，不符合《民诉法解释》第508条规定的被执行人为公民或其他组织为由，作出［2020］豫0423执恢749-2号通知，确认陈某旺不具备参与分配资格，属适用法律错误，应予纠正。鲁山县人民法院作出［2021］豫0423执异02号异议裁定认定［2020］豫0423执恢749-2号通知符合法律规定并驳回陈某旺异议请求，亦属适用法律错误，应予纠正。综上所述，复议申请人陈春旺的复议理由成立，本院予以支持。裁定如下：第一，撤销鲁山县人民法院［2020］豫0423执恢749-2号通知；第二，撤销鲁山县人民法院［2021］豫0423执异02号异议裁定；第三，准许陈某旺参与涉案拍卖款的分配。

问题与思考：

1. 简述实现金钱债权执行的方式。

2. 案例二中，陈某旺是否具有参与分配资格？请说明理由。

执行措施，是指人民法院依法强制债务人实现执行根据中所确定义务的各种方法和手段。根据执行对象的性质和特点，执行措施分为实现金钱债权的执行、实现物的交付请求权的执行和实现行为请求权的执行。金钱债权，是指以给付一定金额为内容的请求权，也称为金钱给付请求权。实现金钱债权的执行，是指为实现债权人的金钱债权而进行的执行，即强制被执行人给付金钱，从而满足权利人的金钱债权。[1]实现金钱债权的执行，一般经历三个阶段：一是以查封、扣押、冻结为中心的控制性执行；二是以拍卖、变卖和以物抵债为中心的变价性执行；三是以参与分配为中心的债权受偿。在执行过程中，应当遵循简便原则、对债务人生活影响较少的原则以及非经查封、扣押、冻结不得处分被执行财产原则。

查封是指执行机构将执行标的物加贴封条就地或异地予以封存，禁止被执行人转移处分的一种执行措施。扣押是指法院将执行标的物运送到指定的场所，使被执行人不能占有、使用和处分的执行措施。冻结是指执行机构向有关单位发出协助执行通知书，要求其不得办理被执行人转移或者处分财产手续的执行措施。执行机构采取执行措施时，其查封、扣押、冻结被执行人的财产价值，不得超过生效法律文书确定的范围，即被执行人应当给付财产数额的范围。但查封、扣押、冻结的财产无法分割的除外。同时，《最高人民法院关于人民法院民事执行中查封、扣押、冻结财产的规定》第3条规定："人民法院对被执行人的下列财产不得查封、扣押、冻结：（一）被执行人及其所扶养家属生活所必需的衣服、家具、炊具、餐具及其他家庭生活必需的物品；（二）被执行人及其所扶养家属所必需的生活费用。当地有最低生活保障标准的，必需的生活费用依照该标准确定；（三）被执行人及其所扶养家属完成义务教育所必需的物品；（四）未公开的发明或者未发表的著作；（五）被执行人及其所扶养家属用于身体缺陷所必需的辅助工具、医疗物品；（六）被执行人所得的勋章及其他荣誉表彰的物品；（七）根据《中华人民共和国缔结条约程序法》，以中华人民共和国、中华人民共和国政府或者中华人民共和国政府部门的名义同外国、国际组织缔结的条约、协定和其他具有条约、协定性质的文件中规定免于查封、扣押、冻结的财产；（八）法律或者司法解释规定的其他不得查封、扣押、冻结的财产。"

案例一为控制性执行阶段的查封、扣押、冻结措施。法院之所以裁定先

---

[1] 张卫平：《民事诉讼法》（第4版），法律出版社2016年版，第510页。

冻结、划拨被执行人在银行、信用社及其他有储蓄业务单位的应当履行义务的存款，若银行存款数额不足，则查封、扣押、冻结被执行人应当履行义务部分的财产应遵循执行过程中的简便原则和对债务人生活影响较少的原则。按照该原则，在选择债务人的财产予以执行的顺序上，是先执行现金；现金不够清偿的，执行其存款、股息红利收入和债权；仍不足以清偿的，执行债务人的动产，最后执行债务人的不动产、知识产权、投资股权等。

被执行人在其财产被查封、扣押、冻结后仍未履行义务的，执行机构应当依法对已经采取控制性执行措施的财产实施变价处理，即拍卖、变卖或者以物抵债。拍卖是指执行机关根据《民事诉讼法》的规定，以公开竞价的方式，将查封、扣押、冻结的财产或者财产权利转让给最高应价者的执行措施。变卖是指不经过竞价，而由执行法院委托有关单位变卖或者自行将执行标的物以相当的、合理的价格直接变卖。对变卖的财产，人民法院或者其工作人员不得买受。以物抵债是一种方式特殊的变价程序，指不是把财产卖给当事人以外的其他人，而是直接作价交给申请执行人，使变价和向申请人清偿结合在一起。

参与分配，是指在执行程序中，因债务人的财产不足以清偿各债权人的全部债权，申请执行人以外的其他债权人凭有效的执行依据也申请加入已开始的执行程序，各债权人从执行标的物的变价款中获得公平清偿的制度。《民诉法解释》第506条规定："被执行人为公民或者其他组织，在执行程序开始后，被执行人的其他已经取得执行依据的债权人发现被执行人的财产不能清偿所有债权的，可以向人民法院申请参与分配。对人民法院查封、扣押、冻结的财产有优先权、担保物权的债权人，可以直接申请参与分配，主张优先受偿权。"无执行依据的债权人在已经对被执行人提起诉讼或者申请仲裁，并已经采取了查封、扣押、冻结等保全措施（包括轮候查封、冻结措施）的，也可参与分配。债务人即被执行人仅限于公民和其他组织，因为被执行人为企业法人，其财产不足以清偿全部债务的，可告知当事人依法申请被执行人破产。参与分配申请应当在执行程序开始后，被执行人的财产执行终结前提出。执行程序开始后，部分债权人对债务人的财产已申请执行，债务人的全部或主要财产已经被查封、扣押或冻结，其他债权人发现被执行人的财产不能清偿所有债权的，或者被执行人无其他财产可供执行或其他财产不足以清偿全部债务的，可以向人民法院申请参与分配。这里的"所有债权""全部债务"，既包括债权本金和利息，也包括被执行人迟延履行期间的债务利息或迟延履行金。

案例二为债权人申请参与分配。本案中，陈某旺在申请执行鲁山县某美贸易广场、鲁山县某城实业有限公司、张某民、武某涛一案中，因未发现被执行人鲁山县某美贸易广场、鲁山县某城实业有限公司、张某民、武某涛有可供执行财产，而被法院裁定终结执行程序。被执行人张某民名下房屋被拍卖后不能偿还所有债权，陈某旺作为参与分配申请人在已取得对被参与分配的被执行人张某民的执行依据的情况下，在对被执行人张某民名下房屋拍卖款执行程序终结前，向鲁山法院申请对被执行人张某民名下房屋拍卖款参与分配，符合参与分配条件。原审鲁山法院在执行过程中，以陈某旺据以申请参与分配的执行依据中除自然人张某民、武某涛之外，还有具备法人资格的鲁山县某城实业有限公司，不符合《民诉法解释》规定的被执行人为公民或其他组织为由，作出的确认陈某旺不具备参与分配资格，属于适用法律错误。因此，平顶山市中级人民法院进行了纠正，裁定撤销鲁山县人民法院通知、异议裁定，准许陈某旺参与涉案拍卖款的分配。

第二节　实现物的交付请求权的执行

案　例：陈某欢与周某彬、张某哲案外人执行异议之诉纠纷案[1]

涉案牌号豫 C 牌照某凯迪拉克轿车，原系第三人张某哲以该车作抵押（抵押权人中国农业银行股份有限公司某县支行）分期付款所购买，登记的车辆所有权人为第三人张某哲。2019 年 6 月 30 日，第三人张某哲因其向原告陈某欢借款 40 万元未还而经案外人田某利说合，原告陈某欢与第三人张某哲达成《以车抵债协议书》。该协议签订后，第三人张某哲即将该轿车及所附的《机动车登记证书》等交付了原告陈某欢，原告陈某欢自此占有该机动车并使用至 2020 年 7 月 9 日被汝阳县人民法院以［2020］豫 0326 执 65 号执行裁定书查封。现该车扣押于汝阳县某停车场。

2017 年 8 月 17 日，被告周某彬因刘某光借款、张某哲担保未还而起诉，

---

〔1〕　案例来源：河南省汝阳县人民法院［2020］豫 0326 民初 3515 号民事判决书。

汝阳县人民法院经审理于 2018 年 2 月 7 日作出［2017］豫 0326 民初 2030 号民事调解书，确定张某哲归还周某彬借款下欠款 28 万元。2020 年 5 月周某彬申请执行，汝阳县人民法院依周某彬申请于当月 29 日作出前述［2020］豫 0326 执 637 号执行裁定书，7 月 9 日从原告处查扣了前述张某哲名下牌号豫 C 牌照某凯迪拉克轿车。后原告提出异议，汝阳县人民法院经审查于 2020 年 8 月 20 日作出［2020］豫 0326 执异 65 号执行裁定书，因该机动车登记在张某哲名下，驳回了原告执行异议请求。

原告向河南省汝阳县人民法院提出诉讼请求，要求判令：撤销汝阳县法院［2020］豫 0326 执异 65 号执行裁定书。原告自 2019 年 6 月 30 日对车辆拥有所有权并实际掌控、占有、使用至今，其于 2019 年 12 月 26 日为该车在中国平安财产保险公司办理了新的保险手续，其使用车辆过程中汝阳县公安局交警大队处理违章三次，罚款的缴纳人都是原告陈某欢，而被告周某彬仅于 2020 年 7 月份才开始申请查封该车辆，这足以说明原告即受让人已能依物权排他性行使物权，被告之行为不当。

被告周某彬辩称：《以车抵债协议书》不能证明原告与第三人间的债权债务真实存在，更不能据此证明在法院查封涉案车辆前原告与第三人已经签订合法有效的买卖协议。原告的证据不能证明在法院查封涉案车辆前已支付全部价款并已合法占有该车辆。涉案车辆在法院查封时仍登记在张某哲名下，机动车属于特殊动产，应根据登记信息判定所有权人。原告未能提供未办理产权过户登记手续非他自身原因，涉案车辆目前仍登记在张某哲名下，因此，权利人仍应为张某哲。第三人张某哲陈述：其之前向原告本人借款 20 万元，让原告通过原告的平安银行卡贷款 20 万元，其欠借款计 40 万元。后原告讨要，其无钱归还而在 2019 年 6 月把自己的涉案车辆抵债给了原告，当时达成有抵债协议，后来听原告说该车辆被法院扣押了。虽然该车登记在第三人名下，没有过户，但车是原告的，这已经是事实。

河南省汝阳县人民法院认为：本案系案外人就金钱债权执行特定动产的执行异议之诉纠纷，原告在执行异议被驳回后又提起执行异议之诉，本院依法应当对原告是否系该机动车权利人及该权利的合法性、真实性和能否排除执行进行全面审理。原告陈述的其与第三人间原存在民间借贷债权债务，其出示有相关交付款证据，当事人没有反证，应予采信。依法律规定，动产物权的转让除法律另有规定外自交付时发生效力，机动车等物权的变更、转让和消灭，未经登记，不得对抗善意第三人；原告与第三人的《以车抵债协议书》是他二人真实性意思表示，相关内容涉所有权转移外的约定不违反法律禁止性规定，应为有效；原告所出示证据可以证明在人民法院查封前，原告对该机动车已支付了全部价款，并已交付、占有、实际使用，原告对该机动客车自张某哲转让并交付后已享有物权。该机动客车系特定动产，且在车辆交付时因分期付款车贷而设定登记有抵押，抵押权人享有追索权，原告就该车辆所享有权利不能对抗抵押权人（中国农业银行股份有限公司某县支行）。被告周某彬申请执行的是金钱债权且债务人为张某哲，其对张某哲享有的是金钱债权的清偿权，即债权请求权，其对该机动车虽申请了查封，但该查封仅是保全性措施，其享有的仍系对张某哲的债权请求权。综上，原告对该机动车享有物权，被告周某彬享有的仅为对张某哲的金钱债权请求权，物权优先于债权，原告要求的停止对该机动车执行，应予支持。查封本身是一种强制措施，并非处置行为，其主张的解除对该机动车查封，本案不做处理，其可在此判决生效后向执行机构提出申请；因该机动车还涉及有其他案件的查封，原告的其他诉讼请求，应予驳回。判决如下：第一，停止执行汝阳县人民法院［2020］豫 0326 执 65 号执行裁定书所查封的豫 C 牌照某凯迪拉克轿车。第二，驳回原告陈某欢的其他诉讼请求。

问题与思考：

1. 实现物的交付请求权执行与实现金钱债权执行的区别有哪些？
2. 本案中，实现物的交付请求权执行与实现金钱债权执行竞合的情况下，应当如何处理？

物的交付是指将指定交付的物由被执行人的直接占有，转移为债权人的直接占有或支配。根据执行依据中指定交付物的不同，对交付物的执行可分为交付动产的执行和交付不动产的执行。《民事诉讼法》第 256 条规定了交付动产的执行，"法律文书指定交付的财物或者票证，由执行员传唤双方当事人当面交付，或者由执行员转交，并由被交付人签收"。即交付方法包括当事人当面交付和执行员转交。当有关单位持有该项财物或者票证时，"应当根据人民法院的协助执行通知书转交，并由被交付人签收"。有关公民持有该项财物或者票证时，"人民法院通知其交出。拒不交出的，强制执行"。第 257 条规定了对不动产执行，"强制迁出房屋或者强制退出土地，由院长签发公告，责令被执行人在指定期间履行。被执行人逾期不履行的，由执行员强制执行"。限期履行实际上是给了债务人一次自动履行的机会。"强制执行时，被执行人是公民的，应当通知被执行人或者他的成年家属到场；被执行人是法人或者其他组织的，应当通知其法定代表人或者主要负责人到场。拒不到场的，不影响执行。"这主要是为了让被执行人及时取走执行标的物上的财物。"被执行人是公民的，其工作单位或者房屋、土地所在地的基层组织应当派人参加。执行员应当将强制执行情况记入笔录，由在场人签名或者盖章。强制迁出房屋被搬出的财物，由人民法院派人运至指定处所，交给被执行人。被执行人是公民的，也可以交给他的成年家属。因拒绝接收而造成的损失，由被执行人承担。"

实现物的交付请求权执行与实现金钱债权执行主要有以下三方面的区别：①给付内容和执行标的不同。物的交付请求权执行实现的是物权，其给付内容和执行标的原则上只能是物，包括特定物和种类物。只有执行标的为种类物且被执行人拒绝交付的情况下才能转化为金钱给付的执行，并以其他财产为执行标的。实现金钱债权执行实现的是金钱给付请求权，其最终给付的内容只能是金钱，执行标的既包括物，也包括财产性权利。②措施不同。实现物的交付请求权执行，强制交付的是物，通常情况下只有查封、扣押交付等执行措施，不必有拍卖、变卖等变价措施。只有在转化为金钱给付的特殊情况下，才有必要实施变价措施。实现金钱债权执行，强制交付的是金钱，除了查封、扣押、冻结、交付等执行措施外，拍卖、变卖等变价类执行措施必不可少。③程序不同。实现物的交付请求权执行，不必将执行标的进行变价。实现金钱债权的执行，必须将执行标的进行变价。因此，该两种执行程序的内容和复杂程度明显不同。相对而言，实现金钱债权的执行，其执行程序的内容更为复杂与繁琐。[1]

在各种执行竞合形态中，权利冲突最为激烈的一种就是实现物的交付请求权执行与实现金钱债权执行的竞合。对于实现物的交付请求权与实现金钱债权执行竞合，我国实行物权优先原则，即优先满足实现物的交付请求权执行的申请执行人的请求。本案即为该种竞合的表现。依法律规定，动产物权的转让除法律另有规定外，自交付时发生效力，机动车等物权的变更、转让

---

〔1〕《民事诉讼法学》编写组：《民事诉讼法学》（第2版），高等教育出版社2018年版，第332页。

和消灭，未经登记，不得对抗善意第三人。原告与第三人的《以车抵债协议书》是双方的真实性意思表示，相关内容涉所有权转移的约定不违反法律禁止性规定，原告所出示证据可以证明在人民法院查封前，原告对该机动车已支付了全部价款，并已交付、占有、实际使用，原告对该机动客车自张某哲转让并交付后已享有物权。该机动客车系特定动产，且在车辆交付时因分期付款车贷而设定登记有抵押，抵押权人享有追索权，原告就该车辆所享有权利不能对抗抵押权人（中国农业银行股份有限公司某县支行）。被告周某彬申请执行的是金钱债权且债务人为张某哲，其对张某哲享有的是金钱债权的清偿权，即债权请求权，其对该机动车虽申请了查封，但该查封仅是保全性措施，其享有的仍系对张某哲的债权请求权。原告对该机动车享有物权，被告周某彬享有的仅为对张某哲的金钱债权请求权，根据物权优先于债权原则，应支持原告要求的停止对该机动车执行。

第三节 实现行为请求权的执行

案　例：四川省南充市某力建筑劳务有限公司、中国某冶集团
有限公司劳务合同纠纷案[1]

四川省攀枝花市东区人民法院依据攀枝花市中级人民法院［2018］川04民终588号民事判决书于2019年1月11日立案执行中国某冶集团有限公司（以下简称"某冶公司"）与南充市某力建筑劳务有限公司（以下简称"某力公司"）劳务合同纠纷一案（执行案号为：［2019］川0402执107号）。在执行中，该院依法向某力公司送达执行通知书等文书，责令其履行下列义务："（1）向某冶公司开具并交付金额21 146 240元符合国家税收政策规定的发票。（2）负担案件受理费100元，申请执行费500元。"

四川省攀枝花市东区人民法院于2019年6月11日委托南充市嘉陵区人民法院向南充市嘉陵区国税局调查，南充市嘉陵区人民法院经调查回复该院，回复内容为：按照正常程序，应该由公司自行开具发票，除非公司经营不正常比如失信，则可由税务局代开，前提是需提前交纳税款，且案件需执行法

---

〔1〕　案例来源：四川省攀枝花市中级人民法院［2020］川04执复14号执行裁定书。

院自行与税务部门协调。该院将上述调查结果告知某冶公司，并询问申请人某冶公司是否愿意先垫付税费，待开具发票后再向某力公司追偿；同时告知某冶公司按照调查结果，如不先垫付税费本案将无法强制执行。对此，某冶公司表示因某力公司目前无可供执行财产，如先垫付税费则无法进行追偿，故不同意垫交税费。

2020年5月6日，四川省攀枝花市东区人民法院作出［2019］川0402执107号之一执行裁定书，裁定提取某力公司在［2019］川0402执1684号案件中的应收执行款374 960.94元，某力公司于2020年5月11日向该院提出异议，请求撤销［2019］川0402执107号之一执行裁定书。该院审查后，于2020年5月18日作出［2020］川0402执异36号执行裁定书，以生效法律文书确定某力公司有开具发票的义务，而某力公司未履行，该院依法作出裁定扣留某力公司应收执行款作为税款费用并无不当为由，裁定对某力公司的异议申请不予支持。

复议申请人某力公司不服四川省攀枝花市东区人民法院作出的［2020］川0402执异36号执行裁定书，向四川省攀枝花市中级人民法院申请复议。其复议称，请求依法撤销四川省攀枝花市东区人民法院作出的［2020］川0402执异36号执行裁定书。事实与理由：复议申请人由于经营困难无力向税务机关缴纳税费开具发票，本案申请执行人某冶公司亦不同意垫交税费，故本案无法采用代为履行的方式执行；代为履行的费用只有在该行为实际发生时才会产生，目前没有代为履行的主体存在和行为发生，故四川省攀枝花市东区人民法院扣留复议申请人应得案款374 960.94元的裁定实际上导致该款项被法院"合法占有"，严重侵犯复议申请人的合法权益，应当予以撤销。

四川省攀枝花市中级人民法院认为，根据《民诉法解释》（2020年修正）第503条"被执行人不履行生效法律文书确定的行为义务，该义务可由他人完成的，人民法院可以选定代履行人；法律、行政法规对履行该行为义务有资格限制的，应当从有资格的人中选定。必要时，可以通过招标的方式确定代履行人。申请执行人可以在符合条件的人中推荐代履行人，也可以申请自己代为履行，是否准许，由人民法院决定"之规定，某力公司应当履行生效法律文书确定的"向某冶公司开具并交付金额21 146 240元符合国家税收政策规定的发票"的行为，该行为由某力公司履行或者其他人代为履行，对于债权人某冶公司获得的法律价值和经济价值并无不同，且税务机关亦回复称发票可由税务局代开，故当某力公司惰于履行该行为时可以由他人代为履行。根据《民诉法解释》（2020 年修正）第 504 条第 1 款"代履行费用的数额由人民法院根据案件具体情况确定，并由被执行人在指定期限内预先支付。被执行人未预付的，人民法院可以对该费用强制执行"的规定可知，四川省攀枝花市东区人民法院提取代履行费用的执行行为符合法律规定。综上，四川省攀枝花市东区人民法院异议裁定认定事实清楚、适用法律正确。裁定如下：驳回复议申请人四川省南充市某力建筑劳务有限公司的复议申请，维持四川省攀枝花市东区人民法院［2020］川 0402 执异 36 号裁定书。

问题与思考：

1. 简述实现行为请求权执行的措施。

2. 本案中，四川省攀枝花市东区人民法院提取代履行费用的执行行为是否正确？请说明理由。

实现行为请求权的执行，是指根据生效法律文书一方当事人有义务履行一定的行为而拒不履行的，债权人请求人民法院强制该当事人履行一定的作为或不作为义务的执行措施。《民事诉讼法》第 259 条规定："对判决、裁定和其他法律文书指定的行为，被执行人未按执行通知履行的，人民法院可以强制执行或者委托有关单位或者其他人完成，费用由被执行人承担。"完成行为的执行分为可替代行为的执行和不可替代行为的执行两种形式，除可替代行为的执行外，完成行为的执行不能采用直接强制的方法，只能在被执行人拒绝履行行为义务时，通过法定的方法迫使被执行人履行义务。可替代行为，是指生效法律文书确定的行为义务可由他人来完成的行为。《民诉法解释》第 501 条规定了行为代履行人的选定程序："被执行人不履行生效法律文书确定的行为义务，该义务可由他人完成的，人民法院可以选定代履行人；法律、行政法规对履行该行为义务有资格限制的，应当从有资格的人中选定。必要时，可以通过招标的方式确定代履行人。申请执行人可以在符合条件的人中推荐代履行人，也可以申请自己代为履行，是否准许，由人民法院决定。"第 502 条规定了代履行费用的负担："代履行费用的数额由人民法院根据案件具体情况确定，并由被执行人在指定期限内预先支付。被执行人未预付的，人民法院可以对该费用强制执行。代履行结束后，被执行人可以查阅、复制费用清单以及主要凭证。"

不可替代行为，是指生效法律文书指定的行为只能由被执行人完成，诸如赔礼道歉、名家撰稿等，由第三人代为履行在法律上或事实上是不可能的。《民诉法解释》第503条规定，被执行人不履行法律文书指定的行为，且该项行为只能由被执行人完成的，人民法院可以依照《民事诉讼法》的规定对被执行人予以罚款或拘留。被执行人在执行法院确定的履行期间内仍不履行的，执行法院可以依照《民事诉讼法》的规定再次采取罚款或拘留措施。第505条规定："被执行人未按判决、裁定和其他法律文书指定的期间履行非金钱给付义务的，无论是否已给申请执行人造成损失，都应当支付迟延履行金。已经造成损失的，双倍补偿申请执行人已经受到的损失；没有造成损失的，迟延履行金可以由人民法院根据具体案件情况决定。"

本案中，某力公司应当履行生效法律文书确定的"向某冶公司开具并交付金额21 146 240元符合国家税收政策规定的发票"的行为，该行为由某力公司履行或者其他人代为履行，对于债权人某冶公司获得的法律价值和经济价值并无不同，且税务机关亦回复称发票可由税务局代开，故当某力公司惰于履行该行为时可以由他人代为履行。根据《民诉法解释》第502条第1款"代履行费用的数额由人民法院根据案件具体情况确定，并由被执行人在指定期限内预先支付。被执行人未预付的，人民法院可以对该费用强制执行"之规定，四川省攀枝花市东区人民法院提取代履行费用的执行行为符合法律规定。

第四节　执行威慑机制

案例一：费尽心机欠货款，限制出境巧执行[1]

马尾法院通过采取限制出境措施，使一件几乎不可能执行的案件得以成功执结。据了解，浙江某建材公司因拖欠福建某铝业公司货款及违约金50余万元被诉至马尾法院，判决生效后浙江某建材公司拒不履行债务，无可奈何的福建某铝业公司向马尾法院申请强制执行。在执行过程中，浙江某建材公

---

[1]　案例来源：微信公众号"马尾法院"2018年10月5日推文。

司因无任何可供执行的财产，并且在诉讼前夕就已向工商管理部门申请注销了工商登记，案件至此似乎只能以终结执行予以结案了。

但细心的执行法官吴某斌通过调阅工商登记档案发现公司的股东与法定代表人系夫妻关系，并进一步调查发现该夫妻二人在当地另成立了一家公司，且新公司的经营范围与原公司别无二致。了解到这一情况后，执行法官当即前往新公司调查，该夫妻二人在知道执行法官的来意后，一直采取不配合的态度，拒不提供原公司清算注销的相关材料，并声称新公司与原公司无关，案件至此又陷入僵局。

执行法官吴某斌并未就此放弃，其通过积极联系公安机关，了解到该夫妻二人均持有出入境证件，且出入境记录十分频繁。得到这个情报的吴某斌立即根据《民事诉讼法》相关规定，向出入境管理部门发出限制该夫妻二人出境的协助执行通知书，请求对该二人限制出境并宣布作废护照。2018年5月24日晚，上海边防总队传来消息，称该夫妻二人在上海机场出境时被成功阻止。不消数日，吴某斌就接到该夫妻二人打来的电话，表示愿意履行债务，请求人民法院解除二人的出境限制。该案最终在执行法官的主持协调下顺利执结。

案例二：有钱没钱，限制消费现真形 [1]

张先生与王女士民间借贷纠纷一案，法院调解书确认，由张先生给付王女士借款本金 18 000 元。调解书生效后，张先生未予履行，王女士向北京怀柔法院申请强制执行。

周某良执行团队依法向张先生送达执行通知书、风险提示、报告财产令，责令其及时履行生效法律文书确定的义务。因其仍不为所动，遂对张先生名下财产情况进行查询，冻结银行账户 8 个、财付通账户 1 个、划拨公积金余额 1850 元，除此外未发现其他可供执行财产。

电话联系时，张先生称其正在广东。"说自己没有钱，出京去广东哪里来的钱？""对其限制消费的话，返京交通工具一受限，有没有钱就明了了。"研判张先生的履行能力、规避执行状况以及对其限制消费的作用后，周某良团队立刻对张先生采取限制消费措施，并电话告知："现在依法对你采取了限制

消费措施，你不能购买飞机票、G 字头动车组全部座位……"" 买不了飞机，回去太不方便了。这样，你给我几天时间，我还她钱。"几天后，张先生将案款全部给付给王女士，其限制消费措施被依法解除。

问题与思考：

简述我国的执行威慑机制。

民事执行威慑机制是针对我国民事"执行难"问题而提出的对策，是指通过对被执行人各种信息的共享，国家有关职能部门和社会公众共同增强对被执行人的制裁和限制等惩戒力度，以促使被执行人自觉履行债务、全社会遵法守信的一种社会运行方式。民事执行威慑机制的实质在于通过惩罚和威慑以督促被执行人主动履行义务。[1]当前我国的执行威慑机制主要包括限制消费、限制出境、在征信系统记录和通过媒体公布不履行义务信息。

限制消费，在实践中也称为限制高消费及相关消费，是指在执行程序中，被执行人未按执行通知书指定的期间履行生效法律文书确定的给付义务的，人民法院可以采取限制消费措施，限制其高消费及非生活或者经营必需的有关消费。《最高人民法院关于限制被执行人高消费及其有关消费的若干规定》第 3 条规定："被执行人为自然人的，被采取限制消费措施后，不得有以下高消费及非生活和工作必需的消费行为：（一）乘坐交通工具时，选择飞机、列车软卧、轮船二等以上舱位；（二）在星级以上宾馆、酒店、夜总会、高尔夫球场等场所进行高消费；（三）购买不动产或者新建、扩建、高档装修房屋；（四）租赁高档写字楼、宾馆、公寓等场所办公；（五）购买非经营必需车辆；（六）旅游、度假；（七）子女就读高收费私立学校；（八）支付高额保费购买保险理财产品；（九）乘坐 G 字头动车组列车全部座位、其他动车组列车一等以上座位等其他非生活和工作必需的消费行为。被执行人为单位的，被采取限制消费措施后，被执行人及其法定代表人、主要负责人、影响债务履行的直接责任人员、实际控制人不得实施前款规定的行为。因私消费以个人财产实施前款规定行为的，可以向执行法院提出申请。执行法院审查属实的，应予准许。"

案例二即为限制消费。在王女士向北京怀柔区人民法院申请强制执行，

---

〔1〕　肖建华："我国民事执行机制的完善"，载《人民法治》2017 年第 12 期。

法院冻结了张先生相关银行账户、划拨公积金余额 1850 元后，张先生仍不为所动。但一听法院即将对其采取限制消费措施，不能购买飞机票后，张先生就选择了还钱。可以说，限制被执行人消费，是通过执行机构限制或者禁止被执行人实施某些种类的消费行为，使被执行人产生"不便感"，再通过被执行人为摆脱此种"不便感"而履行生效法律文书确定的义务，最终实现申请执行人的债权。

限制消费措施一般由申请执行人提出书面申请，经人民法院审查决定；必要时人民法院可以依职权决定。人民法院决定采取限制消费措施时，应当考虑被执行人是否有消极履行、规避执行或者抗拒执行的行为以及被执行人的履行能力等因素。人民法院决定采取限制消费措施的，应当向被执行人发出限制消费令。限制消费令由人民法院院长签发。限制消费令应当载明限制消费的期间、项目、法律后果等内容。人民法院决定采取限制消费措施的，可以根据案件需要和被执行人的情况向有义务协助调查、执行的单位送达协助执行通知书，也可以在相关媒体上进行公告。限制消费令的公告费用由被执行人负担；申请执行人申请在媒体公告的，应当垫付公告费用。被限制消费的被执行人因生活或者经营必需而进行禁止的消费活动的，应当向人民法院提出申请，获批准后方可进行。在限制消费期间，被执行人提供确实有效的担保或者经申请执行人同意的，人民法院可以解除限制消费令；被执行人履行完毕生效法律文书确定的义务的，人民法院应当及时以通知或者公告解除限制消费令。人民法院应当设置举报电话或者邮箱，接受申请执行人和社会公众对被限制消费的被执行人违反规定的举报，并进行审查认定。被执行人违反限制消费令进行消费的行为，属于拒不履行人民法院已经发生法律效力的判决、裁定的行为，依照《民事诉讼法》的规定，予以拘留、罚款；情节严重，构成犯罪的，追究其刑事责任。有关单位在收到人民法院协助执行通知书后，仍允许被执行人进行高消费及非生活或者经营必需的有关消费的，人民法院可以依照《民事诉讼法》的规定，追究其法律责任。

限制出境，是指通过国家边防机关的协助，使尚未履行义务的被执行人不得离开中华人民共和国领域，或者从内地前往香港、澳门特别行政区或者台湾地区的执行制度。被执行人是自然人的，可以限制被执行人本人出境；被执行人是无民事行为能力人或者限制民事行为能力人的，可以对其法定代理人适用限制出境；被执行人是法人或者其他组织的，可以限制被执行人的法定代表人、主要负责人或者影响债务履行的直接责任人员、实际控制人出境。限制被执行人出境，应当由申请执行人向执行机构提出申请，必要时执行机构也可以依职权决定。执行机构决定限制被执行人出境的，应当向有关机关发出协助执行通知书，通知有关单位协助采取措施，确保被执行人不得离开中华人民共和国领域或者从内地前往香港、澳门特别行政区或者台湾地区。限制出境期间，被执行人全部履行义务的，执行机构应当及时解除限制出境措施；被执行人提供充分、有效的担保或者经申请执行人同意的，可以解除限制出境措施。

案例一即为法院依职权决定限制出境。在浙江某建材公司拒不履行债务，且无任何可供执行的财产、已申请注销工商登记的情况下，执行法官吴某斌巧辟蹊径，向出入境管理部门发出限制浙江某建材公司的实际控制人出境的协助执行通知书，通过限制夫妻二人出境的方式，使案件得到了执行。夫妻二人在被限制出境之后一改规避执行的态度，主动联系法院谋求解决办法，并积极履行义务，说明限制出境在实践中取得了很好的效果。

在征信系统记录不履行义务信息中所说的征信系统包含了个人征信系统和企业征信系统，其一般能够起到减小交易风险，维持经济稳定的作用，它是银行体系的一部分，同时也是社会信用体系的一部分。征信系统一般是通过第三方征信机构将相关信用信息提供给需要此类信息的机构，从而作为风险评估的一种手段。通过可以充分利用这个征信系统，与法院的案件执行信息系统实现共享，来迫使被执行人主动履行其该履行的义务。公布不履行义务的信息也称为公布被执行人名单，是指将被执行人的姓名或者名称、没有履行债务的数额等信息通过公开发行的报纸、杂志或者网络、电视等媒介公布，促使其履行义务的一种执行制度。通过媒体公布是对通过执行案件信息系统公布的进步，主动性更强，曝光力度和威慑力度都更有效。利用案件信息系统发布的方式适用于所有案件，比较传统。但是不容忽视的是，在适用这种措施的时候需要做出严格的限制，因为稍一扩大被公布的被执行人的信息就会对其无关执行的权利造成损害。执行机构可以依职权或者依申请执行人申请，公布被执行人不履行义务的信息。媒体公布发生的有关费用，由被执行人负担；申请执行人申请在媒体公布的，应当垫付有关费用。

为落实在征信系统记录和通过媒体公布不履行义务制度，最高人民法院创设了失信被执行人名单制度。这一措施是在实践中不断创新的产物，它是指被执行人具有履行能力却不履行法律文书所确定的义务时，人民法院根据法律规定，将该被执行人列入失信者名单，并以信用方式惩罚。《最高人民法院关于公布失信被执行人名单信息的若干规定》标志着我国的执行工作又往前飞跃了一大步。该规定明确了失信被执行人名单制度的记录对象、记录条件、启动主体、发布和删除的程序等具体实施步骤，使这一措施更加规范化。

第十七章

涉外民事诉讼程序

第一节　涉外民事诉讼程序的特别规定

案　例：某能有限公司与某敏环宇集团有限公司、

林某惠国际货物买卖合同纠纷案[1]

原告某能（中国）有限公司（以下简称"某能公司"）与被告某敏环宇集团有限公司（以下简称"环宇公司"）、林某惠国际货物买卖合同纠纷一案，浙江省杭州市中级人民法院于 2019 年 12 月 2 日立案。

被告林某惠在答辩期间，向杭州市中级人民法院提出管辖权异议认为：第一，本案属涉外民事纠纷案件。第二，浙江省杭州市中级人民法院对本案没有管辖权。某能公司的注册地、经营地在诉讼材料中未载明，起诉状上只有一个联系地址，无法判断该地址是否为某能公司所在地。环宇公司注册地位于香港特别行政区，在杭州无经营地。林某惠为香港特别行政区居民，持香港特别行政区身份证，目前居住在上海，经常居住地为上海市普陀区某路。故浙江省杭州市中级人民法院对本案没有管辖权。第三，本案应由上海市第二中级人民法院管辖。林某惠在上海的经常居住地址为上海市普陀区，根据《上海市高级人民法院关于调整上海法院一审涉外、涉港澳台民商事案件管辖的通知》，上海市第一、二中级人民法院管辖诉讼标的额为人民币 8 亿元以下（含本数）的涉外、涉港澳台第一审民商事案件。因林某惠目前居住地位于上海市普陀区，属于上海市第二中级人民法院管辖范围，故本案应移送上海市

---

〔1〕　案例来源：浙江省杭州市中级人民法院［2019］浙 01 民初 4383 号民事裁定书。

第二中级人民法院管辖。第四，确定民事诉讼管辖应优先考虑便于当事人参加诉讼、便于人民法院行使审判权和查明案件事实，这更有利于节约诉讼成本和提高审判效率。根据环宇公司的公司属性，结合林某惠在上海具有经常居住地，本案管辖法院应为上海市第二中级人民法院为宜。

原告某能公司就被告林某惠的管辖权异议答辩称：第一，某能公司所在地为杭州市。第二，本案合同签订地为某能公司所在地，据《最高人民法院关于印发〈全国法院涉港澳商事审判工作座谈会纪要〉的通知》，人民法院受理涉港澳商事案件，应当参照《民事诉讼法》第四编和《最高人民法院关于涉外民商事案件诉讼管辖若干问题的规定》确定案件的管辖。杭州市中级人民法院依法对本案具有管辖权。第三，侵权行为地和合同履行地均为某能公司所在地，杭州市中级人民法院依法对本案有管辖权。

杭州市中级人民法院认为：原告某能公司、被告环宇公司均为在香港特别行政区注册成立的公司，被告林某惠为香港特别行政区居民，本案为涉港合同纠纷，应当参照《民事诉讼法》第四编涉外民事诉讼程序的特别规定和《最高人民法院关于涉外民商事案件诉讼管辖若干问题的规定》确定管辖。本案中，原告某能公司未有依据证明被告环宇公司的住所地在杭州或该公司在杭州设有代表机构、被告林某惠的住所地在杭州，被告环宇公司、林某惠在杭州有可供扣押的财产，也未有依据证明合同签订地在杭州，且根据某能公司所提供合同的内容，合同履行地、诉讼标的物所在地均不在杭州。本案亦非侵权纠纷。故依照上述法律规定，本院对本案不具有管辖权。因被告林某惠主张其经常居住地在上海市普陀区，合同签订地也在上海市，原告某能公司在本案审查过程中对被告林某惠关于其经常居住地在上海市普陀区的主张予以了认可，故本案可由被告林某惠的经常居住地人民法院管辖。《最高人民法院关于涉外民商事案件诉讼管辖若干问题的规定》第5条规定："涉及香港、澳门特别行政区和台湾地区当事人的民商事纠纷案件的管辖，参照本规定处理。"经查，上海市普陀区人民法院具有涉外商事案件管辖权，且本案标的额并未达到由上海市第二中级人民法院管辖的标准，故本案应移送上海市普陀区人民法院处理。综上，被告林某惠关于本院对本案不具有管辖权的异议成立。裁定如下：本案移送上海市普陀区人民法院处理。

问题与思考：

1. 本案应由哪个法院管辖？请说明理由。

2. 简述我国涉外民事诉讼的诉讼期间的特别规定。

在对外开放的大环境下，涉外民事诉讼程序的特别规定也是我国民事诉讼法律体系的重要组成部分。涉外民事诉讼的主体、内容、客体等与一般民事诉讼有所区别，法院审理涉外民事诉讼案件适用的程序也有所不同。《民诉法解释》第 520 条规定："有下列情形之一，人民法院可以认定为涉外民事案件：（一）当事人一方或者双方是外国人、无国籍人、外国企业或者组织的；（二）当事人一方或者双方的经常居所地在中华人民共和国领域外的；（三）标的物在中华人民共和国领域外的；（四）产生、变更或者消灭民事关系的法律事实发生在中华人民共和国领域外的；（五）可以认定为涉外民事案件的其他情形。"

我国《民事诉讼法》第 266 条至第 270 条规定了一系列涉外民事诉讼程序的基本原则，主要包括：第一，适用我国民事诉讼法原则。在中华人民共和国领域内进行涉外民事诉讼，适用本编规定。本编没有规定的，适用本法其他有关规定。这一原则在涉外民事诉讼中，不仅体现为对国家主权的维护，而且符合民事诉讼程序适用"法院地法"的国际惯例。第二，同等和对等原则。《民事诉讼法》第 5 条规定："外国人、无国籍人、外国企业和组织在人民法院起诉、应诉，同中华人民共和国公民、法人和其他组织有同等的诉讼权利义务。外国法院对中华人民共和国公民、法人和其他组织的民事诉讼权利加以限制的，中华人民共和国人民法院对该国公民、企业和组织的民事诉讼权利，实行对等原则。"同等原则是国家间基于平等互惠原则而确立的，对等原则既是维护我国公民法人和其他组织合法权益的需要，也是维护国家司法主权的需要。第三，优先适用国际条约原则。中华人民共和国缔结或者参加的国际条约同本法有不同规定的，适用该国际条约的规定，但中华人民共和国声明保留的条款除外。第四，司法豁免权原则。对享有外交特权与豁免的外国人、外国组织或者国际组织提起的民事诉讼，应当依照中华人民共和国有关法律和中华人民共和国缔结或者参加的国际条约的规定办理。第五，使用中国通用语言文字原则。人民法院审理涉外民事案件，应当使用中华人民共和国通用的语言、文字。当事人要求提供翻译的，可以提供，费用由当事人承担。第六，委托中国律师代理诉讼原则。外国人、无国籍人、外国企业和组织在人民法院起诉、应诉，需要委托律师代理诉讼的，必须委托中华人民共和国的律师。[1]

涉外民事诉讼管辖，是指我国法院审判涉外民事案件的分工和权限。由于不同国家的法院审判涉外民事案件，裁判结果也会不同，所以在涉外民事诉讼管辖问题上，各国都力争扩大本国的管辖权。我国在确定涉外民事诉讼管辖时，遵循涉外民事案件与法院所在地有实际联系的原则、尊重当事人选择原则、不方便法院原则、维护国家主权的原则。我国涉外民事诉讼审判管辖包括级别管辖和地域管辖。①级别管辖是指一般涉外民事案件由基层人民法院管辖，争议标的额大的、案情复杂的，或者一方当事人人数众多等具有重大影响的涉外案件由中级人民法院管辖。②一般地域管辖是指以被告住所地来决定管辖法院，即以被告住所地国法院为管辖法院。在我国涉外民事诉讼中，不论被告是否本国人，只要其在我国领域内有住所，我国人民法院对该案件就有管辖权。③特殊地域管辖是以行为地、财产地等来决定管辖法院。对在我国领域内没有住所的被告提起的诉讼，若合同在我国领域内签订或履行，或者诉讼标的物在我国领域内，或者被告在我国领域内有可供扣押的财产，或者被告在我国领域内设有代表机构，可以由合同签订地、合同履行地、诉讼标的物所在地、可供扣押财产所在地、侵权行为地或者代表机构住所地的人民法院管辖。④协议管辖是指涉外合同或者其他财产权益纠纷的当事人，可以书面协议选择被告住所地、合同履行地、合同签订地、原告住所地、标的物所在地、侵权行为地等与争议有实际联系地点的外国法院管辖，但属于我国人民法院专属管辖的案件，当事人不得协议选择外国法院管辖，协议选择仲裁的除外。⑤专属管辖是指凡我国人民法院专属管辖的案件，我国概不承认外国法院对之行使的管辖权及其判决，也不允许当事人协议由别国法院管辖，但允许当事人协议选择仲裁机构。

本案中原告某能公司、被告环宇公司均为在香港特别行政区注册成立的公司，被告林某惠为香港特别行政区居民，因此为涉港合同纠纷。《民诉法解释》第549条规定："人民法院审理涉及香港、澳门特别行政区和台湾地区的民事诉讼案件，可以参照适用涉外民事诉讼程序的特别规定。"原告某能公司

---

〔1〕 参见江伟主编：《民事诉讼法》（第5版），高等教育出版社2016年版，第458页。

未有依据证明被告环宇公司的住所地在杭州或该公司在杭州设有代表机构、被告林某惠的住所地在杭州，被告环宇公司、林某惠在杭州有可供扣押的财产，也未有依据证明合同签订地在杭州，且根据某能公司所提供合同的内容，合同履行地、诉讼标的物所在地均不在杭州。本案亦非侵权纠纷，故浙江省杭州市中级人民法院对本案不具有管辖权。因被告林某惠主张其经常居住地在上海市普陀区，合同签订地也在上海市，原告某能公司也认可被告林某惠关于其经常居住地在上海市普陀区的主张，故本案可由被告林某惠的经常居住地人民法院管辖。本案标的额并未达到由上海市第二中级人民法院管辖的标准，上海市普陀区人民法院也具有涉外商事案件管辖权，故本案应移送上海市普陀区人民法院处理。

我国现行法律中有关涉外专属管辖的直接和间接规定主要有：《民事诉讼法》第 273 条规定的因在我国履行中外合资经营企业合同、中外合作经营企业合同、中外合作勘探开发自然资源合同发生纠纷提起的诉讼由我国人民法院专属管辖；按特别法中未加规定者适用普通法中相应规定的原理，《民事诉讼法》第 34 条规定的专属管辖案件，若含有涉外因素，则由我国人民法院专属管辖；《海事诉讼特别程序法》第 7 条规定的案件，含有涉外因素的，则由我国海事法院涉外专属管辖。

关于诉讼期间，涉外案件因为某些当事人居住在国外不方便以及便于当事人了解国内的法律规定，所以规定的期间较国内民事诉讼期间要长。《民事诉讼法》第 275 条规定，被告在我国境内没有住所的，应当在收到起诉状副本后 30 日内提出答辩状。被告申请延期的，是否准许，由人民法院决定。第 276 条规定，被上诉人在我国境内没有住所的，应当在收到上诉状副本后 30 日内提出答辩状。被上诉人不能在法定期限内提出答状，申请延期的，是否准许由人民法院决定。

由此可见，一审被告和二审被上诉人提出答辩的期间均为 30 日，并且在必要时还可以申请延长，而国内当事人为 15 日。人民法院审理涉外民事案件的期间，不受国内民事诉讼一审和二审审理期限的限制，人民法院对外民事案件的当事人申请再审进行审查的期间，也不受《民事诉讼法》第 211 条规定的限制。

第二节　司法协助

案　例：大韩某运株式会社与某航集团有限公司
申请诉中财产保全纠纷案〔1〕

海口海事法院在审查申请人大韩某运株式会社（Korea Line Corporation）与被申请人某航集团有限公司申请承认与执行外国仲裁裁决一案中，根据申请人大韩某运株式会社的财产保全申请，于2016年8月30日作出〔2016〕琼72协外认1号民事裁定书，准许了大韩某运株式会社的财产保全申请，裁定冻结某航集团有限公司银行基本账户内的现金人民币（以下均为人民币）5.6亿元，并在现金不足时依次冻结某航集团有限公司在其所投资的某南航空股份有限公司、某新华航空有限公司、某航机场集团有限公司、某航旅游管理控股有限公司所占的股权金额，直至达到5.6亿元的保全金额。现本院已实际冻结被申请人某航集团有限公司在中国银行海南分行开立的账号为××的基本账户中的现金447元。被申请人某航集团有限公司不服，于2017年3月30日向海口海事法院提出复议申请。

被申请人某航集团有限公司复议称：请求依法撤销〔2016〕琼72协外认1号民事裁定书，驳回大韩某运株式会社的保全申请，并由其承担保全费用。理由为：第一，外国仲裁裁决在申请承认与执行的司法审查期间，仲裁胜诉方在中国法院申请财产保全没有法律依据；且大韩某运株式会社未能提供符合中国法律和《承认及执行外国仲裁裁决公约》要求的文件，法院有权退回其关于承认与执行外国仲裁裁决的申请或驳回其该项申请，对其保全申请亦应一并驳回。第二，中国目前尚无外国仲裁裁决在执行前保全的司法判例，海口海事法院应以通知形式驳回大韩某运株式会社的财产保全申请。

申请人大韩某运株式会社向海口海事法院提交了书面反驳意见，认为：某航集团有限公司的复议申请没有事实和法律依据，不应得到支持。理由为：第一，大韩某运株式会社的保全申请属于"涉外民事诉讼的诉讼中财产保全"，在《民事诉讼法》第四编"涉外民事诉讼程序的特别规定"中对其没

---

〔1〕　案例来源：海口海事法院〔2016〕琼72协外认1号之一民事裁定书。

有规定的情况下，应当适用该法第 100 条关于诉讼保全的规定；同时，大韩某运株式会社在本案中的财产保全属诉讼中的海事请求保全，海口海事法院准许其保全申请亦符合《海事诉讼特别程序法》及其司法解释的有关规定。第二，在申请承认与执行外国仲裁裁决的过程中，大韩某运株式会社已经按照中国法律及《承认及执行外国仲裁裁决公约》的规定提交了符合要求的文件，该仲裁裁决应当得到承认与执行；且该仲裁裁决能否被承认与执行与是否应当准许大韩某运株式会社的保全申请无关，现在大韩某运株式会社已经提供了足额的保全担保，其保全申请符合法律规定，应予准许。第三，大韩某运株式会社在本案中申请的财产保全符合中国一贯的司法实践。第四，某航集团有限公司在本案所涉合同的履行及仲裁过程中，并未表现出良好信誉，其财务状况和履约能力亦无法核实，且存在隐匿、转移财产的可能，故有对其财产进行保全的必要。

海口海事法院认为：首先，当事人在法院对承认与执行外国仲裁裁决进行司法审查期间请求财产保全属于国际司法协助的范畴，必须以我国缔结或者参加的国际条约或者我国与该仲裁机构所在国之间存在的互惠原则作为依据。本案申请人大韩某运株式会社在向本院申请承认和执行外国仲裁裁决的同时申请对被申请人某航集团有限公司的财产进行保全，属于国家之间的司法协助事项，应当以我国与涉案仲裁裁决作出机构即伦敦海事仲裁员协会所在国英国共同参加的国际条约或我国与英国之间存在的互惠原则作为依据。但我国与英国共同参加的《承认及执行外国仲裁裁决公约》未对该司法审查期间能否进行财产保全作出规定，我国与英国就该问题也无相关司法协定。其次，我国现有法律也未对外国仲裁裁决承认与执行的审查期间能否进行财产保全作出具体规定。《民事诉讼法》第 100 条所规定的保全仅适用于在我国进行的诉讼，不适用于在外国进行的诉讼和仲裁，也不适用于国家之间的司法协助。综上，申请人大韩某运株式会社在本院对涉案仲裁裁决承认与执行的审查期间申请对被申请人某航集团有限公司的财产进行保全，无法律依据，被申请人某航集团有限公司的复议理由成立。裁定如下：撤销本院作出的 [2016] 琼 72 协外认 1 号民事裁定。

问题与思考：

1. 简述司法协助的内涵和种类。

2. 本案中，海口海事法院作出的原裁定是否应当被撤销？请说明理由。

司法协助，是指不同国家的法院之间，根据本国缔结或者参加的国际条约或者按照互惠原则，互相协助代为实施一定诉讼行为的制度。司法协助有狭义和广义之分。狭义的司法协助，也称为一般司法协助，仅限于我国法院与外国法院之间代为送达诉讼文书、代为调查取证和代为提供有关法律资料等其他诉讼行为，不包括承认与执行对方法院的判决、裁定和仲裁机构的裁决。广义的司法协助，又称为特殊的司法协助，不仅包括代为送达诉讼文书和代为调查取证，还包括相互承认与执行对方法院的判决、裁定和仲裁机构的裁决。我国立法对司法协助采用广义的概念。特殊司法协助包括两个方面的内容。

（1）外国法院的生效裁判和仲裁机构的裁决在我国的承认与执行。基于主权原则，国家有权排斥他国的司法行为，所以进行司法协助要有一定的依据。一般来说，司法协助的依据主要有：①存在相关国际条约。我国存在很多同外国缔结的国际条约或者共同参加的国际公约，例如《纽约公约》。②存在互惠关系。司法礼让应该是互惠的前提，即只有被申请法院根据礼让规则承认和执行管辖法院的判决，才有判决承认和执行中的互惠问题。[1]《民诉法解释》第547条规定："与中华人民共和国没有司法协助条约又无互惠关系的国家的法院，未通过外交途径，直接请求人民法院提供司法协助的，人民法院应予退回，并说明理由。"我国向外国提供司法协助，除了应当符合上述依据外，需具备以下条件：请求承认和执行的外国法院裁判已生效；制作该裁判的外国法院对该事项有管辖权；外国法院裁判的制作程序合法；外国法院裁判需要在我国得到承认与执行，即被执行人或者被执行的财产在我国领域内、外国法院裁判不违反我国法律的基本原则或者国家主权、安全、社会公共利益。对于外国仲裁裁决，我国《民事诉讼法》第290条规定："国外仲裁机构的裁决，需要中华人民共和国人民法院承认和执行的，应当由当事人直接向被执行人住所地或者其财产所在地的中级人民法院申请，人民法院应当依照中华人民共和国缔结或者参加的国际条约，或者按照互惠原则办理。"

本案是当事人在法院对承认与执行外国仲裁裁决进行司法审查期间请求

---

〔1〕 参见刘仁山："国际民商事判决承认与执行中的司法礼让原则——对英国与加拿大相关理论及实践的考察"，载《中国法学》2010年第5期。

财产保全，属于国际司法协助的范畴，因此应以我国缔结或者参加的国际条约或者我国与该仲裁机构所在国之间存在的互惠原则作为依据。本案申请人大韩某运株式会社在向海口海事法院申请承认和执行外国仲裁裁决的同时申请对被申请人某航集团有限公司的财产进行保全，属于国家之间的司法协助事项，应当以我国与涉案仲裁裁决作出机构即伦敦海事仲裁员协会所在国英国共同参加的国际条约或我国与英国之间存在的互惠原则作为依据。但我国与英国共同参加的《承认及执行外国仲裁裁决公约》未对该司法审查期间能否进行财产保全作出规定，我国与英国就该问题也无相关司法协定。其次，我国现有法律也未对外国仲裁裁决承认与执行的审查期间能否进行财产保全作出具体规定。《民事诉讼法》第 103 条所规定的保全仅适用于在我国进行的诉讼，不适用于在外国进行的诉讼和仲裁，也不适用于国家之间的司法协助。故申请人大韩某运株式会社在海口海事法院对涉案仲裁裁决承认与执行的审查期间申请对被申请人某航集团有限公司的财产进行保全，无法律依据，原裁定应当被撤销。

（2）我国法院的裁判、裁定和仲裁机构的裁决在境外的承认与执行。对于我国法院的判决、裁定和仲裁机构的裁决在境外的承认与执行，我国《民事诉讼法》第 287 条规定："人民法院作出的发生法律效力的判决、裁定，如果被执行人或者其财产不在中华人民共和国领域内，当事人请求执行的，可以由当事人直接向有管辖权的外国法院申请承认和执行，也可以由人民法院依照中华人民共和国缔结或者参加的国际条约的规定，或者按照互惠原则，请求外国法院承认和执行。中华人民共和国涉外仲裁机构作出的发生法律效力的仲裁裁决，当事人请求执行的，如果被执行人或者其财产不在中华人民共和国领域内，应当由当事人直接向有管辖权的外国法院申请承认和执行。"